中国现代物流发展报告2024

Report of China Logistics Development 2024

全国现代物流工作部际联席会议办公室　组织编写

国家发展和改革委员会经济贸易司　　主编
南开大学现代物流研究中心

中国社会科学出版社

图书在版编目（CIP）数据

中国现代物流发展报告.2024／国家发展和改革委员会经济贸易司，南开大学现代物流研究中心主编.—北京：中国社会科学出版社，2024.10.—ISBN 978-7-5227-4297-7

Ⅰ.F259.22

中国国家版本馆 CIP 数据核字第 2024PR5197 号

出 版 人	赵剑英	
责任编辑	张　潜	
责任校对	党旺旺	
责任印制	张雪娇	

出　　版	中国社会科学出版社	
社　　址	北京鼓楼西大街甲 158 号	
邮　　编	100720	
网　　址	http：//www.csspw.cn	
发 行 部	010-84083685	
门 市 部	010-84029450	
经　　销	新华书店及其他书店	

印　　刷	北京明恒达印务有限公司	
装　　订	廊坊市广阳区广增装订厂	
版　　次	2024 年 10 月第 1 版	
印　　次	2024 年 10 月第 1 次印刷	

开　　本	710×1000　1/16	
印　　张	27.25	
插　　页	2	
字　　数	391 千字	
定　　价	168.00 元	

凡购买中国社会科学出版社图书，如有质量问题请与本社营销中心联系调换
电话：010-84083683
版权所有　侵权必究

编 委 会

主　任：王建军

副主任：刘秉镰　吴君杨

编　委（按照姓氏笔画排序）：
　　　王　玲　王　微　王德荣　刘伟华
　　　刘　军　刘彦平　李久佳　李　响
　　　李兰冰　杨浩哲　肖建华　崔忠付
　　　焦志伦　蒋笑梅

丛书主编：刘秉镰
执行主编：焦志伦　李　娜

前　言

《中国现代物流发展报告》（以下简称《报告》）由国家发展和改革委员会经济贸易司与南开大学现代物流研究中心共同组织编写，是反映我国物流业发展状况的年度报告。《报告》力图及时追踪我国现代物流业的发展历程，客观反映行业物流发展现状，准确把握我国现代物流市场的发展规律，深入研究其发展过程中的热点与难点问题，为政府、企业和学术界了解、研究中国现代物流的发展提供参考。《报告》自2003年首次发行以来，至今已连续出版21部。

2023年是共建"一带一路"倡议提出10周年，是全面贯彻党的二十大精神的开局之年，也是三年新冠疫情防控转段后经济恢复发展的一年。以习近平同志为核心的党中央团结带领全党全国各族人民，顶住外部压力、克服内部困难，全面深化改革开放，加大宏观调控力度，着力扩大内需、优化结构、提振信心、防范化解风险，我国经济回升向好，高质量发展扎实推进。在此背景下，我国物流业实现稳定发展，物流总体规模继续扩大，物流业的基础性、战略性、先导性作用得到进一步加强。《报告》主要反映2023年我国现代物流的发展状况，并突出以下内容。

一是从宏观角度分析我国物流业的总体发展环境与发展特点。《报告》对2023年我国物流市场、物流设施设备与技术、区域物流，以及相关政策与规划等情况进行了总结，分析了各部分的主要发展状况与发展特点。

二是突出分析行业物流与重点领域物流。《报告》分别对我国交通运输物流、制造业物流、商贸物流及农产品物流的发展环境和现状进行全面总结，同时针对其中的典型行业和重点领域进行深入剖析。

三是及时追踪 2023 年物流业发展的最新热点问题。《报告》聚焦了共建"一带一路"十周年中国物流发展成就与展望、中国物流数字化发展现状与展望、中国跨境电商物流发展特征及趋势三个热点专题。这些专题研究充分把握了 2023 年中国物流发展的时新性要素，在体现行业报告的权威性、系统性、史料性、连续性的同时兼顾了学术性、创新性和前瞻性。

需要说明的是，本书中涉及全国的数据除特别注明外，均不含港澳台地区。

《报告》在编写过程中得到了相关政府部门、科研院所、高校、行业协会、物流企业和工商企业的大力支持，在此一并表示感谢！

本书实行分章主编制，具体分工如下：

第一章主编　蒋笑梅

第二章主编　秦凡　参编人员　张依蓉

第三章主编　刘勇　参编人员　宋嘉翔

第四章主编　徐亚　副主编　王玲　参编人员　肖帆　任素瑶

第五章主编　杨静蕾　参编人员　经婷婷　许晓帆　兰宇杰　冉小青

第六章主编　陈志卷

第七章主编　吴晓璠　参编人员　王若樨　陈麟凡

第八章主编　李响　参编人员　王萱

第九章主编　王玲　参编人员　刘博　康玉格　周丽鹃

第十章主编　焦志伦　参编人员　滕昱博　许协祖　张瑞锦

第十一章主编　肖建华　参编人员　李俊凝　杨洋　王松

附录主编　蒋笑梅　王玲　参编人员　韩嘉仪　龙泓宇　周丽鹃

目 录

综合篇

导　言 …………………………………………………………………… (2)

第一章　中国物流市场发展状况 ………………………………………… (5)
　第一节　中国物流的发展环境 ………………………………………… (5)
　第二节　中国物流市场的总体规模 …………………………………… (19)
　第三节　中国物流市场的主要特征 …………………………………… (28)

第二章　中国物流设施设备与技术发展状况 …………………………… (46)
　第一节　中国交通基础设施建设状况 ………………………………… (46)
　第二节　中国物流园区（中心）及仓储设施发展状况 ……………… (58)
　第三节　中国物流装备发展状况 ……………………………………… (64)
　第四节　中国物流信息化与标准化发展状况 ………………………… (73)

第三章　中国区域物流市场发展状况 …………………………………… (81)
　第一节　中国区域物流发展环境 ……………………………………… (81)
　第二节　中国区域物流现状及特征 …………………………………… (87)
　第三节　中国热点区域物流发展 ……………………………………… (105)

第四章　中国物流发展相关政策与规划 (114)
第一节　中国物流发展相关政策出台情况 (114)
第二节　中国物流发展相关规划出台情况 (135)
第三节　中国物流政策与规划展望 (139)

行 业 篇

导　言 (144)

第五章　中国交通运输物流发展状况 (146)
第一节　中国公路物流发展状况 (146)
第二节　中国铁路物流发展状况 (153)
第三节　中国港航物流发展状况 (160)
第四节　中国航空物流发展状况 (168)

第六章　中国制造业物流发展状况 (176)
第一节　中国制造业物流发展环境 (176)
第二节　中国制造业物流发展现状 (182)
第三节　中国制造业重点领域物流发展状况 (188)

第七章　中国商贸物流发展状况 (195)
第一节　中国商贸物流发展环境 (195)
第二节　中国商贸物流发展现状 (203)
第三节　商贸物流热点领域发展状况 (215)

第八章　中国农产品物流发展状况 (223)
第一节　中国农产品物流发展环境 (223)

第二节 中国农产品物流发展现状 …………………………………（230）
第三节 中国农产品物流重点领域发展状况 …………………………（243）

专 题 篇

导　言 ………………………………………………………………………（254）

第九章　共建"一带一路"十周年中国物流发展成就与展望 …………（256）
第一节 "一带一路"倡议及物流发展定位 …………………………（256）
第二节 物流领域推进共建"一带一路"的举措与
　　　　发展成就 ……………………………………………………（262）
第三节 共建"一带一路"中现代物流的重大价值 …………………（273）
第四节 共建"一带一路"新阶段现代物流的发展方向 ……………（281）

第十章　中国物流数字化发展现状与展望 ………………………………（286）
第一节 物流数字化概述 ………………………………………………（286）
第二节 中国物流数字化发展现状 ……………………………………（292）
第三节 中国物流数字化发展展望 ……………………………………（311）

第十一章　中国跨境电商物流发展特征及趋势 …………………………（313）
第一节 中国跨境电商物流发展的驱动因素及运作模式 ……………（313）
第二节 中国跨境电商物流发展特征 …………………………………（320）
第三节 中国跨境电商物流发展趋势 …………………………………（332）

参考文献 ……………………………………………………………………（335）

附录A 2023年中国物流相关政策一览表 ………………………………（354）

附录B 2023年中国物流相关规划一览表 ………………………………（388）

附录C 2018—2023年中国物流相关统计数据 …………………………（392）

综合篇

导　言

2023年是全面贯彻党的二十大精神的开局之年，也是三年新冠疫情防控转段后经济恢复发展的一年。这一年，错综复杂的国际环境和回升向好的国内环境，使中国物流在面临巨大挑战的同时也充满发展机遇。本篇从物流市场、物流设施设备与技术、区域物流、物流相关政策与规划四个方面，对2023年中国物流发展的总体状况与特征进行全面总结。

第一章阐述了2023年中国物流的发展环境、物流市场的总体规模和发展特征。发展环境方面，全球经济实现弱复苏，全球贸易表现低迷，给中国国际物流需求增长带来一定压力。中国制造业开启新一轮产业链出海，要求本土物流企业加快提升境外服务能力。生成式人工智能技术爆发，为中国物流业利用数智手段提质增效提供了新机遇。全球碳排放法规日趋严厉，推动中国物流业加快脱碳步伐。国内经济总体回升向好，为中国物流市场持续恢复奠定了坚实基础。共建"一带一路"和自贸试验区与自贸港建设得到进一步推进，为中国国际物流发展提供了有力支撑。市场总体规模方面，2023年，随着世界经济的总体复苏以及中国经济的稳步回升，中国物流市场持续恢复向好，市场总体规模继续扩大。同时，受2022年同期基数偏低影响，2023年各项物流总体指标的增速均有明显回升。市场发展特征方面，在国际货物运输市场总体增长平缓的背景下，中国凭借巨大的国际物流规模成为支撑2023年国际货物运输市场的核心力量。重大物流基础设施短板加快补齐，跨境物流通道及农村物流体系进一步完善，为中国物流业发展提供了更为坚实的物流网络基础条件。本土物流企业密切关注中国产业链供应链发展新趋势，积极助力中国制造业和中国产品出海，产业的基础性和战略性作用得到进一步发挥。同时，物流企业还大力强化服务能力建设，加快数智化技术创新应用，积极践行绿色低碳发展方式，行业高质量发展取得明显成效。

第二章总结了2023年中国物流基础设施设备、物流信息化和标准化的发展状况。总体看，2023 年中国物流基础设施网络条件日益完备，信息化和标准化建设稳步推进，为中国物流的发展起到了良好的硬件支撑作用。具体看，2023 年，中国交通基础设施网络规模继续扩大，结构进一步优化，尤其是内河航道通航条件明显改善、码头泊位大型化水平显著提升；智慧物流园区和智能仓库建设快速推进，冷链物流园区和冷库建设取得新进展；运输工具重载化水平进一步提升，新能源和无人驾驶运输工具应用范围继续扩大，仓储与装卸搬运设备的低碳化、智能化水平继续提升；全国物流信息化整体水平继续提升，更多口岸物流、网络货运平台、跨境物流等领域的专业化物流信息平台涌现；物流相关国家标准体系进一步完善，标准国际化建设取得新突破。

第三章分析了 2023 年中国区域物流的发展环境、发展现状和主要特征，以及部分热点区域的物流发展状况。发展环境方面，2023 年，中国四大区域增速均较 2022 年有所回升，但各区域经济恢复节奏不完全一致，呈现出"东西快、中部慢"的新特征。具体看，东部地区加快产业升级，消费和固定资产投资增速较快；中西部地区制造业增长较快，中部地区外贸出口下行压力大；东北地区经济增长初步走出低速徘徊局面，高新制造业和出口增长强劲。此外，政府部门出台了一系列政策，为区域物流高质量发展指明了方向。发展现状方面，中国区域物流市场逐渐回暖，区域间仍存在较大差异；东部地区利用区位、技术和资源等优势，推进智慧物流基础设施建设，引领物流数字化变革；中西部地区加强物流设施补短板建设，持续完善现代物流运行体系；东北地区进一步畅通粮食物流通道，推动国际物流通道建设。热点区域物流发展方面，新疆维吾尔自治区积极发展国际物流和农产品物流，新疆自贸试验区的设立为物流业的发展带来历史性机遇；广西壮族自治区大力推动西部陆海新通道建设，积极发展电商物流和面向东盟的国际物流等重点方向。

第四章梳理了 2023 年中国出台的主要物流发展相关政策与规划，并对 2024 年物流相关政策进行了展望。2023 年，中国政府从推动综合交通运输体系建设、推进航运物流体系高质量发展、支持现代化农村物流体系建设、完善冷链物流基础设施布局、推进交通物流智能化发展、推动绿色物流发展、加强和规范交通运输管理、健全交通物流运输安全体系等八个方面出台了一系列政策措施，发布了《"十四五"应急物资保障发展规划》《前海深港现代服务业合作区总体发展规划》等规划，以加快构建中国物流高质量发展新格局。2024年，预计中国政府将围绕交通基础设施体系、物流降本提质增效、应急物流发展、农村物流体系等重点领域进一步出台相关政策规划，以持续完善现代物流体系，提升国民经济运行效率。

第一章　中国物流市场发展状况

2023年是全面贯彻党的二十大精神的开局之年，也是三年新冠疫情防控转段后经济恢复发展的一年。这一年，错综复杂的外部环境和回升向好的内部环境，使中国物流在面临巨大挑战的同时也充满发展机遇。总体看，中国物流市场实现稳步复苏，国际国内物流网络建设进一步推进。中国物流企业密切关注全球产业链调整、全球物流业脱碳以及生成式人工智能技术等发展新趋势，大力推进行业高质量发展，产业的基础性和战略性作用得到进一步发挥。

第一节　中国物流的发展环境

2023年，全球经济与贸易增长乏力，对中国国际物流需求增长带来一定压力。为应对不断加剧的地缘政治冲突和保护主义限制，中国制造业开启新一轮产业链出海，要求中国物流业加快提升境外服务能力。生成式人工智能技术爆发，为中国物流业利用数智手段提质增效提供了新机遇。全球碳排放法规日趋严厉，推动中国物流业加快脱碳步伐。中国经济总体回升向好，为中国物流市场持续恢复奠定了坚实基础。作为新时期中国高水平对外开放的两大核心战略举措，共建"一带一路"和自贸试验区与自贸港建设得到进一步推进，为中国国际物流发展提供了有力支撑。

一、全球经济实现弱复苏，全球商品贸易表现低迷

（一）全球经济呈低速及非均衡增长态势

2023年，世界经济逐渐走出新冠疫情阴霾，步入复苏进程，但受地缘政

治冲突加剧、保护主义和单边主义上升以及美欧发达经济体实施高利率政策等因素的影响，全球经济复苏动力不足，增长放缓。据国际货币基金组织（IMF）发布的数据，2023年世界经济平均增速为3.2%，同比下降0.3个百分点。

同时，全球经济呈非均衡增长态势。发达经济体整体增速偏低，平均增长1.6%，同比下降1个百分点。其中，美国经济由于政府支出和私人消费高于预期，复苏较为显著；欧元区经济整体表现为低速增长，作为欧洲经济火车头的德国，受能源价格上涨、劳动力紧缺等因素影响，经济受到较大冲击，实际增速下降0.3%；日本在"失去的三十年"之后，经济呈现恢复迹象，增速达1.9%。新兴市场和发展中经济体整体增速较高，平均增长4.3%。其中，亚洲仍是全球经济增长最为强劲的地区，平均增速为5.6%，中国和印度分别增长5.2%和7.8%；拉美地区的巴西、墨西哥等重要国家也实现了2.9%和3.2%的较快增长。2019—2023年世界及主要经济体的经济增长情况如表1-1所示。

表1-1 2019—2023年世界及主要经济体的经济增长情况　　单位：%

	2019年	2020年	2021年	2022年	2023年
世界	2.8	-3.1	6.0	3.5	3.2
发达经济体	1.7	-4.5	5.2	2.6	1.6
美国	2.2	-3.4	5.7	2.1	2.5
欧元区	1.3	-6.3	5.2	3.3	0.4
德国	0.6	-4.9	2.8	1.8	-0.3
日本	0.7	-4.6	1.7	1.0	1.9
新兴市场和发展中经济体	3.7	-2.1	6.6	4.1	4.3
亚洲新兴经济体	5.5	-1.0	6.8	4.3	5.6
中国	6.1	2.3	8.1	3.0	5.2
印度	4.2	-7.3	8.7	7.2	7.8
俄罗斯	1.3	-3.0	4.7	-2.1	3.6

续表

	2019 年	2020 年	2021 年	2022 年	2023 年
巴西	1.3	-4.1	4.6	2.9	2.9
墨西哥	-0.1	-8.2	4.8	3.1	3.2
南非	0.2	-6.4	4.9	1.9	0.6

资料来源：国际货币基金组织：《世界经济展望报告》（2020 年 10 月、2021 年 10 月、2022 年 10 月、2023 年 10 月、2024 年 4 月），国际货币基金组织网站（https://www.imf.org/en/publications/weo）。

（二）全球商品贸易额及贸易量均有所下降

2023 年，由于全球经济整体复苏乏力，加之通货膨胀的持续影响，全球商品贸易表现低迷。据世界贸易组织（WTO）发布的数据，2023 年，世界商品贸易额与世界商品贸易量分别下降 5.0% 和 1.2%。在亚洲主要出口导向型经济体中，中国出口额下降 5.0%，韩国、印度、越南等国出口额分别下降 8.0%、5.0% 和 5.0%。从主要需求市场看，美国、德国、日本进口额分别下降 6.0%、8.0%、12.0%。在世界经济艰难复苏的大背景下，2023 年中国保持了国际市场份额的总体稳定，货物出口和进口的国际市场份额为 14.2% 和 10.6%，分别居世界第一位和第二位[1]，显示出较强的发展韧性。2020—2023 年世界商品贸易量增长情况如表 1-2 所示。

表 1-2　2020—2023 年世界商品贸易量增长情况　　　　单位：%

	2020 年	2021 年	2022 年	2023 年
世界商品贸易量	-5.0	9.6	3.0	-1.2
出口：北美	-9.2	6.4	3.8	3.7
南美	-5.0	6.6	2.9	1.9

---

[1] 世界贸易组织：Global Trade Outlook and Statistics，2023 年 4 月 10 日，世界贸易组织官网（https://www.wto.org/english/res_e/booksp_e/trade_outlook24_e.pdf）。

续表

	2020 年	2021 年	2022 年	2023 年
欧洲	-7.7	8.1	3.7	-2.6
亚洲	0.6	13.1	0.4	0.1
进口：北美	-5.2	11.9	5.7	-2.0
南美	-9.6	24.8	4.2	-3.1
欧洲	-7.2	8.8	6.0	-4.7
亚洲	-1.0	10.5	-0.7	-0.6

注：表中的南美包括南美、中美和加勒比地区。

资料来源：世界贸易组织："Global Trade Outlook and Statistics"，2023 年 4 月 10 日，世界贸易组织网站（https://www.wto.org/english/res_e/booksp_e/trade_outlook24_e.pdf）。

二、全球贸易和供应链运行频受扰动，中国制造业开启新一轮出海探索

（一）地缘政治冲突和保护主义扰动全球贸易及供应链运行

2023 年，全球地缘政治冲突加剧，贸易保护主义势头上升。美国针对中国先进制造业的打压不断升级，欧盟出台了一系列"去风险"和保护主义法案，俄乌冲突延宕无解，新一轮巴以冲突突然爆发。受这些因素干扰，全球供应链变得更加迂回和碎片化，并导致全球总产出减少和贸易成本增加。

2023 年，美国继续以加强"经济韧性"和安全为名，推行"友岸外包"和"近岸外包"，并签订新一批 AI 芯片禁运令，禁止一些美国公司向中国输出芯片和在中国进行半导体投资，同时进一步加大对中国半导体产品的进口管制。欧盟通过了"关键原材料法案""净零工业法案""外国补贴条例"等一系列"去风险"和保护主义法案，政策的保护性和防卫性上升，开放性和包容性降低。这不仅破坏了全球贸易自由化与多样化，而且导致全球供应链变得更迂回、复杂和不透明，对全球经济增长产生不利影响。国际货币基金组织的一项研究认为，贸易碎片化会造成全球 GDP 减少 0.2%—7% 不等；如

果加上技术脱钩，全球GDP可能减少8%—12%[1]。

2023年，俄乌冲突延宕对欧洲经济形成重大冲击。欧盟实行对俄能源硬脱钩，拒绝进口俄罗斯的石油和天然气。这不仅加剧了冲突爆发前欧洲业已存在的能源紧张局势，使欧洲制造业领域的成本急剧上升，而且造成经济通胀高居不下，导致欧洲整体经济形势急剧恶化。2023年，欧元区整体经济增速仅为0.4%[2]。

2023年10月，新一轮巴以冲突突然爆发并迅速外溢至红海—苏伊士运河航道。红海—苏伊士运河航道是全球三大海运咽喉要道之一，每年通行该航道的货量约占全球海运贸易总量的10%。为规避红海危机，大量商船被迫绕行非洲，导致亚洲到欧洲航程大增，其中由东亚、中东及印度前往欧洲的贸易路线受到改道的影响最大，平均航程增长了86%，推高了供应链成本[3]。中国对欧出口贸易的60%取道苏伊士运河，持续发酵的红海危机也令出口欧洲市场的中国企业面临更大的成本压力。

（二）中国制造业开启新一轮产业链出海

经过几十年改革开放的发展，中国制造业当前在全球供应链体系中已占有重要地位。2023年，为应对全球地缘政治冲突和保护主义限制，中国制造业顺应全球产业链供应链调整趋势，通过直接在海外投资建设生产基地或加大中间品出口，实施新一轮产业链出海。

一些在全球产业链中占据优势地位的中国制造企业，选择直接在海外投资建设生产基地，实现产业链出海。例如，中国"新三样"产品[4]相关产业

---

[1] Shekhar Aiyar, et al.：*Geoeconomic Fragmentation and the Future of Multilateralism*，2023年1月16日，国际货币基金组织官网（https：//www.imf.org/en/Publications/Staff-Discussion-Notes/Issues/2023/01/11/Geo-Economic-Fragmentation-and-the-Future-of-Multilateralism-527266?cid=bl-com-SDNEA2023001）。

[2] 国际货币基金组织：《世界经济展望报告》（2024年4月），国际货币基金组织网站（https：//www.imf.org/en/publications/weo）。

[3] 李蓉茜、胡暄：《红海危机扰动全球贸易》，2024年3月23日，财新网（https：//weekly.caixin.com/2024-03-23/102178523.html?p0#page2）。

[4] 新三样产品指新能源汽车、光伏产品、锂电池。

链中的龙头企业，主动到海外产业链供应链的核心枢纽地区进行投资布局。2023年，中国电动汽车产业链出海的代表企业比亚迪在泰国、巴西和匈牙利开始建设新能源汽车整车生产基地；宁德时代、亿纬锂能、欣旺达、恩捷股份、科达利、震裕科技等中国新能源电池厂商纷纷到匈牙利建厂，投资金额已达数百亿元；隆基绿能、天合光能、晶澳科技等中国光伏企业在越南投资建设了组件工厂。这些龙头企业以海外生产基地为载体，通过整合外贸业务、代理渠道、在地供应链、产业金融等各方资源，正在逐步强化中国制造业在海外市场的经营能力，形成更强的国际化"链主"效能。

拓展中间品出口是中国制造产业链出海的另一种表现形式。与过去大量出口终端制成品不同，2023年，中国制造业积极拓展中间品出口，全年共出口中间品11.2万亿元，占中国出口总值的47.3%。其中，中国对日本、墨西哥出口汽车零配件类，对美国、德国出口锂电池类，对越南、印度尼西亚出口平板显示模组类中间品，均实现了两位数的增长。同期，我国也出口了超过1万亿元的纺织类、塑料类中间品[①]。加大中间品出口，一方面将中国制造业深入嵌入全球产业链供应链中，深化了全球产业链供应链的分工合作，增强了全球产业链供应链的韧性；另一方面也促进了中国制造业加快转型升级和向价值链高端攀升。

三、生成式人工智能技术爆发，全球碳排放法规日趋严厉

（一）生成式人工智能技术爆发

生成式人工智能是一种能够自主生成内容的人工智能技术，该技术可创造文本、图片、声音、视频和代码等多种类型的内容，全面超越了传统软件的数据处理和分析能力。生成式人工智能是人工智能技术的一次历史性跨越，依托生成式人工智能，企业可广泛运用更高效、更个性化的解决方案，颠覆

---

① 国务院新闻办公室：《国务院新闻办就2023年全年进出口情况举行发布会》，2024年1月12日，国务院新闻办网（https://www.gov.cn/lianbo/fabu/202401/content_6925700.htm）。

性重塑现有生产流程、运营方式和商业模式，潜在的创新发展空间巨大。

2022 年 11 月，OpenAI 公司推出自然语言处理工具 ChatGPT，标志这一技术在文本生成领域取得了显著进展。2023 年被称为生成式人工智能技术的突破之年。美国主要科技公司纷纷聚焦生成式人工智能领域，带动新一轮爆发式发展。微软公司迅速将 ChatGPT 的功能整合到搜索、办公软件等产品中。谷歌全面升级人工智能聊天机器人"巴德"（Bard），利用生成式人工智能领域成果强化谷歌智能助手等产品功能。

2023 年，中国的生成式人工智能技术也经历了飞速发展，多家中国科技企业抓住机会，推出一批生成式人工智能大模型，如百度"文心一言"、阿里巴巴"通义千问"、华为"盘古"、京东"言犀"、菜鸟"天机 π"、腾讯"混元"、商汤"日日新"等。据不完全统计，截至 2023 年年底，中国推出的通用大模型数量达到 130 多个。这些模型已在教育、医疗、工业、物流、金融、汽车、法律、科研等多个应用场景开启了产业化落地，其中物流大模型主要集中在 OCR（光学字符识别，Optical Character Recognition）、智能客服、运营分析等领域，为中国物流业降本增效提供了新的机遇。

（二）全球碳排放法规日趋严厉

2023 年，全球极端气候事件频发，与能源相关的二氧化碳排放量居高不下，对全球生态系统和经济社会发展造成巨大影响。围绕碳中和与应对气候变化，全球加紧了行动步伐。

以欧盟为代表的区域减排法规走在了全球前列。2023 年 4 月，欧盟理事会通过了"Fit for 55"2030 一揽子气候计划中的数项立法提案，涉及欧盟碳排放交易体系（EU ETS）、海运排放、航空排放、碳边境调节机制（CBAM）以及社会气候基金等，被国际社会评价为欧盟"史上最大碳市场改革"。2023 年 5 月，欧盟决定自 2024 年 1 月 1 日起，将航运业正式纳入欧盟碳排放交易体系，届时航运公司需为每个到达欧盟的航次准备相对应的碳配额。2023 年 10 月，欧盟理事会通过了《可再生能源航空法规》。该法规旨在规范和鼓励在民用航空领域使用可持续燃料（Sustainable Aviation Fuel，SAF），要求到

2025年，欧盟机场起飞的飞机使用SAF需占总燃料的2%，到2030年、2035年和2050年占比需分别达到6%、20%和70%。

2023年7月，国际海事组织通过了《2023年船舶温室气体减排战略》。该战略明确要求，到2030年，国际航运单次运输任务的二氧化碳排放量要比2008年平均减少40%及以上，承诺确保采用零和接近零温室气体排放的替代燃料；2050年前实现国际航运温室气体净零排放。

2023年11月，国际民航组织通过了《可持续航空燃料、低碳航空燃料和其他航空清洁能源的全球框架》。国际民航组织及其成员国同意，在降低生产成本、提供融资和技术支持的前提下，继续扩大可持续、低碳航空燃料和其他清洁航空能源的生产，到2030年使国际航空的二氧化碳排放量减少5%。

日趋严厉的碳排放法规加快了国际航运业和航空业的脱碳进程。在航运领域，来自大型航运企业的绿色船舶[①]订单正在激增，并将在未来数年内集中交付。中国制造企业积极承接绿色船舶生产订单，中国航运企业也明显加快了绿色船舶的更新和配置速度。在航空领域，截至2023年年底，已有包括中国在内的20多个主要经济体将发展可持续航空燃料提升到国家战略层面，并制定了相关发展规划、路线图以及扶持政策等。

四、中国经济持续恢复，总体回升向好

（一）国民经济实现持续稳定恢复

2023年，面对复杂多变的外部形势和国内有效需求不足等现实困难，中国政府实施了一系列举措，包括财政政策加力提效、促进数字技术和实体经济深度融合、推进全国统一大市场建设等，最终实现经济持续稳定恢复，圆满完成全年主要任务。2023年，中国国内生产总值达到126.06万亿元，同比增长5.2%，实现了5.0%左右的预期目标，增速居世界主要经济体前列。

---

① 目前，绿色船舶主要包括可再生能源（甲醇、生物、风能）、替代燃料（氢能、氨能、LNG）、电池（蓄电池、燃料电池）等。

2011—2023 年中国国内生产总值及增速情况如图 1－1 所示。

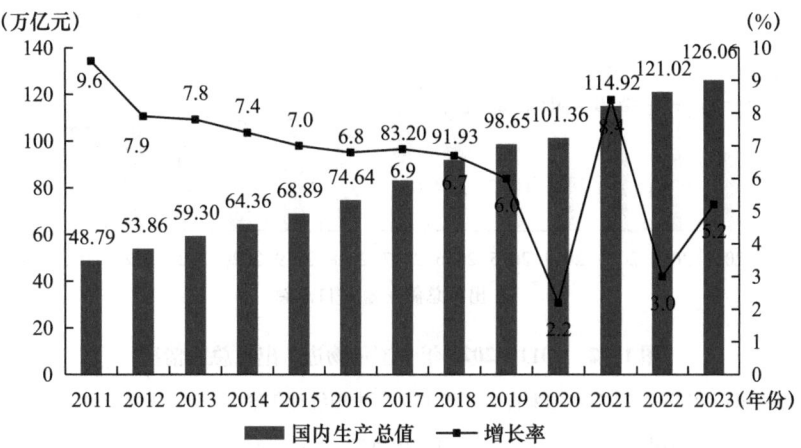

图 1－1　2011—2023 年中国国内生产总值及增速情况

注：国内生产总值按现价计算，增长速度按不变价格计算。

资料来源：2011—2022 年数据来自国家统计局：《中国统计年鉴 2023》，中国统计出版社 2023 年版；2023 年数据来自国家统计局：《中华人民共和国 2023 年国民经济和社会发展统计公报》，2024 年 2 月 29 日，国家统计局网站（https：//www.stats.gov.cn/sj/zxfb/202402/t20240228_1947915.html）。

（二）货物进出口实现量增质升

2023 年，中国外贸企业积极应对外部需求低迷、地缘政治冲突等多重风险挑战，货物进出口规模实现稳中有增，并在增长动能、区域市场格局等方面实现了质的有效提升，彰显了中国外贸的韧性和综合竞争力。2023 年，中国货物进出口总额为 41.76 万亿元，同比增长 0.2%。其中，出口 23.78 万亿元，增长 0.6%；进口 17.98 万亿元，下降 0.3%。2011—2023 年中国货物进、出口总额情况如图 1－2 所示。

以"新三样"产品和跨境电商平台为代表的新动能，成为中国外贸增长的助推器。2023 年，中国"新三样"产品在国际市场上显示出强大的竞争优

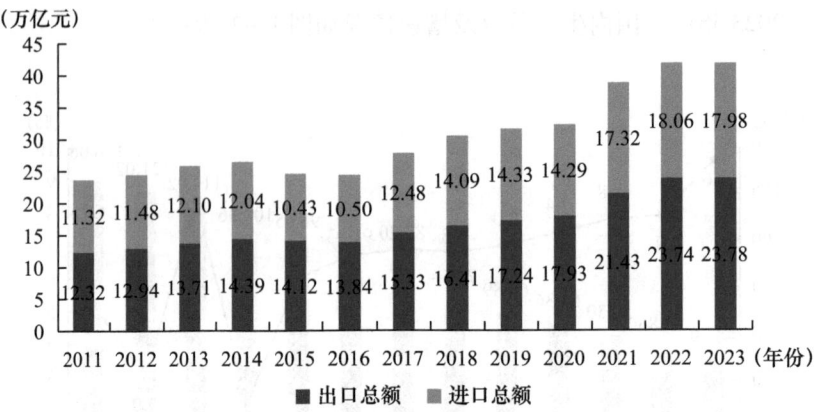

图 1-2　2011—2023 年中国货物进、出口总额情况

资料来源：2011—2022 年数据来自国家统计局：《中国统计年鉴 2023》，中国统计出版社 2023 年版；2023 年数据来自国家统计局：《中华人民共和国 2023 年国民经济和社会发展统计公报》，2024 年 2 月 29 日，国家统计局网站（https://www.stats.gov.cn/sj/zxfb/202402/t20240228_1947915.html）。

势，出口额 1.1 万亿元，首次突破 1 万亿元，同比增长 29.9%[1]；速卖通（AliExpress）、Shein、TikTok Shop 与 Temu 等跨境电商平台依托国内强大的制造供应链优势，积极参与全球竞争，在欧美、东南亚、拉美、中东等海外电商市场上快速崛起。2023 年，四家跨境电商平台交易量同比增幅超百倍[2]，极大地拓宽了中国产品外销的渠道。2023 年，中国跨境电商进出口 2.4 万亿元，同比增长 15.6%[3]。

中国外贸的区域市场格局也在持续优化。随着共建"一带一路"扎实推进，中国贸易伙伴多元共进，"一带一路"贸易额占比继续提升。2023 年，中国对"一带一路"共建国家进出口 19.5 万亿元，同比增长 2.8%，占进出

---

[1]　国务院新闻办公室：《国务院新闻办就 2023 年全年进出口情况举行发布会》，2024 年 1 月 12 日，国务院新闻办网站（https://www.gov.cn/lianbo/fabu/202401/content_6925700.htm）。

[2]　中国日报网：《技术助力"一个账户卖全球"150 万跨境卖家用万里汇》，2024 年 1 月 24 日，中国日报网百度官方账号（https://baijiahao.baidu.com/s?id=1788967007593827112&wfr=spider&for=pc）。

[3]　国务院新闻办公室：《国务院新闻办就 2023 年全年进出口情况举行发布会》，2024 年 1 月 12 日，国务院新闻办网站（https://www.gov.cn/lianbo/fabu/202401/content_6925700.htm）。

口总额的46.6%，提升1.2个百分点；中国对拉美、非洲分别进出口3.4万亿元和2.0万亿元，分别同比增长6.8%和7.1%[①]。

（三）国内消费恢复态势良好

2023年，随着国内疫情防控转段，以及各级政府实施一系列刺激消费政策，我国消费恢复态势良好，成为带动经济恢复的重要力量。2023年，全国社会消费品零售总额为47.15万亿元，同比增长7.2%，规模创历史新高。2011—2023年中国社会消费品零售总额及增速情况如图1-3所示。

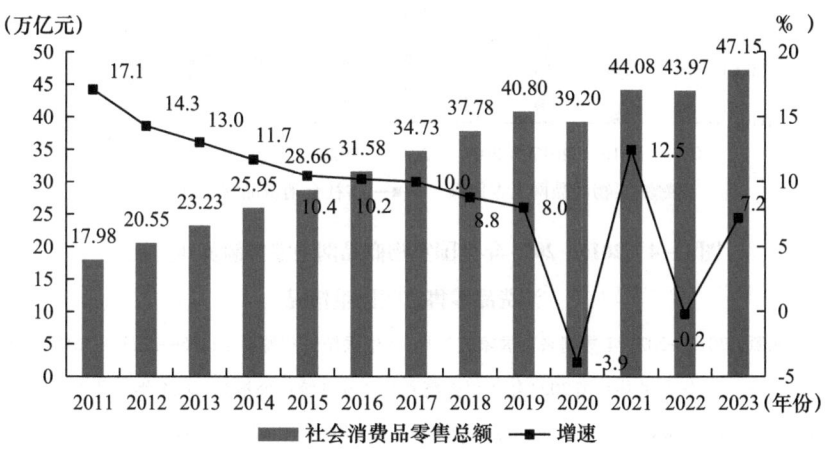

图1-3 2011—2023年中国社会消费品零售总额及增速情况

资料来源：国家统计局：《年度数据》（2011—2023），国家统计局网站（https：//data.stats.gov.cn/easyquery.htm？cn=C01）。

同时，我国网上消费仍保持较快增长，在社会消费品零售总额中的比重进一步上升。2023年，全国实物商品网上零售额为13.02万亿元，同比增长8.4%；占社会消费品零售总额的比重为27.6%，较2022年提高0.4个百分点。2015—2023年全国实物商品网上零售额及其占社会消费品零售总额比重

---

① 国务院新闻办公室：《国务院新闻办就2023年全年进出口情况举行发布会》，2024年1月12日，国务院新闻办网站（https：//www.gov.cn/lianbo/fabu/202401/content_6925700.htm）。

情况如图 1-4 所示。

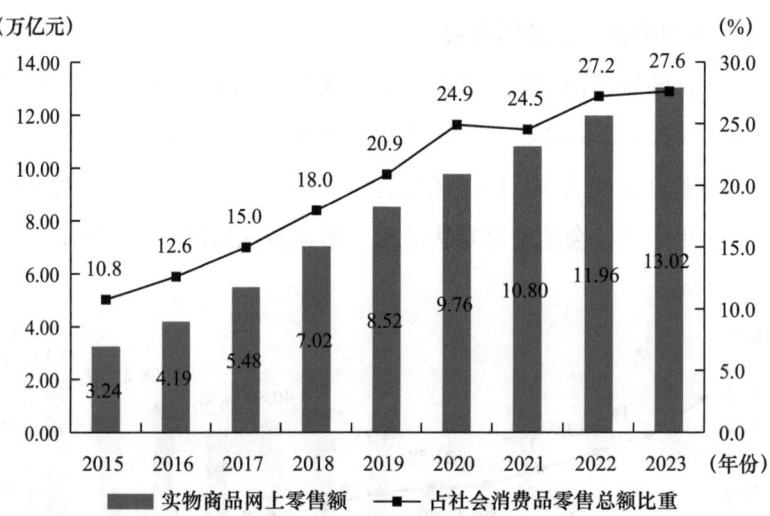

图 1-4　2015—2023 年全国实物商品网上零售额及其占社会
消费品零售总额比重情况

资料来源：2015—2022 年数据来自国家统计局：《中国统计年鉴》（2016—2023）；2023 年数据来自国家统计局：《中华人民共和国 2023 年国民经济和社会发展统计公报》，2024 年 2 月 29 日，国家统计局网站（https://www.stats.gov.cn/sj/zxfb/202402/t20240228_1947915.html）。

五、共建"一带一路"走深走实，自贸试验区与自贸港建设进一步推进

（一）共建"一带一路"走深走实

共建"一带一路"是中国推进高水平对外开放的重大战略举措和顶层设计，2023 年是中国提出共建"一带一路"倡议十周年。这一年，中国与"一带一路"共建国家进一步扩大经贸合作，扎实推进交通基础设施的硬联通与软联通，使共建"一带一路"的国际影响力不断提升，为世界经济增长注入了新动能，为全球发展开辟了新空间。

首先,"一带一路"经贸合作取得新进展。2023 年,中国与共建国家的货物贸易规模稳步扩大,达 19.5 万亿元,同比增长 2.8%;占中国外贸总额的 46.6%,同比提高了 1.2 个百分点。中国企业在"一带一路"共建国家非金融类直接投资 2240.9 亿元,同比增长 28.4%;在"一带一路"共建国家承包工程完成营业额 9305.2 亿元,同比增长 9.8%[①];中国政府与共建国家新签绿色、数字、蓝色经济等领域的投资合作备忘录 23 份。截至 2023 年年末,中国累计与 22 个共建国家建立贸易畅通工作组,与 55 个共建国家建立投资合作工作组,"丝路电商"伙伴国已增加到 30 个[②]。

其次,交通基础设施的硬联通与软联通得到扎实推进。在硬联通方面,2023 年 10 月,采用中国技术和中国标准的雅万高铁正式启用,这是东南亚地区的第一条高速铁路。铁路的开通,不仅缩短了当地城市间的时空距离,还促进了当地产业结构优化升级和沿线经济发展。中欧班列作为贯通亚欧大陆的国际运输大动脉,2023 年继续加大线路扩能改造并开通多条新线路,班列运输能力提升 10%[③],为维护全球产业链供应链稳定提供了保障。在软联通方面,截至 2023 年 9 月,中国政府与共建国家共签署了 22 项政府间国际道路运输便利化协定、72 个双边和区域海运协定、130 多个双边航空运输协定[④]。

(二)自贸试验区与自贸港建设进一步推进

设立自贸试验区与自贸港是新时代中国推进高水平对外开放的另一重大举措,2023 年是中国自贸试验区建设十周年以及海南自贸港建设五周年。这一年,我国继续完善自贸试验区布局和加快推进海南自贸港建设,一方面通过充

---

① 魏弘毅:《2023 年我国对外投资合作平稳发展》,2024 年 2 月 4 日,中国一带一路网(https://www.yidaiyilu.gov.cn/p/0BH2HGGF.html)。

② 孙昌岳:《高质量共建"一带一路"走深走实》,2024 年 2 月 22 日,中国一带一路网(https://www.yidaiyilu.gov.cn/p/06PH0TJQ.html)。

③ 严冰:《国铁集团持续打造国际物流品牌前 11 月中欧班列货运量已超去年全年》,《人民日报海外版》2023 年 12 月 6 日第 1 版。

④ 交通运输部:《交通运输部党组书记、部长李小鹏在第三届"一带一路"国际合作高峰论坛互联互通高级别论坛上发言》,2023 年 10 月 19 日,交通运输部网站(http://www.zgjtqx.org.cn/lszhjtfh/21641.html)。

分发挥这些对外开放高地的示范、引领和带动作用，应对外部冲击，稳定中国外资大盘；另一方面以自贸试验区和自贸港为载体，持续扩大制度型开放，向世界传递出中国坚定扩大开放的决心，为全球开放发展注入信心和活力。

2023年，新疆自贸试验区获批设立。这是我国首次在西北沿边地区设立自贸试验区，实施范围179.7平方千米，涵盖乌鲁木齐、喀什、霍尔果斯三个片区。十年来，中国自贸试验区建设从上海起步，已先后7轮在全国范围内设立了22个自贸试验区，形成了覆盖东西南北中，统筹沿海、内陆、沿边的改革开放创新格局。同时，通过累计实施3400多项改革试点任务和向全国复制推广302项制度创新成果[①]，使自贸试验区成为中国高水平开放的重要窗口和高质量发展的示范平台。2023年，中国自贸试验区合计进出口7.7万亿元，增长2.7%，占进出口总值的18.4%[②]。

2023年，海南自贸港建设进展明显。封关运作准备工作全面启动，25个封关运作项目全部开工建设。"三张清单"[③]有序实施，跨关区保税油直供、市场准入特别措施、外汇管理简化等政策接续落地或完成首单。"一线放开、二线管住"试点扩区顺利实施，洋浦保税港区首次进入全国特殊监管区域A类行列。截至2023年年底，以"三税"和"五自由便利—安全有序流动"[④]为主要特征的自贸港政策制度体系逐步构建，"零关税"累计进口货值195.7亿元[⑤]。

---

① 国务院新闻办公室：《国务院新闻办发布会介绍自贸试验区建设十周年有关情况》，2023年9月28日，国务院新闻办网站（https://www.gov.cn/zhengce/202309/content_6906861.htm）。
② 国务院新闻办公室：《国务院新闻办就2023年全年进出口情况举行发布会》，2024年1月12日，国务院新闻办网（https://www.gov.cn/lianbo/fabu/202401/content_6925700.htm）。
③ 三张清单指原辅料"零关税"政策正面清单、交通工具及游艇"零关税"政策正面清单、"零关税"自用生产设备负面清单。
④ 三税：零关税、低税率、简税制。五自由便利—安全有序流动：贸易自由便利、投资自由便利、跨境资金流动自由便利、人员进出自由便利、运输来往自由便利和数据安全有序流动。
⑤ 海南省人民政府：《政府工作报告——2023年1月13日在海南省第七届人民代表大会第一次会议上》，2024年1月18日，海南省人民政府网站（https://www.hainan.gov.cn/hainan/ldhd/202301/1042f51fe33247219a5907622d42821b.shtml）。

第二节 中国物流市场的总体规模

2023年，随着世界经济的总体复苏以及中国经济的稳步回升，中国物流市场持续恢复向好，市场总体规模继续扩大。同时，受2022年同期基数偏低影响，2023年各项物流总体指标的增速均有明显回升。

一、社会物流总额

2023年，我国物流需求持续恢复，增速稳步回升。全国社会物流总额352.4万亿元，按可比价格计算，同比增长5.2%，增速比2022年提高1.8个百分点。2011—2023年中国社会物流总额及增速情况如图1-5所示。

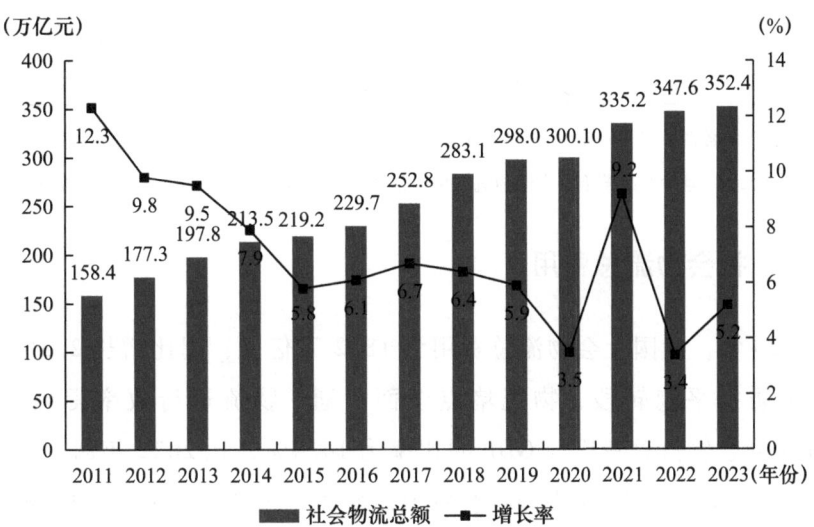

图1-5 2011—2023年中国社会物流总额及增速情况

资料来源：国家发展改革委、中国物流与采购联合会：《全国物流运行情况通报》（2011—2023）。

从构成看,各分项物流总额所占比重与 2022 年相比变化不大。其中,工业品物流总额比重略有下降,再生资源物流总额和单位与居民物品物流总额比重小幅上升,农产品物流总额比重与 2022 年持平,进口货物物流总额略有下降。2019—2023 年中国社会物流总额构成情况如表 1-3 所示。

表 1-3 2019—2023 年中国社会物流总额构成情况

指标	2019 年 绝对值(万亿元)	2019 年 比重(%)	2020 年 绝对值(万亿元)	2020 年 比重(%)	2021 年 绝对值(万亿元)	2021 年 比重(%)	2022 年 绝对值(万亿元)	2022 年 比重(%)	2023 年 绝对值(万亿元)	2023 年 比重(%)
工业品物流	269.6	90.5	269.9	89.9	299.6	89.4	309.2	88.9	312.6	88.7
进口货物物流	14.3	4.8	14.2	4.7	17.4	5.2	18.1	5.2	18.0	5.1
农产品物流	4.2	1.4	4.6	1.5	5.0	1.5	5.3	1.5	5.3	1.5
再生资源物流	1.4	0.5	1.6	0.5	2.5	0.7	3.1	0.9	3.5	1.0
单位与居民物品物流	8.4	2.8	9.8	3.3	10.8	3.2	12.0	3.5	13.0	3.7
合计	298.0	100	300.1	100	335.2	100	347.6	100	352.4	100

注:由于小数四舍五入的原因,部分年份社会物流总额绝对值的分项数与合计数略有差异。

资料来源:国家发展改革委、中国物流与采购联合会:《全国物流运行情况通报》(2019—2023)。

二、社会物流总费用

2023 年,我国社会物流总费用为 18.2 万亿元,同比增长 2.3%。随着疫情防控平稳转段,物流堵点全面打通,物流运行效率得到提升,2023 年社会物流总费用与 GDP 的比率为 14.4%,比 2022 年回落 0.3 个百分点。2011—2023 年中国社会物流总费用、增速及与 GDP 的比率情况如表 1-4 所示。

第一章　中国物流市场发展状况

表 1-4　2011—2023 年中国社会物流总费用、增速及与 GDP 的比率情况

年份	社会物流总费用（万亿元）	比上年增长（%）	与 GDP 的比率（%）
2011	8.4	18.5	17.8
2012	9.4	11.4	18.0
2013	10.2	9.3	16.9
2014	10.6	6.9	16.6
2015	10.8	2.8	16.0
2016	11.1	2.9	14.9
2017	12.1	9.2	14.6
2018	13.3	9.8	14.8
2019	14.6	7.3	14.7
2020	14.9	2.0	14.7
2021	16.7	12.5	14.6
2022	17.8	4.4	14.7
2023	18.2	2.3	14.4

注：2013 年交通运输部调整了货运量、货物周转量的统计口径，国家统计局按照新的货运量、货物周转量统计口径，对 2013 年的社会物流总费用及其与 GDP 比率的数值进行了调整。表中是调整后的数据。

资料来源：国家发展改革委、中国物流与采购联合会：《全国物流运行情况通报》（2011—2023）。

从结构上看，运输费用 9.8 万亿元，同比增长 2.8%；保管费用 6.1 万亿元，同比增长 1.7%；管理费用 2.3 万亿元，同比增长 2.0%。2023 年中国社会物流总费用构成情况如表 1-5 所示。

表 1-5　2023 年中国社会物流总费用构成情况

指标	绝对值（万亿元）	比 2022 年增长（%）	比重（%）
社会物流总费用	18.2	2.3	100
其中：运输费用	9.8	2.8	53.8
保管费用	6.1	1.7	33.5

续表

指标	绝对值（万亿元）	比2022年增长（%）	比重（%）
管理费用	2.3	2.0	12.6

注：由于小数四舍五入的原因，社会物流总费用绝对值的分项数与合计数略有差异。

资料来源：国家发展改革委、中国物流与采购联合会：《2023年全国物流运行情况通报》，2023年2月7日，中国物流信息中心网站（http://www.clic.org.cn/wltjwlyx/311086.jhtml）。

三、货运量与货物周转量

2023年，受国内经济企稳回升及2022年同期基数偏低因素影响，我国货运物流需求恢复较快，增速回升较为明显。全社会完成货运量556.8亿吨，同比增长8.1%；完成货物周转量24.77万亿吨公里，同比增长6.3%。2011—2023年中国货运量、货物周转量及增速情况如表1-6所示。

表1-6 2011—2023年中国货运量、货物周转量及增速情况

年份	货运量 绝对值（亿吨）	货运量 增速（%）	货物周转量 绝对值（万亿吨公里）	货物周转量 增速（%）
2011	369.7	14.1	15.93	12.3
2012	410.0	10.9	17.38	9.1
2013	409.9	—	16.80	—
2014	416.7	1.7	18.17	8.2
2015	417.6		17.84	
2016	438.7	5.1	18.66	4.6
2017	480.5	9.5	19.74	5.8
2018	515.3	7.2	20.47	3.7
2019	471.4	—	19.94	—
2020	472.6	0.3	20.22	1.4
2021	529.8	12.1	22.36	13.7

续表

年份	货运量		货物周转量	
	绝对值（亿吨）	增速（%）	绝对值（万亿吨公里）	增速（%）
2022	515.3	-2.7	23.18	3.7
2023	556.8	8.1	24.77	6.3

注：2013年交通运输部对公路、水路运输量统计口径进行了调整，2015年和2019年交通运输部对公路货物运输量统计口径进行了调整，这些年度的数据与上年不可比。

资料来源：2011—2022年数据来自国家统计局：《中国统计年鉴2023》，中国统计出版社2023年版；2023年数据来自国家统计局：《中华人民共和国2023年国民经济和社会发展统计公报》，2024年2月29日，国家统计局（https://www.stats.gov.cn/sj/zxfb/202402/t20240228_1947915.html）。

各运输方式中，民航运输的货运量和货运周转量回升最为显著，公路和水路运输增速回升也较为明显，铁路和管道运输增长平稳。2023年各运输方式货运量、货物周转量及增速情况如表1-7所示。

表1-7　2023年各运输方式货运量、货物周转量及增速情况

指标	绝对值	增速（%）
货物运输总量（亿吨）	556.8	8.1
其中：铁路（亿吨）	50.1	1.5
公路（亿吨）	403.4	8.7
水运（亿吨）	93.7	9.5
民航（万吨）	735.4	21.0
管道（亿吨）	9.5	7.5
货物运输周转量（万亿吨公里）	24.77	6.3
其中：铁路（万亿吨公里）	3.64	1.5
公路（万亿吨公里）	7.40	6.9
水运（万亿吨公里）	13.00	7.4
民航（亿吨公里）	283.60	11.6
管道（万亿吨公里）	0.71	3.8

资料来源：国家统计局：《中华人民共和国2023年国民经济和社会发展统计公报》，2024年2月29日，国家统计局（https://www.stats.gov.cn/sj/zxfb/202402/t20240228_1947915.html）。

四、港口货物吞吐量与集装箱吞吐量

2023年，在全球经济复苏的带动下，中国煤炭、铁矿石、原油等大宗商品进口规模增长明显，从而使沿海港口吞吐量实现超预期增长。2023年，全国港口完成货物吞吐量169.73亿吨，同比增长8.2%。2011—2023年全国港口完成货物吞吐量及增速情况如表1-8所示。

表1-8　2011—2023年全国港口完成货物吞吐量及增速情况

年份	全国港口货物吞吐量 绝对值（亿吨）	增速（%）	其中：外贸货物吞吐量 绝对值（亿吨）	增速（%）
2011	100.41	12.4	27.86	11.4
2012	107.76	7.3	30.56	9.7
2013	117.67	9.2	33.60	9.9
2014	124.52	5.8	35.90	6.9
2015	127.50	2.4	36.64	2.0
2016	132.01	3.5	38.51	5.1
2017	140.07	6.1	40.93	6.3
2018	143.51	2.5	41.89	2.4
2019	139.51	5.7	43.21	4.7
2020	145.50	4.3	44.96	4.0
2021	155.45	6.8	46.97	4.5
2022	156.85	0.9	46.07	-1.9
2023	169.73	8.2	50.47	9.5

注：2019年，交通运输部对港口统计范围进行了调整，2019年增速按可比口径计算。

资料来源：2011—2012年数据来自交通运输部：《公路水路交通运输行业发展统计公报》（2011—2012），2013—2023年数据来自《交通运输行业发展统计公报》（2013—2023），交通运输部网站（https://www.mot.gov.cn/fenxigongbao/hangyegongbao/）。

2023年，全国港口完成集装箱吞吐量达到3.10亿标准箱，首次突破3亿标准箱，同比增长4.9%，实现了超预期增长。2011—2023年全国港口集装箱吞吐量及增速情况如图1-6所示。

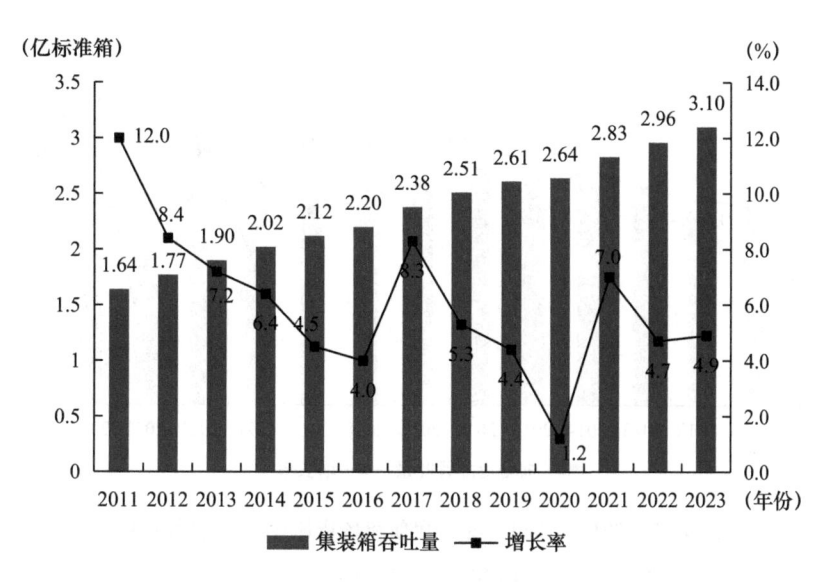

图1-6 2011—2023年全国港口集装箱吞吐量及增速情况

资料来源：交通运输部：《公路水路交通运输行业发展统计公报》（2011—2012），《交通运输行业发展统计公报》（2013—2023），交通运输部网站（https：//www.mot.gov.cn/fenxigongbao/hangyegongbao）。

五、机场货邮吞吐量

2023年，随着国内疫情防控转段，航空货运行业逐渐向常态化运营阶段恢复。全国机场共完成货邮吞吐量1683.3万吨，同比增长15.8%，恢复到2019年的98.4%。其中，国内航线完成967.7万吨，同比增长30.6%，恢复到2019年的90.9%；国际航线完成715.6万吨，同比增长0.5%，恢复到2019年的110.8%。全国有63个机场的年货邮吞吐量在1万吨以上，较2022年增加12个。北京、上海和广州三大城市的机场货邮吞吐量占全部境内机场货邮吞吐量的42.7%，同比下降0.6个百分点。2011—2023年全国民航机场货邮吞吐量及增速情况如图1-7所示。

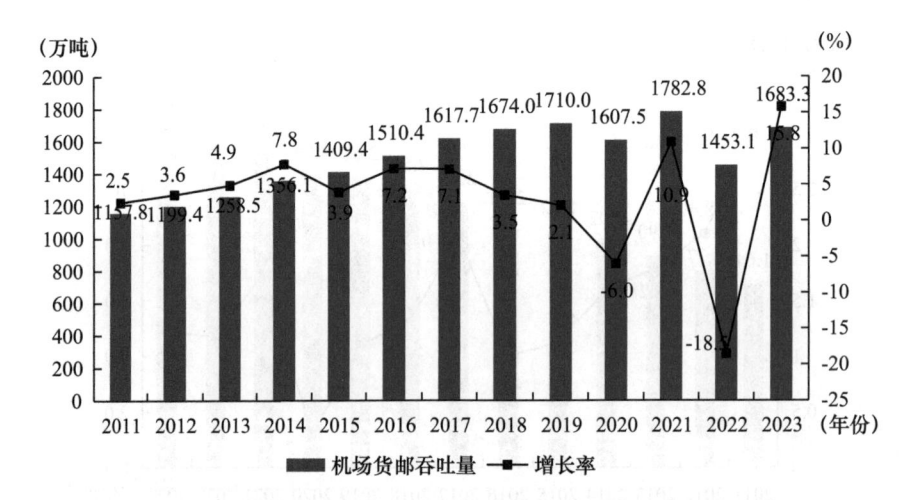

图1-7 2011—2023年全国民航机场货邮吞吐量及增速情况

资料来源：中国民用航空局：《全国民用运输机场生产统计公报》（2011—2023），中国民用航空局网站（http://www.caac.gov.cn/XXGK/XXGK/TJSJ/index_1216.html）。

六、快递业务量

2023年，我国快递业务量增速回升明显，全国快递服务企业业务量累计完成1320.7亿件，同比增长19.4%。2011—2023年全国快递服务企业快递业务量及增长情况如图1-8所示。

从业务结构看，同城、异地、国际/中国港澳台快递业务量分别占全部快递业务量的10.3%、87.4%和2.3%。与2022年同期相比，同城快递业务量的比重下降1.3个百分点，异地快递业务量的比重上升0.8个百分点，国际/中国港澳台业务量的比重上升0.5个百分点。2011—2023年全国快递业务量的业务结构情况如图1-9所示。

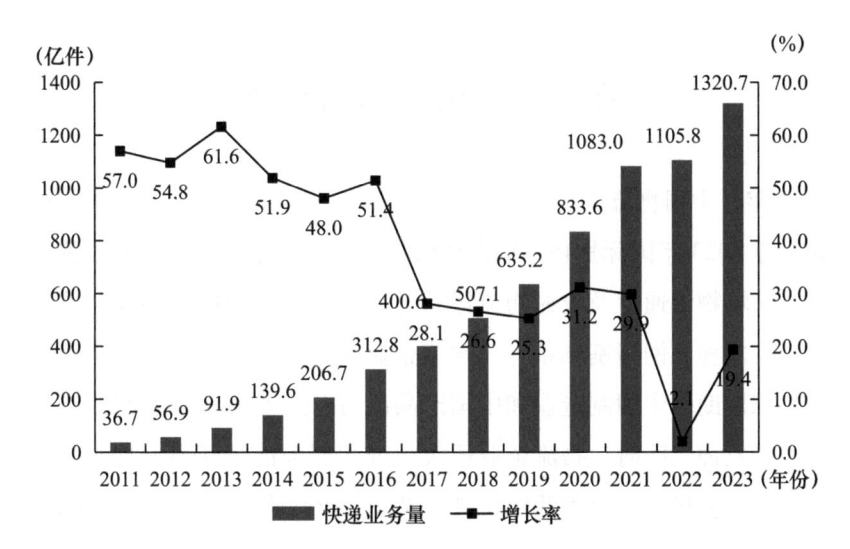

图1-8 2011—2023年全国快递服务企业快递业务量及增长情况

资料来源：国家邮政局：《国家邮政局公布邮政行业运行情况》（2011—2023），国家邮政局网站（https：//www.spb.gov.cn/gjyzj/c100276/common_list.shtml）。

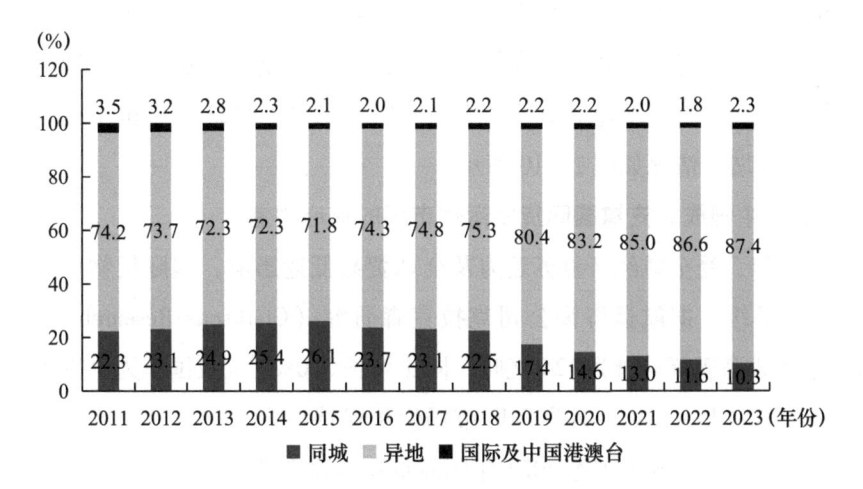

图1-9 2011—2023年全国快递业务量的业务结构情况

资料来源：国家邮政局：《邮政行业运行情况》（2011—2023），国家邮政局网站（https：//www.spb.gov.cn/gjyzj/c100276/common_list.shtml）。

第三节　中国物流市场的主要特征

2023年,中国物流市场呈稳步复苏态势,巨大的国际物流需求规模使中国成为支撑2023年国际货物运输市场的核心力量。重大物流基础设施短板加快补齐,跨境物流通道及农村物流体系进一步完善,为中国物流业发展提供了更为坚实的物流网络基础条件。物流企业密切关注中国产业链供应链发展新趋势,积极助力中国制造业和中国产品出海,产业的基础性和战略性作用得到进一步发挥。同时,物流企业还大力强化服务能力建设,加快数智化技术创新应用,积极践行绿色低碳发展方式,行业高质量发展取得明显成效。

一、物流市场总体持续恢复向好

(一)物流市场呈稳步复苏态势

2023年,随着世界经济复苏以及我国经济实现恢复发展,中国物流市场整体持续恢复向好。具体表现为物流市场主要物流指标增速均明显回升,且主要物流指标分季度增速呈前低、中高、后稳态势。2023年中国主要物流指标分季累计增速情况如图1-10所示。

(二)中国成为支撑国际货物运输市场的核心力量

2023年,受全球经济复苏乏力及全球贸易低迷影响,国际货物运输市场增长较为平缓。据航运咨询公司克拉克森研究(Clarksons Research)统计,2023年全球海运贸易量为124亿吨,同比增长3.0%[①]。我国作为世界第一大出口国和第二大进口国,外贸国际市场份额保持稳定,进出口物流需求规模大、增速高,从而成为支撑2023年国际货物运输市场的核心力量。

---

① 克拉克森研究:《当前中国海运进出口贸易占全球海运贸易总量已超过30%》,2024年2月28日,智通财经网(https://www.zhitongcaijing.com/content/detail/1078153.html)。

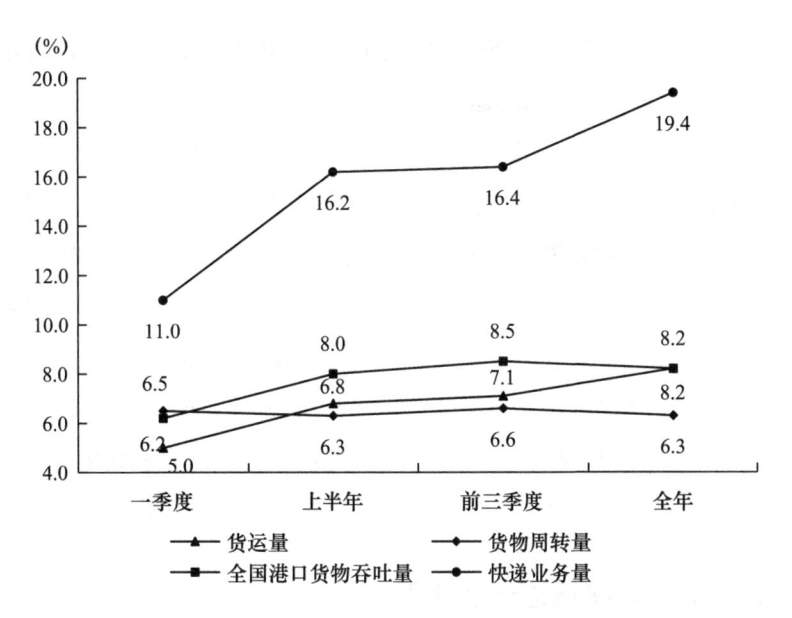

图 1-10 2023 年中国主要物流指标分季累计增速情况

资料来源：国家统计局：《月度数据》，国家统计局网站（https://data.stats.gov.cn/easyquery.htm?cn=A01）。

2023 年，中国海关监管的进出口货运量达 53.3 亿吨，同比增长 10.7%[1]。其中，进口 35.0 亿吨，同比增长 13.0%[2]。铁矿砂、煤炭、原油和天然气的进口量分别高达 11.8 亿吨、4.7 亿吨、5.6 亿吨和 1.2 亿吨，同比分别增长 6.6%、61.8%、11.0% 和 9.9%[3]；出口 18.4 亿吨，同比增长 6.7%[4]。钢材、汽车和船舶分别出口 9026.4 万吨、522.1 万辆和 4940 艘，同比增长

---

[1] 海关总署：《2023 年 12 月货运监管业务统计快报表》，2024 年 1 月 12 日，海关总署网站（http://www.customs.gov.cn/customs/302249/zfxxgk/2799825/302274/302275/5624380/index.html）。

[2] 海关总署：《2023 年 12 月货运监管业务统计快报表》，2024 年 1 月 12 日，海关总署网站（http://www.customs.gov.cn/customs/302249/zfxxgk/2799825/302274/302275/5624380/index.html）。

[3] 海关总署：《2023 年 12 月全国进口重点商品量值表（美元）》，2024 年 1 月 12 日，海关总署网站（http://www.customs.gov.cn/customs/302249/zfxxgk/2799825/302274/302275/5624364/index.html）。

[4] 海关总署：《2023 年 12 月货运监管业务统计快报表》，2024 年 1 月 12 日，海关总署网站（http://www.customs.gov.cn/customs/302249/zfxxgk/2799825/302274/302275/5624380/index.html）。

36.2%、57.4%和23.2%①。2023年中国海运进出口贸易量占全球海运贸易总量的比重超过30%，全球海运贸易增量的34%来自中国海运贸易的增长②。

2023年，全球航空货运市场需求表现低迷，但我国新崛起的多家跨境电商平台业务量激增，成为带动全球航空物流需求增长的重要力量。根据Cargo Facts Consulting汇总的数据，Shein每日发货约5000吨，Temu约4000吨，速卖通约1000吨，TikTok Shop约800吨，四家平台合计日发货1万余吨，约相当于108架波音777货机的载重量③。2023年，上海机场跨境电商申报量达4.4亿票，同比增长近两倍④；跨境电商货物运输量35万吨，同比增长260%⑤。其中，Shein、Temu、TikTok Shop等三家中国电商平台在浦东机场的出口申报量同比增长超10倍，占上海空港口岸跨境电商申报出口总量的30%以上⑥。

二、物流体系建设进一步完善

（一）重大物流基础设施短板加快补齐

2023年，我国继续加快补齐国家物流枢纽⑦、国家综合货运枢纽⑧、国家

---

① 海关总署：《2023年12月全国出口重点商品量值表（美元）》，2024年1月12日，海关总署网站（http://www.customs.gov.cn/customs/302249/zfxxgk/2799825/302274/302275/5624356/index.html）。

② 克拉克森研究：《当前中国海运进出口贸易占全球海运贸易总量已超过30%》，2024年2月28日，智通财经网（https://www.zhitongcaijing.com/content/detail/1078153.html）。

③ Arriana McLymore, Casey Hall and Lisa Barrington, *Rise of Fast-Fashion Shein, Temu Roils Global Air Cargo Industry*, 2024年2月21日，U.S. News网站（https://money.usnews.com/investing/news/articles/2024-02-21/rise-of-fast-fashion-shein-temu-roils-global-air-cargo-industry）。

④ 吴宇：《上海空港口岸成为跨境电商 推动国货出海重要通道》，《经济参考报》2024年1月23日第A06版。

⑤ 李晔：《上海空港跨境电商出口单日峰值已破二百万票》，2024年1月21日，上海市人民政府网站（https://www.shanghai.gov.cn/nw4411/20240121/21096abd79eb4c14b08ed9a107c8fcd2.html）。

⑥ 吴宇：《上海空港口岸成为跨境电商 推动国货出海重要通道》，《经济参考报》2024年1月23日第A06版。

⑦ 国家物流枢纽是物流体系的核心基础设施，是辐射区域更广、集聚效应更强、服务功能更优、运行效率更高的综合性物流枢纽，在全国物流网络中发挥关键节点、重要平台和骨干枢纽的作用。

⑧ 国家综合货运枢纽是国家综合立体交通网的关键节点和重要支撑，是多种运输方式一体化衔接的重要载体，在优化运输结构、提升综合交通运输网络效率、构建现代综合交通运输体系中具有重要作用。

骨干冷链物流基地①等重大物流基础设施短板，以提升我国物流活动的规模化组织能力和效率。

2023年，国家发展改革委新支持沧州港口型等30个国家物流枢纽建设。截至2023年年末，国家发展改革委累计牵头发布了5批国家物流枢纽年度建设名单，共包括125个枢纽，实现了31个省（区、市）、5个计划单列市和新疆生产建设兵团全覆盖。

2023年，交通运输部牵头财政部连续第二年开展国家综合货运枢纽建设。截至2023年年末，两部门累计下达187亿元支持两批25个枢纽城市，共296个货运枢纽项目和125个集疏运项目建设②。

2023年，国家发展改革委新支持25个国家骨干冷链物流基地建设。自2020年以来，国家发展改革委已分3批将66个国家骨干冷链物流基地纳入年度建设名单，基地网络覆盖29个省（自治区、直辖市，含新疆生产建设兵团）。

（二）跨境物流通道拓展取得新突破

2023年，我国跨境物流通道进一步拓展。通过既有线路扩能和开辟新线路，中欧班列和中老铁路等陆路跨境通道的货物运输能力和辐射效应明显提升。多条TIR③国际跨境公路货物运输线路顺利开通，进一步畅通了中西部地区对外贸易新通道。中俄北极航线正式启动运营，中吉乌铁路通道项目和中巴公路通道加快推进。

中欧班列线路扩能与新线路开发齐头并进，成效显著。在线路扩能方面，一是兰新铁路精河至阿拉山口段增建二线工程于2023年11月开通运营，年运输能力由1500万吨提升至6000万吨；二是通过持续实施扩编增吨措施，

---

① 国家骨干冷链物流基地是面向高附加值生鲜农产品优势产区和集散地，依托存量冷链物流基础设施群建设的重大冷链物流基础设施，是国家骨干冷链物流设施网上的重要节点。

② 《中国水运报》：《李小鹏部长在2024年全国交通运输工作会议上的讲话摘要版》，2023年12月23日，中国水运网（http：//www.zgsyb.com/news.html？aid=670662）。

③ TIR系统是根据联合国《国际公路运输公约》建立的国际跨境货物运输领域的全球性海关便利通关系统，具有通关手续前置、周转速度快、性价比高、机动灵活、可实现"门对门"运输等特点。

班列编组辆数和牵引质量不断增加，班列运输能力提升10%[①]。在新线路开发方面，班列沿线省市开发了多条新线路。如，武汉先后开辟"白俄罗斯索利戈尔斯克—武汉""欧洲—中国武汉—中国香港""中国武汉—白俄罗斯若季诺"等11条新线路，西安开行首趟中欧班列+西部陆海新通道互联互通班列，黑龙江同江铁路口岸新增为我国第6座中欧班列通行口岸。2023年全年，中欧班列累计开行1.7万列，发送货物190万标箱，同比分别增长6.0%和18.0%[②]。

中老铁路的辐射效应和跨境货物运输能力明显提升。2023年，中老铁路通过创新开行"沪滇·澜湄线""澜湄蓉渝欧快线""中欧+澜湄线"国际货运班列，货物运输服务已经辐射至老挝、泰国、越南、缅甸等12个"一带一路"共建国家以及国内31个省（区、市）的主要城市。2023年，中老铁路货物运输量显著增加，全年昆明海关累计监管验放经中老铁路进出口货运量达421.8万吨，同比增长94.9%[③]。

多条TIR国际跨境公路货物运输线路顺利开通。2023年2月，郑州至莫斯科TIR跨境公路货运线路正式开通；9月、10月和12月，河南、四川和深圳先后开通"中吉乌"[④]TIR国际跨境公路货物运输线路。TIR跨境公路运输时效比铁路快，成本比航空低，线路也更加机动灵活。该模式线路的开通，为相关地区企业提供了更多便利化跨境进出口通道和通关方式选择。

中俄北极航道正式启动运营。2023年7月，新新海运公司旗下集装箱船"新新北极熊"号在圣彼得堡起航，历时约20天，穿越北极航道抵达中国海

[①] 严冰：《国铁集团持续打造国际物流品牌 前11月中欧班列货运量已超去年全年》，《人民日报海外版》2023年12月6日第1版。

[②] 国务院新闻办公室：《国务院新闻办就2023年全年进出口情况举行发布会》，2024年1月12日，国务院新闻办网站（https://www.gov.cn/lianbo/fabu/202401/content_6925700.htm）。

[③] 叶传增：《中老铁路2023年进出口货运量421.77万吨 同比增长94.91%》，2024年1月3日，中国—带—路网（https://www.yidaiyilu.gov.cn/p/0909I2G1.html）。

[④] 中吉乌公路是中国—中亚—西亚国际经济走廊的重要组成部分，2018年2月正式开通。东起中国新疆喀什，穿越吉尔吉斯斯坦南部城市奥什，西抵乌兹别克斯坦首都塔什干，全长950千米。

港，标志着中俄北极航线集装箱班轮正式启动。8 月，17 万载重吨矿砂船"Gingo"号在俄罗斯西北港口满载铁矿石后，经北极航线到达中国东部港口，这是全球第一艘通过北极航道的大型矿砂船。9 月，一艘名为 Leonid Loza 的 156630DWT（载重吨）油轮从摩尔曼斯克出发进入 NSR（北方海航道，Northern Sea Route）航道前往宁波港，标志着传统油轮首次使用北极航线。

中吉乌铁路项目、中巴喀喇昆仑公路二期（雷科特—塔科特）改线项目加快推进。2023 年 5 月，在中国—中亚峰会期间，中国国家发展改革委、吉尔吉斯斯坦交通和通信部、乌兹别克斯坦交通部签署了三方谅解备忘录，就三方联合评估修建中吉乌铁路（吉尔吉斯斯坦—乌兹别克斯坦境内段）项目的可行性研究达成共识。9 月，三方专家会议以自愿协商形式举行，会议期间讨论了项目融资和管理模式问题。同月，中巴经济走廊交通基础设施联合工作组第 10 次会议在北京召开，中巴双方就推进喀喇昆仑公路二期（塔科特—雷科特段）（N35）改线项目等后续项目和深化两国公路技术合作达成了共识。

（三）农村寄递网络建设持续完善

2023 年，国家邮政局启动了农村寄递物流体系建设三年行动，联合中央财经委员会办公室等部门印发推动农村流通高质量发展指导意见，会同农业农村部加快推进脱贫地区快递进村，"一村一站"[①] 工程得到有力实施。2023 年全年累计建成 1267 个县级公共寄递配送中心、28.9 万个村级寄递物流综合服务站和 19 万个村邮站。全国每周投递三次及以上的建制村基本实现全覆盖，全国 3356 个抵边自然村全部实现通邮[②]。

三、物流业助力中国企业和中国产品出海

（一）助力制造企业海外建厂

2023 年，中国制造产业链出海形成热潮，多家制造企业到海外建设生产

[①] 指 1 个行政村至少设置 1 个村级寄递物流综合服务站。

[②] 陈珺：《疏通"神经末梢"振兴农村物流》，2024 年 2 月 17 日，中国水运网（http：//www.zgsyb.com/news.html？aid＝674112）。

基地。由于当地产业链不健全，大批基建、设备、零部件物资需从中国国内运至海外生产基地所在地，产生大量海外建设工程物流需求。中国物流企业积极参与此类海外建设工程物流项目，并针对项目复杂度高、难度大的特点，精心制定方案，助力中国制造业产业链出海。

2023年2月，国内某制造企业在印度尼西亚建厂，圆通国际供应链公司为其完成首批物资运输任务。该批次运输物资的总重量超3万吨，包含龙门吊、推土机、叉车、发电机、箱式变压器等超大、超重型工程材料及设备。圆通国际供应链公司全程参与了从项目规划咨询、物流方案设计到最终业务落地的所有流程，将该批物资由福建顺利运至4000千米外的印尼加里曼丹省施工现场。

2023年6月，无锡中远海运物流公司中标一项中企海外建设工程物流项目，为客户提供工程机电物资出口泰国的全程物流服务。该公司针对客户最注重的成本控制、时效保证和应急预案准备制定了精准方案，提前与多家海外清关代理联系交流，甄选最优质的代理对接项目，顺利完成首批共计60个大柜从上海、南沙到泰国的出口任务，保证了客户项目的按期推进。

2023年，国内某制造企业客户在拉美建立汽车零配件生产工厂，国际物流综合服务平台企业"运去哪"承接了该项目的物流服务任务。该项目物流难度很大，货物种类包括工厂建设所需的各种建材以及各类生产设备，出货工厂分布在上海、天津、南京、广州等30多个不同城市，且出货时间各不相同。运去哪依托遍布全国13家分公司所构建成的物流网络及充沛的拉美海运资源，为客户定制了多种价位、不同运输周期的综合物流解决方案，并通过发挥高效的口岸货运协调能力，圆满完成了客户交给的任务。

（二）助力"新三样"产品出口

2023年，中国"新三样"产品出口再创新高，中国物流企业积极为"新三样"产品出口提供物流服务，并紧紧围绕新能源汽车和锂电池物流过程安全风险高、光伏产品物流成本敏感性强等特点，开发出一系列创新解决方案，全力支持"新三样"产品出口。

在新能源汽车方面，2023 年，国家铁路集团有限公司持续发挥现代化铁路网优势，利用中欧班列、西部陆海新通道班列、中老铁路跨境货物列车运能，为中国新能源车企走出去开辟出多条高效便捷的国际物流通道。2023 年，仅经霍尔果斯口岸就出口新能源汽车 6.3 万辆，同比增长 585.6%[1]。中远海特公司为解决运力不足的难题，除加大滚装汽车船购买力度外，2023 年还接入 3 艘适装新能源汽车的多用途纸浆船，开发出"纸浆船搭配框架＋汽车船滚装＋重吊船吊装"等创新组合运输方案。此外，中远海特公司还针对新能源汽车下舱难题，批量改造在建纸浆船，申办危险品运载证书，研发智能温度监控系统，搭配视频动态感知、AI 智能配载，实现汽车在途的全链路可视化服务。2023 年，中远海特公司安全、高质量承运新能源汽车 8.6 万辆[2]。

在锂电池方面，2023 年福建省位居我国锂电池出口首位。为全力支持锂电池出口，厦门港实施了新建冷藏危险货物集装箱堆场、完成特定种类危货集装箱和普货集装箱混堆规范等多样化举措；厦门港口管理局协调省港航发展中心在省级危货监管平台上开发了专门模块，满足集装箱式储能系统作为第 9 类危险货物的装卸作业申报要求，并解决了集装箱式储能系统非常规包装要求，打通了危货作业的"堵点"。此外，厦门港口管理局还联合厦门海事局等部门印发了全国首个针对集装箱式锂电池储能系统的海上安全运输指南，以进一步规范流程，降低运输风险，提升常态化海运出口效率。2023 年，顺丰航空多次执行大型动力锂电池跨境运输，将比亚迪等中国新能源企业出口的锂电池货物运往阿拉木图、法兰克福等地。这一方面标志着中国航空公司危险品航空运输保障能力再上新台阶，另一方面对增强国产动力锂电池国际竞争力、稳定动力锂电池全球供应链、促进我国新能源产业发展具有

---

[1] 央视新闻：《"新三样"出口首破万亿，释放出怎样的信号？》，2024 年 1 月 17 日，央视新闻官方账号（https://baijiahao.baidu.com/s?id=1788301394479192895&wfr=spider&for=pc）。

[2] 同花顺金融研究中心：《中远海特 2023 年年度董事会经营评述》，2024 年 3 月 27 日，同花顺财经网站（https://news.10jqka.com.cn/20240327/c656370596.shtml）。

重要意义。

在光伏产品方面，2020年以来，随着行业产能大举扩张，大部分新建电池组件产能已由江苏苏州、无锡、常州和浙江宁波等靠近干线枢纽港的区域，内迁至江苏北部的盐城、宿迁和安徽的合肥、芜湖等地。这些地区距离干线枢纽港较远，如果货物出口通过公路或其他长江沿线港口中转运至干线枢纽港再装船，出海成本很高。2023年6月，宿迁港开通了至上海港的外贸集装箱直航航线，使天合光能、正信光电、阿特斯等光伏企业的产品可通过"河海直达"班轮运至上海港。与以往通过陆运或经太仓港、扬州港等中转至上海港相比，不仅成本大幅下降，时效性也有明显改善。2023年9月，安徽港航集团联合上港集团，开通了合肥港至上海洋山港的河海直达集装箱班轮航线，使合肥出口的光伏货物无须在沿江港口中转而直达上海洋山港，提高了水运运输时效，降低了企业物流综合成本。

（三）助力跨境电商发展

2023年，以速卖通、Shein、Temu、TikTok Shop为代表的中国多家大型跨境电商平台得以在海外迅速崛起，离不开包括物流服务链在内的我国强大供应链体系的支持。从物流角度看，这些跨境电商平台的物流运作难度很大。首先，这些平台多为B2C电商平台，重视消费者体验，从而对物流的时效性要求很高；其次，这些平台所售商品以快时尚产品和平价商品为主，商品附加值不高，需要严格控制物流成本。经过近年来的快速发展，中国已形成一大批实力强的骨干物流企业，正是这些骨干企业通过自身强大的境内外物流运作能力和持续升级的物流服务，为这些跨境平台企业的崛起提供了有力支撑。

大批中国物流企业为跨境电商平台提供了境内外物流服务。2023年，包括跨越速运、顺丰、安能、壹米滴答、中通、韵达、德邦、百世等在内的快运及快递企业，承担了Shein、Temu、TikTok Shop三家跨境电商平台90%的货物国内进仓服务；中国邮政、极兔速递、中远海运、东航物流、云途等物流企业承担了三家平台的部分出口物流服务。菜鸟物流公司主要为速卖通提供境内外物流服务。

物流企业采取多种举措提升跨境电商物流时效。2023年7月，菜鸟正式启用了其在东南亚最大的智慧物流枢纽——印度尼西亚雅加达cHub。9月，菜鸟联合速卖通上线了"全球5日达"国际快线产品，首批落地英国、西班牙、荷兰、比利时和韩国五个国家。10月，顺丰首次大规模升级东南亚地区至中国的跨境寄递服务时效，新加坡至中国、马来西亚两国的9个城市可实现跨境快递次日达。2023年，圆通在旺季前对国内跨境仓做了系统性升级，尤其是以东莞跨境仓为首的华南区域，在扩容仓储面积的同时，通过增设全新自动化设备，实现旺季主仓24小时不停转，物流产能提升5倍以上。以义达、捷利、中外运速递等为代表的跨境电商物流企业，2023年实现包机出口580架次[①]。

此外，2023年以来，中国海外仓建设持续拓展，使跨境电商境外物流服务体系得到进一步完善。商务部数据显示，截至2024年1月，中国企业建设的海外仓已超过2400个，面积超过2500万平方米[②]。浙江是我国海外仓建设的龙头省份，截至2023年6月底，浙江省累计建设了790个海外仓，总面积968万平方米，占全国海外仓总面积的三分之一，覆盖全球51个国家155个城市。据深圳市商务局统计，截至2023年11月，深圳企业建设运营的海外仓面积超过380万平方米，较2022年新增约100万平方米[③]。另据珲春东北亚跨境电商产业园统计，2023年，该产业园在俄罗斯乌苏里斯克、莫斯科及韩国仁川等地大力扩建了海外仓。

四、大型物流企业强化服务能力建设

（一）大型物流央企加强境外服务能力建设

由于国际环境不稳定、不确定性明显增加，维护中国产业链供应链安全

[①] 吴宇：《上海空港口岸成为跨境电商 推动国货出海重要通道》，《经济参考报》2024年1月23日第A06版。

[②] 《经济日报》：《对外贸易结构更优动力更足》，2024年1月21日，中国政府网（https://www.gov.cn/yaowen/liebiao/202401/content_6927300.htm）。

[③] 刘琼：《深圳跨境电商稳居全国"第一方阵"》，《深圳商报》2024年1月13日第A01版。

稳定运行成为大型物流央企的重要职责。为此，2023年，中远海运港口、招商港口局、中国物流集团等物流央企通过多种途径，强化境外服务能力建设。

中远海运港口公司持续完善全球码头网络。2023年3月，中远海运港口与合作方正式签署项目协议，投资埃及苏科纳港口新集装箱码头25%股权。该项目是埃及政府在苏科纳港新建的码头，项目经营期为30年，总投资额约3.8亿美元，建设完成后码头产能达170万标箱。5月，中远海运港口收购汉堡港Tollerort集装箱码头24.99%股权事项获得德国政府批准。汉堡港是中国货物通往欧洲的重要门户港口，也是中欧贸易的第一大港。按货运量计算，汉堡港在中德贸易总额中所占份额接近40%[①]。

招商港口强化其在南亚和东南亚地区的物流网络布局。2023年4月，招商港口与斯里兰卡港务局和当地企业Access工程公司正式签署南亚商贸物流中心项目协议，共建南亚区域现代化多功能物流中心。南亚商贸物流中心项目位于南亚地区重要枢纽港——科伦坡港内，总投资3.9亿美元，招商港口持有合资公司70%的股权，项目特许经营期50年。该项目将利用斯里兰卡自由港政策优势及其地理位置优势，开展进出口拆装箱、保税仓储、自由港业务、仓库租赁和临港商贸物流等业务。11月，招商港口发布公告，拟收购在印尼上市的港口服务企业PT Nusantara Pelabuhan Handal Tbk的51%股权，收购价约6120万美元。此次收购将完善招商港口在东南亚的港口网络布局，并借助当地的合作伙伴进入印尼市场。

中远海控集团稳步提升全球服务能力。2023年，该集团在巩固东西干线优势的同时，还持续加强新兴市场、区域市场、第三国市场的布局和开拓，陆续开辟并升级欧洲—南美东自营航线、多条RCEP成员国航线、远东—非洲航线、肯尼亚—莫桑比克支线、地中海—北非支线。此外，该集团还围绕比雷埃夫斯、阿布扎比、瓦伦西亚、泽布吕赫等枢纽港，持续推动海外仓和多式联运体系建

---

① 白帆：《中企收购汉堡港码头获德国政府批准，将持股24.9%》，2023年5月11日，界面新闻官方账号（https://baijiahao.baidu.com/s?id=1765597995322364851&wfr=spider&for=pc）。

设,并成功升级西部陆海新通道、中欧陆海快线等海铁联运服务。

中国物流集团积极开发跨境物流业务,2023年组织实施了匈塞铁路、雅万高铁、中泰铁路、马来西亚东海岸铁路等项目物资供应服务,国际班列发运量增长91%。2023年9月,中国物流集团还在新加坡成立海外公司。海外公司作为其国际业务的"桥头堡",将加速集团的全球化发展进程,提升境外服务能力。

(二)大型省级物流集团强化资源整合能力

2023年,随着国企改革的持续深化,一批大型省级物流集团纷纷成立。这些省级物流集团作为推动本省市(自治区)内物流资源整合的核心载体,在优化域内物流资源配置、提升域内物流发展水平以及落实本省市(自治区)区域物流发展定位方面发挥了重要作用。

2023年5月,新疆商贸物流(集团)有限公司在新疆国有资产投资经营有限责任公司、新疆国际经济合作(集团)有限责任公司等基础上整合成立。8月,集团又重组整合了新疆国际陆港(集团)有限责任公司,从而使新疆的商贸物流资源配置更加高效,为更好发挥新疆区位和资源禀赋优势,将新疆打造成亚欧黄金通道和向西开放的桥头堡奠定了基础。

2023年6月,重庆物流集团有限公司在重庆交运集团、重庆国际物流集团、重庆港务物流集团三家企业基础上组建成立。新成立的重庆物流集团集中了重庆市的核心物流资源,拥有果园港等10个货运港口码头和300万平方米仓储能力,港口年货物吞吐量可达9000万吨,集装箱吞吐量达275万标箱。通过提升物流资源的集约化利用程度,重庆物流集团将有效增强重庆既有物流通道能力,更好发挥重庆连接"一带一路"的纽带作用,引领和带动西部地区对外开放。

2023年8月,湖南省港航水利集团在湖南省湘水集团有限公司基础上成立。自成立以来,集团作为全省港航资源整合的统一平台,先后完成省内14个公用码头和4家港航物流企业资源整合,并牵头组建了注册资本为100亿元的城陵矶港口集团,从而使湖南省的港口资源得到有效优化配置,对降低湖南省综合物流成本起到积极的推动作用。

（三）大型港口企业提升跨区域物流服务能力

2023年，随着中国深入推进新发展格局构建和全国统一大市场建设，物资跨区域流动日益频繁，流动规模也越来越大，市场对加快建立高效便捷、成本合理的跨区域物流体系的要求也越来越迫切。为此，作为我国跨区域物流服务的主力军的国内多个省市大型港口企业率先做出响应，通过大力开展跨区域协同合作，有效提升了港口企业的跨区域物流服务能级，为促进我国南北向、东西向的经济交流提供支撑。

2023年2月，河北港口集团与上海国际港务（集团）股份有限公司签署了《世界一流港口全面战略合作框架协议》。双方同意加强两省市港口协同发展，积极推动在集装箱航线等领域的交流合作，开通秦皇岛港、唐山港、黄骅港至上海港集装箱直航航线。

4月，湖北港口集团与江西省港口集团、湘水集团湖南省港务集团签署协议。双方提出三省共同推动打造长江中游城市群"组合港"，协作发展砂石、煤炭、木材等优势领域供应链业务，优先为协作方提供仓储、运力等资源，积极推动供应链金融领域合作，积极谋划跨区域共建物流园区、产业园区，合力做优供应链服务，拓宽大宗商品贸易市场。

9月，河南中豫港口集团与宁波舟山港股份有限公司成立合资公司，并开通运行周口中心港至宁波舟山港的集装箱航线。周口中心港是全国36个内河大港之一，宁波舟山港是中国南方海铁联运业务量第一大港。周口中心港—宁波舟山港集装箱航线的开航，强化了河南港口与浙江港口的资源协同，实现了江海联动发展，对促进豫浙两省的区域经济高质量发展起到积极作用。

12月，天津港集团与江苏省港口集团签署战略合作协议。双方将在港口运营、港航货协同、市场联合营销、业务创新协同、智慧绿色港口建设、人才交流培养等方面全面深化战略合作，以更好地贯彻落实"一带一路"建设、长江经济带发展、长三角区域一体化高质量发展等国家战略。

2023年，上港集团全力落实长江经济带发展战略，与张家港、芜湖、武汉、九江等四港合作，开通了支线联盟航线，区域物流服务能级得到有效提升。同时，上港集团积极参与长江沿线港口整合，推动完成了九江城西码头和红光码头、太仓南三期和四期的一体化运营，资源利用效率大幅提升；全年长江江海直达货量稳中有升，同比增长29%[①]。

五、物流企业加快数智化技术创新应用

（一）加快区块链技术的创新应用

2023年，我国大宗货物仓储、内陆无水港、国际海运等领域的物流企业加快区块链技术创新应用，以促进企业服务提质增效。

2023年4月，中储京科在山东自贸试验区青岛片区开展基于数字仓库公共服务的大宗产业区块链创新应用实践。该平台利用密码学技术，通过公钥加密、私钥签名等方案，完成7.8万平大宗仓库的数字化改造，使大宗存货安全、大宗交易交付、数字仓单质押融资等业务场景更加安全和高效，解决了大宗商品存货、交易安全和中小企业融资难题。

5月，内陆无水港使用区块链技术完成首例进口货物无纸化放货作业。陆海新通道运营有限公司与中远海运集装箱运输有限公司、全球航运商业网络（GSBN）合作，完成西部陆海新通道统一的数字化运营平台与GSBN区块链平台的对接，在重庆无水港实现了进口货物无纸化放货。

7月，招商轮船通过旗下"丝路云链"提单平台，完成一批国产新能源汽车的远洋运输和交付。这是招商轮船首张区块链电子提单试点成功，标志着"丝路云链"提单平台正式进入场景应用阶段。

2023年，中远海运在国内主要枢纽港口和境外多个国家加大区块链无纸化放货产品应用力度，先后成功签发首张基于区块链技术的散货电子提单和首张基于区块链技术的电子保单，全年区块链电子提单签发突破10万张，将

[①] 《中国航务周刊》：《上港集团净利连续三年破百亿！》，2024年4月30日，中国航务周刊微信公众号（https://mp.weixin.qq.com/s/XpJVnzKMBB9AqYthMOh84g）。

进口放货时间由原来的1—2天缩短至4小时以内，为货物跨境贸易的安全、高效开展赋能提速，推动全球贸易效率迈上新台阶。

（二）积极探索大模型在物流领域的应用

2023年，中国多家互联网科技企业及物流企业高度关注生成式AI技术带来的新机遇，积极探索该技术在物流领域的应用场景，相继发布物流领域"大模型"，利用数智化手段进一步促进物流企业降本增效。

由于我国物流存在涉及单证多、格式不统一等问题，而大模型在中文语义识别理解、知识增强等方面具有优势，能够显著提高OCR技术对单证信息识别的准确度。因此，单证智能识别成为目前我国AI物流大模型应用较多、效果较好的应用场景。腾讯和福佑卡车合作开发了OCR智能识别大模型，应用于物流货运证件和各类回单的智能识别与自动处理。该大模型对图片字段识别准确率超过99%，图片信息综合识别匹配准确率超过95%，召回率比传统模型提升了近20%，有效降低了企业运营成本，并显著提高了服务效率。

百度公司结合物流行业场景特点，推出了物流大模型Beta版，并率先在物流地址解析领域开展应用。在物流场景中，收发货地址是高频使用且非常重要的基础信息。在面对较为复杂的地址文本时（如长文本、不规则文本），传统的地址解析模型往往很难做到有效的信息提取与正确解析，需要辅以大量高成本的人工复核与纠错处理。百度公司针对这一问题，通过对百度地图POI（兴趣点，Point of Interest）大数据、物流运单门址数据进行深度挖掘，并基于百度文心大模型构建多种场景下的预训练任务，形成了能够更好地理解物流地址领域专业知识的物流地址大模型。

此外，菜鸟供应链推出"天机π"模型，通过菜鸟算法+基于大模型生成的AI辅助决策，在销量预测、补货计划和库存管理等方面实现提质增效。京东物流推出的"京东物流超脑"大模型，能够在交互、分析、决策上进行3D仓储布局，在运营异常时提供改善性建议和辅助性决策。招商轮船推出中国首个航运大模型"ShippingGPT"，通过训练压缩海量航运物流知识，可用于船舶和船员管理，航运市场指数查询、市场分析与趋势预测，航运法律知识问答、绿色减排等领域，具有航运物流知识检索与问答、航运市场信息结构化查询问答等功能。

六、物流业积极践行绿色低碳发展方式

（一）港口企业大力发展绿色低碳业务

2023 年，中国港口企业积极贯彻国家"双碳"目标，顺应国际航运绿色低碳发展新趋势，坚持绿色发展理念，大力发展铁水联运、绿色燃料加注、岸电等绿色低碳业务，推动港口绿色转型。

港口企业大力发展铁水联运业务。2023 年，全国港口集装箱铁水联运量达 1018 万标箱，同比增长 15.9%[①]。其中，宁波舟山港加强与腹地城市合作，持续探索创新多式联运"一单制"，将海运提单延伸至内陆场站，提供铁水联运"一次委托、一口报价、一票结算"的全程运输服务，2023 年全年完成铁水联运箱量 165.2 万标箱，同比增长 13.8%[②]。湖北港口集团相继开通多式联运通道 69 条，初步构建形成辐射全国、衔接日韩、联通欧洲、连接东盟国家的联运网络，助力湖北成为国际国内多式联运枢纽。江苏省港口集团牵头省内相关企业成立了多式联运发展联盟，积极协调多式联运上下游各主体之间要素流通、标准协同。

港口企业大力发展绿色甲醇、液化天然气（LNG）等绿色燃料加注业务。2023 年，上港集团积极推动上海港清洁能源加注中心建设，先后与马士基、中远海运集团、达飞集团等签订船舶甲醇燃料项目战略合作备忘录，为这些公司的双动力集装箱船提供绿色甲醇燃料港口加注作业。2023 年 4 月，上港集团为马士基集团一艘双动力集装箱船完成 504.7 吨绿色甲醇加注，使上海港成为全国首个拥有绿色甲醇"船—船"同步加注能力的港口。此外，2023

[①] 交通运输部：《4 月份例行新闻发布会》，2024 年 4 月 29 日，交通运输部网站（https://www.mot.gov.cn/2024wangshangzhibo/2024fourth/）。

[②] 李志平：《【宁波】海铁联运箱量创新高　全年标箱比上年增长 13.8%》，2024 年 1 月 2 日，上海国际航运中心网站（http://sisi-smu.org/2024/0108/c8833a223555/page.htm）。

年，上港集团还与全球第一大班轮公司地中海航运（MSC）签署了LNG加注协议标准条款。自2022年3月首次实现加注以来，截至2023年9月，上港集团已为达飞、以星等航运公司完成55艘次LNG加注服务，加注量达710万MMBtu（百万英热单位，Million British Thermal Units）。

港口企业大力推进岸电使用。2023年，我国港口积极推进靠港船舶使用岸电，长江经济带船舶岸电使用量、渤海湾客（货）滚装船舶岸电使用量同比增长64%和200%[①]。深圳港集团旗下盐田港区建设了6套可移动式岸电系统，共覆盖17个大型深水泊位，可满足全球最大型集装箱船舶的用电需求，岸电建设已达国际领先水平，2023年岸电供应量达1200万度，减少船舶碳排放约9700吨，助力深圳港岸电使用全国第一。

（二）航运企业积极打造绿色船队

中远海控积极推动绿色船队结构优化和功能升级。2023年，中远海控投入运营一艘全球首制700标准箱纯电动力集装箱船舶，并与中远海运重工签署了2艘13800标准箱和2艘20000标准箱现有集装箱船舶甲醇双燃料改造合同。

招商轮船大力打造低碳运输船队。2023年3月，招商轮船与招商工业签署了2艘9300车位甲醇新能源双燃料滚装船订造协议，以及4艘9000车位级甲醇新能源双燃料滚装船买方选择权协议。

此外，2023年，全国首艘长江支线换电电池动力集装箱班轮"华航新能1号"、粤港澳大湾区首艘电动集装箱船"粤通珠江001"完成首航。截至2023年年底，中国电动船舶保有量已超过700艘，其中2023年当年新增电动船舶数量超过200艘[②]。

（三）航空企业强化节油降碳和推进可持续燃料使用

航空运输行业是碳排放大户。由于航空运输中的能源消耗和碳排放主要

---

① 《中国水运报》：《李小鹏部长在2024年全国交通运输工作会议上的讲话摘要版》，2023年12月23日，中国水运网（http://www.zgsyb.com/news.html?aid=670662）。

② 李婷、黄群：《宁德时代等加码布局电动船舶领域　续航补能难题待解》，2024年1月17日，新浪财经网站（https://finance.sina.com.cn/stock/s/2024-01-17/doc-inacuwni3431171.shtml?r=0）。

来自航空燃料,因此2023年我国航空企业通过强化节油降碳和推进SAF使用等途径,实现行业绿色发展。

在节油降碳方面,2023年,国航通过优化航路航线等6项举措全年共节油约13万吨,减碳超40万吨;南航通过持续深化节油创新,全年累计节油17.5万吨,减碳55.2万吨。

在SAF使用方面,2023年,东航执飞了多个使用SAF的"可持续飞行"主题航班;国航实现了国内首次宽体机国产可持续航空燃料商业载客飞行,该次飞行使用了加注掺混比例为10%的国产SAF,为推动SAF商业飞行常态化奠定了良好基础。

(四)仓配企业绿色化转型持续推进

2023年,我国邮政快递车、城市配送车等公共领域车辆全面电动化开展试点,新能源中重型货车特定场景应用启动,绿色包装得到推广,绿色仓库已达5000万平方米①,数十个光伏发电、绿色电力仓库投入市场。满帮上线货运领域首个"碳账户"平台,设立专项资金,发放绿色权益,助推司机在运输过程中减少碳排放量。京东物流发布供应链碳管理平台SCEMP,可基于运输工具的真实轨迹,以最小颗粒度计算物流运输碳足迹。

---

① 中国仓储与配送协会:《2023年中国仓储配送行业十件大事》,《物流技术与应用》2024年第2期。

第二章　中国物流设施设备与技术发展状况

2023年，中国物流基础设施网络条件持续改善，信息化、标准化建设稳步推进。交通基础设施网络规模持续扩大、路网结构进一步优化，综合立体交通运输网络加快完善。物流节点建设的智能化、专业化发展趋势明显，尤其是智慧物流、冷链物流相关物流节点建设快速推进。物流装备的绿色化、智能化水平持续提升。物流信息平台的专业性进一步加强，为我国物流新质生产力的发展提供了重要的信息载体；物流标准制订修订工作继续推进，标准管理的规范化水平进一步提高，物流领域的国际标准化建设取得新突破。

第一节　中国交通基础设施建设状况[①]

2023年，我国公路路网结构进一步优化，西部和农村公路建设持续推进；铁路路网持续加密，铁路能源运输新通道开通运营，"八纵八横"高铁网加密成型；内河航道通航条件明显改善，港口码头泊位大型化水平显著提升；民航机场数量继续增加，长沙、海口等多个物流枢纽城市的航空物流枢纽建设取得新进展；国家综合立体交通网络和国际运输通道建设持续推进。

---

① 注：本节涉及的2023年各类交通基础设施的投资、里程、路网密度等数据，如不作特殊说明，均来自交通运输部：《2023年交通运输行业发展统计公报》，2024年6月18日，交通运输部网站（https：//xxgk.mot.gov.cn/2020/jigou/zhghs/202406/t20240614_4142419.html）。

一、公路基础设施建设状况

（一）路网规模继续扩大，路网结构不断优化

2023年，我国公路路网规模继续扩大。截至2023年年末，全国公路总里程达543.68万千米，比2022年末增加8.20万千米；公路路网密度达到56.63千米/百平方千米，比2022年末增加0.85千米/百平方千米。2014—2023年中国公路总里程和公路网密度情况如图2-1所示。

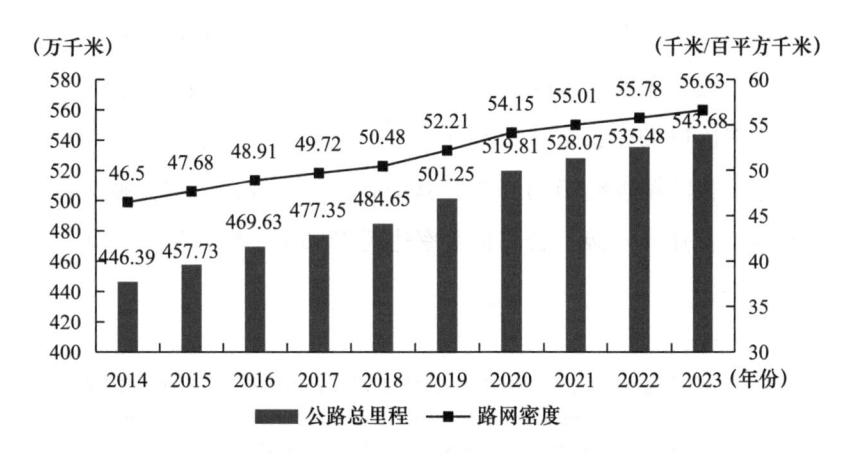

图2-1　2014—2023年中国公路总里程和路网密度情况

资料来源：国家统计局：《中国统计年鉴》（2014—2023）；交通运输部：《交通运输行业发展统计公报》（2014—2023）。

同时，我国高等级公路占比进一步提高，路网结构持续优化。截至2023年年末，我国二级及以上等级公路里程为76.22万千米，比2022年末增加1.86万千米，占公路总里程的14.0%，同比提高0.1个百分点；高速公路里程为18.36万千米，比2022年末增加0.64万千米。

（二）西部与农村公路建设持续推进

2023年，我国西部地区公路建设继续推进，进一步改善了西部地区物流发展的硬件条件。内蒙古开工建设公路里程超过1万千米，实现国家高速公

路主线内蒙古段全部贯通[1]。截至 2023 年年末,广西高速公路通车总里程达 9067 千米,形成了以南宁为中心,"通江达海、出省出边、衔接重要枢纽节点"的高速公路通道骨架[2]。重庆高速公路通车里程达到 4142 千米,省际对外通道达到 30 个,路网密度居西部第一,位居全国第九位[3]。四川新增 5 条出川大通道,全省高速公路通车运营里程突破 9800 千米,居全国第三位[4]。贵州高速公路通车里程达到 8784 千米,高速公路出省通道达到 27 个,西南重要陆路交通枢纽地位进一步巩固[5]。云南高速公路通车总里程达 10466 千米,新改建农村公路 14759 千米,建成村道安全生命防护工程 7008 千米[6]。新疆路网格局巩固优化,全区公路总里程预计达到 22.83 万千米,全面建成环塔高速(一级)公路,实现全区 98 个县市通高速(一级)公路[7]。甘肃省县区通高速率达到 93%,全省高速(一级)公路通车里程达到 7900 千米[8]。青海公路通车总里程达 8.90 万千米,其中高速(一级)公路突破 5000 千米,区县(行委)高速(一级)公路覆盖率达到 75.6%,实现全省所有县级节点

---

[1] 内蒙古自治区交通运输厅:《回眸 2023—公路建设篇》,2024 年 1 月 8 日,内蒙古自治区交通运输厅门户网站(https://jtyst.nmg.gov.cn/jtzx/jtyw/202401/t20240108_2437893.html)。

[2] 广西交通新闻中心:《2024 年全区高速公路运营工作会议在邕召开》,2024 年 2 月 3 日,广西壮族自治区交通运输厅网站(http://jtt.gxzf.gov.cn/xwdt/tpxw/t17946522.shtml)。

[3] 《重庆日报》:《渝昆高铁川渝段、8 段高速公路、万州新田港二期……今年重庆这些重点交通项目将完工》,2024 年 2 月 1 日,重庆市交通运输委员会(https://jtj.cq.gov.cn/sy_240/bmdt/202402/t20240201_12888608_wap.html)。

[4] 王眉灵:《四川高速公路通车运营里程突破 9800 公里 居全国第三位》,2024 年 1 月 1 日,四川日报数字版(https://epaper.scdaily.cn/shtml/scrb/20240101/305449.shtml)。

[5] 新华网:《贵州今年高速公路通车里程将突破 9000 公里》,2024 年 1 月 9 日,新华网(http://gz.news.cn/20240119/7335c3824f364588ba60234a391a4458/c.html)。

[6] 云南省交通运输厅:《2024 年全省交通运输工作会议强调 只争朝夕 锐意进取 为推动全省高质量跨越式发展提供坚实有力的交通运输保障》,2024 年 1 月 13 日,云南省交通运输厅网站(http://jtyst.yn.gov.cn/html/2024/jiaotongyaowen_0115/131061.html)。

[7] 姜茸、郭璁悦:《2024 年新疆交通运输工作会议在乌鲁木齐召开》,2024 年 1 月 12 日,央广网(https://xj.cnr.cn/xjfw_1/xjyw/20240112/t20240112_526555630.shtml)。

[8] 甘肃省交通运输厅建设管理处:《我省今年新增 8 县通高速目标全部实现》,2023 年 12 月 27 日,甘肃省交通运输厅网站(https://jtys.gansu.gov.cn/jtys/c106395/202312/173828602.shtml)。

通二级及以上公路①。

同时，2023年，我国农村公路建设稳步推进。截至2023年年末，农村公路里程达459.86万千米②，比2022年末增加6.72万千米，占公路总里程比重为84.6%，与2022年持平。

二、铁路基础设施建设状况

（一）路网规模继续扩大

2023年，我国铁路路网规模继续扩大。截至2023年年末，全国铁路营业里程达到15.9万千米，比2022年年末增长2.6%。其中，高速铁路营业里程达4.5万千米，比2022年年末增长7.1%；全国铁路路网密度达165.0千米/万平方千米，比2022年年末增加3.9千米/万平方千米；全国铁路电气化率75.2%，比2022年提高1.4个百分点③。2019—2023年中国铁路营业里程及增长情况如图2-2所示。

（二）铁路能源运输通道建设持续推进

2023年，我国铁路能源通道建设继续推进。12月，国家中长期铁路网规划项目邢和铁路（河北省邢台至山西省和顺县）正式开通运营。该铁路横穿太行、连接晋冀，是我国继大秦铁路、朔黄铁路和瓦日铁路之后又一条能源运输大通道，对促进冀中南地区大宗物资运输、保障我国能源安全稳定供应具有重要意义④。

---

① 《西海都市报》：《青海省公路通车总里程达到8.9万公里》，2023年12月26日，青海省人民政府新闻办（http://www.qhio.gov.cn/system/2023/12/27/030140395.shtml）。

② 交通运输部：《2023年交通运输行业发展统计公报》，2023年6月18日，交通运输部网站（https://xxgk.mot.gov.cn/2020/jigou/zhghs/202406/t20240614_4142419.html）。

③ 中国国家铁路集团有限公司：《中国国家铁路集团有限公司2023年统计公报》，2024年3月1日，中国国家铁路集团有限公司网站（http://www.china-railway.com.cn/xwzx/zhxw/202403/t20240315_134819.html）。

④ 《河北日报》：《又一条能源运输大通道！邢和铁路开通运营》，2023年12月13日，新华网（http://he.news.cn/20231213/6d4c78feee42468ba95917090e1005e9/c.html）。

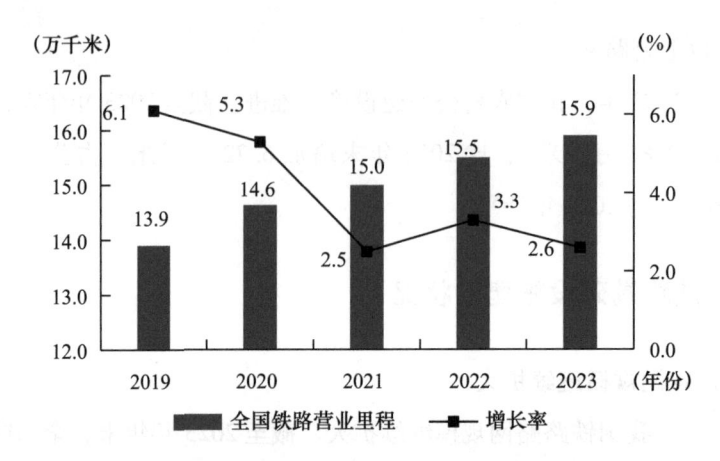

图 2-2 2019—2023 年中国铁路营业里程及增长情况

资料来源：根据交通运输部《交通运输行业发展统计公报》（2019—2023）数据整理。

（三）高铁建设取得新进展

2023 年，我国高铁建设持续推进，路网结构不断优化升级。东部地区的甬广高铁汕尾至广州段、福州至漳州段、汕头南至汕尾段、济郑高铁、津兴城际铁路、龙龙高铁龙岩至武平段、沪宁沿江高铁、杭昌高铁和西部地区的成宜高铁、贵南高铁等开通运营。截至 2023 年年末，"八纵八横"高铁网加密成型，高铁营业里程达到 4.5 万千米[①]。

随着我国高铁网络的不断完善，高铁货运的巨大发展潜力日益显现。2023 年，我国积极探索高铁货运新方式，试点推出高铁快运整列批量运输，不断提升货运服务质量。5 月以来，国铁成都局陆续在成都、重庆、贵阳、内江、宜宾、六盘水、遵义 7 个城市开通"高铁急送"业务。7 月，由 CRH2A 型动车组担纲的 DJ881 和 DJ882 次列车，分别从成都双流西站和昆明洛羊镇站双向始发对开，标志着我国利用整列动车组开展高铁快运批量运输试点工作正式实施。11 月，铁路部门第八次启动"双 11"电商网购高峰期快

---

① 新华社：《我国高铁达到 4.5 万公里》，2024 年 1 月 9 日，中国政府网（https://www.gov.cn/yaowen/liebiao/202401/content_6925054.htm）。

运服务，11月1—11日期间，中铁快运累计发送货物37073.3吨，同比增长26.0%[①]。

三、水路基础设施建设状况

（一）内河航道通航条件明显改善

2023年，我国内河航道总通航里程继续增加，通航条件明显改善。截至2023年年末，全国内河航道通航里程12.82万千米，比2022年末增加184千米。截至2023年年末，我国内河等级航道里程为6.78万千米，占总里程的52.9%，比2022年增加0.2个百分点。其中，三级及以上航道里程1.54万千米，比2022年末增加619千米，占总里程的12%，同比提高0.4个百分点，为2019年以来增量最多的一年。2014—2023年中国内河等级航道通航里程及占总里程比重如图2-3所示。

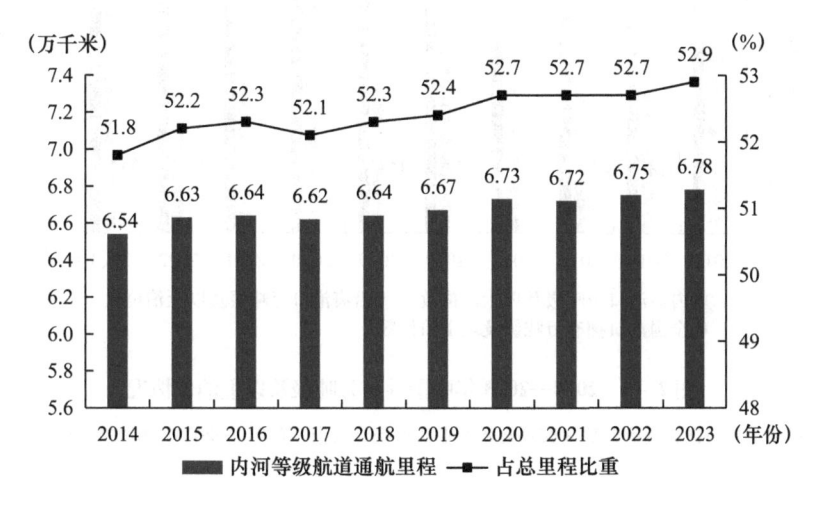

图2-3 2014—2023年中国内河等级航道通航里程及占总里程比重

资料来源：根据交通运输部《交通运输行业发展统计公报》（2014—2023）相关数据整理。

---

① 财联社：《"双11"中铁快运累计发送货物37073.3吨 同比增长26%》，2023年11月12日，网易网（https：//www.163.com/dy/article/IJC3IVN805198CJN.html）。

（二）港口码头泊位大型化、专业化水平明显提升

2023年，我国港口码头大型化水平明显提升。截至2023年年末，全国港口拥有万吨级及以上泊位2878个，比2022年末增加127个，是2014年以来增量最多的一年。从分布结构看，沿海港口万吨级及以上泊位2409个，新增109个，是近十年来增量最多的一年；内河港口万吨级及以上泊位469个，新增18个，是近五年来增量最多的一年。从用途结构看，港口专业化水平进一步提升，专业化万吨级及以上泊位1544个，新增76个，占全国港口万吨级及以上泊位总数的53.6%，比2022年增长0.2个百分点。2014—2023年中国港口万吨级及以上泊位情况如图2-4所示。

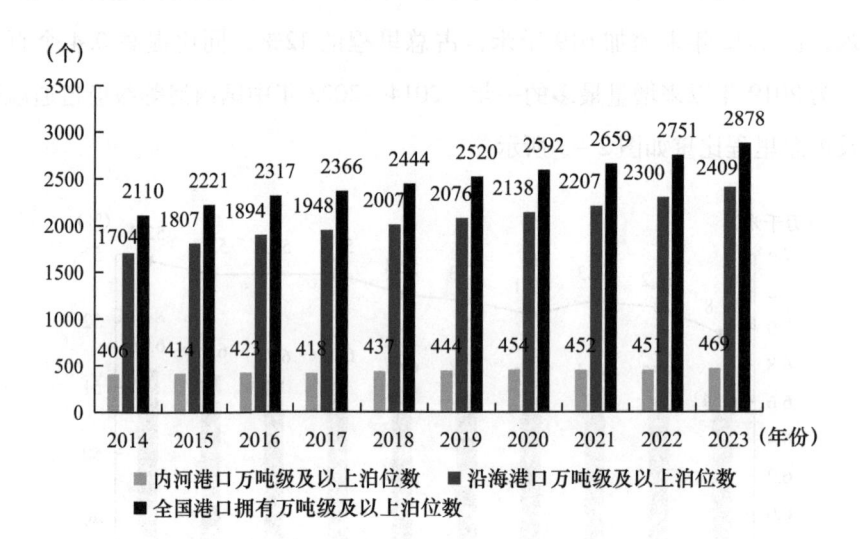

图2-4　2014—2023年中国港口万吨级及以上泊位情况

资料来源：根据交通运输部《交通运输行业发展统计公报》（2014—2023）相关数据整理。

四、民航基础设施建设进展状况

（一）民航机场数量增加

2023年，我国中西部地区新增四川阆中古城机场、西藏阿里普兰机场等

4个定期航班通航运输机场，境内运输机场（不包括港澳台地区，下同）达到259个。其中，定期航班通航运输机场259个；定期航班新通航城市（或地区）有湖南湘西、河南安阳等5个[①]。2023年中国民用航空机场区域分布情况如图2-5所示。

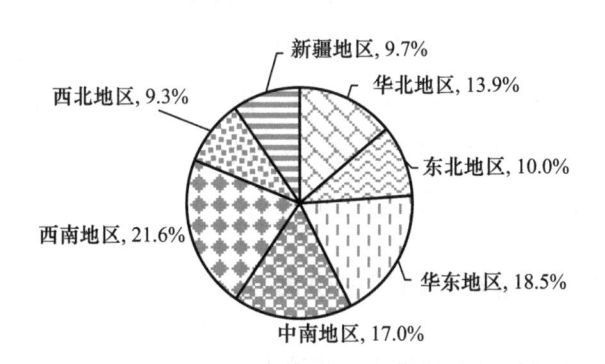

图2-5　2023年中国民用航空机场区域分布情况

注：华北地区包括北京、天津、河北、山西和内蒙古，东北地区包括黑龙江、吉林、辽宁，华东地区包括上海、江苏、浙江、山东、安徽、福建、江西，中南地区包括河南、湖北、湖南、广西、海南、广东，西南地区包括四川、重庆、贵州、云南、西藏自治区，西北地区包括陕西、甘肃、宁夏、青海，新疆地区为新疆维吾尔自治区。

资料来源：根据中国民用航空局《2023年全国民用运输机场生产统计公报》相关数据整理。

（二）航空物流枢纽建设持续推进

2023年，我国航空物流枢纽建设进一步推进，优化了我国国家物流枢纽布局。4月，作为生产服务型国家物流枢纽，嘉兴全球航空物流枢纽项目正式开工建设，该项目将成为嘉兴打造长三角地区临空经济重要增长极的战略性、基础性、平台性支撑[②]。7月，国家发展改革委印发《关于做好2023年

[①] 中国民用航空局：《2023年全国民用运输机场生产统计公报》，2024年3月20日，中国民用航空局网站（http：//www.caac.gov.cn/XXGK/XXGK/TJSJ/202403/t20240320_223261.html）。

[②] 澎湃新闻：《嘉兴全球航空物流枢纽项目开工》，2023年4月23日，国家发展和改革委员会（https：//www.ndrc.gov.cn/xwdt/ztzl/cjsjyth1/xwzx/202304/t20230423_1354079.html）。

国家物流枢纽建设工作的通知》，上海、杭州、青岛、武汉—鄂州4个空港型国家物流枢纽入选国家物流枢纽建设名单。

企业层面，圆通海南总部及航空枢纽中心投产运营[1]，该项目立足海南、面向东南亚，是集航空货运、跨境电子商贸、综合保税、仓储物流、快递集散交换和综合办公等复合功能为一体的"圆通速递海南区域总部及航空枢纽基地"[2]。另外，菜鸟与深圳机场签署合作协议，双方共同建设菜鸟国际快递全国首个航空货运中心，为"国货出海"进一步提速[3]；中通快递海南总部及航空物流枢纽基地项目正式开工建设[4]，湖南首家本土货运航空公司——中通货运航司及相关产业项目签约落户长沙[5]。

五、综合交通运输通道建设进展状况

（一）国家综合立体交通网进一步改善

2023年，交通运输部贯彻落实《国家综合立体交通网规划纲要》，推动"6轴7廊8通道"国家综合立体交通网的主骨架建设，综合立体交通网进一步完善。

在主轴建设方面，京津冀—粤港澳主轴和长三角—粤港澳主轴的交通运输网络建设进展迅速，有利于加强京津冀、长三角和粤港澳大湾区之间的物

---

[1] 《海南日报》：《"小快递"见证发展"大活力"去年海南快递业务量首次突破2亿件》，2024年1月7日，海南省人民政府网（https：//www.hainan.gov.cn/hainan/5309/202401/d8261f713ad1431cb8af5efdbabc0ecc.shtml）。

[2] 《海南日报》：《圆通速递海南区域总部及航空枢纽项目计划今年9月竣工投产》，2023年3月14日，海南省人民政府网（https：//www.hainan.gov.cn/hainan/zmjxsxh/202203/4cc27fb9d5cd48c08ff18a1f69fa44e0.shtml）。

[3] 电商报官方账号：《菜鸟打造航空货运中心，争夺国际空运市场》，2023年4月6日，腾讯网（https：//new.qq.com/rain/a/20230406A01HXL00）。

[4] 《海南日报》：《中通海南物流枢纽项目开工建设 计划明年8月完工》，2023年11月4日，海南省人民政府网（https：//www.hainan.gov.cn/hainan/5309/202311/bc58100ee1864f4f8b84b9b3685c3a2a.shtml）。

[5] 刘捷萍、丁佳：《湖南将迎首家本土货运航空公司 中通货运航司及相关产业项目落地长沙》，2023年12月14日，长沙晚报网（https：//www.icswb.com/h/168/20231214/845185.html）。

流联系，加速南北经济循环；走廊建设方面，大陆桥走廊、西部陆海走廊多条重要铁路、高速公路通车运营，对优化我国西部地区物流网络结构具有重要意义；通道建设方面，二湛通道和京延通道多条高速公路通车，对中部地区崛起和东北地区外向型经济发展具有重要意义。2023 年国家综合立体交通网主要建设进展如表 2-1、表 2-2、表 2-3 所示。

表 2-1 2023 年国家综合立体交通网主轴的主要建设进展

主轴名称	主要建设进展
京津冀—长三角主轴	6 月，京沪高速公路新沂至江都段扩建工程正式通车 7 月，京杭运河杭州段二通道正式通航 12 月，津兴城际铁路开通运营；连云港港 30 万吨级航道二期工程竣工验收；山东济宁大安机场正式通航
京津冀—粤港澳主轴	3 月，新晋高速公路全线通车 6 月，湖北武大高速公路全线通车 9 月，信雄高速公路建成通车 11 月，河南安阳红旗渠机场正式通航；濮新高速河南宁陵至沈丘段正式通车运营 12 月，京雄高速全线通车；河南许信高速公路全线通车；邢和铁路正式开通运营；安徽池黄高铁静态验收
京津冀—成渝主轴	12 月，巫镇高速建成通车；成绵苍巴高速绵阳至苍溪段建成通车
长三角—粤港澳主轴	7 月，温州港深水进港航道投入营运 9 月，甬广高速铁路福漳段、汕尾至广州段开通运营 10 月，福建湄洲湾航道三期工程竣工验收 11 月，广东莞番高速全线通车；深圳矾石水道航道一期工程正式完工 12 月，浙江甬金铁路开通运营；龙龙高铁龙岩至武平段开通运营；汕汕高铁汕头南至汕尾段开通运营

续表

主轴名称	主要建设进展
长三角—成渝主轴	6月，安徽肥东白龙机场正式投运 9月，沪宁沿江高铁开通运营 10月，铜安高速公路重庆段正式通车；沪武高速安徽段全线贯通 12月，宁安高速公路安徽段建成通车；
粤港澳—成渝主轴	11月，贵金高速公路正式通车

表2-2 2023年国家综合立体交通网走廊的主要建设进展

走廊名称	主要建设进展
京藏走廊	4月，内蒙古鄂托克旗通用机场、乌审旗通用机场通航 6月，青海西察高速公路正式通车运营 9月，山东济青高速公路中线济潍段全线贯通 12月，山西黎霍高速黎城至沁源段建成通车
京哈走廊	10月，辽宁集桓高速公路建成通车 12月，山东莱荣高铁开通运营；
大陆桥走廊	6月，滁宁城际铁路滁州段开通运营 9月，江苏连宿高速沭阳至宿豫段通车；引江济淮工程航道一期工程全线通航；运三高速全线通车 10月，青海黄茫高速公路正式通车 11月，甘肃临大高速公路建成通车 12月，河南栾卢高速公路建成通车；济郑高铁全线贯通运营
西部陆海走廊	8月，贵南高铁全线贯通运营 9月，兰海高速重庆至遵义扩容工程全线通车 11月，川青铁路成都东至镇江关段正式贯通运营 12月，广西天峨至北海公路平塘至天峨段、天峨经凤山至巴马段建成通车；四川成宜高铁建成通车；隆黄铁路叙毕段通车运营；广西防东铁路开通运营；四川阆中古城机场正式通航

续表

走廊名称	主要建设进展
沪昆走廊	7月，贵州德余高速公路建成通车 8月，湖南湘西边城机场正式通航 11月，铜怀高速公路全线通车 12月，杭昌高铁全线贯通运营
成渝昆走廊	6月，长江上游九龙坡至朝天门河段航道竣工验收 9月，大内高速公路全线通车 11月，江泸北线高速公路重庆段建成通车；滇藏铁路丽香段正式开通运营 12月，四川仁沐新高速全线通车
广昆走廊	6月，广西贺巴高速公路全线建成通车 9月，云南凤庆机场正式通航 12月，广西南横高速公路建成通车

表2-3 2023年国家综合立体交通网通道的主要建设进展

通道名称	主要建设进展
沿边通道	4月，新疆北屯丰庆机场正式通航 12月，新疆图昆公路通车
福银通道	1月，十淅高速公路湖北段正式通车运营 6月，湖北汉江雅口航运枢纽全面投入运营
二湛通道	6月，湖南靖黎高速公路正式通车 12月，呼北高速山西段全线贯通、湖南官庄至新化段正式通车运营；山西朔州滋润机场正式通航
川藏通道	12月，西藏阿里普兰机场通航
绥满通道	12月，绥满高速公路全线通车
京延通道	9月，辽宁阜奈高速建成通车 11月，延（边）长（春）高速公路的一部分——吉林蒲烟高速公路建成通车

（二）国际运输通道建设继续推进

2023年，我国国际运输通道建设取得新进展。12月，中国（广西）—东盟铁路南通道的重要组成部分、我国首条直通中越边境高铁——防城港至东兴铁路（以下简称"防东铁路"）正式开通运营。广西东兴市是我国进出东盟国家最便捷的海陆双通道和主门户之一，防东铁路打通了北部湾经济区乃至粤港澳大湾区通向东盟国家的"黄金通道"，为进一步推动广西边境口岸发展注入新动力[1]，对推动"一带一路"沿线基础设施互联互通具有十分重要的意义[2]。

第二节　中国物流园区（中心）及仓储设施发展状况

2023年，我国物流园区（中心）建设继续推进，智慧物流园区（中心）、冷链物流园区（中心）、保税物流园区（中心）建设均取得明显进展；仓储设施建设方面，仓储竣工面积显著增加，智能仓库建设进展迅速，冷库总容量继续增加，新一代信息技术在仓储领域的应用日趋广泛。这些重要物流基础设施的建成，为我国现代物流体系高效运行提供了重要保障。

一、物流园区（中心）发展状况

（一）智慧物流园区（中心）建设步伐加快

2023年，我国智慧物流园区（中心）建设步伐加快，物联网、大数据、云计算、人工智能等技术的应用更加深化，智能软硬件、传感器、智能系统等数字化基础设施建设进一步加强，推动物流园区实现精细化、动态化、可视化管理，提高了园区的运营效率。另外，部分园区开始布局智慧光伏等绿

---

[1] 中铁十六局集团第五工程有限公司：《我国首条直通中越边境高铁——防东铁路开通运营》，2023年12月27日，中铁十六局集团第五工程有限公司网站（http：//www.cr165.cn/art/2023/12/27/art_22617_4729685.html）。

[2] 央视网：《防东铁路12月27日开通运营　边境城市东兴接入全国铁路网》，2023年12月27日，央视网（https：//local.cctv.com/2023/12/27/ARTIkXQCBD6aKP3kqp4N8gRY231227.shtml）。

色储能供能设备，以实现零碳化运营，助力园区可持续发展。

3月，耐克中国国内首个"风光一体化"零碳智慧物流园在苏州太仓正式启用。该物流园也是耐克亚洲最大的物流配送中心，园区利用风电装机、屋顶光伏、地热泵系统以及沼气发电提供绿色电力，实现零碳运营。同时，该园区由智能物联操作 EnOS 系统和方舟能碳管理平台管理整个园区的能碳运行，并且基于智慧赋能，能碳管理平台能形成园区用能画像，为园区能源管理和资产运行效率提升及综合降本提供有效决策支持，同时还可以在能耗管理、碳排放管理及碳资产管理方面持续提升创新[1]。

5月，京东物流与江苏金灌集团共同建设的灌南县电商物流产业园正式开园。该园区是以供应链金融为基础、数字技术为依托的多元业态电商物流综合产业园，包括冷链仓储中心、供应链金融中心、金融仓储中心、城市配送和应急物资储备中心。京东物流在园区内部署了智能园区系统、仓储管理系统、供应链交易平台等智能软硬件设备，聚合电商孵化、智能仓储、金融服务、冷链物流、统仓共配、应急保供六大核心功能，全面满足当地物流产业的综合需求[2]。6月，京东物流江苏省昆山亚洲一号智能产业园2期建成投用。园区自动分拣中心具备日均分拣超450万件包裹的能力，拥有超过80条自动分拣线，1万个智能分拣机器人，分拣准确率达到99.99%，代表着全球顶级水准[3]。11月，兰州新区京东物流"亚洲一号"兰州智能产业园正式开仓运营。这是甘肃省内目前规模最大、自动化程度最高的智能物流园区，也标志着京东物流在西北地区智能新基建的"北斗

---

[1] 《中国能源报》：《国内首个"风光一体化"零碳智慧物流园启用　风光储热多能融合保障能源供应，拉开零碳园区分布式风电"燎原"大幕》，2023年3月27日，人民网（http：//paper.people.com.cn/zgnyb/html/2023-03/27/content_25973647.htm）。

[2] 基础司：《江苏首个县级智慧物流港正式开园》，2023年5月31日，国家发展和改革委员会网站（https：//www.ndrc.gov.cn/fggz/zcssfz/dffz/202305/t20230531_1356997.html）。

[3] 昆山市融媒体中心：《第100亿件下线！京东物流在昆山建成全球规模最大仓拣一体智能物流园》，2023年6月14日，昆山市人民政府网站（https：//www.ks.cn/kss/ttxw/202306/2417d22df96f42d193657637d3ee3321.shtml）。

七仓"格局正式形成①。

11月，菜鸟集团在新疆建设运营的首个智慧物流园区——菜鸟新疆乌鲁木齐九鼎园区正式开园。园区依托菜鸟地网数智化资管系统CAINIAO WIN，实现"人3秒入园、车10秒通行"，安全考核、应急管理、远程智慧消防、设备监控等一"网"全控。同时，通过智慧光伏等绿色能源设计，在提升园区服务体验的同时，助力商家进一步降本增效②。

另外，智慧物流相关技术在大型农产品批发市场得到应用，提升了我国农产品物流的智慧化水平。12月，首衡京津冀保供基地在河北省高碑店市正式投入运营，基地依托中央智能仓库精细化智能化监测设备、冷链仓储设备、自动化物流设备、信息化系统平台、公用工程设备等，搭建了智慧物流信息系统、农产品大数据信息系统、食品安全溯源系统，形成了统一的大数据生态体系，实现了基地内的智慧化运营和高效联动③。

（二）冷链物流园区（中心）建设稳步推进

2023年，国家骨干冷链物流基地建设工作取得明显进展，冷链物流园区（中心）建设进展显著，江苏、浙江、四川、天津、吉林等多地有新的冷链物流基地或冷链物流园区投用。

政策方面，6月，国家发展改革委印发《关于做好2023年国家骨干冷链物流基地建设工作的通知》，发布了新一批25个国家骨干冷链物流基地建设名单。2020年以来，国家发展改革委已分3批将66个国家骨干冷链物流基地纳入年度建设名单，基地网络覆盖了29个省（自治区、直辖市，含新疆生产建设兵团）。该通知要求高质量推进国家骨干冷链物流基地建设，切实发挥基地带动引领作用，整合集聚冷链物流资源，促进冷链物流与相关产业深度融

---

① "每日甘肃"：《智能物流新基建再升级 兰州新区京东物流兰州"亚洲一号"开仓运营》，2023年11月6日，兰州新区网站（http://www.lzxq.gov.cn/system/2023/11/06/030903266.shtml）。

② 李羚蔚、高迪：《菜鸟新疆首个智慧物流园区来了！就在十二师一〇四团》，2023年11月6日，新华网（http://xj.news.cn/zt/2023-11/06/c_1129960732.htm）。

③ 首衡集团：《首衡京津冀保供基地正式投入运营》，2023年12月15日，百家号（https://baijiahao.baidu.com/s?id=1785338607984895761）。

合、集群发展，为构建新发展格局创造更好条件。

具体建设方面，1月，西部陆海新通道综合冷链物流成都国际铁路港基地（一期）正式投运，这是成都获批国家骨干冷链物流基地后第一个建成投运的冷链物流项目，该项目与在建的广西钦州港基地"陆海呼应"，形成了陆海相连、南北互通的冷链货物进出川大通道[1]。4月，江苏万科徐州淮海国际冷链智慧物流基地正式开仓运营，该项目可作为立体存储冷库和流通型冷库使用，并同时身兼"区域仓"和"城市仓"两种功能，可满足新兴电商、社区团购等新零售业态的多种仓配要求，未来也可作为徐州地区的进出口冷链监管仓[2]。6月，优冷全球仓天津中心渔港园区正式开仓运营。该园区集国际贸易、农产品初加工、冷链仓储配送、供应链金融、食品安全监管、代理采购等业务于一体，同时提供国际及国内冷冻肉及水产品展示与交易功能，并配备综合生活配套设施，是优合集团在国内正式落地的第一个智能云仓冷链一体化基地项目的综合冷链仓储物流基地[3]。11月，吉林省目前规模最大、自动化程度最高的冷链园区——中韩（长春）国际合作示范区冷链物流产业园项目投入使用[4]。同月，国家骨干冷链物流基地、浙江省目前最大的绿色智慧冷链中心——宁波农副产品物流中心智慧冷链项目投运[5]。

（三）保税物流中心网络布局进一步完善

2023年，我国保税物流园区（中心）建设继续推进。6月，浙江绍兴综

---

[1] 《四川日报》：《西部陆海新通道综合冷链物流成都国际铁路港基地（一期）投运：川货"出川出海"更快更顺畅》，2023年1月11日，四川省人民政府网站（https://www.sc.gov.cn/10462/10464/10797/2023/1/11/55ff564fcfa64b4c94acd4e966d8e222.shtml）。

[2] 朱志庚：《万科徐州淮海国际冷链智慧物流基地开仓》，2023年4月27日，中国新闻网（https://www.js.chinanews.com.cn/news/2023/0427/216458.html）。

[3] 优合集团：《优冷全球仓天津中心渔港园区盛大开园！》，2023年6月26日，优合集团网站（https://www.oigcn.com/news/company/6446）。

[4] 《吉林日报》：《中韩（长春）国际合作示范区冷链物流产业园项目投入使用》，2023年11月24日，人民网（http://jl.people.com.cn/n2/2023/1124/c349771-40653092.html）。

[5] 张璇、王柳：《浙江省最大的绿色智慧冷链中心投入运行》，2023年11月18日，新华网（http://csj.news.cn/2023-11/18/c_1310751085.htm）。

合保税区保税物流分拨中心投入运行①；重庆永川综合保税区正式封关运行，该综合保税区通过"公铁水空"多式联运模式，实现国内外货物通过综保区高效便捷流通②。7月，安徽皖江江南保税物流中心（B型）通过验收，标志着该项目由建设阶段正式步入运营发展阶段，成为安徽省第五家保税物流中心（B型）③。

二、仓储设施发展状况

（一）仓库竣工面积显著增加

2023年，我国仓库竣工面积显著增加，增速明显加快。仓库总竣工面积为3296万平方米，同比增长14.49%，较去年提高10.16个百分点。2015—2023年中国仓库竣工面积及增长率如图2-6所示。

（二）智能仓库建设进展迅速

2023年，我国智能仓库建设进展迅速，新一代信息技术在仓储领域加速应用，无人化技术、数字终端、自动分拣等技术装备日益普及，传统仓储配送中心等基础设施智慧化改造步伐加快。

政策方面，4月，交通运输部、国家铁路局、中国民用航空局、国家邮政局、中国国家铁路集团有限公司联合印发《加快建设交通强国五年行动计划（2023—2027年）》，提出要推进智慧邮政建设，支持无人仓建设。

制造领域，3月，耐克中国在其江苏太仓零碳智慧物流园中建设的全自动无人立体仓正式启用。这是亚洲单体存储量最大的全自动无人立体仓库，拥有存储货位100万个，可容纳700—1200万件货品，单位面积储位数量是

---

① 《绍兴日报》：《绍兴综保区保税物流中心投运》，2023年6月6日，浙江省人民政府（https://www.zj.gov.cn/art/2023/6/6/art_1554469_60134431.html）。
② 徐雯瑄：《永川综合保税区封关运行 集聚企业做优跨境电商产业》，2023年6月16日，人民网（http://cq.people.com.cn/n2/2023/0616/c367650-40460297.html）。
③ 何珂：《安徽省第五家保税物流中心（B型）验收运营》，2023年7月16日，新华网（http://ah.news.cn/20230716/317eba19e0624b8082ef41e4bd2c53ab/c.html）。

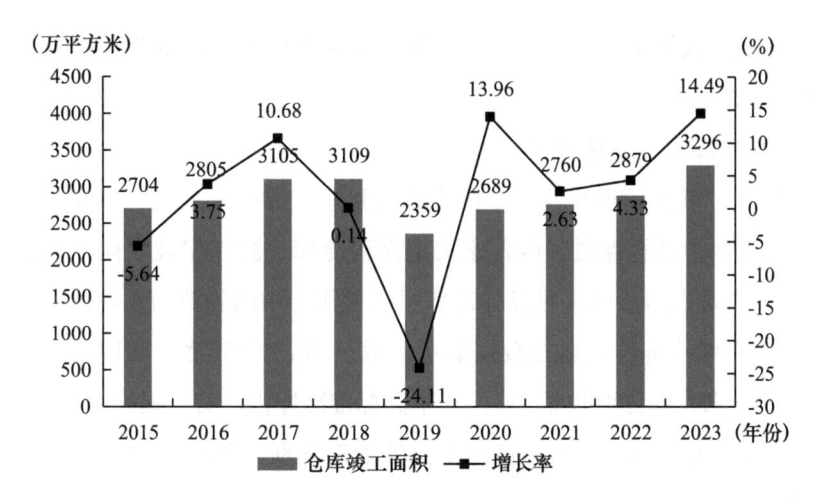

图 2-6 2015—2023 年中国仓库竣工面积及增长率

资料来源：国家统计局：《国家数据—仓库竣工面积》，国家统计局网站（https://data.stats.gov.cn/easyquery.htm?cn=B01&zb=A0405&sj=2023D）。

传统货架的 5 倍，在数字化全自动存取设备支持下，最高每小时可处理 2 万件消费者订单，极大地提升了供应链的效率和韧性[1]；4 月，甘肃酒钢集团首个无人化智能库房正式投运，这也是国内首个火车外发无人仓库，实现了库区装车作业的智能化[2]。物流领域，2023 年，京东物流先后在青岛、昆山、兰州等城市新开或升级"亚洲一号"（以下简称"亚一"）仓库，截至 2023 年年底，全国"亚一"库已达到 41 座。能源领域，11 月，南方电网位于广州从化区的首座抽蓄电厂智能仓正式投入使用，实现 24 小时无人化值守，提高了领料效率，确保了安全生产[3]。12 月，重庆丰都能源电力首个智能型专

---

[1] 耐克媒体中心：《耐克打造中国首个"风光一体化"零碳智慧物流园，驱动长期增长，引领"零碳排"新趋势》，2023 年 3 月 1 日，耐克媒体中心（http://www.nikeinc.com.cn/html/page-3897.html）。

[2] 《甘肃日报》：《酒钢集团建成全国首个火车外发无人仓库》，2023 年 5 月 17 日，甘肃日报数字报平台（https://szb.gansudaily.com.cn/gsrb/pc/con/202305/17/c86338.html）。

[3] 京东物流：《提效 50%！京东物流携手南网储能公司打造行业仓储数智化转型升级标杆》，2023 年 11 月 8 日，京东物流微信公众号（https://mp.weixin.qq.com/s/uYGIayqGWcckgsb2ZPYmSQ）。

业仓库正式投入使用，实现领料自动化，为加快电网建设提供了强有力的基础设施保障①。

（三）冷库建设继续推进

2023年，我国前期投建的多批冷库项目竣工并投入使用，冷库总容量继续增长。天津港综合保税区内首家大型保税冷库、浙江宁波农副产品物流中心二期10万吨级冷库等一批新建冷库投入使用。中国物流与采购联合会公布的2023年全年冷链物流运行数据显示，截至2023年年底，我国冷库总量约2.28亿立方米，同比增长8.3%，其中高标准冷库占比有所提高，约为62%。果蔬、肉类、水产品等农产品产地低温处理率分别为23%、78%和80%，均高于2022年水平②。

第三节 中国物流装备发展状况

2023年，我国物流运输工具的规模化、绿色化和智能化均呈现快速发展的态势。运输工具重载化水平持续提升；航空货运机队规模迅速扩大；新能源、无人驾驶运输工具在物流领域的应用得到快速推广。仓储与装卸搬运设备的绿色化、智能化水平进一步提升，快递包装绿色治理工作取得新进展，政策规范力度加大，多个全自动化集装箱码头正式投用。

一、运输工具发展状况

（一）运输工具重载化水平进一步提升

2023年，我国运输企业继续调整运力结构，加速淘汰老旧运输工具，推动物流运输工具重载化水平进一步提升。截至2023年年末，全国拥有载货汽

---

① 国网重庆丰都供电公司：《重庆丰都能源电力首个智能型专业仓库建成投运》，2023年12月7日，新华网（http://cq.news.cn/20231207/23521aef6e634ddfb23565e5b5fe0c17/c.html）。

② 央视新闻客户端：《消费需求不断回暖 2023年我国冷链物流需求总量约3.5亿吨》，2024年1月24日，中国新闻网（https://www.chinanews.com.cn/cj/2024/01-24/10151733.shtml）。

车 1170.97 万辆，比 2022 年增加 0.4%；载货汽车总载重量达 17216.71 万吨位，同比增长 1.5%；载货汽车平均吨位为 14.70 吨/辆，比 2022 年增加 0.16 吨/辆。水上运输船舶数量继续下降，全国拥有水上运输船舶 11.83 万艘，比 2022 年末同比减少 2.9%；净载重量为 3.01 亿吨，比 2022 年末同比增长 0.9%。其中，沿海运输船舶净载重量达 9792.75 万吨，同比增长 4.5%；内河运输船舶净载重量达 15433.11 万吨，同比增长 1.2%。水上运输船舶平均净载重量 2540.33 吨/艘，同比增长 3.85%[1]。铁路货车拥有量继续增加，达 100.5 万辆，比 2022 年增加约 0.8 万辆，同比增长 0.8%。其中，国家铁路货车拥有量为 92.0 万辆[2]。

（二）新能源运输工具应用推广提速

2023 年，我国新能源物流车的使用量显著增加，且快速向三、四线城市下沉拓展。政策层面，2 月，为深入实施《新能源汽车产业发展规划（2021—2035 年）》，推动提升公共领域车辆电动化水平，加快建设绿色低碳交通运输体系，工业和信息化部、交通运输部等八部门印发《关于组织开展公共领域车辆全面电动化先行区试点工作的通知》，明确提出加快推进公共领域车辆全面电动化[3]。应用层面，2023 年，我国新能源物流车全年销量为 25.8 万辆（不含交叉型乘用车、皮卡、重卡等车型），同比增长 10.7%，动力以纯电动技术路线为主。从区域看，广东省销量达 6.7 万辆，位居全国第一，同比增长 3.9%；河南省和山东省的新能源物流车应用量大幅增加，分别同比增长 57.0%和 50.9%[4]。从细分市场看，在相关政策驱动下，新能源物

---

[1] 交通运输部：《2023 年交通运输行业发展统计公报》，2024 年 6 月 18 日，交通运输部网站（https：//xxgk.mot.gov.cn/2020/jigou/zhghs/202406/t20240614_4142419.html）。

[2] 中国国家铁路集团有限公司：《中国国家铁路集团有限公司 2023 年统计公报》，2024 年 3 月 1 日，中国国家铁路集团有限公司网站（http：//www.china-railway.com.cn/xwzx/zhxw/202403/t20240315_134819.html）。

[3] 电车资源行业研究院：《一文读懂 2023 年十大新能源汽车重点政策！》，2024 年 1 月 3 日，电车资源网站（https：//www.evpartner.com/news/12/detail-70439.html）。

[4] 电车资源行业研究院：《【电车行研】销量报告｜2023 年新能源物流车市场分析》，2024 年 1 月 23 日，电车资源网站（https：//www.evpartner.com/news/detail-70756.html）。

流车应用已经下沉延伸至三、四线城市,三线城市销量同比增长44.65%,四线城市销量同比增长22.70%,一线及新一线城市的同比增长率趋于平缓,分别为 -10.86% 和 11.77%①。

与此同时,我国新能源船舶研发与应用取得新进展。3月,沪东中华造船(集团)有限公司联合中国船舶工业贸易有限公司为中远海运中石油国事LNG(Liquefied Natural Gas,液化天然气)运输项目建造的第3艘17.4万立方米大型LNG运输船"昆仑"号交付,为进一步提升中国船队LNG运力,并实现中国LNG能源产业链供应链安全注入新动能②。7月,由扬州中远海运重工建造的我国首艘自主设计研发建造、拥有自主知识产权的700TEU江海直达纯电池动力集装箱船——"中远海运绿水01"轮(N997)顺利下水。该船是目前全球最大吨位的纯电池动力船舶③,也是我国首批绿色零碳试点船型,将助推长江黄金水道的绿色升级④。

(三)无人驾驶运输工具推广进程加快

2023年,我国无人驾驶运输工具应用加速推广,助力物流业实现跨越式发展。政策层面,4月,交通运输部、国家铁路局、中国民用航空局、国家邮政局、中国国家铁路集团有限公司联合印发《加快建设交通强国五年行动计划(2023—2027年)》,提出要支持推广无人车、无人机运输投递。11月,工业和信息化部、公安部、住房和城乡建设部、交通运输部联合发布《关于开展智能网联汽车准入和上路通行试点工作的通知》,促进智能网联汽车推广

---

① 电车资源:《下乡 | 2023年新能源物流车下到哪了?》,2024年2月2日,电车资源网站(https://www.evpartner.com/news/66/detail-70900.html)。

② 澎湃新闻·澎湃号·政务:《提前一个月!今年首艘大型LNG运输船命名交付》,2023年3月27日,澎湃新闻网站(https://www.thepaper.cn/newsDetail_forward_22468745)。

③ 国际船舶网:《全球首艘!扬州中远海运重工建造700TEU纯电动力集装箱船出坞》,2023年7月26日,国际船舶网(http://www.eworldship.com/html/2023/NewShipUnderConstrunction_0726/194577.html)。

④ 武汉市交通运输局:《零排放零污染零噪声,全球蓄电量最大的纯电动船试航》,2023年11月3日,武汉市交通运输局网站(https://jtj.wuhan.gov.cn/jtzx/zwdt/202311/t20231103_2293651.shtml)。

应用，这意味着我国智能网联汽车产业发展迈出关键一步。

无人物流车领域，2023 年，我国无人物流车研发与应用进一步推进。据新战略低速无人驾驶产业研究所不完全统计，2023 年，国内低速无人驾驶行业发布近 90 款新品，其中整车产品超 40 款，重点覆盖矿区、物流配送等领域，助力场景作业进一步实现提质增效、降本增效①。5 月，中国科学院自动化研究所等联合研制的新能源矿山智能运载机器人"载山 CarMo"在内蒙古鄂尔多斯正式发布。该机器人基于新能源设计，关键部件国产化率在 95% 以上，可用于露天矿山、散货码头等多场景的重载物料运输②。7 月，西井科技发布的新能源无人驾驶牵引车 Q—Tractor，可实现 7×24 小时全天候运输、"零污染、无排放"，可适配空港、工厂、物流中心等多元场景，用于小型货物运输、行李牵引等物流运输领域③。10 月，优必选科技旗下 UQI 优奇公司发布 L4 级无人物流车 Chitu 赤兔。依赖高度智能化的定位导航感知技术，Chitu 赤兔突破了室内外场景的边界，实现室内外场景物流无人化的无缝衔接，拓展了无人物流车的作业空间，助力打造室内外一体化的无人工厂解决方案④。同时，在无人快递车应用方面，邮政快递经过近十年的发展，符合行业无人车技术需求的各种邮政快递物流干线、支线、末端无人车技术日渐成熟、产品实现量产，产业体系已经初步形成⑤；韵达的苏州、北京多家网点引进并上线一批智能、高效且成本低的无人车，在网点、驿站及小区接驳点之

---

① 低速无人驾驶产业联盟：《超 40 款！2023 年国内低速无人车新品图鉴》，2023 年 11 月 27 日，低速无人驾驶产业联盟微信公众号（https：//mp.weixin.qq.com/s/Pt2iqk-OJqOcuZ2aK_4yng）。

② 中国科学院自动化研究所：《自动化所等联合孵化的新能源矿山智能运载机器人"载山 CarMo"正式发布并已投入使用》，2023 年 5 月 10 日，中国科学院自动化研究所网站（https：//ia.cas.cn/xwzx/cgzh/202305/t20230510_6751360.html）。

③ 江南时报网：《新势力、新场景、新价值 2023 年 WAIC 西井科技携多款智能新品震撼来袭》，2023 年 7 月 7 日，江南时报网（https：//www.jntimes.cn/xxzx/202307/t20230707_8002108.shtml）。

④ 光明网：《优必选智慧物流发布 L4 级无人物流车》，2023 年 10 月 26 日，人民网（http：//finance.people.com.cn/n1/2023/1026/c1004-40103724.html）。

⑤ 央视网：《汽车行业加速拥抱"智能化赛道" 我国车路城融合试点取得明显成效》，2023 年 3 月 16 日，央视网（https：//news.cctv.com/2024/03/16/ARTIFSpHlg01udD2UV5eCD5Z240316.shtml）。

间往返，实现无人化高效运作[1]；江苏常州首批无人快递车也正式上路[2]；甚至一些山村也开始使用无人快递车派发、收取快递件[3]。

近年来，我国无人机配送领域的政策扶持力度不断加大，助力无人机配送应用的进一步推广。2023年，深圳新开通无人机航线77条，新建无人机起降点73个，完成载货无人机飞行量60万架次，飞行规模全国第一，消费级无人机占全球70%的市场份额，工业级无人机占全球50%的市场份额[4]。截至2023年11月，美团无人机已在深圳、上海等城市8个商圈运营22条航线，累计完成用户订单21万余单，无人机配送的应用场景也拓展到景区[5]、高校[6]等。在大中型货运无人机方面，2月，顺丰无人机跨琼州海峡首飞成功。通过无人机物流方式，广东省湛江市徐闻县与海南省海口市秀英区首次实现"快件跨省半日达"，两地物流时长减少10小时以上，真正实现当日下单、当日送达的跨海高效物流服务。未来，该航线将进入常态化运营阶段，为两地之间资源共享提供更加便捷的物流服务[7]。5月，新疆石河子花园机场开通大型货运无人机专用航线，无人机物流运输融入当地航空运输网络[8]。7

---

[1] 金融界：《韵达多家网点上线无人车，客户提前半小时收到包裹》，2023年12月14日，百家号（https：//baijiahao.baidu.com/s? id =1785225321693749747&wfr = spider&for = pc）。

[2] 常州发布：《「早安·常州」全市首批"无人"快递车，上路了！》，2023年11月22日，百家号（https：//baijiahao.baidu.com/s? id =1783227782250600354&wfr = spider&for = pc）。

[3] 人民政协网：《浙江磐安：山村无人快递车"上岗"》，2023年8月25日，人民政协网（https：//www.rmzxb.com.cn/c/2023 -08 -25/3399179.shtml）。

[4] 《深圳特区报》：《深圳全速竞飞"低空经济第一城"》，2024年1月10日，深圳市人民政府门户网站（https：//www.sz.gov.cn/cn/xxgk/zfxxgj/zwdt/content/post_11094367.html）。

[5] 深圳新闻网：《国内首条无人机常态化景区航线开通，南山"低空经济"加速腾飞！》，2023年4月28日，深圳南山网（https：//inanshan.sznews.com/content/2023 -04/28/content_30200564.htm）。

[6] 毛思倩：《首条高校场景的无人机配送航线开通》，2023年12月19日，新华网（http：//www.news.cn/photo/2023 -12/19/c_1130035776.htm）。

[7] 《中国民航报》：《大中型货运无人机开启航空物流新篇章》，2023年2月19日，中国民航网（http：//www.caacnews.com.cn/1/tbtj/202303/t20230309_1364561.html）。

[8] 石河子融媒：《石河子花园机场开通大型货运无人机专用航线》，2023年5月22日，石河子融媒微信公众号（https：//mp.weixin.qq.com/s/y1WKFNfgMgdhlTZUCv6UHA）。

月，在河北省丰宁满族自治县 500kV 承德北站至阜康换流站双回输电线路工程黄旗镇现场，国内首次将大载重无人直升机成功应用于 500kV 超高压电网基建工程物资运输。此次参与作业的是我国自主研制的专门适用于电网工程应用的 SG—400 型直升机，该直升机在 210 公斤重物挂载情况下可续航数小时[①]。

（四）货运机队规模快速扩大

2023 年，随着我国建立自主可控空运供应链的战略部署的推进，以及专业航空货运枢纽建设的发展，我国货运机队规模快速扩大。截至 2023 年年底，我国全行业货机机队规模增至 257 架，较 2022 年增加 34 架[②]。截至 2023 年年末，国内运营全货机的航司共有 16 家[③]，其中，顺丰航空 2023 年全年累计投运 9 架新运力，截至 2023 年年底，全货机机队规模已增长至 86 架[④]；邮政航空已拥有 B777、B757、B737 等 42 架不同运力级别的飞机[⑤]；截至 2023 年 11 月，圆通速递自有机队数量达 13 架[⑥]。

二、仓储与装卸搬运设备发展状况

（一）叉车低碳水平进一步提升

2023 年，我国叉车的绿色低碳水平进一步提升。全年叉车累计销量 117.38 万台，同比增长 12.0%。其中，电动叉车销量达到 79.66 万台，占叉

---

① 《科技日报》：《大载重无人机首次用于电网基建运输》，2023 年 7 月 3 日，人民网（http://finance.people.com.cn/n1/2023/0703/c1004-40026426.html）。

② 交通运输部：《2023 年交通运输行业发展统计公报》，2023 年 6 月 18 日，交通运输部网站（https://xxgk.mot.gov.cn/2020/jigou/zhghs/202406/t20240614_4142419.html）。

③ 陈云广：《2024 全货机发展，将迎来哪些新变化》，2024 年 2 月 19 日，物流时代周刊公众号（https://mp.weixin.qq.com/s?__biz=MjM5MTczMTM5Mw==&mid=2650010210&idx=1&sn=f28285403b821d74dd6aabecb9764832&chksm）。

④ 顺丰航空：《顺丰航空实现安全运行十四周年》，2024 年，顺丰航空官网（https://www.sf-airlines.com/sfa/zh/article_3709.html）。

⑤ 中国发展网：《中国发展网：寻丝绸之路，遇最美邮路》，2023 年 12 月 27 日，中国邮政网站（https://www.chinapost.com.cn/html1/report/23122/1295-1.htm）。

⑥ 每日经济新闻：《圆通速递：公司自有机队数量 13 架》，2023 年 11 月 22 日，网易订阅（https://www.163.com/dy/article/IK69RNIE0512B07B.html）。

车总销量的比例为 67.9%①，同比提高了 3.5 个百分点。2013—2023 年中国内燃叉车与电动叉车销量如图 2-7 所示。

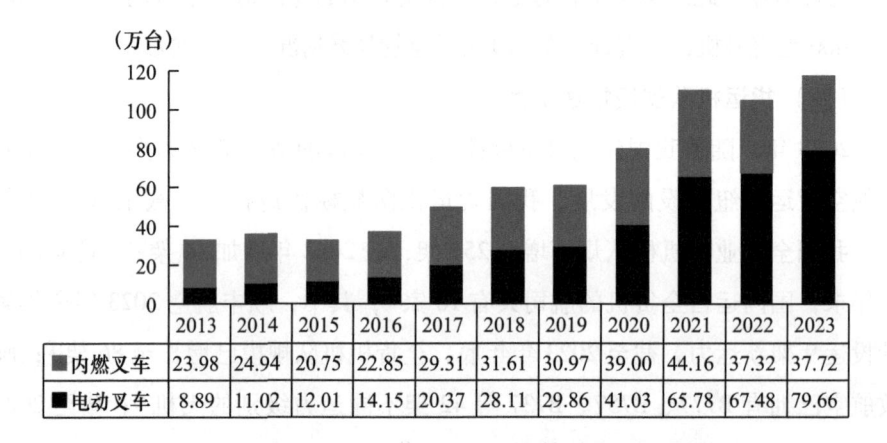

（万台）	2013	2014	2015	2016	2017	2018	2019	2020	2021	2022	2023
内燃叉车	23.98	24.94	20.75	22.85	29.31	31.61	30.97	39.00	44.16	37.32	37.72
电动叉车	8.89	11.02	12.01	14.15	20.37	28.11	29.86	41.03	65.78	67.48	79.66

图 2-7　2013—2023 年中国内燃叉车与电动叉车销量

资料来源：根据《中国工程机械工业年鉴》（2014—2023）和万得资讯相关数据整理。

（二）快递包装绿色治理工作取得新进展

在绿色低碳发展成为全球共识的背景下，我国快递包装绿色转型工作持续推进。截至 2023 年 9 月底，全国电商快件不再二次包装比例超过 90%，使用可循环包装的邮件快件超 8 亿件，设置标准包装废弃物回收装置的邮政快递网点达 12.7 万个，回收复用质量完好的瓦楞纸箱超 6 亿个。2023 年 9 月，韵达快递首次推出一款可循环智能文件袋。这款文件袋不仅防水、防火、防脏污，还可重复使用多次，无须使用胶带粘贴，节省耗材更环保，目前已在全国多个城市推广应用②。

2023 年 12 月，国家发展改革委会同有关部门发布了《深入推进快递包

---

① 杨斌：《中叉：2023 年中国叉车制造商排行榜》，2024 年 4 月 1 日，中国叉车网（https://www.chinaforklift.com/news/detail/202404/86400.html）。

② 《人民日报》：《绿色快递　从包装治理到全程发力》，2023 年 10 月 17 日，中国政府网（https://www.gov.cn/yaowen/liebiao/202310/content_6909512.htm）。

装绿色转型的行动方案》。方案提出，到 2025 年年底，快递绿色包装标准体系全面建立，禁止使用有毒有害快递包装要求全面落实，快递行业规范化管理制度有效运行，电商、快递行业经营者快递包装减量化意识显著提升，大型品牌电商企业快递过度包装现象明显改善，在电商行业培育遴选一批电商快递减量化典型，同城快递使用可循环快递包装比例达到 10%，旧纸箱重复利用规模进一步扩大，快递包装基本实现绿色转型。

（三）智慧物流设备继续得到推广应用

2023 年，在"互联网+"和智能制造等国家战略的支持下，我国智慧物流相关自动化仓储设备应用量持续增加。为适应电子商务的快速发展和物流需求的不断增长，我国自动分拣机器人使用量持续增加，销售额从 2014 年的 60 亿元预计增长至 2023 年的 320 亿元，增幅明显，自动分拣机器人已成为提高物流效率、降低物流成本的重要手段[1]。

2023 年，我国自动搬运设备的应用继续得到推广。根据 CMR 产业联盟[2]数据，新战略移动机器人产业研究所统计，2023 年中国移动机器人（AGV/AMR）[3] 销售数量 12.5 万台，同比增长 34.41%。近年来我国工业应用移动机器人（AGV/AMR）销售数量与增长率如图 2-8 所示。从市场保有量来看，当前中国 AGV/AMR 市场保有量已超过 40 万台。在各类不同导航方式的 AGV/AMR 中，更柔性的无轨导航移动机器人应用范围快速扩大，AMR（激光 SLAM+视觉 SLAM）类产品需求逐年上升，近两年增速很快[4]。

---

[1] 博思数据：《智能化浪潮来袭：中国自动分拣机器人市场蓬勃发展》，2024 年 3 月 20 日，博思数据（https：//www.bosidata.com/news/493271X0T7.html）。

[2] CMR 产业联盟：中国移动机器人（AGV）产业联盟（China Mobile Robot And AGV Industry Alliance），成立于 2017 年 10 月 31 日，由多家智能物流与智能移动机器人产业链优质企业、院校单位、媒体平台等联合发起成立的产业服务组织。

[3] AGV 是能够按设定的路线自动行驶或牵引着载货台车至指定地点的工业车辆，它只能沿固定的引导路线行驶，在使用时需要部署路线导引附着物。AMR（Automatic Mobile Robot）一般为轮式或类人机器人，携带各种传感器，通过编程能够实现自主移动，在使用时无须部署固定路线导引附着物。

[4] 移动机器人产业联盟：《中国 AGV/AMR 市场保有量超 40 万台》，2024 年 3 月 27 日，电子工程专辑（https：//www.eet-china.com/mp/a301505.html）。

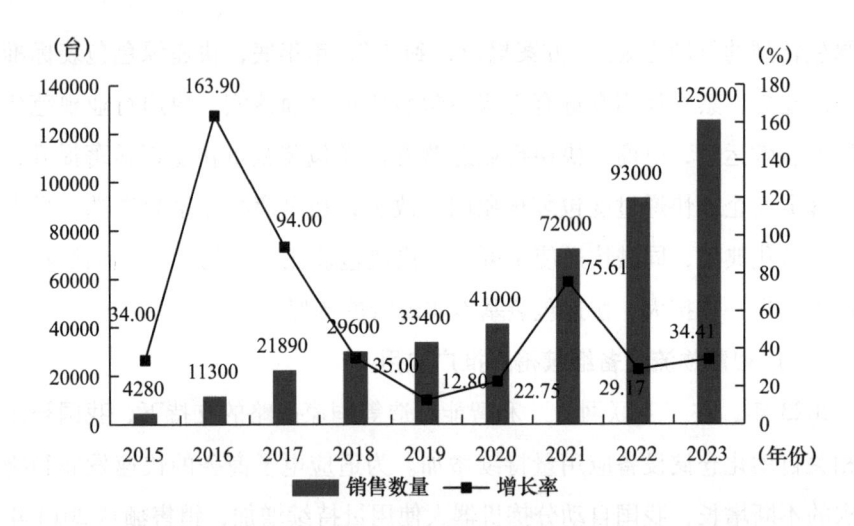

图 2-8　2015—2023 中国工业应用移动机器人（AGV/AMR）销售数量与增长率

资料来源：移动机器人产业联盟：《中国 AGV/AMR 市场保有量超 40 万台》，2024 年 3 月 27 日，芯语网（https://www.eet-china.com/mp/a301505.html）。

（四）全自动化集装箱码头建设取得新突破

2023 年，我国全自动化集装箱码头建设取得新突破，进一步提升了我国港口领域产业链核心竞争力。

7 月，国家《"十四五"推进西部陆海新通道高质量建设实施方案》及《广西北部湾经济区高质量发展"十四五"规划》重点项目——广西防城港赤沙 2 号泊位码头平台顺利贯通，标志着广西北部湾港最大 30 万吨级干散货自动化码头平台实现全线贯通。该泊位建成运营后，对推进北钦防一体化发展，推动北部湾国际门户港和国际枢纽海港高质量建设发展具有重要意义[①]。12 月，我国首个全国产、全自主的自动化集装箱码头——山东港口青岛港自动化码头（三期）投产运营，标志着我国在自动化码头研发建设领域实现全新突破，拥有了完全自主可控的整套解决方案，实现设备电控系统国产化替代和规模化应

[①] 何雯雯、李敬达：《广西北部湾港 30 万吨级干散货自动化码头平台实现全线贯通》，2023 年 7 月 17 日，新华网（http://gx.news.cn/20230717/8dd3ea4bcd00469eb9e47ae4090ac90e/c.html）。

用，全球首创自动化轨道吊高效直流供电系统。该码头的投产运营推动了我国在港口领域新质生产力的培育，提升了我国港口领域产业链核心竞争力[①]。

第四节　中国物流信息化与标准化发展状况

2023 年，我国多个区域物流公共信息平台开通运营，口岸物流、网络货运平台、跨境物流等领域众多专业化物流信息平台上线提供服务；多项涉及逆向物流服务、多式联运、快递业、粮食物流等领域的国家基础性和专业性标准制定、修订、颁布或实施。此外，我国物流领域国际标准化也取得重大突破，中国承担的首个物流领域的国际标准化技术委员会获批成立。

一、物流信息化发展状况

（一）中西部地区物流公共信息平台建设继续推进

2023 年，我国中西部地区区域物流公共信息平台建设继续推进，进一步完善了我国综合运输物流信息服务体系，推动了我国物流效率的提升。8 月，湖北供应链物流公共信息平台在武汉正式发布。该平台融合铁路、港口、公路、航空、物流节点与邮政快递五网数据，为物流生产制造类、商贸流通类、物流运输类、金融机构等"链主"核心企业提供一站式物流公共信息服务，为中小企业免费提供信息发布、供需撮合、履约结算、金融增信功能等增值服务，为政府经济运行监测、产业发展态势分析提供决策参考[②]。10 月，云南昆明智慧物流大数据平台在官渡区正式上线，覆盖云南省内 140 多条物流

[①] 山东省国有资产监督管理委员会：《国内首个全国产全自主自动化码头投产运营》，2024 年 1 月 4 日，国务院国有资产监督管理委员会网站（http：//www.sasac.gov.cn/n2588025/n2588129/c29727247/content.html）。

[②] 《湖北日报》：《融合五网数据　赋能三大群体　湖北供应链物流公共信息平台正式发布》，2023 年 9 月 1 日，中共武汉市委网络安全和信息化委员会办公室（http：//www.whwx.gov.cn/xxh/xx-hgzdt/202309/t20230906_2259057.shtml）。

网络，布局辐射南亚东南亚的跨境物流，联动国际国内全链路海陆空物流企业，实现云南省内、国内、国际物流网络的互联互通①。

另外，"一带一路"物流气象服务平台于10月上线运行。平台具备公路和铁路联运、路径规划等功能，支持陆海通道和中欧班列国内段公路与铁路物流气象服务②。

（二）专业化物流信息平台建设成果显著

2023年，我国在口岸物流、网络货运平台、跨境物流等众多领域上线了多个专业化物流信息平台，服务范围覆盖国内部分省市、全国乃至全球，提升了我国物流信息平台的总体专业化水平。

口岸物流领域，多个航空、口岸物流公共信息平台上线，实现了物流中转港的多类型信息集成，提升了相关地区的口岸物流效率和服务水平。2月，广州航空物流公共信息平台上线，为企业提供"通关+物流"一站式的进出港服务，显著提升广州市口岸通关效率、有效降低企业通关物流成本③。8月，海南首个智慧化的口岸物流服务平台在儋州洋浦正式试运行，该平台可以实现口岸单证的电子化，将极大地提升整个口岸的业务操作效率，助力儋州洋浦打造航运中转枢纽和物流集散中心④。9月，福建厦门港正式启用"对台海运快件综合航运信息平台"，将提升港口台海运快件业务管理和服务水平，助推厦门营商环境进一步优化⑤。12月，中国（上海）国际贸易"单一

---

① 中国物流与采购联合会酒类物流供应链分会：《官渡率先动起来！昆明智慧物流大数据平台在官渡正式上线》，2023年10月30日，中国物流与采购联合会网站（http://jlwlfh.chinawuliu.com.cn/gzdt/202310/30/619072.shtml）。

② 《光明日报》：《"一带一路"物流气象服务平台上线》，2023年10月19日，人民网（http://sc.people.com.cn/n2/2023/1019/c345167-40608961.html）。

③ 《21世纪经济报道》：《广州航空物流公共信息平台上线，企业通关提货缩短3小时》，2023年2月23日，现代物流产业网（https://www.xd56b.com/home/yunshu/21653.html）。

④ 洋浦政务：《智慧口岸物流平台在洋浦正式试运行》，2023年8月7日，人民网（http://hi.people.com.cn/n2/2023/0807/c338424-40522772.html）。

⑤ 中国水运网：《厦门港正式启用对台海运快件综合航运信息平台》，2023年9月12日，现代物流产业网（https://www.xd56b.com/home/yunshu/29654.html）。

窗口"航空物流公共信息平台上线试运行，首次实现了上海口岸空运进出口货物"通关＋物流"全流程节点状态"一单通查"和可视化[①]。

网络货运平台领域，截至2023年12月底，全国共有3069家网络货运企业（含分公司），接入社会运力798.9万辆、驾驶员647.6万人。全年共上传运单1.3亿单，同比增长40.9%。在正式上传单据的30个省（区、市）和新疆生产建设兵团中，单据上传率排名前三位的依次为安徽、天津、山西[②]。

跨境物流领域，5月，阿里国际站物流跟踪平台上线，该平台覆盖全球220多个国家和地区、超1500家全球主流物流承运商，同时支持20多种语言，为中小外贸企业提供多维度、高效、便捷的轨迹跟踪查询[③]。

农产品产业链领域，5月，国内首个水稻全产业链大数据应用服务平台——国家水稻全产业链大数据平台正式上线启用。平台聚焦水稻产业数据生成、采集、存储、加工、分析、服务，打通水稻生产、储备、市场、贸易、消费和科技全产业链，推动我国水稻产业数字化、信息化建设[④]。

石油物流领域，7月，中国石油物流服务平台上线。截至2024年1月初，该平台已在37家成品油、化工品配送单位，6家油田和四川、新疆等销售企业试点运行，整合物流站点800多个、运输车辆10万多台，吸纳社会承运商1200多家。平台的有效运行使运输效率提升20%以上，物流成本降低10%以上[⑤]。

[①] 上海市商务委员会：《中国（上海）国际贸易"单一窗口"航空物流公共信息平台（一期）上线试运行！》，2023年12月18日，上海市人民政府网站（https://www.shanghai.gov.cn/nw31406/20231219/9acf43f095ca4f1d9266a9431dfc9cae.html）。

[②] 中国服务贸易指南网：《2023年网络货运行业运行基本情况发布》，2024年2月6日，中国服务贸易指南网（http://tradeinservices.mofcom.gov.cn/article/news/gnxw/202402/161186.html）。

[③] 环球网：《阿里国际站物流跟踪平台上线 全程动态轨迹可一键分享买家》，2023年5月29日，环球网（https://tech.huanqiu.com/article/4D5fJTP1KTY）。

[④] 《人民日报》：《推动水稻产业数字化建设 国家水稻全产业链大数据平台上线启用》，2023年5月24日，人民网（http://gx.people.com.cn/n2/2023/0524/c229247-40428357.html）。

[⑤] 中国石油新闻中心：《稳收官 抢开局》，2024年1月4日，中国石油新闻中心（http://news.cnpc.com.cn/system/2024/01/04/030122048.shtml）。

冷链物流领域，12月，安徽冰巢冷链公共信息服务平台正式发布。平台对安徽省各地的冷库和物流节点信息、运力资源进行了全面归集以实现快速的供需对接，将推动安徽省冷链行业提高管理服务水平、创新数字经济的增长点、提高资源配置效率①。

供应链金融领域，11月，国家能源集团能源供应链金融服务平台"国能 e 链"正式发布。该平台是一个"数智化 + 平台化 + 生态化"的能源链属金融科技服务平台，构建了"能源 + 金融 + 科技"的嵌入式场景金融创新服务模式，面向能源供应链生态提供一站式金融服务②。

二、物流标准化发展状况

（一）多项国家基础性物流标准制订、修订、颁布或实施

2023年，我国制定、修订、颁布或实施多项国家基础性物流标准，涉及物流服务、物流作业、物流信息化等领域。具体来说，多项逆向物流服务的标准开始实施，将规范逆向物流服务提供商的服务，进一步提升服务质量，对提高资源利用效率、降低环保风险、助推绿色物流发展具有重要意义；多式联运方面的国家标准开始执行，为多式联运规范发展提供指导，对于加快推进多式联运"一单制""一箱制"发展，构建支撑国内国际双循环的现代物流服务体系具有重要意义；在快递业，《快递电子运单》的实施强化了个人信息保护，《通用寄递地址编码规则》正式实施实现全行业地址信息及编码体系的统一，方便寄递企业和广大用户③。2023年我国正式制订、颁布或实施的国家基础性物流标准如表 2 - 4 所示。

---

① 搜狐新闻：《链库打造全国首个省级冷链物流信息平台—冰巢冷链公共信息服务平台正式发布》，2023年12月20日，搜狐新闻（https：//www.sohu.com/a/745535504_121430911）。
② 《科技日报》：《能源供应链金融服务平台"国能 e 链"发布》，2023年11月30日，人民网（http：//finance.people.com.cn/n1/2023/1130/c1004 - 40128836.html）。
③ 赵文君：《〈快递电子运单〉国家标准强化个人信息保护》，2023年4月7日，新华网（http：//www.news.cn/2023 - 04/07/c_1129502539.htm）。

第二章 中国物流设施设备与技术发展状况

表 2-4　2023 年中国正式制订、颁布或实施的国家基础性物流标准

类别	标准名称	状态
物流服务类国家标准	《逆向物流服务良好行为规范》《逆向物流服务评价指标》《即时配送服务规范》《口岸物流服务质量规范》	实施
	《绿色制造　制造企业绿色供应链管理　逆向物流》	颁布
	《物流园区统计指标体系》《物流中心作业通用规范》《多式联运服务质量及测评》	修订
仓储、装卸、搬运、运输、包装类国家标准	《道路运输术语》《集装箱电子箱封技术规范》《集装箱运输术语》《托盘术语》《运输包装　可重复使用的塑料周转箱　第1部分：通用要求》《包装容器　金属方桶》《蜂窝纸板箱》《港口集装箱作业系统技术要求》《自动化集装箱码头操作系统技术要求》等	实施
	《纸箱（盒）成型充填插合封口包装机通用技术规范》	颁布
	《食品包装内酒精包（片）质量要求》《棉及化纤纯纺、混纺印染布检验、标识与包装》《包装袋　试验条件　第1部分：纸袋》《包装　塑料桶　第1部分：公称容量为113.6升至220升的可拆盖（开口）桶》《包装　塑料桶　第2部分：公称容量为208.2升至220升的不可拆盖（闭口）桶》《道路货物运输车辆装载规范》《连续搬运设备　安全规范　通用规则》《城市绿色货运配送评估技术要求》等	制定
	《钢板和钢带包装、标志及质量证明书的一般要求》《包装用钢带》等	修订
物流信息化相关国家标准	《智能运输系统　智能驾驶电子道路图数据模型与表达　第1部分：封闭道路》《智能运输系统　智能驾驶电子道路图数据模型与表达　第2部分：开放道路》《多式联运运载单元标识》《多式联运货物分类与代码》《快件高铁运输信息交换规范》等	实施
	《数字化供应链　采购管理规范》《数字化供应链　供应链网络设计要求》	制定

资料来源：根据全国标准信息公共服务平台（http://std.samr.gov.cn/）发布资料整理。

(二) 多项国家专业性物流标准制定、修订、颁布或实施

2023 年,我国多项国家专业性物流标准制定、修订、颁布或实施。冷链物流、医药物流、粮食物流等领域新颁布或实施多项标准,助推我国民生物流标准化。多项国家标准聚焦快递绿色包装问题。其中,11 月,我国首部关于快递包装的强制性国家标准——《快递包装重金属与特定物质限量》颁布,明确提出铅、汞、镉、铬等重金属,以及溶剂残留、双酚 A、邻苯二甲酸酯等特定物质限量要求,建立快递包装安全底线;《快递循环包装箱》标准引导建立包装箱循环运营管理系统,助力我国构建快递绿色包装标准体系。2023 年我国正式制订、修订、颁布或实施的主要国家专业性物流标准如表 2-5 所示。

表 2-5 2023 年中国正式制定、修订、颁布或实施的国家专业性物流标准

类别	标准名称	状态
冷链物流	《农产品产地冷链物流服务规范》等	实施
	《道路运输 易腐食品与生物制品 冷藏车安全要求及试验方法》《进口冷链食品追溯 追溯系统开发指南》《进口冷链食品追溯 追溯信息管理要求》《进口冷链食品追溯 追溯体系通则》《进口冷链食品追溯 追溯系统数据元》等	颁布
	《冷链物流统计指标体系》等	制定
	《物流企业冷链服务要求与能力评估指标》《水产品冷链物流服务规范》等	修订
快递物流	《快递服务资产配置与管理要求》《通用寄递地址编码规则》《快递电子运单》《绿色外卖管理规范》等	实施
	《快递服务 第 1 部分:基本术语》《快递服务 第 2 部分:组织要求》《快递服务 第 3 部分:服务环节》《快递循环包装箱》《快递包装重金属与特定物质限量》等	颁布
	《快递安全生产操作规范》《限制快递过度包装要求》等	制定

续表

类别	标准名称	状态
电商物流	《电子商务逆向物流通用服务规范》《跨境电子商务海外仓运营管理要求》《跨境电子商务进口商品质量风险评估指南》等	实施
	《供应链电子商务业务协同技术要求》等	颁布
粮食物流	《农产品流通服务可持续性评价技术导则》《生鲜银耳包装、贮存与冷链运输技术规范》《粮油储藏 谷物冷却机应用技术规程》《袋装挂面包装生产线通用技术要求》《粮食储藏 大米安全储藏技术规范》《包装容器 奶粉罐质量要求》等	实施
	《限制商品过度包装要求 生鲜食用农产品》《生猪运输管理技术要求》等	颁布
	《食用农产品包装标识技术要求》《农业社会化服务 第三方农产品追溯服务规范》《茶叶供应链管理技术规范》等	制定
医药物流	《医药物流质量管理审核规范》《应急药材包装要求》等	实施
	《医药包装用纸和纸板》等	颁布
	《药品冷链物流追溯管理要求》《生物样本 细胞运输通用要求》《包装 药品包装的篡改验证特性》等	制定
	《医药产品冷链物流温控设施设备验证 性能确认技术规范》等	修订
国际物流	《国际贸易业务流程规范 电子国际公路货物运输托运单》《国际贸易业务流程规范 经核实的载货集装箱总质量》《国际贸易业务流程规范 废弃物越境转移》《国际道路货运枢纽功能配置及基本要求》等	实施
	《海上国际集装箱货物交付单证》《国际贸易和运输便利化监测指南》等	颁布
	《国际贸易业务流程规范 多式联运参考数据模型》等	制定
危险品物流	《危险废物贮存污染控制标准》等	实施
	《危险化学品单位应急救援物资配备要求》《放射性物品运输容器安全试验方法 第6部分：耐热试验》《道路运输危险货物车辆标志》等	颁布

续表

类别	标准名称	状态
运输生物风险	《木材跨境运输有害生物风险分析》《种植用植物生长介质跨境运输有害生物风险分析》《使用过的车辆、机械及设备跨境运输有害生物风险分析》	颁布

资料来源：根据全国标准信息公共服务平台（http://std.samr.gov.cn/）发布资料整理。

（三）物流标准化工作相关政策继续完善

2023年3月，为加强物流国家（行业）标准的管理，全国物流标准化技术委员会印发《全国物流标准化技术委员会物流国家（行业）标准管理办法》，对物流推荐性国家标准和物流行业标准的制修订及实施管理办法做出规定。

（四）物流领域国际标准化建设取得新突破

2023年6月，国际标准化组织正式批准设立国际标准化技术机构——创新物流技术委员会（编号 ISO/TC 344）。这是由中国承担的首个物流领域的国际标准化技术委员会，标志着我国在物流领域国际标准化方面取得了重大突破。ISO/TC 344 的成立是我国物流产业迈向世界的重要里程碑，将推动我国物流业与国际接轨、提升我国物流技术和服务水平，并进一步促进我国物流行业的创新发展、助力全球经贸往来、加快构建国内国际双循环的新发展格局[①]。

[①] 标准化工作部：《中国在物流领域国际标准化方面取得重大突破》，2023年10月16日，中国物流与采购网（http://www.chinawuliu.com.cn/lhhzq/202310/16/618039.shtml）。

第三章　中国区域物流市场发展状况

近年来，我国区域间的经济差距逐渐缩小，但受历史发展的影响，我国区域经济发展仍呈现不平衡发展特征。在这一背景下，我国不同区域的物流业表现出了不同的发展特点。本章将从区域发展的视角出发，分别对我国的东部、中部、西部、东北①四大区域的物流发展环境、发展现状进行分析，总结区域物流发展特征，并深入考察新疆和广西两个热点自治区的物流发展。

第一节　中国区域物流发展环境

2023 年，中国经济进入疫后经济恢复期、市场信心重塑期和宏观政策优化期的"三期叠加"阶段，经济总体呈恢复性增长态势，四大区域增速均较 2022 年有所回升。区域经济恢复节奏不完全一致，呈现出"东西快、中部慢"的新特征。在政策环境方面，我国推出多项重大区域发展政策，持续推动区域物流高质量发展。

一、东西部经济增速领跑，西部经济规模即将赶超中部

2023 年，东部和西部地区的生产总值增速分别为 5.4% 和 5.5%，均高于全国 5.2% 的增速；中部和东北地区的增速分别为 4.9% 和 4.8%，均低于全国增速。2023 年，中国各省（市、自治区）地区生产总值实际增速前十名

---

① 东部地区：北京、天津、河北、上海、江苏、浙江、福建、山东、广东和海南；中部地区：山西、安徽、江西、河南、湖北和湖南；西部地区：内蒙古、广西、重庆、四川、贵州、云南、西藏、陕西、甘肃、青海、宁夏和新疆；东北地区：辽宁、吉林和黑龙江。

中，西部省份占 7 席，东部省份占 2 席，中部省份占 1 席。东部地区中，海南省的经济增速为 9.2%，居全国第二位；浙江、江苏和山东省的增速也较快，均超过了 5.8%；福建、天津和广东的增速较低，均低于 5%。中部地区中，安徽、湖北省表现出色，增速分别为 5.8% 和 6.0%；江西、河南省表现低于预期，增速均为 4.1%。西部地区中，西藏自治区的增速为 9.5%，居全国第一位；内蒙古自治区的增速为 7.3%，居全国第三位；新疆、宁夏、甘肃、重庆和四川等省区的增速也超过了 6.0%。东北地区中，辽宁和吉林省的增速分别为 5.3% 和 6.3%，比全国平均增速高 0.1 个和 1.1 个百分点，初步走出持续多年的经济增长低速徘徊局面；黑龙江省的增速偏低，仅为 2.6%。

从经济规模看，东部地区仍然为我国经济规模最大的区域，2023 年生产总值为 65.2 万亿元，占全国的 52.1%，同比增长 0.4 个百分点；中部地区生产总值为 27.0 万亿元，占全国的 21.6%，同比下降 0.5 个百分点；西部地区生产总值为 26.9 万亿元，占全国的 21.5%，同比增长 0.1 个百分点；东北地区生产总值为 6.0 万亿元，占全国的 4.8%，同比基本持平。2019—2023 年我国四大区域的地区生产总值及增速如表 3-1 所示。

表 3-1 2019—2023 年中国四大区域的地区生产总值及增速

地区	地区生产总值（万亿元）					地区生产总值增速（%）				
	2019 年	2020 年	2021 年	2022 年	2023 年	2019 年	2020 年	2021 年	2022 年	2023 年
东部	51.1	52.5	59.2	62.2	65.2	6.2	2.9	8.1	2.5	5.4
中部	21.9	22.2	25.0	26.7	27.0	7.3	1.3	8.7	4.0	4.9
西部	20.5	21.3	24.0	25.7	26.9	6.7	3.3	7.4	3.2	5.5
东北	5.0	5.1	5.6	5.8	6.0	4.5	1.1	6.1	1.3	4.8

资料来源：根据国家统计局《中国统计年鉴》（2019—2023）以及全国 31 个省（自治区、直辖市）的《2023 年国民经济和社会发展统计公报》相关数据整理。

二、东部地区加快产业升级，消费和固定资产投资增速较快

东部地区加快推进产业转型升级，大力发展以新产业、新业态、新模式

为主要特征的"三新"经济。2023年,浙江省数字经济核心产业增加值9867亿元,同比增长10.1%①。天津市高技术服务业、战略性新兴服务业和科技服务业营业收入分别同比增长9.8%、14.3%和13.6%,均高于规模以上服务业平均水平②。北京市数字经济核心产业增加值11061.5亿元,同比增长10.8%,占地区生产总值的比重为25.3%,提高1.3个百分点③。

东部地区消费市场加快复苏。2023年,上海市实现社会消费品零售总额18515.5亿元,同比增长12.6%,其中限额以上实体零售业态的零售额同比增长11.9%。北京市全年市场总消费额比2022年增长10.2%,汽车类商品零售额增长13.5%,其中新能源汽车增长38.0%。海南省社会消费品零售总额2511.3亿元,比2022年增长10.7%。山东省全年社会消费品零售总额36141.8亿元,比2022年增长8.7%④。

东部地区固定资产投资增速较快。2023年,东部地区全社会固定资产投资同比增长4.4%,远高于中部地区、西部地区和东北地区的0.3%、0.1%和-1.8%。从细分领域看,2023年,基础设施投资继续发挥稳投资作用,制造业投资景气度提升。除北京市、天津市和海南省外,其他东部省份制造业投资均保持增长。上海市固定资产投资增长13.8%,其中基础设施投资增长3.9%,制造业投资增长14.1%⑤;江苏省固定资产投资增长5.2%,其中

---

① 浙江省统计局、国家统计局浙江调查总队:《2023年浙江省国民经济和社会发展统计公报》,2024年3月4日,浙江省统计局网(https://tjj.zj.gov.cn/art/2024/3/4/art_1229129205_5271123.html)。

② 天津市统计局、国家统计局天津调查总队:《2023年天津市国民经济和社会发展统计公报》,2024年3月18日,天津市统计局网(https://stats.tj.gov.cn/tjsj_52032/tjgb/202403/t20240318_6563697.html)。

③ 北京市统计局、国家统计局北京调查总队:《2023年北京市国民经济和社会发展统计公报》,2024年3月21日,北京市统计局网(https://tjj.beijing.gov.cn/zxfbu/202403/t20240319_3594001.html)。

④ 山东省统计局、国家统计局山东调查总队:《2023年山东省国民经济和社会发展统计公报》,2024年3月3日,山东省统计局网(http://tjj.shandong.gov.cn/art/2024/3/3/art_6196_10311526.html)。

⑤ 上海市统计局、国家统计局上海调查总队:《2023年上海市国民经济和社会发展统计公报》,2024年3月21日,上海市统计局网(https://tjj.sh.gov.cn/tjxw/20240320/c98b13811e024ff7abbd796842647c18.html)。

基础设施投资增长7%，制造业投资增长9.1%①；浙江省固定资产投资增长6.1%，其中基础设施投资增长3.9%，制造业投资增长14.1%②。

三、中西部地区制造业增长快，中部地区外贸出口下行压力大

中西部地区制造业增加值增长较快。2023年，内蒙古自治区的制造业增加值增长11.7%，为全国少有的制造业增幅超过10%的省（自治区、直辖市）③。安徽省制造业增加值增长8.8%，规模以上工业中装备制造业增加值增长13.3%，占规模以上工业增加值比重为38.7%④。云南省高技术制造业增加值增长21.2%，装备制造业增加值增长25.4%⑤。湖南省高技术制造业增加值增长3.7%，占规模以上工业的比重为13.5%；装备制造业增加值增长8.9%，占规模以上工业的比重为31.5%⑥。青海省制造业增加值增长7.8%，其中装备制造业增长45.3%，占规模以上工业增加值的26.3%，比重较2022年提高2.8个百分点；高技术制造业增加值增长62.2%，占规模以上工业增加值的26.1%，比重较2022年提高2.9个百分点⑦。

西部地区服务业加速恢复发展。2023年，新疆维吾尔自治区批发和零售

---

① 江苏省统计局、国家统计局江苏调查总队：《2023年江苏省国民经济和社会发展统计公报》，2024年3月5日，江苏省统计局网（https://tj.jiangsu.gov.cn/art/2024/3/5/art_85275_11164695.html）。

② 浙江省统计局、国家统计局浙江调查总队：《2023年浙江省国民经济和社会发展统计公报》，2024年3月4日，浙江省统计局网（https://tjj.zj.gov.cn/art/2024/3/4/art_1229129205_5271123.html）。

③ 内蒙古自治区统计局、国家统计局内蒙古调查总队：《2023年内蒙古自治区国民经济和社会发展统计公报》，2024年3月21日，内蒙古自治区人民政府网（https://www.nmg.gov.cn/tjsj/sjfb/tjsj/tjgb/202403/t20240321_2483646.html）。

④ 安徽省统计局、国家统计局安徽调查总队：《2023年安徽省国民经济和社会发展统计公报》，2024年3月20日，安徽省人民政府网（https://www.ah.gov.cn/zfsj/tjgblmdz/sjtjgb/565313471.html）。

⑤ 云南省统计局、国家统计局云南调查总队：《2023年云南省国民经济和社会发展统计公报》，2024年3月29日，云南省人民政府网（https://www.yn.gov.cn/sjfb/tjgb/202403/t20240329_297393.html）。

⑥ 湖南省统计局、国家统计局湖南调查总队：《2023年湖南省国民经济和社会发展统计公报》，2024年3月22日，湖南省人民政府网（https://www.hunan.gov.cn/hnszf/zfsj/tjgb/202403/t20240322_33262931.html）。

⑦ 青海省统计局、国家统计局青海调查总队：《2023年青海省国民经济和社会发展统计公报》，2024年2月29日。

业增加值 875.1 亿元，同比增长 10.4%；交通运输、仓储和邮政业增加值 1039.7 亿元，增长 17.6%；住宿和餐饮业增加值 171.1 亿元，增长 19.7%；全年规模以上服务业企业营业收入 3973.0 亿元，比 2022 年增长 11.7%[①]。云南省规模以上服务业实现营业收入 3187.6 亿元，同比增长 18.9%。青海省住宿和餐饮业增加值 42.6 亿元，同比增长 19.6%；交通运输、仓储和邮政业增加值 208.3 亿元，增长 18.3%。

中部地区外贸出口下行压力较大。中部地区 2023 年出口总额 2.8 万亿元，同比下降 7.2%，总体面临较大的下行压力。但分省份看，出口贸易呈现出明显的分化趋势。安徽省出口额 5231.2 亿元，同比增长 11.3%，在中部六省中增速最高；湖北省货物出口额 4333.3 亿元，同比增长 4.7%；河南省货物出口额 5280.0 亿元，同比增长 2.4%；湖南省出口 4009.4 亿元，同比下降 21.9%；江西省货物贸易出口 3928.5 亿元，同比下降 17.3%；山西省出口额 1050.3 亿元，同比下降 12.3%。

四、东北地区走出低速徘徊局面，高新制造业和出口增长强劲

2023 年，东北地区经济增速虽然在四大区域中仍然最低，但与全国增速的差距缩小，仅低于全国增速 0.4 个百分点。

东北地区高新制造业快速增长。2023 年，辽宁省、黑龙江省的规模以上高技术制造业增加值分别增长 8.8%、12.3%，远高于全国 2.7% 的增速。黑龙江省电子信息制造、高端智能农机装备产业产值分别增长 11.7% 和 14.1%。辽宁省碳纤维及其复合材料、燃料油、汽车、平板玻璃和工业机器人产量分别增长 1.5 倍、44.1%、23.2%、6.6% 和 4.4%。吉林省新能源汽车产业产值同比增长 32.0%，高端装备制造业产值增长 10.2%。

---

① 新疆维吾尔自治区统计局、国家统计局新疆调查总队：《2023 年新疆维吾尔自治区国民经济和社会发展统计公报》，2024 年 3 月 29 日，新疆维吾尔自治区人民政府网（https://www.xinjiang.gov.cn/xinjiang/tjgb/202404/78f1b33dcaa94a9b83a8d291d0ff0461.shtml）。

东北地区外贸出口增长强劲。2023 年，吉林省外贸进出口实现 1679.1 亿元，同比增长 7.7%。其中，出口 627 亿元，增长 24.9%，连续三年出口增长 20% 以上。吉林省逐步形成以汽车及零部件、农产品和有机化学品等为主导的出口产业。黑龙江省通过实施绥芬河口岸运力提升、黑河口岸大桥畅通和同江口岸设施升级行动，稳步推进自由贸易试验区、综合保税区等开放平台建设，深化对俄合作等，出口同比增长 39.4%，比全国增速高 38.8 个百分点。

五、重大政策推动区域物流高质量发展

近年来，我国推出了一系列相关区域发展政策，加速推动京津冀、长三角、成渝经济圈等区域的发展。2023 年，我国又出台了多项区域发展政策，对区域物流的发展提出了新的要求。

2023 年 9 月，中共中央、国务院出台《关于支持福建探索海峡两岸融合发展新路　建设两岸融合发展示范区的意见》。该意见以"践行'两岸一家亲'理念，突出以通促融、以惠促融、以情促融，努力在福建全域建设两岸融合发展示范区"为总体要求，提出了建设台胞台企登陆第一家园、促进闽台经贸深度融合、促进福建全域融合发展、深化闽台社会人文交流等一系列政策措施。同时，该意见还提出要适度超前开展交通物流基础设施建设，加强物流枢纽等重大物流基础设施布局建设，完善区域物流集散体系。该意见的提出为海峡两岸间的物流来往提供了新的思路[①]。

2023 年 10 月，国务院出台《关于推动内蒙古高质量发展奋力书写中国式现代化新篇章的意见》。该意见提出以紧紧围绕高质量发展为首要任务，把内蒙古建设成为我国北方重要生态安全屏障、祖国北疆安全稳定屏障、国家

---

① 中共中央、国务院：《中共中央　国务院关于支持福建探索海峡两岸融合发展新路　建设两岸融合发展示范区的意见》，2023 年 9 月 12 日，中国政府网（https://www.gov.cn/gongbao/2023/issue_10726/202309/content_6906519.html）。

重要能源和战略资源基地、国家重要农畜产品生产基地和我国向北开放重要桥头堡。该意见支持内蒙古打造枢纽经济，推进国家物流枢纽、国家骨干冷链物流基地建设，促进服务业优质高效发展；鼓励内蒙古强化开放大通道建设，打造国内与国际贸易往来的重要通道，完善货物通关、物流贸易和生产加工功能。该意见有助于促进内蒙古向更高质量、更高效率的方向发展，将内蒙古打造为我国重要的物流枢纽、物流通道和物流窗口[①]。

2023年11月，国务院出台了《空气质量持续改善行动计划》，要求以改善空气质量为核心，以减少重污染天气和解决人民群众身边的突出大气环境问题为重点，协同推进降碳、减污、扩绿、增长，实现环境效益、经济效益和社会效益多赢。该行动计划将京津冀及周边地区、长三角地区、汾渭平原共80个城市列为重点区域，部署了9项重点工作任务，更加突出交通的绿色低碳转型。该《行动计划》有助于优化货运结构，推动物流业转型升级及绿色化发展。

第二节　中国区域物流现状及特征

2023年，随着世界经济复苏和国内经济持续恢复，我国区域物流市场逐渐回暖。本节从货运量与货物周转量、港口吞吐量、机场货邮吞吐量及快递业务量等方面入手，对我国区域物流市场需求规模进行分析；从交通基础设施、物流仓储设施建设等方面对我国区域物流基础设施发展状况进行总结。此外，本节还对四大区域的物流主要特征进行了分析。

一、中国区域物流市场需求规模

（一）货运量和货物周转量

2022年，东部地区货运量占全国总量的比重为37.47%，同比下降1.07

[①] 国务院：《国务院关于推动内蒙古高质量发展奋力书写中国式现代化新篇章的意见》，2023年10月16日，中国政府网（https://www.gov.cn/zhengce/content/202310/content_6909411.htm）。

个百分点；中部地区货运量占比为 28.82%，同比上升 0.27 个百分点；西部地区货运量占比为 26.88%，同比上升 0.97 个百分点；东北地区货运量占比为 5.14%，同比下降 0.29 个百分点。2018—2020 年间，东部地区的货运量占全国货运量的比重持续上升，西部地区则呈下降趋势；自 2021 年开始，东部地区货运量的全国占比开始下降，西部地区货运量的全国占比则呈上升趋势。中部地区的货运量全国占比在 2019 年出现大幅度下降，随后逐渐恢复上升。2022 年，中部地区的货运量全国占比已超过其 2018 年 28.85% 的水平。东北地区的货运量占比持续下降。

2022 年，东部地区的货物周转量在全国占比为 60.11%，同比下降 0.86 个百分点；中部地区占比为 19.46%，同比上升 0.36 个百分点；西部地区占比为 14.30%，同比上升 0.69 个百分点；东北地区占比为 3.60%，同比下降 0.13 个百分点。东部地区货物周转量占全国比重的变化趋势与货运量相似，均为 2018—2020 年期间上升，2021—2022 年期间下降。中部地区和西部地区则相反，2018—2020 年期间呈下降趋势，2021—2022 年期间上升。东北地区则四年间持续下降。2018—2022 年中国四大区域货运量与货物周转量占全国总量的比重如表 3-2 所示。

表 3-2　2018—2022 年中国四大区域货运量与货物周转量占全国总量的比重

地区	货运量（%）					货物周转量（%）				
	2018 年	2019 年	2020 年	2021 年	2022 年	2018 年	2019 年	2020 年	2021 年	2022 年
东部	36.12	38.38	39.34	38.54	37.47	55.14	58.91	61.16	60.97	60.11
中部	28.85	27.76	27.55	28.55	28.82	19.97	18.53	18.15	19.10	19.46
西部	29.85	26.14	25.76	25.91	26.88	15.31	13.50	13.43	13.61	14.30
东北	6.42	5.77	5.52	5.43	5.14	6.82	6.19	4.39	3.73	3.60

资料来源：根据国家统计局《中国统计年鉴》（2019—2023）相关数据整理。

（二）港口货物吞吐量

2019—2023 年，我国东部地区港口货物吞吐量持续增长，从 2019 年的 113.35 亿吨增长到 2023 年的 135.38 亿吨，年均增长 4.54%。2023 年港口货物吞吐量达 135.38 亿吨，比 2022 年增长 7.10%，比 2019—2023 年四年年均增长率高 2.56 个百分点。2019—2023 年东部地区港口货物吞吐量及增速如图 3-1 所示。

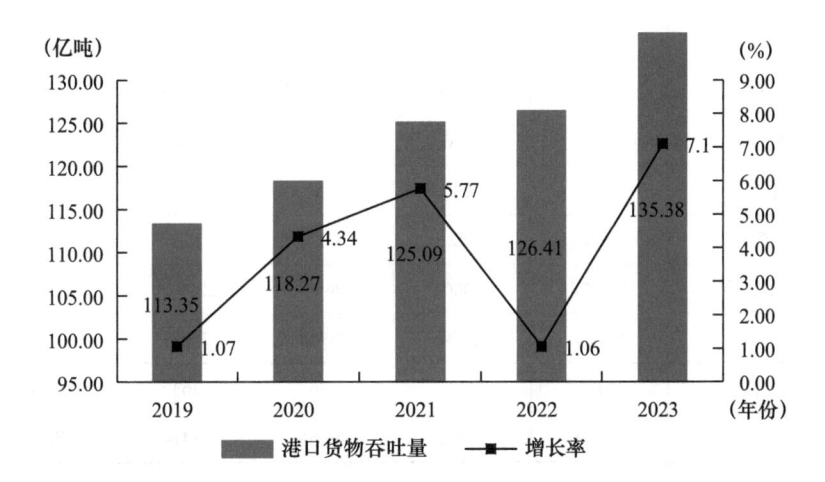

图 3-1　2019—2023 年东部地区港口货物吞吐量及增速

资料来源：根据交通运输部《2023 年全国港口货物、集装箱吞吐量》相关数据整理。

2019—2023 年，我国中西部地区港口货物吞吐量持续上升，并在 2023 年有较大幅度增长。2023 年，中西部地区港口货物吞吐量为 267744 万吨，同比增长 16.44%。其中，除贵州有所下降外，其余省份均有不同程度的增长。东北地区港口货物吞吐量则在连续多年下降后于 2023 年缓慢回升。2023 年，东北地区港口货物吞吐量为 75787 万吨，同比增长 1.85%。2019—2023 年中西部及东北地区港口货物吞吐量如表 3-3 所示。

表3-3 2019—2023年中西部及东北地区港口货物吞吐量   单位：万吨

省份	2019年	2020年	2021年	2022年	2023年
广西	37916	46913	55659	56753	66285
安徽	55488	54095	58326	60793	67170
江西	15971	18755	22905	22592	26889
河南	173	382	2154	2265	2586
湖北	30661	37976	48831	56467	69347
湖南	15337	13580	14094	14166	15335
重庆	17127	16498	19804	12795	14635
四川	1909	1360	2044	3216	4471
贵州	27	23	25	28	15
云南	669	422	602	873	1011
中西部地区合计	175278	190004	224444	229948	267744
辽宁	86124	82004	78768	74051	75341
黑龙江	215	277	396	363	446
东北地区合计	86339	82281	79164	74414	75787

资料来源：根据中国港口杂志社《中国港口统计年鉴》(2019—2023)以及交通运输部《2023年全国港口货物、集装箱吞吐量》相关数据整理。

（三）机场货邮吞吐量

2023年，东部地区机场货邮吞吐量为1206.8万吨，占全国机场货邮吞吐量的71.70%，仍为机场货邮吞吐量占比最大的区域，但占比有所下降，同比下降1.97个百分点；中部、西部、东北地区机场货邮吞吐量分别为151.6万吨、266.6万吨和58.2万吨，分别占比9.01%、15.84%和3.46%。2019—2023年中国四大区域机场货邮吞吐量如表3-4所示。

表 3-4 2019—2023 年中国四大区域机场货邮吞吐量　　单位：万吨

地区	2019 年	2020 年	2021 年	2022 年	2023 年
东部	1245.9	1168.4	1298.8	1069.7	1206.8
中部	124.6	137.2	159.0	126.1	151.6
西部	279.1	251.8	272.4	214.9	266.6
东北	60.4	49.9	52.3	42.2	58.2

资料来源：根据中国民用航空局《民航机场生产统计公报》(2019—2023) 相关数据整理。

2023 年是三年疫情防控转段后经济恢复发展的一年，我国各个区域的机场货邮吞吐量相较 2022 年均有较大幅度的增长，也基本恢复至疫情前 2019 年的水平。2023 年，全国机场货邮吞吐量同比增长 15.9%。其中，东部、中部、西部和东北地区的机场货邮吞吐量分别同比增长 12.8%、20.2%、24.1% 和 37.9%。2019—2023 年中国四大区域机场货邮吞吐量增速如表 3-5 所示。

表 3-5 2019—2023 年中国四大区域机场货邮吞吐量增速　　单位：%

地区	2019 年	2020 年	2021 年	2022 年	2023 年	2019—2023 年平均增速
东部	-0.03	-6.22	11.2	-17.6	12.8	-0.78
中部	9.88	10.11	15.9	-20.7	20.2	5.02
西部	7.55	-9.71	8.2	-21.1	24.1	-1.10
东北	9.82	-17.38	4.7	-19.3	37.9	-0.95

资料来源：根据中国民用航空局《民航机场生产统计公报》(2019—2023) 相关数据整理。

（四）快递业务量

2023 年，我国的快递业务仍主要集中在东部地区。其中，东部地区的快递业务量为 971.28 亿件，占全国快递业务量的 73.54%；中部地区的快递业务量为 204.03 亿件，占全国快递业务量的 15.45%；西部地区的快递业务量为 106.43 亿件，占全国快递业务量的 8.06%；东北地区的快递业务量为

38.98亿件，占全国快递业务量的2.95%。

2023年，随着疫情结束，快递行业逐渐恢复，四大区域快递业务量的增速均大幅提高。其中，西部地区快递业务量增速最高，为29.07%；东部地区最低，为13.3%；中部地区和东北地区分别为27.18%和16.67%。2019—2023年中国四大区域快递业务量及增速如表3-6所示。

表3-6 2019—2023年中国四大区域快递业务量及增速

地区	快递业务量（亿件）					快递业务量增速（%）				
	2019年	2020年	2021年	2022年	2023年	2019年	2020年	2021年	2022年	2023年	2019—2023年平均增速
东部	498.20	650.74	829.90	832.51	971.28	25.02	30.62	27.53	0.31	13.30	19.36
中部	75.13	102.15	145.40	160.43	204.03	31.48	35.96	42.34	10.34	27.18	29.46
西部	47.36	60.47	79.00	93.94	106.43	19.44	27.68	30.64	18.91	29.07	25.15
东北	14.53	20.22	28.60	30.20	38.98	22.92	39.16	41.44	5.59	16.67	25.16

资料来源：根据国家邮政局《邮政行业运行情况》（2019—2023）相关数据整理。

二、中国区域物流基础设施发展状况

（一）交通基础设施建设

（1）铁路建设状况

截至2022年年底，我国西部地区的铁路营业里程最长，为6.30万千米，其次为东部地区的3.76万千米，再次为中部地区的3.52万千米，最后为东北地区的1.90万千米。

2022年我国东部、中部、西部、东北地区的铁路营业里程增速分别为2.9%、2.0%、3.9%、0.5%。2018—2022年，我国铁路总营业里程增加23.24%，年均增长5.36%。此期间，西部地区年均增速最大，为7.70%；东部、中部和东北地区的年平均增速分别为4.50%、5.08%和0.09%。2018—2022年中国四大区域铁路营业里程及增速如表3-7所示。

表 3 - 7 2018—2022 年中国四大区域铁路营业里程及增速

年份	东部 总量（千米）	东部 增速（%）	中部 总量（千米）	中部 增速（%）	西部 总量（千米）	西部 增速（%）	东北 总量（千米）	东北 增速（%）
2018	31527	6.4	28864	2.2	46838	1.9	18462	7.4
2019	33139	5.1	32850	13.8	48665	3.9	18336	-0.7
2020	34962	5.5	33805	2.9	59113	21.5	18451	0.6
2021	36546	4.5	34513	2.1	60642	2.6	19038	3.2
2022	37593	2.9	35193	2.0	62996	3.9	19125	0.5

资料来源：根据国家统计局《中国统计年鉴》（2019—2023）相关数据整理。

2023 年，我国铁路完成固定资产投资 7645 亿元，同比增长 7.5%。截至 2023 年年底，我国铁路营业里程达到 15.9 万千米，其中高铁营业里程 4.5 万千米。2023 年，我国新开通的运营线路主要分布在东部和西部地区。其中，东部地区新开通广州—汕尾高铁、福州—厦门高铁、沪宁沿江高铁（上海—南京）、津兴城际铁路（天津西站—大兴机场站）、济南—郑州高铁、汕头—汕尾高铁汕头南—汕尾段、龙岩—龙川高铁龙岩—武平段和宁波—金华铁路；西部地区新开通贵阳—南宁高铁、丽江—香格里拉铁路、成都—西宁铁路青白江东—镇江关段、成都—自贡—宜宾高铁和防城港—东兴铁路。

在铁路路网密度方面，2022 年，东部地区铁路网密度最高，为 402.8 千米/万平方千米；西部地区密度最低，为 91.4 千米/万平方千米；中部地区和东北地区的密度分别为 342.2 千米/万平方千米和 236.6 千米/万平方千米。2018—2022 年我国四大区域铁路路网密度如表 3 - 8 所示。

表 3-8　2018—2022 年中国四大区域铁路路网密度

单位：千米/万平方千米

年份	东部	中部	西部	东北
2018 年	336.9	280.8	76.8	228.2
2019 年	355.2	319.5	79.9	226.6
2020 年	381.8	328.9	85.9	228.1
2021 年	392.2	335.6	88.3	235.3
2022 年	402.8	342.2	91.4	236.6

资料来源：根据国家统计局《中国统计年鉴》(2019—2023) 相关数据整理。

（2）公路建设状况

2023 年，我国公路固定资产投资增长幅度较小，主要原因为占公路固定资产投资比例最大的西部地区出现投资规模缩减。2023 年 1—11 月，我国公路固定资产投资 26487.08 亿元，同比增长 1.2%。其中，东部地区完成公路固定资产投资 8920.00 亿元，同比增长 10.63%；中部地区完成公路固定资产投资 6706.35 亿元，同比增长 2.87%；西部地区完成公路固定资产投资 10010.97 亿元，同比下降 6.93%；东北地区完成公路固定资产投资 849.76 亿元，同比增长 2.41%。

截至 2022 年年底，我国西部地区的公路里程和高速公路里程最高，分别为 231.87 千米和 7.41 千米，分别占总里程的 43.3% 和 41.82%。其中，高速公路比重最高的为东部地区，为 4.03%。2018—2022 年中国四大区域的公路里程、高速公路里程及比重如表 3-9 所示。

表 3-9　2018—2022 年中国四大区域的公路里程、高速公路里程及比重

年份	指标	全国	东部地区	中部地区	西部地区	东北地区
2018	公路里程（千米）	4657482	1161527	1297781	1991735	395489
	高速公路（千米）	137790	40764	36064	53624	12141
	高速公路比重（%）	2.9	3.5	2.8	2.8	3.1

续表

年份	指标	全国	东部地区	中部地区	西部地区	东北地区
2019	公路里程（千米）	4606791	1178783	1371136	2062442	400137
	高速公路（千米）	138639	42744	37361	57039	12427
	高速公路比重（％）	3.0	3.6	2.7	2.8	3.1
2020	公路里程（千米）	5198120	1196478	1392468	2202305	406866
	高速公路（千米）	160980	46023	38164	63644	13149
	高速公路比重（％）	3.1	3.8	2.7	2.9	3.2
2021	公路里程（千米）	5280708	1203007	1403560	2265508	408634
	高速公路（千米）	169071	47254	38869	69764	13183
	高速公路比重（％）	3.2	3.9	2.8	3.1	3.2
2022	公路里程（千米）	5354837	1210130	1416227	2318696	409784
	高速公路（千米）	177252	48717	41002	74131	13402
	高速公路比重（％）	3.3	4.0	2.9	3.2	3.3

资料来源：根据国家统计局《中国统计年鉴》（2019—2023）相关数据整理。

2022年，我国公路路网密度最高的区域为中部地区，密度为13771.2千米/万平方千米；高速公路路网密度最高的区域为东部地区，密度为523.2千米/万平方千米。西部地区虽然公路里程和高速公路里程最高，但二者的密度在四大地区中最低。2018—2022年中国四大区域公路路网密度与高速公路路网密度如表3-10所示。

表3-10 2018—2022年中国四大区域公路路网密度与高速公路路网密度

单位：千米/万平方千米

年份	指标	全国平均	东部地区	中部地区	西部地区	东北地区
2018	公路路网密度	5048.4	12489.6	12559.8	2890.0	4882.6
	高速公路路网密度	148.5	438.3	350.2	78.1	148.5
2019	公路路网密度	5221.4	12675.1	13312.0	3002.9	4940.0
	高速公路路网密度	155.8	459.6	362.8	83.1	153.4

续表

年份	指标	全国平均	东部地区	中部地区	西部地区	东北地区
2020	公路路网密度	5414.7	13064.8	13549.4	3201.6	5046.1
	高速公路路网密度	167.7	502.5	371.4	92.5	163.1
2021	公路路网密度	5500.7	13136.1	13648.0	3299.8	5057.4
	高速公路路网密度	176.1	515.9	378.0	101.6	163.2
2022	公路路网密度	5578.0	12995.4	13771.2	3383.8	5065.3
	高速公路路网密度	184.6	523.2	398.7	108.2	165.7

资料来源：根据国家统计局《中国统计年鉴》（2019—2023）相关数据整理。

（3）水运建设状况

2023年1—11月，除中部地区水运固定资产投资略有下降外，其他三个区域的水运固定资产投资均有较大幅度的增长[1]。其中，东部地区的内河建设完成固定资产投资317.97亿元，同比增长9.52%；沿海建设完成固定资产投资753.46亿元，同比增长20.16%。中部地区的内河建设完成固定资产投资297.02亿元，同比下降1.81%。西部地区内河建设完成固定资产投资330.52亿元，同比增长108.25%；沿海建设完成固定资产投资62.19亿元，同比下降23.82%。东北地区内河建设完成固定资产投资0.59亿元，同比上升35.22%；沿海建设完成固定资产投资19.59亿元，同比增长219.25%[2]。

2022年，东部地区沿海大部分规模以上港口码头长度和泊位数有所上涨。码头长度方面，福州港的增长速度最快，由2021年的26964米增长到2022年的29255米，同比增长8.5%；台州港从2021年的15149米下降到2022年的12113米，同比下降20.04%。泊位数方面，厦门港的增长最快，从180个增长到196个，同比增长8.89%；台州港下降幅度最大，由180个

---

[1] 由于交通运输部仅公布了2022年1—11月的月公路水路交通固定资产投资完成情况，未公布2022年全年情况，本节仅将1—11月的数据进行对比。

[2] 交通运输部综合规划司：《2023年1—11月公路水路交通固定资产投资完成情况》，2024年1月2日，交通运输部网站（https://xxgk.mot.gov.cn/jigou/zhghs/202401/t20240102_3979928.html）。

减少至 106 个，同比下降 41.11%。2021—2022 年东部地区沿海规模以上港口码头长度、泊位数及增速如表 3-11 所示。

表 3-11 2021—2022 年东部地区沿海规模以上港口码头长度、泊位数及增速

港口	码头长度（米） 2021 年	码头长度（米） 2022 年	增长率（%）	港口泊位数（个） 2021 年	港口泊位数（个） 2022 年	增长率（%）
秦皇岛	17246	17246	0.00	93	93	0.00
天津	45853	47932	4.53	212	220	3.77
烟台	39981	41263	3.21	223	239	7.17
威海	13786	13786	0.00	84	84	0.00
青岛	31967	33225	3.94	124	129	4.03
日照	24004	24004	0.00	89	89	0.00
上海	109151	109165	0.01	1037	1013	-2.31
连云港	20400	21669	6.22	97	101	4.12
宁波—舟山	102924	106224	3.21	712	726	1.97
台州	15149	12113	-20.04	180	106	-41.11
温州	15546	15261	-1.83	170	153	-10.00
福州	26964	29255	8.50	163	172	5.52
厦门	32603	33274	2.06	180	196	8.89
汕头	6029	5900	-2.14	37	35	-5.41
深圳	33736	34925	3.52	164	172	4.88
广州	40283	40265	-0.04	497	493	-0.80
湛江	23577	23577	0.00	162	162	0.00
海口	9867	9867	0.00	70	70	0.00
八所	2488	2488	0.00	12	12	0.00
东部沿海合计	611554	621439	1.62	4234	4265	0.73

资料来源：根据国家统计局《中国统计年鉴》（2022—2023）相关数据整理。

中西部地区持续推进内河通道基础设施的建设和提升。广西平陆运河是西部陆海新通道的骨干工程，该项目全长 134.2 千米，设计年单向通过能力

8900万吨，总投资727.2亿元，计划于2026年年底主体建成。建成后，将连通广西西江航运干线与北部湾国际枢纽海港，可通航5000吨级船舶，大幅提升西部陆海新通道运输能力。2023年3月，平陆运河一期工程提前完工，5月进入全线动工建设新阶段。江西的赣江、信江三级航道进一步延伸，高等级航道里程从2020年871千米增长到2023年960.6千米，打通了信江高等级航道通道。2023年1—10月，赣江各船闸货物通过量449万吨，信江各船闸货物通过量541万吨，均创历史新高。

2022年，中部地区码头长度和港口泊位数均有较大幅度增长，内河港口码头长度增加10.92%，港口泊位数增加20.02%。2021—2022年中部地区九大内河港口码头长度、泊位数及增长率如表3-12所示。2022年，西部地区内河通航里程与2021年相同，如表3-13所示。

表3-12 2021—2022年中部地区九大内河港口码头长度、泊位数及增长率

港口	码头长度（米）2021年	码头长度（米）2022年	增长率（%）	港口泊位数（个）2021年	港口泊位数（个）2022年	增长率（%）
宜昌	22609	30078	33.04	182	194	6.59
武汉	21575	20775	-3.71	190	166	-12.63
黄石	6310	5315	-15.77	45	48	6.67
九江	16263	21440	31.83	145	341	135.17
安庆	4307	4307	0.00	40	40	0.00
池州	8990	8990	0.00	85	85	0.00
铜陵	7192	7467	3.82	70	72	2.86
芜湖	12741	13309	4.46	117	122	4.27
马鞍山	9206	9441	2.55	110	113	2.73
中部地区合计	109193	121122	10.92	984	1181	20.02

资料来源：根据国家统计局《中国统计年鉴》（2022—2023）相关数据整理。

表 3-13 2022年西部地区各省市内河通航里程状况

省份	内河通航里程（千米）	省份	内河通航里程（千米）
内蒙古	2403	陕西	1146
广西	5707	甘肃	911
重庆	4352	宁夏	130
四川	10817	青海	674
贵州	3954	新疆	—
云南	4590	西部地区合计	34684
西藏	—		

资料来源：交通运输部：《中国内河：航道通航里程》，CEIC 数据库（https://www.ceicdata.com.cn/zh-hans/china/waterway-navigable-length-river）。

（4）航空建设状况

2023 年，我国新增 5 个民用航空机场。其中，中部地区新增 3 个，分别位于河南省、湖南省和山西省；西部地区新增 2 个，分别位于四川省和西藏自治区。截至 2023 年年底，东部地区共有 56 个民航机场，连续三年数量保持不变；中部地区共有 44 个民航机场，连续三年数量上升；西部地区共有 132 个民航机场，连续多年数量上升；东北地区共有 27 个民航机场，连续多年数量保持不变。2019—2023 年中国民用航空机场的区域分布状况如表 3-14 所示。

表 3-14 2019—2023 年中国民用航空机场的区域分布状况   单位：个

地区	2019 年	2020 年	2021 年	2022 年	2023 年
东部	54	54	56	56	56
中部	36	36	40	41	44
西部	121	124	125	130	132
东北	27	27	27	27	27
合计	238	241	248	254	259

资料来源：根据中国民用航空局《全国民用运输机场生产统计公报》（2019—2023）和《民航行业发展统计公报》（2019—2023）相关数据整理。

（二）物流仓储建设

我国物流园区和仓储设施的区域分布较为不均衡，东部地区在数量和规模上均领先于其他区域。2023年6月，根据中国物流与采购联合会物流园区专委会公布的第四批示范物流园区评审结果，入选的22个物流园区中，8个来自东部地区，6个来自中部地区，5个来自西部地区，3个来自东北地区。至此，全国共有102个物流园区入选示范物流园区。其中，东部地区44个，占43.14%；中部地区与西部地区均为25个，占24.51%；东北地区8个，占7.84%；浙江、山东和江苏的示范物流园区的个数分别为10个、9个和8个，位列前三甲。

根据量化咨询的《2023年全年167个海关特殊监管区（综保区等）进出口贸易额及排名榜单》和《全国171个海关特殊监管区域分布分析及产值排名》，我国共有171个海关特殊监管区域。其中，东部地区数量最多，为95个，占比为55.56%；其次为西部地区，共有40个，占比为23.39%；再次为中部地区，共有27个，占比为15.79%；数量最少的为东北地区，共有9个，占比为5.26%。数量最多的五个省（直辖市）分别为江苏省、广东省、山东省、浙江省和上海市，数量均为10个及以上，均来自东部地区。特殊监管区进出口值方面，东部地区进出口总值为5.46万亿元，占全国总量的68.19%；西部、中部和东北地区分别占比19.87%、10.54%和1.40%。各省区方面，上海市以10个综保区进出口总额1.65万亿元排名第一，广东省、江苏省、山东省和四川省分列2至5位。

截至2023年6月，全国共有84个保税物流中心，除陕西、贵州及西藏外，其他省份均有分布。从区域分布看，东部、中部、西部和东北地区的保税物流中心分别有40个、19个、17个和8个；从省份分布看，江苏、广东和浙江位列前三位，分别有8个、7个和6个。

三、中国区域物流的主要特征

（一）东部地区推进智慧物流基础设施建设，引领物流数字化变革

凭借着区位、技术和资源等优势，借助不断成熟的大数据、人工智能和自动化等前沿技术，东部地区加速推进现代化、数字化和智慧化物流的建设与发展，通过数智物流服务链与产业供应链深度融合，引领企业转型发展。

一是大力推进智慧物流基础设施建设。天津港加快智慧化转型，推动无人集卡规模化应用。天津港港区已建设148座5G基站，5G网络实现集装箱码头全覆盖，平均延时低至20毫秒，远程控制可靠性达到99.999%，可保障无人集卡的作业效率和安全[①]。无人集卡融合华为5G通信技术，具有信息共享、复杂环境感知和智能化决策等控制功能，可实现自动驾驶和岸桥、道闸和充电等系统互联互通。2023年8月，上海怡亚通云仓正式开仓。该云仓采用全新的仓储物流模式，利用智能化管理系统，实现精准库存管理、快速出库配送等功能。怡亚通供应链生态体系及怡亚通云仓可以为各类品牌商、经销商和供应商提供便利化集货入仓、跨界组套和统一售后解决方案，满足客户好产品、好价格、好服务的"三好"需求。

二是物流企业引领物流业数字化变革。山东荣庆物流自主研发荣庆物流智网货运平台，获得8项软件著作权。该平台通过融入GIS技术、GPS定位、手机APP、大数据分析等技术，解决了无车承运业务中的竞价管理、撮合交易、全程货物追踪、计费管理、评价体系、结算管理、票据管理等运输业务的关键节点问题。同时，该平台还实现了全程网络可视化监管、交易下单快速响应、运力配置充足及多车型精准匹配等功能。浙商中拓应用物联网、大数据等技术，围绕客户需求和业务发展需要，构建智慧仓储系统（WMS）、物流金融系统（FMS）、物流运输管理系统（TMS）、电子商务系统（EC）等

---

① 韩光胤：《天津港：无人集卡"智"解水平运输》，2023年2月9日，中国交通新闻网（https://www.zgjtb.com/2023-02/09/content_340192.html）。

平台系统，助力公司完成从信息化支撑业务到数字化赋能业务的转变。该公司陆续在无锡不锈钢工业服务综合体、唐山丰南工业服务综合体及其他仓储网点打造的"中拓品牌数字化仓库"，先后获评《数字化仓库基本要求》《数字化仓库评估规范》行业标准编制先进单位。该公司还参与了《大宗货物电子仓单》《数字化仓库基本要求》《数字化仓库评估规范》等行业标准编制工作。

三是数智供应链助力企业转型发展。由上海卓昕瑞实施的油田设备制造商的库存优化方案，卓昕瑞整合钢厂、加工商到装配工厂端到端的价值流数据分析，重组需求管理、库存管理、采购管理及交付管理等上下游流程，实现了3级库存整合一体化方案，在实现交付及时率100%前提下，将客户整体供应链库存水平降低了70%。京东物流依托端到端供应链规划能力、供应链计划运营体系、遍及全国各地的仓储物流网络和精益运营管理能力，为广东亿纬锂能制定高效的供应链服务体系，详细规划了超过200条专属路线。在京东物流一体化供应链服务助力下，亿纬锂能物流效率持续提升。其中，在时效性方面，提货及时率达到99%；在安全性方面，依靠高度专业和严格监管，京东物流对动力电池等危化品提供高效的安全保障，订单异常率为零。

（二）中西部地区补短板，进一步完善现代物流运行体系

中西部地区加强物流设施补短板建设，提升物流枢纽功能，拓宽物流通道，织密物流网络，持续完善现代物流运行体系。

一是提升物流枢纽功能。2023年7月，国家发展改革委公布了第五批国家物流枢纽建设名单，共有30个国家物流枢纽纳入年度建设名单，其中中西部地区入选了15个[①]。国家物流枢纽不仅空间布局持续向中西部地区扩展，功能上也和现代服务业、先进制造业深度融合。例如，新设立的合肥生产服务型国家物流枢纽，坐落于先进制造业集群附近，与工厂、仓库、港口实现

---

① 国家发展和改革委员会经济贸易司：《国家发展改革委发布2023年国家骨干冷链物流基地建设名单》，2023年6月12日，国家发展和改革委员会官网（https://www.ndrc.gov.cn/fzggw/jgsj/jms/sjdt/202306/t20230612_1357490.html）。

"无缝衔接"。新能源汽车、电子信息和光伏等产品下线后，可以就近选择个性化仓储和物流模式。2023年6月，国家发展改革委发布的第三批25个国家骨干冷链物流基地建设名单中，有16个位于中西部地区。国家骨干冷链物流基地是依托存量设施群布局建设的大型冷链物流基础设施，是整合集聚冷链物流资源、优化冷链物流运行体系、促进冷链物流与相关产业融合发展的基础支撑、组织中心和重要平台。例如，河南新乡骨干冷链物流基地由中原智慧冷链物流园和中部冷链物流港信基供应链产业园两个片区组成。该基地已建成思念、蒙牛等全国配送总仓及区域中心仓，巴奴、锅圈食汇等餐饮食材城市配送仓，布局了双汇、大咖等食品生产加工企业原材料转运仓，并搭建了覆盖全国大部分省份的冷链服务网络。通过上下游产业配套建设，该基地构建了"冷链物流+餐饮配送""冷链物流+网络零售""冷链物流+新基建""冷链物流+大数据"等中部地区先进的全链条业态模式。

二是拓宽物流通道。2023年，安徽省昌景黄高铁、滁宁城际滁州段、无岳高速等项目建成运营，江淮运河全线通航，全省双通道达海、两运河入江、河江海联运新格局正在形成。江西不断拓宽对外运输通道，先后开行全省首趟JSQ6汽车整车出口国际直达专列、全省首列进出境"铁路快通"中欧班列等，初步形成"9条国际直达+9条铁海联运"的格局，覆盖欧洲、美洲、东南亚等30多个国家和地区。2023年，重庆高速公路建成巫镇、铜安和江泸北线3个项目，渝陕两地首次实现高速直连直通，重庆的省际对外通道达到30个，建成渝邻快速通道，川渝省际通道达到28个。云南推进面向印度洋国际陆海大通道建设，创新开行"沪滇·澜湄线""澜湄蓉渝欧快线""中欧+澜湄线"国际货运班列。

三是织密末端物流配送网络。2023年，河南全年累计新改建农村公路9149千米。截至2023年年底，河南75.2%的行政村设立村级寄递物流服务站。湖北省累计建成县级公共配送中心105个、乡镇服务站点3475个，已设置村级快递服务网点且能正常运营的行政村达20744个，实现全省行政村100%覆盖；推动"邮快合作"和农村"客货邮"融合发展，2023年新增交邮联运邮路 60 条。

（三）东北地区畅通粮食物流通道，推动国际物流通道建设

一是进一步畅通"北粮南运"物流通道。2023 年 3 月，辽宁、吉林、黑龙江和内蒙古三省一区交通运输厅签订《"三省一区"综合交通运输战略合作框架协议》，建立了重点物资运输保障合作机制，形成跨区域、跨部门保障体系，进一步畅通"北粮南运"大通道。截至 2023 年年底，辽宁港口粮食泊位达 30 个，总通过能力达每年 5212 万吨，港口粮食总仓储能力达 665 万吨；铁路粮食日均装车 1400 车，最大日装车能力达 3000 车；常备道路运输货运应急保障车辆 1700 台，设置高速公路收费站粮食运输专用通道 105 条。同时，辽宁成立粮食安全领导小组，下设"北粮南运"大通道专项推进组等 6 个工作机制，制定了《辽宁省北粮南运大通道交通运输保障工作方案》，明确分工形成有效工作合力。在港口方面，辽宁重点监测集疏运、生产作业、港区内外仓储堆存能力 3 个方面 9 项指标；在铁路方面，辽宁重点监测装车计划执行率、集装箱返空率、日装车数量和入关粮食发运量 4 项指标，及时协调解决运输过程中存在的问题，保持粮食仓储运行在合理区间，以确保粮食转运及时高效。

二是进一步推动国际物流大通道建设。首先是沿边物流通道建设加速。哈尔滨不断加快国际物流枢纽建设的步伐，2023 年，哈尔滨机场开通了至莫斯科、温哥华、洛杉矶 3 条货运航线，国际航空货运枢纽建设初见成效。2023 年，黑龙江实施绥芬河口岸运力提升、黑河口岸大桥畅通、同江口岸设施升级行动，黑瞎子岛公路口岸设置方案获批。2023 年 11 月，232 国道牙四公路吉林大安嫩江大桥通车，打开了吉林省西部、黑龙江省东部的"大门"，将吉林大安到黑龙江大庆、到哈尔滨的公路通行里程缩短了三分之一。其次是积极推进中欧班列建设。2023 年，继"长满欧""长珲欧"之后，吉林又开通了全新的"长同欧"中欧班列，进一步拓宽了吉林省外运货物的物流通道。2023 年 1 月和 4 月，黑龙江分别组织了该省首列冷链专列、首列国产品牌汽车专列，并实现了冷链专列和汽车专列的常态化运行。4 月，辽宁成功

首发沈阳至莫斯科冷链中欧班列。再次是加密国际空运航线。截至 2023 年年底，哈尔滨机场开通至莫斯科、温哥华、洛杉矶 3 条货运航线，大连与俄罗斯、日本、韩国等 5 个国家（地区）10 个城市通航直航航线 22 条[①]。2023 年，沈阳机场恢复运营日韩等 10 条国际、地区客运航线，保障法兰克福等 6 条国际货运航线。最后是加大国际航运航线覆盖范围。2023 年，辽港集团先后开通大连至地中海西岸、东南亚、远东等多条外贸航线。其中，南美车厘子集装箱"快线"，切实增强大连港南美水果集散分拨服务能力。"营口港—北美阿拉斯加"外贸散杂货航线为拓宽北美、北极圈物流大通道奠定基础。

第三节　中国热点区域物流发展

新疆维吾尔自治区地处欧亚大陆核心地带，是连接中国、中亚和西亚的重要枢纽。国际物流、农产品物流的发展以及新疆自贸试验区的成立，为新疆的经济发展和物流建设带来了新的动力。广西为我国面向东南亚的门户之一，是唯一与东盟陆海相邻的省区。广西凭借其区位优势，积极推动西部陆海新通道建设，大力发展面向东盟的国际物流和电商物流。

一、新疆维吾尔自治区物流发展

新疆维吾尔自治区位于我国西北部，与八国接壤，是我国向西开放的重要门户。新疆拥有 18 个对外开放口岸，是我国拥有陆路口岸最多的省份，这些口岸构成了我国面向亚欧的物流"黄金通道"。同时，新疆也是我国农业资源大省。凭借其独特的地理位置和产业发展优势，新疆积极发展国际物流和农产品物流。新疆自贸试验区的设立，为物流业的发展带来了历史性的机遇。

[①] 中国新闻网：《大连机场口岸 2023 年出入境客流量达 65.8 万人次》，2024 年 1 月 1 日，中国新闻网（https://www.chinanews.com.cn/sh/2024/01-01/10138908.shtml）。

（一）积极拓展面向"一带一路"的国际物流业务

一是积极推进"东联西出"国际物流通道建设。2023年，新疆积极推进陆路通道建设，兰新铁路精河至阿拉山口段增建二线实现通车，格库铁路扩能改造、罗若铁路加快建设，中吉乌铁路、中哈塔城—阿亚古兹铁路积极推进，G0711乌鲁木齐至尉犁高速公路等一批公路大通道加快建设。截至2023年年底，新疆已开通双边国际道路运输线路118条，总数占全国三分之一以上；开通3条进出疆高速公路大通道；加快构建兰新线、临哈线、格库线"三出疆"和阿拉山口、霍尔果斯"两对外"铁路路网格局；全区民用机场达到25个，开通国际航线26条、通达19个国家。

二是积极推进国际班列建设。在过境班列方面，2023年，新疆过境中欧（中亚）班列14397列、增长8.5%，占全国一半以上。其中霍尔果斯口岸开行中欧（中亚）班列7762列，同比增长9.8%[①]。阿拉山口口岸通行中欧（中亚）班列达6635列，同比增长6.8%；共计68.7万标箱，同比增长17.7%；其中，中欧班列共5040列，占全国的28.8%，阿拉山口口岸成为全国中欧班列通行量最大的口岸[②]。在始发班列方面，新疆积极发挥中欧班列（乌鲁木齐）集结中心示范作用，加大中欧班列开行力度，培育和拓展物流新通道，重点打造辐射中亚、俄罗斯、欧洲及跨"两海"等班列线路。截至2023年5月，乌鲁木齐国际陆港区已开行中欧（亚）班列线路达21条，通达中亚及中东、东欧等19个国家、26个城市，形成了多点多向的班列开行方式。运载的货物由最初的日用百货、服装产品拓展至机械设备、汽车零配件等200多个品类。2023年新疆始发班列1517列，同比增长5.3%。

三是大力发展跨境电商物流业务。新疆维吾尔自治区政府高度重视跨境

[①] 李明、单如辉、王晶瑜：《2023年新疆霍尔果斯口岸开行中欧（中亚）班列7762列 再创历史新高》，2024年1月5日，中国新闻网（https://baijiahao.baidu.com/s?id=1787245317551436575&wfr=spider&for=pc）。

[②] 阿拉山口零距离：《创历史新高！2023年阿拉山口口岸通行中欧班列超6600列》，2024年1月12日，阿拉山口人民政府官网（http://www.alsk.gov.cn/info/1012/64855.htm）。

电商发展，已经形成以 4 个跨境电商综试区为引领，各口岸雁阵化发展，南北疆协同推进的跨境电商发展新格局。同时，新疆积极推动跨境电商"公铁联运"模式，2022 年 2 月，我国跨境电商综合试验区首列跨境电商班列从新疆阿拉山口口岸发出。乌鲁木齐机场积极实践跨境电商陆空多式联运新模式，集拼集运开发跨境电商全货机航线。2023 年 1 月，乌鲁木齐直飞哈萨克斯坦出口跨境电商全货机航线正式开通，这也是新疆首架跨境电商全货机专线。此外，新疆还支持跨境电商出口海外仓布局，推广"前店后仓+自定义快速配送"的跨境电商新模式。2023 年，新疆发运跨境电商班列 18 列，建设海外仓 37 家，实现跨境电商贸易额 113.7 亿元，同比增长 61.8%[1]。

（二）重点发展农产品物流

新疆光照充足，生态优良，特色农产品资源丰富，是我国的农业资源大省。吐鲁番葡萄、库尔勒香梨、阿克苏苹果、哈密瓜、伽师瓜、喀什石榴和若羌红枣等特色品牌享誉全国，肉羊、肉牛、生猪及家禽等畜牧养殖规模迅速扩大，已建成全国最大的优质特色林果基地和全国重要的畜禽产品生产基地，水产品产量连续多年稳居西北地区首位。借助农业优势，新疆重点推动农产品物流发展。

一是逐步完善物流配送体系建设。县乡村三级物流配送体系逐步完善，新疆建有县级电商公共服务中心和物流配送中心 57 个、乡村级站点 4000 余个，工业品下行配送覆盖 60% 以上站点，超 800 个电商服务站点叠加复用邮政快递功能。物流企业进一步完善物流网络建设，邮政、京东物流、顺丰、中通、韵达和申通等主要寄递企业在新疆加大投资力度，围绕乌鲁木齐、阿克苏"双枢纽"布局建设省级分拨处理和仓储中心。截至 2023 年年底，全区省级、地州市级邮政快递分拨处理中心 97 个，其中省级 12 个，地州市级 85 个，建成并运营快递园区 9 个，入驻快递企业达 72 家。依托物流配送体系建

---

[1] 新疆维吾尔自治区邮政管理局：《全国人大代表、新疆维吾尔自治区主席艾尔肯·吐尼亚孜：快递"双第一"见证新疆经济发展强劲脉动》，2024 年 3 月 7 日，新疆维吾尔自治区邮政管理局网站（http：//xj.spb.gov.cn/xjyzglj/c100057/c100060/202403/3422991af6d24accad817886aea9a4c2.shtml）。

设，新疆逐步形成了高效、便捷、优质的农产品物流体系，助力新疆农产品深度融入全国统一大市场。

二是加快完善冷链物流基础设施。近年来，结合国家冷链物流基地建设，新疆进一步完善冷链物流基础设施。乌鲁木齐形成了以海鸿国际为代表的北站陆港片区和以众和物流为代表的东站空港片区两个冷链物流集中区，以及围绕九鼎、新联、北园春和华凌四大农产品批发市场建设的冷链物流设施群。2023年9月，喀什市中集生鲜冷链基地投入运营，冷链仓储库容量达3万吨，设计有冷冻、冷藏和常温三个不同温度范围的仓库。作为南疆兵团唯一的国家冷链物流基地，阿拉尔南疆农副产品集散中心（国家骨干冷链物流基地）总投资约10亿元，分三期建设。已经投入运营的一期冷冻库占地0.48万平方米，库容量达5000吨。二期将于2024年投入运营。阿克苏国家骨干冷链物流基地位于阿克苏商贸物流产业园内，总占地面积2240.30亩。截至2023年5月，该基地入驻企业10家，建成冷库总库容113.46万立方米，农产品年周转量140万吨；在建项目5个、总投资8.42亿元，储备重点冷链物流项目8个、计划投资17.98亿元[①]。

三是物流企业积极布局农产品物流。南方航空、顺丰航空、中国邮政、菜鸟等都已在新疆完善航空运输布局并投入运营。中国邮政航空货邮为新疆当地冰鲜水产品开启了绿色通道，实现快速安检、入库、上航班。顺丰利用国内56个分仓及疆内固定的3个航班助力农牧产品出疆，从乌鲁木齐市出发，48小时内可交付的城市已达167个。2022年，中通冷链启动新疆运"海鲜"项目，依托全国超1400条干线，通过开通直达线路，为新疆产"海鲜"提供一体化的冷链运输解决方案。

四是加快畅通农副产品进出口物流通道。2023年，新疆新开通阿拉山口、都拉塔、吉木乃口岸3条中哈公路口岸农副产品快速通关"绿色通道"。

---

① 吕娜：《阿克苏地区加快推进国家骨干冷链物流基地建设》，2023年5月24日，中国新闻网（https：//www.xj.chinanews.com.cn/dizhou/2023-05-24/detail-ihcpswxf4318466.shtml）。

截至 2023 年年底，新疆与中亚国家边境公路口岸共有 8 条农副产品快速通关"绿色通道"，实现中亚国家边境公路口岸农副产品快速通关"绿色通道"全覆盖。九鼎农产品批发市场是新疆最大的一级批发市场，承担全疆 85% 以上果蔬交易量。在海关等部门支持下，九鼎集团打造农产品进出口冷链物流基地，创新推出"中亚果蔬进出口基地+跨境冷链物流+属地直通"模式。通过开通冷链卡航，出口货物可在九鼎市场完成集货、装运和查验等通关手续直接出境，避免了"二次倒装"，减少了一天的运输时间，大幅降低了综合成本，带动更多本土产品高效"出海"。

（三）新疆自贸试验区建设为物流高质量发展注入新动力

一是自贸区建设为新疆物流发展提供新机遇。2023 年 11 月，新疆自贸试验区正式挂牌成立，成为我国第 22 个、西北地区第一个自贸试验区。新疆自贸试验区包括乌鲁木齐、喀什和霍尔果斯三个片区。在打造新疆自贸试验区各具特色的枢纽经济集聚区的过程中，物流系统发挥着至关重要的作用。《中国（新疆）自由贸易试验区总体方案》提出将新疆建设为联通欧亚的综合物流枢纽。未来新疆自贸试验区建设中，将从加强通道建设、增强枢纽功能、推动口岸升级和加强规则衔接等方面推动物流发展。

二是自贸片区积极推动物流业发展。2023 年，乌鲁木齐机场周边多个物流产业链重大项目相继建成投运，产业集群初具规模。投入运营的中亚通物流园、万玮乌鲁木齐空港物流园、中通快递新疆智能科技电商快递产业园、乌鲁木齐航空物流园 4 家物流园区，入驻了顺丰、中通、邮政和京东等快递物流公司，仓储面积近 25 万平方米，年快递量超过 5 亿件。此外，新疆智慧工业园项目等 4 个在建物流项目，总投资达 31 亿元。2023 年，霍尔果斯积极推动公铁联运国际物流中心项目建设，包括建设国际贸易加工区、中欧班列国际货物仓储区、中欧班列信息化平台和运营调度中心及配套附属设施，该项目一期工程预计于 2024 年年底建成并投入使用。

二、广西壮族自治区物流发展

广西壮族自治区位于中国西南部，东连粤港澳大湾区，南邻北部湾经济区。广西是我国唯一与东盟国家陆海相连的省区，是我国面向东盟开放合作的前沿与窗口，是西部陆海新通道陆海交会的重要门户。近年来，广西大力推动西部陆海新通道建设。利用区位优势，借助《区域全面经济伙伴关系协定》（RCEP）的政策红利，积极发展面向东盟的国际物流。此外，广西还重点发展电商物流等物流产业。

（一）大力推进西部陆海新通道建设

为了更好地推动高水平共建西部陆海新通道，2021年10月广西壮族自治区政府办公厅印发《广西建设西部陆海新通道三年提升行动计划（2021—2023年）》。该规划提出，到2023年，通道基础设施建设取得突破性进展，北部湾港综合服务能力显著提升。2023年，广西重点建设西部陆海新通道。

一是加速推进跨境物流通道的建设。2023年，在铁路方面，跨境铁路项目加速推进，湘桂铁路南宁至凭祥段提速运行；南宁至崇左铁路建成运营；防城港至东兴铁路于12月开通运营。在公路方面，全面建设以东兴、友谊关、水口和龙邦公路口岸为枢纽的高速公路通道，南宁至凭祥友谊关等5条通边高速公路已经建成；南宁至友谊关、东兴、水口、硕龙、岳圩和龙邦等6个中越边境口岸已基本实现高速公路通达；南宁大塘至凭祥友谊关等8条高速公路预计2024年全部建成通车。在水路方面，加快建设北部湾国际门户港，建成钦州港20万吨级航道、钦州港30万吨级油码头、全国首个海铁联运自动化集装箱码头等一批重大项目。此外，还重点建设南宁国际铁路港。截至2023年年底，南宁国际铁路港规划建设的10个功能区已开工建设7个，建成8个项目，分别为铁路港（铁路货场）、口岸物流区海关监管作业场所、出口监管仓、公路港电商物流区顺丰分拨中心、城市配送区成件货物作业仓库一期、农产品物流区农产品加工区、龙光东盟生鲜食品智慧港和冷链物流区铁路作业线。

二是加速推进国内物流通道的建设。2023年,广西统筹财政资金400余亿元支持港口、铁路等重大项目的建设。在公路方面,北流至凭祥(南宁大塘至凭祥段)高速公路开工建设,G72泉南高速桂林至柳州段改扩建、巴马至凭祥公路等建成通车。在铁路方面,贵阳至南宁高铁于8月开通运营,与成贵、沪昆等高铁线路相接驳,通过贵阳、南宁等铁路枢纽相连接,串联川渝黔及西北地区与广西沿海、粤西、海南等地区。在水运方面,平陆运河累计完成投资超230亿元,钦州港20万吨级自动化集装箱码头建成运营,防城港赤沙作业区1号2号泊位等项目主体建成,北海铁山港东港区正式开港。在民航方面,南宁吴圩国际机场T3航站区及配套设施建设工程全面开工建设,南宁吴圩国际机场空侧转运中心、南宁吴圩国际机场T1航站楼国际客运到达区等竣工投产。

(二)积极推动面向东盟的国际物流发展

一是织密面向东盟的跨境物流网络。截至2023年12月,北部湾港共开通内外贸集装箱航线76条,其中外贸集装箱航线48条,钦州港发运到新加坡港每周7班、到泰国林查班港每周5班、到马来西亚巴生港每周4班、到越南胡志明港每周3班,直航航线覆盖东南亚等地区主要港口[1]。2023年,南宁机场新增开通4条全货机航线,累计运营国际定期货运航线17条,引进驻场全货机运力8架,深度连接广西与东盟及南亚10个国家17个城市,南宁至东盟"四小时航空物流圈"初步成型[2]。跨境陆路运输规模持续扩大,常态化开行广西至越南、泰国、老挝、柬埔寨等国家的跨境公路班车,已开通南宁—河内等17条国际道路客货运输线路,中越跨境快速通关班列已进入常态化开行阶段,实现"当天发车、当天到达"。

二是促进物流企业在南宁市设立面向东盟的区域总部。2020年5月,中

---

[1] 周红梅、杨煜航:《2023年西部陆海新通道班列开行突破9000列》,2023年12月13日,网易网(https://www.163.com/dy/article/ILQT3P270514R9NP.html)。

[2] 搜狐网:《2023年南宁国际航空货运枢纽打造取得新成效》,2024年1月2日,搜狐网(https://www.sohu.com/a/748859338_531786)。

通快递东盟跨境（南宁）智慧物流产业园签约落户广西自贸试验区南宁片区。该产业园为中通快递东盟国际区域中心，主要建设中通国际结算中心、智能国际物流服务中心、大数据分析中心、跨境电商孵化中心、国际快递分拣操作中心和星联航空物流中心。2023年，新川航物流中南地区总部项目落户南宁临空经济示范区。2023年4月，南宁国际铁路港顺丰分拨中心整体竣工并交付使用，该项目总投资近10亿元，总建筑面积15万平方米，运营后将成为广西面向东盟的大型现代化物流分拨中心。

（三）大力发展电商物流

广西大力实施"桂品出乡""桂品出海"工程，培育了160多个"桂字号"产品品牌，打造了横州茉莉花茶、柳州螺蛳粉和桂林米粉等一批知名度较高的电商单品，形成了南宁水果、北海海水珍珠等多个具有代表性的产业电商集群。近五年来，广西电子商务交易额年均增速25%。面向东盟，广西跨境电商规模正持续扩大。截至2023年年底，南宁、崇左、柳州和贺州市获批国家跨境电子商务综合试验区，北海、钦州和崇左等8个地市纳入跨境电商零售进口试点范围。电子商务与电商物流之间相互促进，广西电商物流取得积极进展。

一是积极完善农村电商物流基础设施。广西积极推进具有寄递物流、冷链物流和电子商务三大功能的农村物流新模式发展，该模式具有上下行一体化、园区化、一点多能、一网多用和统仓共配等特点。截至2023年年底，全区66个县获批国家电子商务进农村综合示范县，累计建成电商物流服务站点约5000个，建成覆盖县、乡、村三级的农产品上行和工业品下行的物流配送体系和电子商务公共服务体系；全区有71个县（市、区）实施农产品产地冷藏保鲜设施项目、总储藏能力达220万吨；11个县（市、区）入选全国农产品产地冷藏保鲜整县推进试点县，数量居全国第三[①]。

[①] 王艳群：《广西71个县市区农产品产地冷藏保鲜能力达220万吨》，2024年1月2日，广西新闻网（https://www.gxnews.com.cn/staticpages/20240102/newgx65935274-21396991.shtml）。

二是大力推动跨境电商物流发展。一方面,创新跨境电商海外仓业务。广西在越南、泰国、日本、美国等国家设立了 20 个跨境电商海外仓,总面积超 20 万平方米,引进 Lazada（来赞达）、Shopee（虾皮）等两大东南亚头部电商平台在南宁设立物流中心仓,加速打造面向东盟的跨境电商供应链体系。另一方面,打造跨境电商物流通道。南宁跨境电商综试区打造以南宁为枢纽的"跨境电商陆海铁空立体物流体系",即 4 条中越跨境电商陆路运输通道、1 条中越班列（南宁—河内）运输通道、1 条依托北部湾港口群的中国—东盟海陆联运通道、13 条面向 RCEP 国家的跨境电商国际货运航线;引进邮政、百世、圆通、协成等企业打造跨境电商物流供应链体系,形成畅通国内、辐射东盟、通达全球的跨境电商出口"南宁通道"[1]。

---

[1] 南宁市商务局:《南宁市商务局关于市政协十二届三次会议第 12.03.003 号提案答复　南商务案复〔2023〕31 号》,2023 年 8 月 30 日,广西南宁市商务局网站（https：//nnsw.nanning.gov.cn/jy-ta/t5680731.html）。

第四章 中国物流发展相关政策与规划

2023年是全面贯彻党的二十大精神的开局之年，也是实施"十四五"规划承前启后的关键之年。面对异常复杂的国际环境和艰巨繁重的改革发展稳定任务，国务院及相关部委出台了一系列物流发展相关政策、措施和规划，一方面深入贯彻落实党中央交通强国建设部署，优化完善重大物流基础设施布局，加快构建现代物流体系；另一方面持续推进物流领域智能化应用，加快物流数字化与智能化转型，赋能交通运输与物流领域高质量发展。2024年，我国政府将围绕现代化交通基础设施体系建设、交通物流降本提质增效、完善农村物流体系、推动数据要素融入物流行业等方面，进一步出台相关政策规划，加快现代物流转型发展，加快构建现代物流体系，促进物流行业高质量发展。

第一节 中国物流发展相关政策出台情况

2023年，我国全面贯彻新发展理念，坚持稳中求进工作总基调，果断实行新冠疫情防控转段，推动经济恢复发展。国务院及相关部委出台多项物流相关政策和措施，涉及推进交通强国、航运物流、现代化农村物流体系、冷链物流基础设施、交通物流智能化、绿色物流、规范运输管理、交通物流安全体系等诸多方面，加快我国物流高质量发展新格局的构建。

一、推动综合交通运输体系建设

加快建设交通强国是党中央作出的重大战略部署。2023年，国务院及各部委为进一步完善规划体系和加强试点工作,在开展和推动多式联运发展、国家综合货运枢纽补链强链、交通强国试点项目、城市综合交通体系建设等方面出台多项政策措施。

(一) 发布加快建设交通强国五年行动计划

为认真贯彻落实党的二十大战略部署,扎实推进《交通强国建设纲要》《国家综合立体交通网规划纲要》以及"十四五"系列交通规划实施,加快建设高质量国家综合立体交通网,2023 年 3 月,交通运输部、国家铁路局、中国民用航空局、国家邮政局、中国国家铁路集团有限公司联合印发《加快建设交通强国五年行动计划(2023—2027 年)》(交规划发〔2023〕21 号)(以下简称《行动计划》)。

《行动计划》明确,到 2027 年,党的二十大关于交通运输工作部署得到全面贯彻落实,加快建设交通强国取得阶段性成果,交通运输高质量发展取得新突破,"四个一流"[1] 建设成效显著,现代化综合交通运输体系建设取得重大进展,"全国 123 出行交通圈"[2] 和"全球 123 快货物流圈"[3] 加速构建,有效服务保障全面建设社会主义现代化国家开局起步。

《行动计划》提出十大行动,分别为现代化综合交通基础设施建设行动、运输服务质量提升行动、交通运输服务乡村振兴和区域协调发展行动、交通运输科技创新驱动行动、交通运输绿色低碳转型行动、交通运输安全生产强化行动、交通运输开放合作提升行动、交通运输人才队伍建设行动、交通运输深化改革提升管理能力行动、加强党的建设。

(二) 推进多式联运高质量发展

为加快运输结构调整优化,进一步发挥水路、铁路运输比较优势和综合运输组合效率,推动沿海和内河港口集装箱、大宗货物等铁水联运高质量发展,2023 年 1 月,交通运输部、自然资源部、海关总署、国家铁路局、国铁

---

[1] 即一流设施、一流技术、一流管理、一流服务四个方面。
[2] 即都市区 1 小时通勤、城市群 2 小时通达、全国主要城市 3 小时覆盖。
[3] 即中国国内 1 天送达、周边国家 2 天送达、全球主要城市 3 天送达。

集团联合印发了《推进铁水联运高质量发展行动方案（2023—2025年）》（交水发〔2023〕11号）（以下简称《行动方案》）。

《行动方案》明确了总体目标。到2025年，长江干线主要港口铁路进港全覆盖，沿海主要港口铁路进港率达到90%左右，全国主要港口集装箱铁水联运量达到1400万标箱，年均增长率超过15%；京津冀及周边地区、长三角地区、粤港澳大湾区等沿海主要港口利用疏港水路、铁路、封闭式皮带廊道、新能源汽车运输大宗货物的比例达到80%，铁水联运高质量发展步入快车道。

《行动方案》共提出了四个方面共十三项任务，内容覆盖了全国沿海港口和内河港口、集装箱和大宗货物的铁水联运。一是强化一体衔接，提升设施联通水平，包括加强港口与铁路的规划和建设衔接、加强港口集疏运铁路设施建设、加强港口后方铁路通道与内陆场站能力建设；二是强化组织协同，提升联运畅通水平，包括优化联运组织方式、拓展联运辐射范围、充分挖掘联运通道运输潜力、推进"散改集"运输；三是强化创新发展，提高联运服务效能，包括培育铁水联运龙头企业、提升口岸通关便利化水平、推动铁水联运"一单制"；四是强化统筹协调，营造良好发展环境等，包括完善铁水联运标准规则、健全市场价格体系、强化科技创新驱动。

为进一步推进多式联运高质量发展，推动交通物流提质增效升级，更好服务支撑实现"物畅其流"，2023年8月，交通运输部、商务部、海关总署、金融监管总局、国家铁路局、中国民航局、国家邮政局、中国国家铁路集团有限公司印发《关于加快推进多式联运"一单制""一箱制"发展的意见》（交运发〔2023〕116号）（以下简称《意见》）。

《意见》部署了六大方面重点工作。一是推进多式联运信息互联共享，包括加快多式联运数据开放、支持多式联运信息集成服务发展、推广应用标准化多式联运电子运单；二是推进国际多式联运单证应用创新，包括加快国际多式联运提单推广应用、推动国际多式联运电子提单发展；三是拓展多式联运"一单制"服务功能，包括探索赋予多式联运单证物权凭证功能、探索发展多式联运"一单制"金融保险服务、优化多式联运"一单制"通关监管；四是健全多式联运"一箱制"服务体系，包括完善"中途不换箱"合作机制、优化"全程不开箱"流程管理、提升"一箱到底"服务能力；五是大力培育多式联运经营人，包括鼓励骨干企业向多式联运经营人转型、引导多式联运相关企业加强协同协作；六是完善多式联运标准规则，包括健全多式联运"一单制"标准、推进多式联运服务规则衔接。

为在运输组织模式优化、联运信息互联共享、专业技术装备研发、联运服务规则衔接、推广应用"一单制""一箱制"等方面不断取得新突破，更好发挥示范引领作用，2023年10月，交通运输部、国家发展改革委发布了《关于命名中欧班列集装箱多式联运信息集成应用示范工程等19个项目为"国家多式联运示范工程"的通知》（交运函〔2023〕494号），决定命名中欧班列集装箱多式联运信息集成应用示范工程等19个项目为"国家多式联运示范工程"。

（三）推进国家综合货运枢纽补链强链

为加快建设高质量国家综合立体交通网，2023年3月，交通运输部办公厅、财政部办公厅联合印发《关于做好2023年国家综合货运枢纽补链强链申报工作的通知》（交办规划函〔2023〕363号）（以下简称《通知》）。

《通知》要求，聚焦国家综合立体交通网主骨架关键节点，深入实施国家综合货运枢纽补链强链，拓展重点区域覆盖面，引导跨区域综合货运枢纽建设协同联动，建设现代化高质量国家综合立体交通网。

《通知》明确了三项工作重点。一是推动国家综合货运枢纽补链强链城市扩面提质，与首批支持城市连线成网、互相促进，分布更加平衡合理；二是聚焦国家综合立体交通网主骨架6条主轴和西部陆海走廊、大陆桥走廊、沿边通道及其辐射范围，拓展枢纽辐射空间和跨区域交通资源配置能力，促进区域协调发展；三是鼓励产业关联度高、货运物流一体化运行需求显著、通道连接紧密的城市依托国家规划确定的城市群跨省联合申报，发挥城市各自比较优势、形成综合货运枢纽体系建设合力。

（四）开展交通强国邮政专项建设试点项目

为落实加快建设交通强国战略部署，2023 年 9 月，交通运输部、国家邮政局发布《关于开展交通强国邮政专项试点工作的通知》（交规划函〔2023〕363 号）（以下简称《通知》）。

《通知》初步设定服务、设施、技术、管理四个领域二十一个方面进行试点。其中，服务领域涵盖提高服务水平、促进市场主体健康发展、完善现代企业制度等方面；设施领域涵盖枢纽建设、智能化寄递物流集聚区建设、城市寄递末端公共服务体系建设、农村寄递物流体系建设和应急寄递预警机制建设五方面；技术领域涵盖智能技术应用、信息与隐私保护等方面；管理领域涵盖数字政府建设、县域行业监管等方面。

（五）全面推进城市综合交通体系建设

为促进城市经济社会高质量发展，2023 年 11 月，住房城乡建设部发布了《关于全面推进城市综合交通体系建设的指导意见》（建城〔2023〕74 号）（以下简称《意见》）。

《意见》主要从三个方面作出部署。一是科学编制并实施城市综合交通体系规划，包括科学编制城市综合交通体系规划、有序推进城市快速干线交通系统建设、积极实施城市生活性集散交通系统建设、加快开展城市绿色慢行交通系统建设；二是推动城市交通基础设施系统化协同化发展，包括强化城市交通基础设施全生命周期管理、加强充换电站等配套能源设施统筹建设、加快补齐城市重点区域停车设施短板、建设城市交通基础设施监测平台；三是促进城市交通基础设施安全绿色智能发展，包括增强城市交通基础设施安全韧性、推动城市交通基础设施绿色发展、实施城市交通基础设施智能化改造。

二、推进航运物流体系高质量发展

建设现代航运服务业是加快建设交通强国、海洋强国的重要组成部分，为积极贯彻落实党中央决策部署，2023 年，国务院及各部委针对港口码头改建扩建、加快建设智慧港口与智慧航道、推进现代航运服务业发展、推动港口功能优化、提升港口服务质量、建设高质量长江航运市场等方面发布了多项政策。

（一）加快沿海和内河港口码头改建扩建

为推动港口高质量发展，2023年3月，交通运输部联合国家发展改革委、自然资源部、生态环境部、水利部印发了《关于加快沿海和内河港口码头改建扩建工作的通知》（交水发〔2023〕18号）（以下简称《通知》）。

《通知》对码头改建扩建的工作范围、程序要求、政策支持和要素保障等方面提出了具体要求。首先，明确了码头改建扩建工作范围，将码头等级提升类、专业化改造及货类调整类、预留水工结构等级能力释放类以及自动化智能化改造类等四种类别项目列为重点方向。其次，提出了合理优化码头改建扩建程序要求，包括加快项目立项办理、优化工程设计审批、积极推动项目实施三项要求。再次，强化码头改建扩建政策支持和要素保障，提出了加大用地用海保障、加强环境影响评价审批政策支持、加快水土保持和洪水影响评价审批政策支持、加快航道通航条件影响评价审核政策支持、加强资金保障等五项举措。

（二）加快智慧港口和智慧航道建设

为推进智慧交通发展，加快建设交通强国水运篇，2023年12月，交通运输部印发了《关于加快智慧港口和智慧航道建设的意见》（交水发〔2023〕164号）（以下简称《意见》）。

《意见》提出了四方面重点任务。一是夯实数字底座，包括推进信息基础设施建设、构建水运数据资源体系、提升网络和数据安全能力三方面内容；二是推进生产运营管理智慧化，包括推进港口生产智慧化、推进航道养护智慧化、推进运营管理智慧化三方面内容；三是推进对外服务智慧化，包括推进港口对外服务智慧化、推进航道公共服务智慧化两方面内容；四是强化科技创新与国际合作，包括强化科技和标准支撑、强化协同联动和交流合作两方面内容。

（三）加快推进现代航运服务业高质量发展

我国航运金融、保险及法律服务等现代航运服务业起步晚，服务能级有待进一步提升。为加快补齐我国现代航运服务业短板，推动我国现代航运服务业要素集聚发展，2023年12月，交通运输部、中国人民银行、国家金融监督管理总局、中国证券监督管理委员会、国家外汇管理局联合印发了《关于加快推进现代航运服务业高质量发展的指导意见》（交水发〔2023〕173号）（以下简称《指导意见》）。

《指导意见》提出，到2035年，形成功能完善、服务优质、开放融合、智慧低碳的现代航运服务体系，国际航运中心和现代航运服务集聚区功能显著提升，上海国际航运中心服务能力位居世界前列，现代航运服务业实现高质量发展。

《指导意见》聚焦短板弱项，坚持问题导向，以补短板、优服务、扩功能、聚要素、提能级为主线，提出了八项具体任务，包括提升航运交易及信息服务能力、增强航运金融服务效能、强化航运保险服务保障、提升海事法律服务能力、提高航运技术服务能力、完善航运中心服务功能、提升航运基础服务能力等。

（四）推进港口功能优化提升

为优化存量港口基础设施结构、功能和系统集成，打造绿色低碳、智慧高效的世界一流港口，2023年11月，交通运输部办公厅发布了《关于公布港口功能优化提升交通强国专项试点项目（第一批）的通知》（交办规划函〔2023〕1697号）（以下简称《通知》），公布了入选的14个港口功能优化提升交通强国专项试点项目名单。

《通知》提出三项工作要求。一是加强组织管理，高质量推进试点工作；二是聚焦关键事项，高水平落实试点任务，具体包括聚焦落实国家战略、聚焦关键核心技术、聚焦资源集约利用、聚焦新业态新模式；三是发挥示范作用，高标准谋划后续试点，即充分发挥第一批试点项目示范引领作用，加强试点成果推广应用，推动做好已建港口码头功能优化提升工作，盘活大规模的存量港口资源，提高港口服务保障能力和高质量发展水平。

（五）提升港口服务质量

为引导港口经营人、港口理货业务经营人进一步提升服务质量，推动提高港口装卸转运效率，2023年11月，交通运输部办公厅发布了《关于印发〈港口服务指南〉的通知》（交办水函〔2023〕1707号）（以下简称《指南》）。

《指南》提出十一个方面共四十点具体服务要求。十一个方面包括实行365天、24小时不间断作业和客户服务；及时发布业务和服务信息；公开并履行服务承诺和作业时限；便捷高效的"一站式"业务办理服务；便利的无纸化业务服务；安全高效的船舶靠离泊和货物作业服务；提升港内堆场货物转运效率；推进运输组织优化和业务模式创新；优先保障重点货物运输；规范港口经营和收费行为；建立便捷有效的客户服务机制。

（六）推进长江航运信用体系建设

为推进长江航运高质量发展，2023年12月，交通运输部办公厅印发了《关于加快推进长江航运信用体系建设的意见》（交办政研〔2023〕74号）（以下简称《意见》）。

《意见》明确，到2025年，初步建成覆盖长江航运全行业、与现代长江航运市场发展总体相适应的长江航运信用管理体系；到2027年，建成较为完善的长江航运信用体系，信用评价结果在长江航运各领域各环节得到有效应用；到2030年，适应加快建设交通强国需要的长江航运信用体系全面建成。

该《意见》聚焦长江航运重点领域和航运重点要素，提出十项重点任务。包括构建长江航运信用管理体系框架、夯实长江航运信用管理制度基础、建立健全长江航运信用评价标准体系、建设长江航运信用管理与服务系统、推进长江航运信用分级分类监管、拓展长江航运信用服务应用场景、健全长江航运信用联合奖惩机制、保障长江航运信用主体合法权益、弘扬长江航运诚实守信文化、促进长江航运市场健康有序发展。

三、支持现代化农村物流体系建设

建设现代化农村物流体系是全面乡村振兴的重要组成要素。2023 年，国务院及各部委围绕加快农村物流基础设施建设、提升鲜活农产品运输服务水平、推进农村客货邮融合、建设农村物流服务品牌出台了多项政策，以深入推动农村物流互通互融，促进健全农村物流体系。

（一）加快农业农村物流基础设施建设

为进一步加强对粮食等重要农产品仓储设施专项管理，提高中央预算内投资使用效率，2023 年 12 月，国家发展改革委、国家粮食和储备局印发修订后的《粮食等重要农产品仓储设施中央预算内投资专项管理办法》（发改经贸规〔2023〕1756 号）。

专项重点支持四项项目建设。一是中央储备粮食仓储物流设施项目；二是中央储备棉花、食糖直属库仓储设施项目；三是承担地方政府粮食储备任务的粮食仓储设施项目，政策性粮食收购有仓容缺口区域的粮食仓储设施项目，位于粮食物流重点线路、节点上的粮食仓储物流项目，以及应急保障中心项目等；四是根据党中央、国务院决策部署，需国家支持的其他重要农产品仓储物流设施项目。

专项投资支持的建设内容包括两类设备。一是粮食收储仓房、成品粮低温储备库，铁路专用线、粮食专用码头、散粮中转及接发设施设备，以及配套运输、装卸等设施设备；二是棉花、食糖储备库，中转及接发设施设备，以及配套运输、装卸等设施设备。

在补助标准方面，中央储备粮食仓储物流设施项目、中央储备棉花和食糖仓储设施项目补助比例不高于本专项支持建设内容核算投资的 70%，其他中央企业和地方项目补助比例不高于 30%。中央储备直属粮食仓储物流项目、棉花和食糖仓储项目以外的其他项目，单个项目补助资金不超过 1 亿元。

（二）提升鲜活农产品运输"绿色通道"政策服务水平

2023 年 1 月，交通运输部办公厅会同发展改革委办公厅、财政部办公厅、农业农村部办公厅印发《关于进一步提升鲜活农产品运输"绿色通道"政策服务水平的通知》（交办公路〔2022〕78号）（以下简称《通知》）。《通知》聚焦当前存在的突出问题，重点解决鲜活农产品具体品种识别问题，进一步细化"新鲜""深加工""整车合法"等认定尺度。

在《鲜活农产品品种目录》方面，按照"大众化、入口吃，易腐烂、不耐放，种植广、销量大"的原则进行了补充完善。在查验标准方面，对"鲜活""深加工""整车合法装载""计重设备合理误差"等查验标准作了进一步细化明确，统一规范了查验尺度。《通知》在通行服务保障方面明确了一系列措施，包括进一步规范公路收费站"绿色通道"专用车道设置，完善标识；将服务鲜活农产品运输纳入公路保通保畅重点工作范围，加强公路通行情况监测和调度，保障鲜活农产品车辆高效便捷通行；加强一线收费人员业务培训等。

（三）加快推进农村客货邮融合发展

为深入推进农村客运、货运物流、邮政快递（以下简称"农村客货邮"）融合发展，更好满足农村群众出行、货运物流、寄递服务需求，2023年12月，交通运输部会同工业和信息化部等8部门联合印发了《关于加快推进农村客货邮融合发展的指导意见》（交运发〔2023〕179号）（以下简称《意见》），提出力争到2027年，具备条件的县级行政区实现农村客货邮融合发展全覆盖，全国县乡村三级客货邮站点数量达10万个以上，农村客货邮合作线路达2万条以上，基本建成"一点多能、一网多用、功能集约、便利高效"的农村运输服务新模式，全国农村运输服务水平和可持续发展能力显著提升。

《意见》提出了五个方面的主要任务。一是打造因地制宜的农村客货邮融合发展形式；二是建设"一点多能"的农村客货邮融合发展站点；三是推广安全可靠的农村客货邮融合发展装备；四是健全规范有序的农村客货邮融合发展服务体系；五是完善合作共享的农村客货邮融合发展机制。

（四）支持农村物流服务品牌建设

为充分发挥服务品牌引领带动作用，以点带面推动提升农村物流综合服务能力，更好服务支撑乡村振兴战略实施，2023年10月，交通运输部办公厅、国家邮政局办公室发布了《关于公布第四批农村物流服务品牌的通知》（交办运函〔2023〕1519号）（以下简称《通知》），确定50个项目为第四批农村物流服务品牌。

《通知》主要强调了四项重点工作。一是进一步健全完善农村物流发展政策体系，加快推动农村现代物流体系建设，围绕健全农村物流服务网络、创新物流运输运营模式、健全完善标准规范、提升物流装备技术水平、培育龙头骨干企业等方面找准发力点和突破口，加大政策创新和改革力度，持续推进农村物流高质量发展；二是加快推动新产业新业态融合发展，支持农村物流经营主体加大创新力度，充分利用互联网、物联网等信息技术和大数据平台、物流信息平台等载体，打通工业品下乡和农产品生产流通全过程、各环节，加强供需高效匹配、物流优化组织、服务快捷直达，实现交通物流资源高效集约配置，提升货运物流效率和标准化、专业化、智能化服务能力，为加快推动农村地区新产业新业态跨界融合、创新发展提供有力支撑；三是组织开展农村物流服务品牌动态监测；四是进一步加强农村物流服务品牌经验推广。

四、完善冷链物流基础设施布局

我国冷链物流行业正处在规范发展期，构建现代冷链物流体系、补齐冷链物流发展短板是行业发展目标。2023年，中国政府针对冷链物流发展继续出台多项政策，推动冷链物流行业智慧化、绿色化、规模化发展，推进冷链物流产业布局更加完善。

（一）建设国家骨干冷链物流基地

国家骨干冷链物流基地是国家布局建设、面向高附加值生鲜农产品优势产区和集散地，是依托存量设施群布局建设的大型冷链物流基础设施，是整合集聚冷链物流资源、优化冷链物流运行体系、促进冷链物流与相关产业融合发展的基础支撑、组织中心和重要平台。2023年6月，国家发展改革委印发《关于做好 2023 年国家骨干冷链物流基地建设工作的通知》（以下简称《通知》），发布新一批 25 个国家骨干冷链物流基地建设名单。《通知》指出，本次发布的 25 个国家骨干冷链物流基地在存量冷链物流规模、基础设施水平以及上下游产业配套等方面具备良好条件，并在带动上下游产业转型升级、引领冷链物流绿色创新发展、夯实构建新发展格局基础等方面具有明显示范带动作用。

（二）推进冷链物流基础设施建设

为加快补齐产地冷链物流设施短板，2023 年 7 月，农业农村部办公厅发布《关于继续做好农产品产地冷藏保鲜设施建设工作的通知》（农办市〔2023〕6 号）（以下简称《通知》），要求按照"补短板、塑网络、强链条"的工作思路，聚焦鲜活农产品主产区、特色农产品优势区，强化支持政策衔接，完善设施节点布局，推动冷链物流服务网络向乡村下沉，提升产业链供应链韧性和稳定性，为全面推进乡村振兴、加快建设农业强国提供有力支撑。《通知》布置了四项重点任务。一是完善产地冷藏保鲜设施网络；二是推动冷链物流服务网络向乡村下沉；三是培育一批农产品产地流通主体；四是创新一批农产品冷链物流运营模式。

为规范城乡冷链和国家物流枢纽建设中央预算内投资专项管理，提高中央预算内投资使用效率，更好发挥投资引导带动作用，2023 年 12 月，根据《政府投资条例》和中央预算内投资管理相关规定，国家发展改革委发布了《关于印发〈城乡冷链和国家物流枢纽建设中央预算内投资专项管理办法〉的通知》（发改经贸规〔2023〕1753 号），对《城乡冷链和国家物流枢纽建设中央预算内投资专项管理办法》进行了修订。专项投资重点支持四类项目建设。一是物流基础设施补短板项目，重点支持已纳入年度建设名单的国家物流枢纽、国家骨干冷链物流基地和国家级示范物流园区范围内的基础性、公共性、公益性设施补短板项目；二是冷链物流设施项目，重点支持冷链集配中心项目，公共冷库新建、改扩建、智能化改造及相关配套设施项目；三是城郊大仓基地项目，重点支持城郊大仓基地范围内的基础性、公共性、公益性补短板设施项目建设;四是按照党中央、国务院决策部署,需要支持的其他物流基础设施项目。

五、推进交通物流智能化发展

智慧交通和智慧物流是人工智能、物联网、大数据等新一代信息技术与交通运输深度融合的新业态,是推动交通运输质量变革、效率变革、动力变革的重要途径。2023年,国务院及相关部委认真贯彻落实习近平总书记关于交通运输和科技创新工作的重要论述,出台了多项政策,以推动智能交通应用试点、加快智慧公路建设、推动智慧民航建设等。

(一)推动智能交通应用试点

为促进智能网联汽车推广应用,提升智能网联汽车产品性能和安全运行水平,2023年11月,工业和信息化部、公安部、住房和城乡建设部、交通运输部联合发布了《关于开展智能网联汽车准入和上路通行试点工作的通知》(工信部联通装〔2023〕217号)(以下简称《通知》)。

《通知》要求在智能网联汽车道路测试与示范应用工作基础上,遴选具备量产条件的搭载自动驾驶功能①的智能网联汽车产品,开展准入试点。对取得准入的产品,在限定区域内开展上路通行试点,用于运输经营的需满足有关运营资质和运营管理要求。《通知》的主要工作目标是引导智能网联汽车生产企业和使用主体加强能力建设,在保障安全的前提下,促进产品的功能、性能提升和产业生态的迭代优化。基于试点实证积累管理经验,支撑相关法律法规、技术标准制修订,加快健全完善智能网联汽车生产准入管理和道路交通安全管理体系。

为进一步促进新一代信息技术与交通运输深度融合,2023年9月,交通运输部办公厅发布了《关于征集第二批智能交通先导应用试点项目(自动驾

---

① 自动驾驶功能是指《汽车驾驶自动化分级》(GB/T 40429—2021)定义的3级驾驶自动化和4级驾驶自动化功能。

驶和智能建造方向）的通知》（交办科技函〔2023〕1378 号），在总结第一批智能交通先导应用试点项目阶段进展和成效的基础上，决定组织开展第二批智能交通先导应用试点（自动驾驶和智能建造方向）。

试点任务领域聚焦自动驾驶和智能建造领域，通过真实应用促进技术提升、依托真实场景凝练解决方案，形成一批可复制、可推广的典型案例。自动驾驶方向，支持在首批试点基础上，进一步丰富试点场景、扩大试点规模，打造常态化运输服务和全流程自动化作业模式。智能建造方向，支持在道路、桥隧、港口、航道基础设施建设及部品部件建造等方面探索智能化技术应用方案，提升基础设施建管养运智能化水平。

（二）加快智慧公路建设

为促进公路数字化转型，加快智慧公路建设发展，提升公路建设与运行管理服务水平，2023 年 9 月，交通运输部发布了《推进公路数字化转型 加快智慧公路建设发展的意见》（交公路发〔2023〕131 号）（以下简称《意见》）。《意见》要求坚持"统筹谋划、需求导向、协同共享、安全适用"的原则，推动公路建设、管理、养护、运行、服务全流程数字化转型，加快生产经营模式与新业态等联动创新，重安全、保畅通、提效率、优服务、降成本、减排放，助力数字交通建设、产业升级及数字经济发展，为加快建设交通强国、科技强国、数字中国提供服务保障。

《意见》提出了 2027 年和 2035 年的发展目标。到 2027 年，公路数字化转型取得明显进展；到 2035 年，全面实现公路数字化转型，建成安全、便捷、高效、绿色、经济的实体公路和数字孪生公路两个体系。

《意见》提出了六个方面主要任务。一是提升公路设计施工数字化水平，推动智慧建造；二是提升公路养护业务数字化水平，推动智慧养护；三是提升路网管理服务数字化水平，推动智慧出行；四是提升公路政务服务数字化水平，推动智慧治理；五是提升公路标准数字化水平，推动标准升级；六是提升公路数字化基础支撑水平，筑牢数字底座。

（三）加快推动智慧民航建设发展

2023年6月，中国民用航空局发布了《关于印发落实数字中国建设总体部署 加快推动智慧民航建设发展的指导意见》（民航发〔2023〕17号）（以下简称《指导意见》）。

《指导意见》提出了"深化改革、创新引领""系统布局、数字赋能""自主可控、安全可靠""开放合作、互利共赢"等四项工作原则。明确提出，到2027年，智慧民航建设数字化转型取得重要进展，数字基础设施高效联通，数字安全保障能力全面提升，数字化发展环境更加完善，数字技术应用创新活跃，数据资源融合共享，数据要素价值有效释放；到2035年，智慧民航建设数字化发展水平进入世界前列，数据资源和要素体系完备，数字技术叠加效应、数据要素乘数效应全面释放，民航数字化生态圈全面形成。

《指导意见》遵循了《数字中国建设整体布局规划》"2522"整体框架[①]，并充分立足行业数字化转型阶段性特点和智慧民航建设发展，细化了"2522"民航行业工作部署，即夯实数字基础设施和数据资源体系"两大基础"，数字化赋能民航安全生产、航空服务、绿色发展、政府监管、行业文化"五个重要领域"，强化民航数字技术创新和筑牢民航数字安全屏障"两大核心动力和基本保障"，优化数字治理生态和国际合作格局"两大数字化环境"。《指导意见》还围绕数字化赋能民航高质量发展的五个重要领域，提出了加强机场全域高效协同等十四项工作举措。

六、推动绿色物流发展

为培育壮大绿色发展新动能，加快发展方式绿色转型，2023年，我国政府结合绿色发展新形势、新任务、新要求，出台了一系列推动交通与物流绿

---

① 即夯实数字基础设施和数据资源体系"两大基础"，推进数字技术与经济、政治、文化、社会、生态文明建设"五位一体"深度融合，强化数字技术创新体系和数字安全屏障"两大能力"，优化数字化发展国内国际"两个环境"。

色转型的相关政策。

（一）加快推进公共领域车辆全面电动化

为推动提升公共领域车辆电动化水平，加快建设绿色低碳交通运输体系，2023年2月，工业和信息化部、交通运输部会同发展改革委、财政部、生态环境部、住房城乡建设部、能源局、邮政局发布《关于组织开展公共领域车辆①全面电动化先行区试点工作的通知》（工信部联通装函〔2023〕23号）（以下简称《通知》），在全国范围内启动公共领域车辆全面电动化先行区试点工作，试点期为2023—2025年。

《通知》主要提出三项目标。一是车辆电动化水平大幅提高，试点领域新增及更新车辆中新能源汽车比例显著提高；二是充换电服务体系保障有力，建成适度超前、布局均衡、智能高效的充换电基础设施体系，服务保障能力显著提升；三是新技术新模式创新应用，建立健全适应新能源汽车创新发展的智能交通系统、绿色能源供给系统、新型信息通信网络体系，实现新能源汽车与电网高效互动，与交通、通信等领域融合发展。《通知》还部署了四项重点任务。一是提升车辆电动化水平；二是促进新技术创新应用；三是完善充换电基础设施；四是健全政策和管理制度。

2023年11月，工业和信息化部、交通运输部等八部门正式印发《关于启动第一批公共领域车辆全面电动化先行区试点的通知》，确定北京等15个城市为此次试点城市，鼓励探索形成一批可复制可推广的经验和模式，为新能源汽车全面市场化拓展和绿色低碳交通运输体系建设发挥示范带动作用。

（二）推进快递包装绿色化

为深入推进快递包装绿色转型，2023年11月，国家发展改革委、国家邮政局、工业和信息化部、财政部、住房城乡建设部、商务部、市场监管总局和最高人民检察院联合印发《深入推进快递包装绿色转型行动方案》（以下

---

① 本政策所指公共领域车辆包括公务用车、城市公交、出租（包括巡游出租和网络预约出租汽车）、环卫、邮政快递、城市物流配送、机场等领域用车。

简称《行动方案》),明确到 2025 年年底,快递绿色包装标准体系全面建立,电商、快递行业经营者快递包装减量化意识显著提升,大型品牌电商企业快递过度包装现象明显改善,同城快递使用可循环快递包装比例达到 10%,快递包装基本实现绿色转型。

《行动方案》聚焦快递包装绿色治理重点领域和突出问题,确立了七项主要行动,包括快递包装减量化专项指导行动、电商平台企业引领行动、快递包装供应链绿色升级行动、可循环快递包装推广行动、快递包装回收利用和处置行动、快递包装监管执法行动、快递包装绿色转型主题宣传行动。

七、加强和规范交通运输管理

为落实国务院"放管服"改革决定,促进运输规范化与标准化,2023 年,交通运输部推出了有关道路运输管理、铁路运输管理、规范自动驾驶汽车运输安全等方面多项政策。

(一)加强道路运输管理

随着我国将道路货运车辆安全技术检验、综合性能检测和排放检验进行合并,实行"三检合一",原《道路运输车辆技术管理规定》中涉及检验检测的相关要求需作出相应调整。因此,2023 年 5 月,交通运输部公布了新修订的《道路运输车辆技术管理规定》(交通运输部令 2023 年第 3 号),主要在以下三个方面进行了修订。一是全面落实"三检合一"改革要求,包括修改了涉及综合性能检测机构的相关表述和要求,明确道路运输经营者到取得市场监管部门资质认定的检验检测机构进行检验检测等;二是强化道路运输车辆安全性能监管,包括从严把好道路运输车辆入口关,明确管理部门实车核查责任等;三是提升道路运输车辆技术管理服务水平,包括实行普货车辆异地检验检测,普货车辆可在全国范围内自主选择机动车检验检测机构等。

为贯彻落实新修订的《道路运输车辆技术管理规定》,2023 年 5 月,交通运输部办公厅发布了《关于贯彻实施〈道路运输车辆技术管理规定〉的通知》(交办运〔2023〕26 号),明确了五项重点要求。一是严格开展道路运输车辆技术审核；二是规范做好道路运输车辆使用技术管理，包括加强车辆维护修理、严格车辆检验检测、优化车辆年度审验；三是严格道路运输车辆退出管理；四是进一步提升道路运输车辆技术管理服务水平；五是全力做好《道路运输车辆技术管理规定》贯彻实施组织工作。

为保障政策延续性及行业可持续发展，按照规范性文件管理有关要求，2023年12月，交通运输部、国家税务总局发布了《关于延长〈网络平台道路货物运输经营管理暂行办法〉有效期的公告》（交运规〔2023〕7号），决定将《网络平台道路货物运输经营管理暂行办法》（交运规〔2019〕12号）的有效期延长至2025年12月31日。

（二）加强铁路运输管理

为支持新能源商品汽车铁路运输，更好满足新能源汽车生产企业铁路运输需求，有效服务新能源汽车产业发展，2023年1月，国家铁路局、工业和信息化部、中国国家铁路集团有限公司联合印发了《关于支持新能源商品汽车铁路运输 服务新能源汽车产业发展的意见》（国铁运输监〔2023〕4号），从三个方面明确了对纳入工业和信息化部《道路机动车辆生产企业及产品公告》范围的新能源商品汽车铁路运输的总体支持政策。一是规范铁路运输条件，包括托运新能源商品汽车时的合格证、电池荷电状态及油箱状态与车内装载和夹带电池和其他非必备物品的相关规定；二是加强铁路运输管理，包括保证货物安全、加强承运把关、加强应急管理；三是强化铁路运输安全监管，确保新能源商品汽车铁路运输安全畅通。

为了促进铁路高质量发展，维护良好的运输秩序和公平公正的运输市场环境，2023年5月，交通运输部法制司发布了《铁路运输服务质量监督管理办法》（中华人民共和国交通运输部令2023年第5号），主要明确了三方面内容。首先，明确了铁路监管部门对铁路运输服务质量的监管职责。其次，明确了对铁路运输企业的运输服务质量要求，主要包括鼓励铁路运输企业通过多种渠道提供信息查询服务，便利运输货物需求；要求铁路运输企业承担国家规定的公益性运输任务，提高公益性运输服务质量；鼓励铁路运输企业加强与其他运输方式企业的协调配合，共享信息资源，开展多式联运等。最后，明确了铁路监管部门的监管手段，主要包括明确铁路监管部门组织开展运输服务质量评价及服务质量调查，并对相关情况依法公告；明确铁路监管部门的监督检查职责、主要内容及监督检查的工作要求；明确铁路监管部门建立铁路运输服务质量问题信息库，并根据问题严重程度进行分类，增强监管的针对性等。

为更好满足消费型锂电池货物铁路运输需求，保障铁路运输安全，2023年10月，根据《铁路危险货物运输安全监督管理规定》《铁路危险货物品名表》等规章和标准规定，国家铁路局、工业和信息化部、中国国家铁路集团有限公司发布了《关于消费型锂电池货物铁路运输工作的指导意见》（国铁运输监〔2023〕26号），主要包括五个方面的内容。一是明确消费型锂电池货物铁路运输规定，包括消费型锂电池货物范围、铁路运输规定、锂电池生产企业规范；二是规范铁路运输条件，包括加强产品安全性测试和铁路运输条件鉴定、加强货物包装检测、加强托运管理；三是加强铁路运输安全管理，包括加强承运把关、加强运输组织、加强应急管理、加强安全监管；四是强化铁路运输服务保障，包括加强政策宣贯、优化运输服务；五是统筹推进政策落实，包括建立健全工作机制、加强日常监督指导。

（三）制定自动驾驶汽车运输安全规范

为引导自动驾驶技术发展，规范自动驾驶汽车在运输服务领域应用，2023年12月，交通运输部印发了《自动驾驶汽车运输安全服务指南（试行）》（交办运〔2023〕66号）（以下简称《指南》）。

首先，《指南》明确了适用范围，对道路货运等领域明确了使用自动驾驶汽车从事运输经营的具体场景及适用条件。其次，《指南》明确了相关经营主体应满足的经营资质条件，自动驾驶车辆应具备的运营资质条件及车辆保险要求，包括从事道路货物运输经营在内的相关经营主体的自动驾驶汽车随车驾驶员或运行安全保障人员（统称"安全员"）的配备标准和相关要求。再次，《指南》强调了有关安全保障的六方面要求，包括安全生产制度、运输安全保障、运行状态信息管理、车辆动态监控、安全告知、应急处置。最后，《指南》明确了日常监督和重大隐患整改要求，建立信息反馈机制，同时明确地方交通运输主管部门应对本地自动驾驶运营服务情况开展检测，省级交通运输主管部门应每年年底前向部报告相关情况。

八、健全交通物流运输安全体系

2023年，交通运输部及相关部委针对重大事故判定出台了一系列标准规范政策，集中整治了道路运输安全问题，并出台了加强危险货物航空运输管理方面的政策。

（一）明确公路运营领域重大事故隐患判定标准

为指导各地科学准确判定公路运营领域重大事故隐患，2023年10月，交通运输部办公厅发布了《关于印发〈公路运营领域重大事故隐患判定标准〉的通知》（交办公路〔2023〕59号），制定了《公路运营领域重大事故隐患判定标准》（以下简称《标准》）。《标准》共九条，明确了编制依据、适用范围、概念定义、重大事故隐患分类，列出了在役公路桥梁、在役公路隧道、在役公路重点路段、违法违规行为四个方面九种判定为重大事故隐患的情形。

2023年9月，交通运输部办公厅发布了《关于印发〈道路运输企业和城市客运企业安全生产重大事故隐患判定标准（试行）〉的通知》（交办运〔2023〕52号），制定了《道路运输企业和城市客运企业安全生产重大事故隐患判定标准（试行）》（以下简称《标准》）。《标准》共十四条，明确了编制依据、适用范围、概念定义、重大事故隐患各情形的判定标准，列出了道路运输企业、道路普通货运企业、危险货物道路运输企业等企业十个方面二十六种判定为重大事故隐患的情形。

（二）整治道路安全运输问题

为整改一批可能导致事故的突出问题，有效遏制道路运输安全事故多发态势，切实保障人民群众生命财产安全，2023年9月，交通运输部办公厅发布了《关于开展道路运输安全生产突出问题集中整治"百日行动"的通知》

（交办运函〔2023〕1398号）（以下简称《通知》）。《通知》针对道路运输安全生产突出问题，强调了一系列重点任务，包括切实提高思想认识、集中排查整治老旧货车安全隐患、集中整治重载货车违法违规行为、集中整治危险货物道路运输安全隐患、集中整治长期不上线运营车辆等。

为加强道路运输车辆技术管理，保障车辆本质安全和节能水平，2023年2月，交通运输部发布《关于通报道路运输车辆达标管理"双随机、一公开"抽查情况的函》（交运便字〔2023〕45号），公布了"双随机、一公开"抽查结果。抽查结果主要通报了道路运输达标车辆实车核查和道路运输车辆达标车型检测两个方面的主要问题。其中道路运输达标车辆实车核查方面包括两个问题，一是部分地区实车核查管理不规范、要求不明确；二是部分实车核查人员业务不熟练。道路运输车辆达标车型检测方面包括两个问题，一是部分达标车型检测机构检测流程不规范；二是部分达标车型检测机构检测质量管理不规范。

（三）加强危险品运输管理

为进一步规范危险品货物航空运输临时存放活动，保障危险品货物航空运输地面临时存放安全，2023年1月，民航局发布了《关于印发〈危险品货物航空运输临时存放管理办法〉的通知》（民航规〔2022〕67号），印发了修订的《危险品货物航空运输临时存放管理办法》（以下简称《管理办法》）。

《管理办法》以厘清责任边界、明确职责分工、注重员工权益为主要内容，明确了危险品货物、临时存放、临时存放场所、存放专用区、存放专用库等基本术语以及各相关方的管理权限和主体责任。针对企业面临的重难点问题，《管理办法》从临时存放业务流程角度，明确了人员培训、台账管理、应急演练、场所配置、劳动保护、信息告知、存放限制等要求。围绕特定性质的危险品货物，如温度敏感的危险品、干冰、放射性物质、大件的危险品货物等，《管理办法》提出了对应的存放操作和存放环境要求。

第二节　中国物流发展相关规划出台情况

2023 年，我国政府印发了《"十四五"应急物资保障规划》，以应对应急物资保障新要求，补齐应急物资保障短板弱项，健全统一的应急物资保障体系。国家发展改革委出台了《前海深港现代服务业合作区总体发展规划》，促进前海深化改革开放、强化制度创新，提升发展能级。此外，国务院及各部委还出台了多项与物流产业相关的发展规划，进一步促进物流业高质量发展。

一、"十四五"应急物资保障发展规划

"十四五"时期是推进应急管理体系和能力现代化的关键时期。为加强应急物资保障体系建设，提高应对灾害事故的能力和水平，切实保障人民群众生命财产安全，2022 年 10 月，应急管理部、国家发展改革委、财政部、国家粮食和储备局联合印发《"十四五"应急物资保障规划》（以下简称《规划》），对"十四五"期间应急物资保障工作作出全面部署。

《规划》共有五章，包含三部分内容。首先，《规划》总述了我国应急物资保障历史发展、工作成效、存在的主要问题、面临的形势挑战、"十四五"时期指导思想、基本原则和主要目标。其次，《规划》明确了"十四五"时期应急物资保障体系建设五个方面主要任务和六个重点建设工程项目。主要任务包括完善应急物资保障体制机制法制、提升应急物资实物储备能力、提高应急物资产能保障能力、强化应急物资调配能力、加强应急物资保障信息化建设。工程项目主要包括应急物资储备项目、应急物资储备库建设工程、应急物资保障标准项目、应急物资产能提升工程、应急物资调配运送现代化工程、应急物资管理信息化建设工程。

二、前海深港现代服务业合作区总体发展规划

为落实《全面深化前海深港现代服务业合作区改革开放方案》各项任务要求，推动前海在粤港澳大湾区建设中更好发挥示范引领作用、进一步拓展香港发展空间，2023年12月，国家发展改革委发布《前海深港现代服务业合作区总体发展规划》（以下简称《前海总规》），提出了未来前海深港现代服务业合作区（以下简称"前海"）发展的宏伟蓝图，推动前海在粤港澳大湾区建设中更好发挥示范引领作用、进一步拓展香港发展空间。

《前海总规》规划范围为前海深港现代服务业合作区全域，共120.56平方千米，规划期至2035年。《前海总规》明确前海的战略定位为全面深化改革创新试验平台、高水平对外开放门户枢纽、深港深度融合发展引领区和现代服务业高质量发展高地。规划目标为到2025年，与港澳规则衔接、机制对接不断深化。现代服务业蓬勃发展，现代物流等一批千亿级产业集群培育形成。开放便捷的综合交通网络加快形成，重大设施布局更加优质均衡。到2030年，与港澳规则深度衔接、机制高度对接，引领带动粤港澳全面合作。到2035年，前海高水平对外开放体制机制更加完善，与港澳产业协同联动、市场互联互通、创新驱动支撑的发展模式建立健全，建成国际高端航运服务中心。

《前海总规》提出陆海统筹构建协同发展的空间格局，包括构建"一心一带双港五区"的空间结构。其中，"双港"即深圳国际航空枢纽港、国际航运枢纽港。"双港"统筹发挥深圳机场海空铁联运优势，构建面向亚太地区、连接欧美澳、衔接"一带一路"共建国家的航线网络，建设临空经济区，打造高品质国际航空枢纽港；依托深圳港西部港区，联动香港提升航运高端资源配置功能，强化港城融合，共建辐射全球的国际航运枢纽港。《前海总规》还提出建设互联互通的枢纽城市，包括完善内部综合交通体系、畅通深港跨境交通体系、建设更加畅达连通大湾区内地城市的交通网络、打造更加开放的海空全球通达系统。

三、"数据要素×"三年行动计划

为深入贯彻党的二十大和中央经济工作会议精神，充分发挥数据要素乘数效应，赋能经济社会发展，2024年1月，国家数据局、中央网信办等十七部门发布了《"数据要素×"三年行动计划（2024—2026年）》（国数政策〔2023〕11号）（以下简称《行动计划》）。

《行动计划》旨在通过推动数据在多场景应用，提高资源配置效率，创造新产业新模式，培育发展新动能，从而实现经济发展倍增效应。《行动计划》提出，到2026年年底，数据要素应用广度和深度大幅拓展，在经济发展领域数据要素乘数效应得到显现。

《行动计划》在"数据要素×交通运输"方面，提出提升多式联运效能、推进航运贸易便利化、提升航运服务能力等行动，具体内容包括，推进货运数据共享互认，推动航运数据可信融合应用，支持海洋地理空间、卫星遥感、定位导航、气象等数据与船舶数据融合，支持龙头企业推进运输高质量数据集建设和复用等。

四、全国现代设施农业建设规划

党的二十大报告提出，发展设施农业，构建多元化食物供给体系，对优化农业资源配置、保障国家食物供给安全具有重要意义。2023年6月，农业农村部联合国家发展改革委、财政部、自然资源部制定印发《全国现代设施农业建设规划（2023—2030年）》（农计财发〔2023〕6号）（以下简称《规划》），这是我国出台的首部现代设施农业建设规划，将指导各地区各部门更好"向设施农业要食物"。

《规划》包括一个总体规划和四个专项实施方案，明确提出将建设以仓储保鲜和烘干为主的现代物流设施作为重点任务。其中，《冷链物流和烘干设施建设专项实施方案》（以下简称《方案》）要求重点提升粮食产地烘干能力，完善产地仓储保鲜冷链物流设施，以有效减少粮食和"菜篮子"产品的产后损失和流通环节浪费，为构建双循环新格局提供有力支撑。

为全面补齐设施农业产业链配套设施装备短板，《方案》提出到2025年，重点建设3.5万座仓储保鲜设施、250座产地冷链集配中心；到2030年，累计建成6万座仓储保鲜设施、500座产地冷链集配中心。《方案》还明确三项建设重点。一是建设提升产地仓储保鲜设施；二是建设产地冷链集配中心；三是实施粮食减损绿色烘干设施提升项目。

五、空气质量持续改善行动规划

为持续深入打好蓝天保卫战，切实保障人民群众身体健康，以空气质量持续改善推动经济高质量发展，2023年12月，国务院发布了《关于印发〈空气质量持续改善行动计划〉的通知》（国发〔2023〕24号），印发了《空气质量持续改善行动计划》（以下简称《行动计划》），明确了今后一段时间大气污染治理的工作重点和行动举措。《行动计划》提出，到2025年，全国地级及以上城市PM2.5浓度比2020年下降10%，重度及以上污染天数比率控制在1%以内；氮氧化物和挥发性有机物排放总量比2020年分别下降10%以上。

此次印发的《行动计划》部署了九项重点工作任务，涉及产业结构、能源结构、交通结构、面源污染治理等方面。其中一大亮点是更加突出交通绿色低碳转型，提出了多项量化指标，如到2025年，铁路、水路货运量比2020年分别增长10%和12%左右；重点区域公共领域新增或更新城市物流配送等车辆中，新能源汽车比例不低于80%。针对第三项重点任务"优化交通结构，大力发展绿色运输体系"，《行动计划》提出了持续优化调整货物运输结构等具体措施。

第三节　中国物流政策与规划展望

2024年是新中国成立75周年，也是认真贯彻落实中央经济工作会议精神和全国两会部署的关键之年，以及实施"十四五"规划目标任务的关键一年。中国政府将进一步出台物流领域相关政策，以加快建设现代化交通基础设施体系、推动交通物流降本提质增效、提升应急物流发展水平、完善农村物流体系、推进数据要素融入物流行业、巩固和增强邮政快递业发展、促进即时配送行业高质量发展等。

一、加快建设现代化交通基础设施体系

2024年是实现《"十四五"现代综合交通运输体系发展规划》（以下简称《规划》）的重要一年，《规划》提出要加快建设交通强国，统筹发展和安全，完善结构优化、一体衔接的设施网络。预计2024年我国将出台一系列配套政策，加强投资建设重点交通工程。一是优化基础设施布局、结构、功能和系统集成，以联网、补网、强链为重点，畅通国家基础设施网络主骨架，促进高效衔接、协同联动，更好发挥基础设施体系的整体效能和综合效益；二是加快建设国家综合立体交通网；三是高质量推进川藏铁路、西部陆海新通道等重大工程建设，加快推动中西部铁路和高速铁路主通道建设，推进货运铁路建设，加强重点港口铁路专用线建设，规范有序推进城市轨道交通和市域（郊）铁路建设；四是扎实推进沿边、沿海、沿江等国家高速公路和国道未贯通路段及瓶颈路段建设；五是加快三峡水运新通道前期工作，构建干支衔接的内河高等级航道网络；六是完善运输机场、通用机场布局；七是加快推进沪甬跨海通道前期工作；八是全面推进国家水网建设等。

二、推动物流降本提质增效

2024年《政府工作报告》提出，要实施降低物流成本行动。2月23日召

开的中央财经委员会第四次会议也强调，降低全社会物流成本是提高经济运行效率的重要举措。2月28日，国务院新闻办公室就交通运输高质量发展服务中国式现代化举行发布会。总体上看，"单一环节成本低、全链条运行成本高"是当前物流运行中最为突出的矛盾，"物流资源配置效率低、流通循环效率低"是导致物流成本居高不下的关键因素。预计2024年我国将重点组织开展物流降本提质增效专项行动，采取多方面的措施。一是优化运输结构，强化"公转铁""公转水"，深化综合交通运输体系改革，形成统一高效、竞争有序的物流市场；二是优化主干线大通道，打通堵点卡点，完善现代商贸流通体系，鼓励发展与平台经济、低空经济、无人驾驶等结合的物流新模式；三是统筹规划物流枢纽，优化交通基础设施建设和重大生产力布局，大力发展临空经济、临港经济；四是加快发展智慧物流和绿色物流，推进技术性降本提质增效；五是加强物流要素资源保障，推进综合性降本提质增效；六是指导企业加强物流管理提升效率，推进经营性降本提质增效。

三、提升应急物流发展水平

应急管理是国家治理体系和治理能力的重要组成部分，推进中国现代化应急管理体系建设尤为重要。《"十四五"现代物流发展规划》将提升现代物流安全应急能力列为现代物流发展的重点方向。预计2024年我国政府将会继续出台相关政策，以提高物流安全治理水平、完善应急物流体系。一是完善应急物流设施布局，统筹各类应急物资储备设施和应急物流设施在布局、功能、运行等方面相互匹配，提高紧急调运能力；二是健全重要民生商品和关键战略资源品供应的监测预测预警体系，完善跨区域联保联供机制，保障物资供应稳定；三是提升应急物流组织水平，统筹应急物流力量建设与管理，完善应急物流干线运输和区域配送体系；四是完善应急物流转运等设施和服务标准，完善应急物流信息联通标准。

四、继续完善农村物流体系建设

推进乡村全面振兴是新时代新征程"三农"工作的总抓手。建设现代化农村物流体系是加快农业农村现代化建设的重点工作,预计2024年,相关部委及各省市将出台相应政策,继续完善农村物流体系。

一方面是推动农村流通高质量发展。深入推进县域商业体系建设,健全县乡村物流配送体系,促进农村客货邮融合发展,大力发展共同配送;推进农产品批发市场转型升级;优化农产品冷链物流体系建设,加快建设骨干冷链物流基地,布局建设县域产地公共冷链物流设施。

另一方面是推进农村基础设施补短板。加强寄递配送设施建设,进一步夯实城乡资源要素流通的基础、提升行业畅通循环的能力、拓宽工业品下乡和农产品进城的双向流通渠道;推动农村分布式新能源发展,加强重点村镇新能源汽车充换电设施规划建设;扎实推进"四好农村路"建设,完善交通管理和安全防护设施,加快实施农村公路桥梁安全"消危"行动。

五、推进数据要素融入物流行业

数据作为新型生产要素,是数字化、网络化、智能化的基础,已快速融入生产、分配、流通、消费和社会服务管理等各个环节,深刻改变着生产方式、生活方式和社会治理方式。国家数据局、中央网信办等十七部门也发布了《"数据要素×"三年行动计划(2024—2026年)》(国数政策〔2023〕11号),以推进重大领域发挥数据要素乘数效应。

预计2024年,我国会继续出台相关细化政策,推进数据要素融入物流行业。一是推进物流行业深入挖掘数字化应用场景,不断提升物流数据价值,带动关联产业链供应链发展新质生产力;二是促进物流行业发挥大数据"智慧中枢"作用,加强大数据在企业经营风险、供应链异常预警等方面的分析应用,推进行业监管模式创新;三是发挥邮政快递业数据规模和数据应用优势，释放行业数据要素价值，强化行业数据要素全生命周期监管应用，激活数据要素潜能，加快行业数智化转型步伐；四是培养大数据思维，建立健全大数据辅助科学决策机制，不断提高对大数据发展规律的把握能力，有效提升行业治理体系和治理能力现代化水平。

六、巩固和增强邮政快递业发展态势

2024年全国邮政管理工作会议于2024年1月召开，会议明确了2024年邮政管理工作思路和重点任务。根据会议精神，预计2024年国家邮政局将着重开展多项工作，以巩固和增强邮政快递业持续向好态势，持续推动行业实现质的有效提升和量的合理增长，有力增强发展韧性，有效提升安全水平，着力推动行业高质量发展。一是补短板强弱项完善寄递网络体系，加快建设村级寄递物流综合服务站；二是持续提升寄递服务质量，持续优化发往部分区域的电商快件寄递服务；三是不断提升行业科技创新和标准化水平；四是坚持以高水平安全保障高质量发展；五是着力推动行业绿色低碳发展。

七、促进即时配送行业高质量发展

随着即时零售新消费需求的迅猛发展，"万物到家"也在走进千家万户。即时配送服务一头连着普通消费者，一头连着配送骑手，打通了物流环节的最后几百米，正逐渐成为社会生活不可缺少的新兴产业。2024年1月，国务院总理李强主持召开国务院常务会议，审议通过《关于促进即时配送行业高质量发展的指导意见》。会议指出，近年来即时配送行业快速兴起，在促进消费、保障民生、扩大就业等方面发挥着越来越重要的作用。预计2024年，我国还将出台一系列政策支持即时配送行业发展。一方面加强鼓励与引导，进一步营造良好营商环境，提升行业发展水平和支撑带动能力；另一方面督促企业守好食品安全、配送安全等底线，加强劳动者权益保障，推动降低企业合规经营成本。

行业篇

导　言

　　本篇继续遵循追踪中国行业物流发展热点的选题原则，选取交通运输物流、制造业物流、商贸物流和农产品物流四个领域进行深入研究。

　　交通运输物流作为中国式现代化进程中的重要保障，对构建新发展格局、服务人民美好生活、推动共同富裕具有重要意义。第五章分析了中国交通运输物流的发展状况，涵盖了公路、铁路、水运和航空多个方面。报告认为，2023年，中国综合交通运输体系进一步完善，服务水平持续提升。在公路物流方面，货运量恢复增长，基础设施持续完善，绿色低碳转型加速推进；公路物流企业数字化、无人化水平不断提升，安全生产和从业人员权益保障日趋完善。在铁路物流方面，货运规模持续增长，铁路建设项目稳步推进；货运服务质量不断提升，西部陆海新通道和中欧班列运行规模和质效持续提升。在港航物流方面，水路货运量再创新高，码头和航道建设加快推进，航运网络联通水平不断提升；船舶制造业稳中有进，新能源船舶技术进一步发展。在航空物流方面，货邮量强劲复苏，航空货运枢纽稳步推进，冷链物流不断创新；全货机运输网络不断完善，航空物流加快绿色转型步伐。

　　制造业是中国社会物流需求的主要来源，发展制造业物流对于中国制造业转型升级、国际竞争力提升具有重要意义。第六章分析了中国制造业物流的发展环境和发展现状，剖析了新能源汽车、钢铁等制造物流重点领域的发展状况。报告认为，2023年中国制造业规模继续保持世界领先，其全球化布局和转型升级步伐加快；同时，促进制造业高质量发展的政策环境也持续优化。在此背景下，中国制造业物流总体规模继续保持增长，物流业与制造业的融合程度日益加深，制造业物流智能化水平显著提升。此外，新能源汽车、钢铁等制造业重点领域物流也呈现良好发展势头。

　　商贸物流业是指与批发、零售、住宿、餐饮、居民服务等商贸服务业及进出口贸易相关的物流服务活动，是物流业的重要组成部分。第七章探讨了中国商贸物流的发展环境、发展现状和热点领域。报告认为，2023年，中国消费零售和大宗商品流通市场规模均呈增长态势，进出口贸易规模保持稳定；人工智能、数字孪生、无人驾驶等技术加快探索应用场景，商贸物流政策环境进一步完善。在此背景下，中国商贸物流整体市场规模稳定增长，基础设施建设快速推进；物流业态模式不断创新，资本运作趋向多元化国际化，企业ESG实践也加速推进。此外，中国医药电商物流、仓储式会员超市物流市场规模增长强劲，物流服务运营模式不断创新，成为中国商贸物流发展的热点领域。

发展现代农产品物流是解决我国农产品供需矛盾的重要举措，也是全面推进乡村振兴、促进城乡融合发展的重要途径。第八章探讨了我国农产品物流的发展状况。报告认为，我国农产品产量与进口额总体保持稳定，乡村产业高质量发展不断推进，农产品电子商务发展取得长足进步，政策环境持续向好。在此背景下，我国农产品物流总体规模保持稳定增长，农产品物流网络进一步完善，在农产品产地市场体系、冷链物流基地、"县乡村"三级网络建设等方面均取得进展；农村物流服务品牌项目深入推进，农产品物流数字化、智慧化创新水平不断提升；农产品跨境物流建设也取得积极成果，通道链条进一步延伸，业务模式持续创新。此外，作为农产品物流的两个重点领域，进口冻品物流与果蔬农产品物流发展较快，态势良好。

第五章　中国交通运输物流发展状况

在推进中国式现代化和交通强国建设的进程中，中国交通物流行业也在加快实现全方位发展与结构性优化。交通基础设施的持续完善和升级，为物流网络的高效运作提供了坚实基础。随着综合交通运输体系日渐成熟，公路、铁路、水运和航空等不同运输方式的物流服务水平持续提升，运输方式之间的优势互补和协同发展逐步显现。此外，数字化和智能化技术的广泛应用，以及绿色物流理念的不断深化，为交通运输物流行业的高质量发展注入了新动力，为实现可持续发展目标提供了有力支撑。

第一节　中国公路物流发展状况

公路运输在中国交通运输物流中占据着重要地位。2023年，中国公路货运市场实现恢复性增长，公路基础设施持续完善，公路物流绿色低碳转型加速推进，物流企业数字化、无人化水平不断提升。同时，公路物流行业的安全生产愈加受到重视，从业人员的权益保障日益完善。

一、公路货运量恢复增长，占全社会货运总规模小幅上升

2023年，中国公路货运市场实现恢复性增长。全国公路货运量从2022年

的 371.2 亿吨①增长至 403.4 亿吨②，同比增长 8.7%；货运周转量从 2022 年的 68958.0 亿吨公里增长至 73950.0 亿吨公里，同比增长 6.9%。2019—2023 年全国公路货运量及货运周转量变化情况如表 5-1 所示。

表 5-1　2019—2023 年全国公路货运量及货运周转量变化情况

年份	货运量 绝对值（亿吨）	增速（%）	货运周转量 绝对值（亿吨公里）	增速（%）
2019	343.6	4.2	59636.4	0.4
2020	342.6	-0.3	60171.9	0.9
2021	391.4	14.2	69087.7	14.8
2022	371.2	-5.5	68958.0	-1.2
2023	403.4	8.7	73950.0	6.9

资料来源：交通运输部：《交通运输行业发展统计公报》（2019—2023），交通运输部网站（https://www.mot.gov.cn/fenxigongbao/）。

2023 年，全国公路货运量、货运周转量在全社会货运总量中占比略有上升。其中，公路货运量占各运输方式货运总量的比重从 2022 年的 73.3% 上升至 73.7%，公路货运周转量占各运输方式货运周转总量的比重从 2022 年的 30.5% 上升至 30.7%③。

---

① 本节涉及的 2022 年公路货运量及增长率、货运周转量及增长率等数据，如不作特殊说明，均来自交通运输部：《2022 年交通运输行业发展统计公报》，2023 年 6 月 16 日，交通运输部网站（https://xxgk.mot.gov.cn/2020/jigou/zhghs/202306/t20230615_3847023.html）。

② 本节涉及的 2023 年公路货运量及增长率、货运周转量及增长率等数据，如不作特殊说明，均来自交通运输部：《2023 年交通运输行业发展统计公报》，2024 年 6 月 18 日，交通运输部网站（https://xxgk.mot.gov.cn/2020/jigou/zhghs/202406/t20240614_4142419.html）。

③ 《2023 年交通运输行业发展统计公报》未统计 2023 年各运输方式货运周转量比重，这里的比重根据"公路货运周转量/总货运周转量"计算得到，相关数据均来自交通运输部《2023 年交通运输行业发展统计公报》，2024 年 6 月 18 日，交通运输部网站（https://xxgk.mot.gov.cn/2020/jigou/zhghs/202406/t20240614_4142419.html）。

二、公路基础设施持续完善，智慧公路建设不断推进

2023年，中国公路领域固定资产投资持续推进，公路数字化转型加快，智慧公路建设取得多项进展。

2023年，中国公路固定资产投资小幅下降，公路总里程、桥梁和隧道数量均有所增加。固定资产投资方面，2023年，公路完成固定资产投资2.8万亿元，同比降低1.0%；其中农村公路完成固定资产投资4843亿元，同比增长0.7%。里程方面，2023年年末，全国公路总里程达543.7万千米，较2022年末新增8.2万千米，高速公路增加0.6万千米。桥梁和隧道方面，2023年年末，全国公路桥梁比2022年末增加4.6万座、952.3万延米，全国公路隧道增加2447处、344.8万延米①。

2023年6月，江苏发布全国首个面向普通公路的《智慧公路车路协同路侧设施建设及应用技术指南》，旨在引导和规范普通国省道智慧公路车路协同建设与高效应用，为推动公路交通高质量发展提供技术支撑。9月，《交通运输部关于推进公路数字化转型加快智慧公路建设发展的意见》出台，为促进公路数字化转型，加快智慧公路建设发展，提升公路建设与运行管理服务水平提出了指导意见。中国智慧公路建设也取得多项成果。2023年7月，上海S32申嘉湖智慧高速公路试运行，运用大数据、人工智能等信息技术提升管控效率；9月，山东高速集团建成"零碳"智慧高速公路；10月，苏州全息感知智慧高速公路支持L4级别自动驾驶场景测试；12月，京雄高速公路（北京段）通车，提供5G和北斗导航服务；同月，安徽省G4211高速公路改扩建项目通车，成为智慧高速公路试点项目。

---

① 交通运输部：《2023年交通运输行业发展统计公报》，2024年6月18日，交通运输部网站（https：//xxgk.mot.gov.cn/2020/jigou/zhghs/202406/t20240614_4142419.html）。

三、新能源物流车与配套设施数量不断增长，公路物流加速向绿色低碳转型

2023 年，各地新能源物流车数量增长迅速。随着充电和加氢体系的不断完善，光伏发电的逐步应用，以及高速公路近零碳服务区[①]的探索，中国公路物流加快向绿色低碳方向转型。

2023 年 1 月，工业和信息化部等八部门发布《关于组织开展公共领域车辆全面电动化先行区试点工作的通知》，决定在邮政快递、城市物流配送、特定场景重型货车等公共领域开展车辆全面电动化先行区试点，并于 11 月确定北京等 15 个城市为此次试点城市，在这些城市的公共领域推广新能源汽车，建设更多的充电桩和换电站。2023 年，全国新能源物流车总计销量为 277134 辆（不含物流重卡和皮卡），全年总计电池装车量超 13.3 亿瓦时，较 2022 年同比增长 8.1%[②]。新能源重卡共销售 34560 辆，同比增长 35.7%，实现了快速增长。其中，电动重卡销量为 30724 辆，占比 88.9%；燃料电池重卡销量为 3653 辆，占比 10.6%；插电式混动重卡销量为 183 辆，占比 0.5%[③]。

新能源汽车的发展带动了充电和加氢体系加快建设。截至 2023 年年底，全国充电基础设施总量达 859.6 万台，同比增长 65%；全国共有 6328 个高速公路服务区配建了充电设施，占服务区总数的 95%，北京、上海、河北、安徽等 15 个省市的高速公路服务区已全部具备充电能力[④]。截至 2023 年 12 月 25 日，全国已建成并运营的加氢站数量达到 428 座，与 2022 年年底的 358 座

[①] 近零碳服务区：服务区运营阶段全年温室气体净排放量接近零的服务区。
[②] 电车资源：《新能源物流车电池装车量 2023 年榜出炉：宁德夺冠　安驰暴增 74.1%》，2024 年 1 月 19 日，电车资源网站（https://www.evpartner.com/news/138/detail-70697.html）。
[③] 电车资源：《34560 辆！2023 年新能源重卡增 36%　12 月销 6278 辆　徐工/三一争冠　氢能爆增》，2024 年 1 月 11 日，电车资源网站（https://www.evpartner.com/news/234/detail-70604.html）。
[④] 国家能源局：《国家能源局 2024 年一季度新闻发布会文字实录》，2024 年 1 月 25 日，国家能源局网站（https://www.nea.gov.cn/2024-01/25/c_1310762019.htm）。

相比，数量增加了 70 座，覆盖全国 30 个省市自治区[①]。

国家和地方出台多项政策推动光伏发电在公路领域的应用。2023 年 10 月，交通运输部等九部门联合发布《关于推进城市公共交通健康可持续发展的若干意见》，提出因地制宜推进适宜区域合理布局光伏发电设施。2023 年 5 月，山东省交通运输厅发布《2023 年全省交通运输工作要点（工作计划）》，鼓励在交通枢纽场站以及公路、铁路等沿线合理布局光伏发电及储能设施，推广高速公路边坡光伏发电应用。6 月，上海市交通委员会、上海市发展和改革委员会联合印发《上海交通领域光伏推广应用实施方案》，提出三项主要任务，包括推进实施"光伏+"示范工程，打造"光伏+"典型应用场景，以及建立健全"光伏+"推进机制。11 月，山西省发展和改革委员会对山西省高速公路 300 兆瓦分布式光伏发电项目进行备案。该项目拟利用山西省高速公路范围内的闲置屋顶及地面建设分布式光伏电站及其配套储能充电桩设施。

各地区还开展了高速公路近零碳服务区的探索创新，推进服务区光伏基础设施建设。2023 年 6 月，山东京台高速济南服务区建成运营。这是山东高速首个近零碳服务区，实现了"打造光伏观光廊道"和"构建虚拟电厂运营管理平台"两大创新，年均减排 1725.9 吨，减排率达到 66%[②]；7 月，河北省首个近零碳智能服务区在荣（成）乌（海）高速公路新线雄安北服务区建成。该服务区建有全域光伏、碲化镉发电、风机发电等七个新能源产业模块，能够完成现场制氢、储氢、加氢；12 月，山东青银高速邹平西近零碳服务区建成，其绿电使用占比达到 70%，年均碳减排量约 2170 吨[③]；同月，宁夏海平高速公路建成通车，全线服务区按照"智慧+近零碳"的运营理念，在路

---

① 中国氢能联盟：《2023 中国氢能产业发展年报》，2024 年 1 月 11 日，微博（https://weibo.com/ttarticle/p/show?id=2309404989054361141700）。
② 山东高速集团：《山东高速集团首个近零碳服务区建成运营》，2023 年 6 月 5 日，山东高速集团网站（https://www.sdhsg.com/news/newsDetail?id=8457&cid=1）。
③ 《中国城市报》：《"光伏+高速公路"推动绿色交通加速发展》，2024 年 3 月 4 日，中国城市网（https://www.zgcsb.com/news/shenDuBaoDao/2024-03/04/a_501198.html）。

基边坡、收费站屋顶、服务区屋顶、车棚等布置分布式光伏，并建设充电桩储能设施，实现"光储充"一体化，打造了黄土高原智慧低碳绿色公路示范工程。

四、物流企业在数字化领域取得多项创新，自动驾驶和无人配送加速进入商业应用

2023 年，物流企业通过数字化创新实现管理可视化、效率提升和智能应用。同时，自动驾驶卡车和无人配送加速进入商业化应用阶段。

物流企业在数字化方面积极创新。2023 年 4 月，百世推出"云仓数智化平台"，通过一站式的数字化技术和服务帮助加盟商实现数字化转型升级。8 月，日日顺供应链武汉 VMI 仓上线数字车辆卸货排队引导系统，实现了对货物、车辆、货运司机等多方的可视化管理；9 月，运满满冷运向司机开放预测模型相关产品，通过预测产地调车需求，帮助果蔬产地提高发货效率，同时助力司机提升接单效率；10 月，日日顺"快递 100 AI 大模型应用"上线，在工单客诉处理场景得到落地应用；同月，福佑卡车与腾讯合作共创数字货运大模型。11 月，菜鸟在"预售极速达"服务中新增"智能换单""在途可售"功能，智能匹配同城市同结构包裹就近派送、避免包裹的不必要折返，有效帮助了商家降低库存压力和逆向成本。

自动驾驶卡车和无人配送技术加速进入商业化应用阶段。2023 年 12 月，交通运输部办公厅发布《自动驾驶汽车运输安全服务指南（试行）》，首次从国家政策层面明确智能网联汽车可以用于运输经营活动，推动了中国自动驾驶技术的商业化应用。随着政策的支持和技术的进步，自动驾驶卡车和无人配送领域的商业应用加速开展。在自动驾驶卡车方面，智加科技向中通快运交付 10 辆搭载先进自动驾驶系统的智能重卡 K7＋；嬴彻科技与东风商用车携手申通快递，签署了首批 500 辆智能重卡的采购和战略合作协议，并向中通、顺丰、极兔等物流企业交付了小批量的智能重卡；中国重汽与中通快运达成首批 200 辆智能重卡的采购与合作意向；东风商用车完成首批 63 辆天龙智能重卡的交付①；滴滴自动驾驶扩展至干线物流；智加科技无人重卡完成示范运营，主线科技无人集卡车队（又称ICT智能牵引车）在宁波舟山港开启全天候真无人常态化运营。在无人配送方面，杭州邮政试点无人投递车；韵达多家网点上线无人车，推广无人配送；京东物流智能快递车迭代至第五代，实现L4级自动驾驶；优必选智慧物流发布L4级无人物流车，能够承担工业或物流园区等各种封闭场景的无人配送任务。

五、公路物流安全生产愈受重视，从业人员的权益保障日益完善

2023年，国家出台相关政策提高道路运输的安全性，政府、行业协会和企业共同努力，加快完善公路物流从业人员的权益保障。这些举措为公路物流行业的健康发展奠定了坚实基础。

在公路运输企业安全生产方面，国家发布新规，开展相关行动，严格规范道路运输安全。2023年9月，交通运输部出台《道路运输企业和城市客运企业安全生产重大事故隐患判定标准（试行）》，为追究重大事故隐患的法律责任提供了依据，特别是对违法装载超过100吨的"百吨王"行为进行了严格规定。此外，全国范围内的"百日行动"集中整治了老旧货车、疲劳驾驶、超限超载等突出问题，提高了行业的安全生产水平。

在公路物流从业人员权益保障方面，2023年，交通运输部出台《2023年推动交通运输新业态平台企业降低过高抽成工作方案》，提出推动主要网约车和道路货运新业态平台公司降低过高抽成比例或者会员费上限，督促主要货运平台企业如满帮集团、货拉拉等降低抽成比例，改善货车司机的收入状况。同时，交通运输部推进并优化"司机之家"服务，确保司机停车休息更安心，简化了从业资格证申领流程，并宣传了先进货车司机典型，提升了从业

---

① 方得网商用车：《中通/申通/顺丰等集体下单！自动驾驶重卡风口还远吗?》，2024年3月16日，网易订阅号（https://www.163.com/dy/article/ITDVGUPL0527RT9S.html）。

人员的职业归属感。

行业协会和企业也积极响应，推出了多项公益服务和关怀措施。例如，中国海员建设工会等组织联合主办了"暖途·货车司机职业发展与保障行动"，投入资金为货车司机提供互助帮扶、保险保障等服务。企业方面，2023年，货拉拉推出"2023司机权益保障计划"；美团发布骑手成长计划和袋鼠宝贝公益计划；饿了么推出蓝骑士免费上大学、"百城百万"骑士驿站建设、蓝骑士基金升级和重奖"社区侠"四大举措，更好地支持骑手工作、生活和发展；路歌卡友工会服务平台上线；滴滴货运成立货运司机生态服务委员会，取消注册保证金，并推出"司机驿站"，为司机提供了一系列的便利服务。

第二节 中国铁路物流发展状况

铁路是国民经济大动脉、重大民生工程和综合交通运输体系骨干，在经济社会发展中的地位和作用至关重要。2023年，中国铁路货运规模实现连续7年增长，货类结构优化效果显著，铁路建设项目稳步推进，货运服务质量不断提高，货物运输结构持续优化，西部陆海新通道和中欧班列规模进一步扩大，运行质效持续提升。

一、铁路货运规模持续增长，货类结构不断优化

2023年，全国铁路货运量完成50.1亿吨，同比增长1.5%；货运周转量达到36437.6亿吨公里，同比增长1.5%；两者增速较前两年相比明显放缓，并均低于过去6年平均水平，其中货运量增速为2017年以来最低。2017—2023年全国铁路货运量、货运周转量及增速情况如表5-2所示。

表 5-2 2017—2023 年全国铁路货运量、货运周转量及增速情况

年份	货运量 绝对值（亿吨）	货运量 增速（%）	货运周转量 绝对值（亿吨公里）	货运周转量 增速（%）
2017	36.9	10.7	26962.2	13.3
2018	40.3	9.2	28821.0	6.9
2019	43.2	7.2	30074.7	4.4
2020	44.6	3.2	30371.8	1.0
2021	47.2	5.9	33190.7	9.3
2022	49.3	4.5	35906.5	8.2
2023	50.1	1.5	36437.6	1.5

资料来源：根据国家统计局《中华人民共和国国民经济和社会发展统计公报》（2017—2023）相关数据整理。

分货类看，2022 年，煤、金属矿石、粮食等大宗货物的货运量保持增长。其中，煤和集装箱的铁路货运量大幅增长，煤的铁路货运量创历史新高，同比增速达 50.2%；集装箱铁路货运量保持快速增长，同比增速为 31.0%。随着"散改集"深入推进，零担铁路货运量首次下降到 0。2018—2022 年按货类分全国铁路货物运输量如表 5-3 所示。

表 5-3 2018—2022 年按货类分全国铁路货物运输量   单位：万吨

年份	2018	2019	2020	2021	2022
国家铁路货运量	318958	343905	358003	372450	498327
其中：煤	166422	172263	169692	181746	272951
焦炭	8512	8736	8956	7754	9092
石油	11508	11761	10980	10564	12378
钢铁及有色金属	18474	20467	22649	22512	22655
金属矿石	41870	46426	49081	46907	55167
非金属矿石	6273	7824	8330	7599	9166
磷矿石	1633	1347	1401	1445	1249

续表

年份	2018	2019	2020	2021	2022
矿建材料	7928	12022	12545	10518	11235
水泥	2436	2418	2052	1821	1589
木材	2187	1996	1468	1393	938
粮食	8451	7836	7573	6475	7440
零担	332	9	2	1	0
集装箱	25647	33491	45693	56204	73631

资料来源：根据国家统计局《中国统计年鉴》（2019—2023）相关数据整理。

二、铁路基础设施建设持续推进，铁水联运设施联通水平不断提升

2023年，全国铁路完成固定资产投资7645亿元，同比增长7.5%；全国铁路累计投产新线3637千米[1]。"十四五"现代综合交通运输体系发展规划指出，要建设现代化铁路网，推进高速铁路主通道建设，加快提高中西部地区铁路网覆盖水平，同时完善货运枢纽的集疏运铁路。2023年中国沿江、沿海等重要通道高铁建设有序推进，西部铁路建设和扩能改造工程持续推进，集疏港铁路建设不断完善。

高铁路网布局不断优化。2023年全国高铁累计投产新线2776千米，"八纵八横"高铁网主通道已建成80%[2]。多条沿江、沿海高铁开通，沿江、沿海通道运输能力提升。2023年9月，中国首条跨海高铁——福厦高铁正式开通运营；同月，广汕高铁、沪宁沿江高铁正式开通运营；12月，汕汕高铁汕

---

[1] 中国国家铁路集团有限公司：《中国国家铁路集团有限公司工作会议在京召开》，2024年1月10日，中国国家铁路集团有限公司网站（http：//www.china-railway.com.cn/xwzx/ywsl/202401/t20240110_132592.html）。

[2] 中国国家铁路集团有限公司：《新华每日电讯：勇当服务和支撑中国式现代化建设"火车头"——访国铁集团党组书记、董事长刘振芳代表》，2024年3月7日，中国国家铁路集团有限公司网站（ht-tp：//www.china-railway.com.cn/xwzx/mtjj/xhs/xinhuanet/202403/t20240307_134642.html）。

头南至汕尾段、防东铁路开通运营。其他重要通道高铁网络也不断完善。2023年8月，贵南高铁全线贯通运营，西南与华南地区联系将更加紧密；12月，济郑高铁、杭昌高铁开通运营，密切了中部地区与粤港澳大湾区、长江经济带的联系；同月，成都至自贡至宜宾高铁全线开通运营，进一步完善了区域路网结构。

西部铁路网进一步完善。西南地区，2023年11月，川青铁路青白江东至镇江关段开通运营，结束了川西北高原不通铁路的历史；同月，丽香铁路正式通车，云南省迪庆藏族自治州结束了不通火车历史；12月，隆黄铁路叙毕段开通运营，促进了川南、滇东北及黔西北沿线地区的经济发展。西北地区，2023年7月，兰新高铁兰州至西宁段提质改造工程完工，兰新高铁兰州至西宁段实现时速250千米高标运营，优化了既有兰新铁路通道客货运输能力；12月，黄百铁路正式开工建设，形成了贵州北部地区至广西北部湾地区的便捷通道。

铁水联运设施联通能力增强，集疏港铁路建设持续推进。2023年3月，交通运输部、自然资源部、海关总署、国家铁路局、中国国家铁路集团有限公司（以下简称"国铁集团"）联合印发《推进铁水联运高质量发展行动方案（2023—2025年）》，提出要加强铁路与港口集疏运体系规划建设；推进港口集疏运铁路设施建设。2023年7月，湖南长沙首条疏港专用铁路正式通车运营，实现了港口铁路与京广线国铁干线的无缝衔接；9月，上海港水公铁集疏运中心建成，为港口与腹地提供水公铁多式联运快速衔接；同月，南京港龙潭港区铁路专用线工程通过正式验收，实现了铁路与港口的对接；10月，山东日照港岚山港区疏港铁路山钢站（不含）至岚山港站段正式开通，至此日照岚山疏港铁路全线开通；12月，江苏盐城港滨海港区疏港铁路专用线项目通过预验收，线路全长50.84千米，打通铁路进港"最后一公里"；同月，宁波舟山港重要疏港通道甬金铁路开始动态检测，即将开通运营。

此外，境外铁路项目建设稳步进行，中国铁路"走出去"的步伐不断加快。2023年1月，中国土木承建的尼日利亚拉各斯轻轨蓝线项目一期正式通车；8月，由中资企业参与承建并运营的以色列特拉维夫首条轻轨开通；同月，中国建筑承建阿联酋伊提哈德铁路二期A标项目竣工交付；9月，中企联营体承建的匈塞铁路诺苏段项目全线首座铁路桥主体工程提前完工；10月，雅万高铁正式开通运营；同月，由中国中铁股份有限公司承建的孟加拉国最大铁路项目帕德玛大桥铁路连接线达卡至潘加段正式开通运行。

三、铁路物流服务质量不断提升，多式联运服务体系加快完善

2023年，中国铁路运输服务质量稳步提升，物流服务模式不断创新，物流总包及高铁快运服务加快发展，信息技术进一步发展与应用，智慧物流企业及信息服务平台建设持续推进，多式联运加快发展，"一单制"服务功能不断拓展，"一箱制"服务体系更加健全。

铁路企业积极探索物流服务新模式，发展铁路物流总包服务，开展"高铁快运批量运输"试点工作。2023年9月，国铁集团组织中铁特货物流股份有限公司和徐工集团签订战略合作协议，实现"公铁水"三种运输方式的总体承包，并从市场需求分析、物流方案设计，到干线运输、两端支配、仓储服务以及信息服务等提供全链条、全过程整体服务；同月，中国铁路西安局集团延安车务段与商洛陆港实业公司签订煤炭"门到站"运输业务协议，顺利开行物流总包列车；12月，中国铁路成都局集团公司与攀钢集团有限公司在成都成功签订物流总包合同，约定由成都局集团提供整体物流解决方案。同时，在高铁快运服务方面，2023年7月，首个整列高铁快运动车组列车在成都—昆明线路上双向对开。

铁路企业成立智慧物流公司，加快信息互通平台建设并发展先进技术，推进了铁路业务的数字化、智能化。2023年1月，中国铁道建筑集团有限公司在天津东疆综合保税区金融贸易中心成立了中铁十四局集团物流有限公司，这是首个实现公铁水多式联运的智慧物流公司。该公司结合物流、大数据与数字科技，打造了网络货运平台，实现了全流程智慧物流。9月，国铁集团印发《数字铁路规划》，提出要实现铁路业务全面数字化，数据充分共享共

用，智能化水平不断提升。10月，工业和信息化部向国铁集团批复基于5G技术的铁路新一代移动通信系统（5G—R）试验频率，推动铁路服务体系智能化升级。2023年，重庆与广西、新疆等通道关键节点加快打造信息互通平台，全年累计共享物流信息超23万条，降低人工成本50%以上[1]，实现与铁路货运系统互联互通。

为了进一步推进多式联运"一单制""一箱制"高质量发展，2023年8月，交通运输部、商务部、海关总署、国家金融监督管理总局、国家铁路局、中国民用航空局、国家邮政局和中国国家铁路集团有限公司等8家单位联合印发《关于加快推进多式联运"一单制""一箱制"发展的意见》，指出要加快推进多式联运"一单制""一箱制"发展，拓展多式联运"一单制"服务功能，健全多式联运"一箱制"服务体系。

各地加快推广多式联运"一单制"，探索多式联运单证物权凭证功能，发展多式联运"一单制"金融服务。2023年1月，长春—大连全程海铁联运首次实现"一单制"；3月，滇桂铁海多式联运"一单制"班列首发；4月，江西首列"一单制"铁海联运班列开行；7月，银川—青岛港"一单制"铁海联运班列首发。同时，"一单制"服务功能不断拓展。2023年年初，重庆通过"铁路多式联运提单数字化平台"开具了铁路电子提单，实现全线上签发、流转、提货及质押融资等功能；12月，重庆成功落地多式联运"一单制"数字提单动产质押融资业务，创新制定"'一单制'动产质押＋'提单'转'仓单'＋全程物流监管"的综合融资方案。

多式联运"一箱制"加快落地，以35吨宽体箱为载体的内贸铁水联运体系试点建立。2023年8月，"百色—北部湾港—青岛"铁路敞顶集装箱班列开行，标志着全国首列敞顶集装箱海铁联运班列"一箱到底"模式正式开启；9月，"一箱制"铁路35吨宽体集装箱铁海快线于天津港成功开行；10

---

[1] 《人民日报》：《西部陆海新通道加快建设——跨越山海展新途》，2024年3月26日，中央人民政府网站（https://www.gov.cn/yaowen/liebiao/202403/content_6941451.htm）。

月,东北首趟"一箱制"35 吨宽体集装箱铁海快线班列于松西站开行。

四、西部陆海新通道和中欧班列运行规模及质效持续提升

2023 年,西部陆海新通道货运规模不断扩大,通道联通水平不断提高,运输结构持续优化,多式联运运输网络持续拓展。西部陆海新通道跨境铁海联运班列共开行 9580 列,同比增长 8.6%;国际铁路联运班列开行 6784 列,同比增长 12.3%[1];全年班列发送 86 万标准箱,同比增长 14%[2]。2023 年 7 月,"澜湄蓉欧快线"首发,实现了东南亚至欧洲的铁路直达,物流运输时间最快缩短至 15 天;10 月,中老铁路"沪滇·澜湄线"国际货运班列首发,实现了沪昆铁路与中老铁路互联互通;12 月,"中欧+澜湄快线"中老铁路国际货运专列首发,相比传统海运路线,节约了约 20 天时间。铁海联运、公铁联运、江铁海联运网络加快发展。截至 2023 年年底,西部陆海新通道铁海联运班列货物运输网络已辐射国内 70 个城市、144 个站点,通达全球 120 个国家和地区[3],全年运输集装箱 58.4 万标箱,货值 491.77 亿元,分别同比增长 7%、3%[4]。

中欧班列开行保持稳定增长态势,运行质量不断提升,通道能力稳步增长,运输时效不断提升,冷链物流服务范围扩大。2023 年全年中欧班列开行 1.7 万列,发送 190 万标准箱,同比分别增长 6%、18%[5]。2023 年 7 月,同

---

[1] 喻言:《重庆海关:2023 年西部陆海新通道跨境铁海联运开行 9580 班列》,2024 年 4 月 18 日,搜狐网(https://www.sohu.com/a/772762199_120952561)。

[2] 中国国家铁路集团有限公司:《铁龙奔腾惠民生 流动中国活力涌——铁路持续提升客货运输供给质量和保障能力综述》,2024 年 1 月 12 日,中国国家铁路集团有限公司网站(http://www.china-railway.com.cn/xwzx/ywsl/202401/t20240112_132649.html)。

[3] 杨骏:《西部陆海新通道辐射城市再增加 10 个 2023 年重庆口岸物流领域"百尺竿头更进一步"》,2024 年 2 月 7 日,重庆日报网站(https://app.cqrb.cn/html/2024-02-07/1886289_pc.html)。

[4] 《人民日报》:《西部陆海新通道加快建设——跨越山海展新途》,2024 年 3 月 26 日,人民网(http://cq.people.com.cn/n2/2024/0326/c365425-40788642.html)。

[5] 中国国家铁路集团有限公司:《聚焦中国国家铁路集团有限公司工作会议 2023 年工作总结回顾》,2024 年 1 月 11 日,中国国家铁路集团有限公司网站(http://www.china-railway.com.cn/xwzx/zhxw/202401/t20240111_132635.html)。

江铁路口岸首开中欧班列，提升了中欧班列东通道运输能力。全程时刻表中欧班列开行规模持续扩大。截至 2023 年 11 月底，全程时刻表中欧班列累计开通 5 条线路，运输时间较普通班列平均压缩 20% 以上[1]。中欧班列冷链运输持续发展。2023 年 7 月，近三年来全国首趟开行的中欧班列冷链专列从俄罗斯莫斯科发运，安全到达成都铁路枢纽城厢站；10 月，中老、中越国际冷链货运班列双向首发。

第三节 中国港航物流发展状况

港航物流是国际经贸往来的重要支撑。2023 年，全国港口货运需求持续增长，码头和航道建设不断推进，海铁联运提质增速发展进入新阶段，港航企业持续提升"一带一路"服务质量，新能源船舶技术取得突破。

一、港口货运需求持续增长，全国水路货物运输量再创新高

2023 年，中国港口完成货物吞吐量 169.7 亿吨，同比增长 8.2%。2019—2023 年全国港口货物吞吐量及增长率如图 5-1 所示。

港口集装箱运输继续保持增长。2023 年，全国港口完成集装箱吞吐量 3.1 亿标准箱，同比增长 4.9%。2019—2023 年全国港口集装箱吞吐量及增长率如图 5-2 所示。

近年来，全国水路货物运输量持续增长，2023 年运输量创下 93.7 亿吨的新高，同比增长 9.5%，增速恢复并超越疫情前水平。2019—2023 年全国水路货物运输量及增长率如图 5-3 所示。

---

[1] 宋雪：《2023 年 1—11 月份中欧班列累计开行 16145 列　运量已超 2022 年总运量》，2023 年 12 月 5 日，央广网（https://travel.cnr.cn/dj/20231205/t20231205_526508512.shtml）。

第五章 中国交通运输物流发展状况

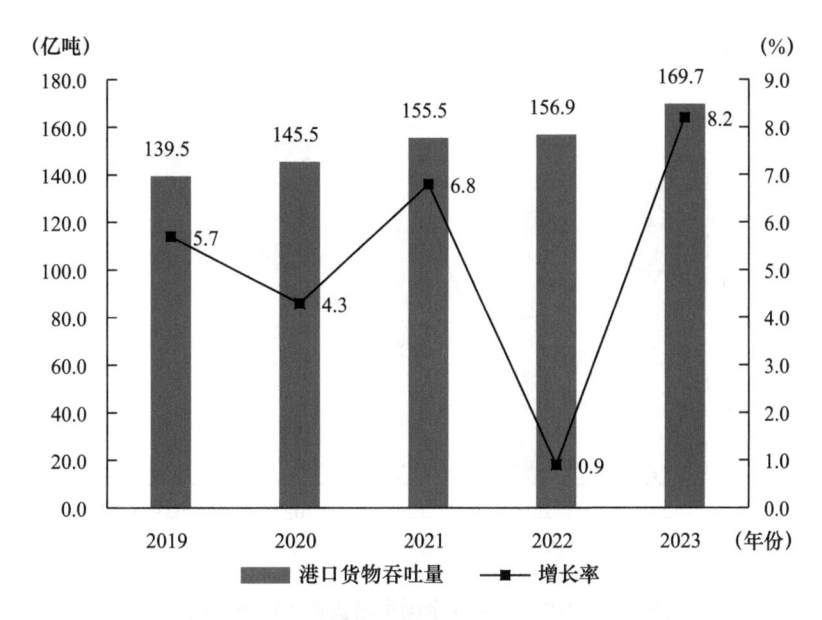

图 5-1　2019—2023 年全国港口货物吞吐量及增长率

资料来源：根据交通运输部《交通运输行业发展统计公报》（2019—2023）相关数据整理。

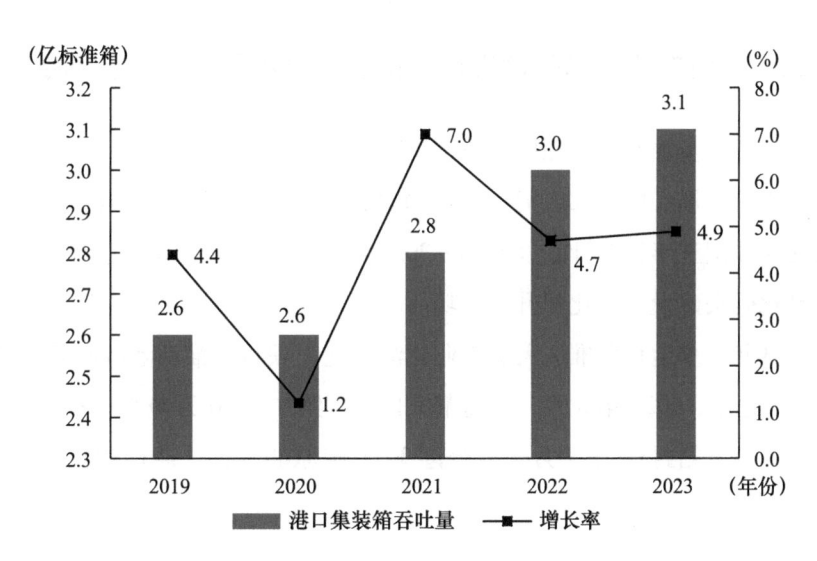

图 5-2　2019—2023 年全国港口集装箱吞吐量及增长率

资料来源：根据交通运输部《交通运输行业发展统计公报》（2019—2023）相关数据整理。

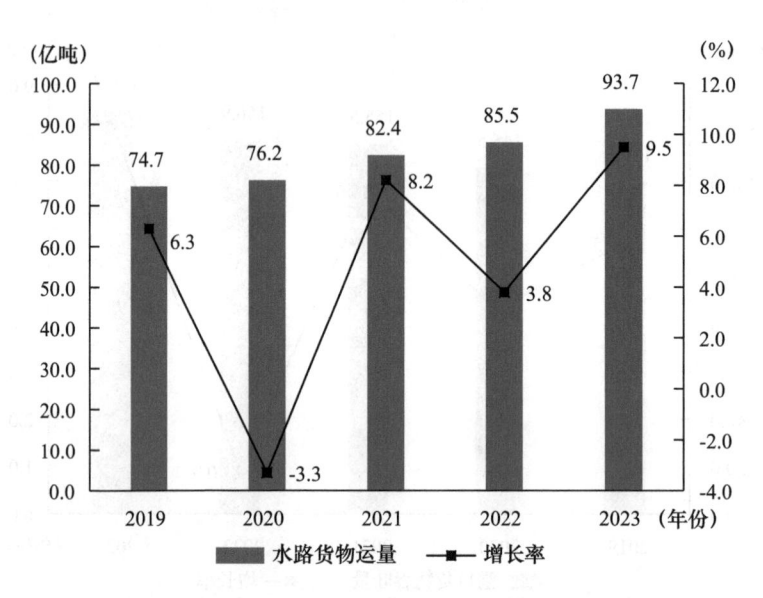

图5-3　2019—2023年全国水路货物运输量及增长率

资料来源：根据交通运输部《交通运输行业发展统计公报》(2019—2023)相关数据整理。

二、大型专业化泊位建设稳步推进，自动化码头建设不断加快

为了进一步加快交通强国建设，2023年3月，交通运输部、国家铁路局、中国民用航空局、国家邮政局、中国国家铁路集团有限公司联合印发《加快建设交通强国五年行动计划（2023—2027年）》，进一步推动大型专业化泊位和自动化码头建设，优化提升港口功能。

2023年，多地积极推进大型专业化泊位建设项目，推动港口高质量发展。在环渤海地区，2023年6月，青岛董家口港区第二座40万吨级矿石泊位及配套设施完成沉箱封顶[1]；7月，烟台港30万吨原油码头二期正式投产运行[2]；

---

[1] 齐鲁晚报网：《青岛港董家口港区第二座40万吨矿石泊位工程首个沉箱封顶》，2023年6月8日，百家号网站（https：//baijiahao.baidu.com/s?id=1768106973324519387&wfr=spider&for=pc）。

[2] 《中国能源报》：《烟台港30万吨级原油码头二期项目投产》，2023年7月17日，人民网（http：//paper.people.com.cn/zgnyb/html/2023-07/17/content_26007343.htm）。

10月，日照港第四座30万吨级原油码头正式建成投产①。在长三角地区，2023年10月，连云港港旗台作业区矿石码头改扩建工程通过交工验收，建成2个40万吨级专业化矿石泊位及配套设施②；同月，宁波舟山港梅山港区二期工程完工，新建两个20万吨级和3个15万吨级专业化集装箱泊位及相应的配套工程③。在东南沿海地区，2023年11月，福州港罗源湾港区可门作业区30万吨级散货泊位完成关键节点建设④。

我国通过新建自动化码头和对传统码头智慧化升级改造，推进自动化码头建设，打造世界一流智慧港口。自动化码头建设方面，2023年6月，北部湾钦州自动化码头二期工程完成交工验收。7月，广西北部湾港防城港赤沙2号泊位码头30万吨级干散货自动化码头平台全线贯通⑤。12月，我国首个全国产自主自动化集装箱码头青岛港自动化集装箱码头三期工程完成交工验收。传统码头智慧化升级改造方面，2023年1月，秦皇岛港通过构筑"互联网+智能管控平台"实现干散货码头装卸作业全流程自动化升级改造。8月，宁波舟山港梅山港区通过5G网络、人工智能等技术升级桥吊和远控龙门吊等设备实现集装箱码头的自动化升级。11月，广州港南沙粮食通用码头实现散粮装卸设备全自动化及多机同舱协同作业。12月，上海罗泾港区集装箱码头改造一期工程完工，采用岸桥远控和自动化轨道吊技术。

---

① 齐鲁网闪电新闻：《山东港口日照港打造全国首个四座30万吨级原油码头单一港区》，2023年10月24日，搜狐网（http://news.sohu.com/a/730932477_100023701）。

② 江苏省交通运输厅：《我省首个通航40万吨船舶的深水海港项目通过交工验收》，2023年10月17日，江苏省交通运输厅官网（http://jtyst.jiangsu.gov.cn/art/2023/10/17/art_41904_11042281.html）。

③ 赣县区人民政府：《全国设计等级最高！宁波舟山港梅山港区二期工程全部完工》，2023年10月19日，赣县区人民政府官网（http://www.ganxian.gov.cn/gxqxxgk/c111309/202310/c97b7942e3a04636a473358bb049bea8.shtml）。

④ 政协福州市委员会：《可门30万吨级泊位完成关键节点建设》，2023年11月16日，政协福州市委员会网站（http://zx.fuzhou.gov.cn/zz/csfz/tpxw/202311/t20231116_4718345.htm）。

⑤ 北部湾港集团：《北部湾港首个30万吨级干散货自动化码头平台实现全线贯通》，2023年7月19日，广西壮族自治区人民政府网站（http://gzw.gxzf.gov.cn/xwzx/gzdt/t16922661.shtml）。

三、内河基础设施建设加快推进，智慧航道建设取得新进展

为了提升内河水运的现代化、智慧化水平，2023年11月，交通运输部印发《交通运输部关于加快智慧港口和智慧航道建设的意见》，提出要推动高等级航道基础设施，不断提升航道智慧化水平。2023年，中国内河水运高等级航道建设项目顺利推进，高等级航道网畅通保障能力不断提升，智慧航道管理平台和高等级航道电子航道图建设持续深入，智慧航道管理与服务能力显著提升。

长江航道方面，2023年1月，长江中游宜昌至昌门溪航道二期工程完成竣工验收并正式投入运行。6月，长江上游九龙坡至朝天门河段航道整治工程通过竣工验收。重庆段巫山至寸滩河段在2023年达到一级航道标准。珠江航道方面，2023年，江门新会崖门出海航道二期工程持续推进，建成后该航道通航标准将进一步提高。京杭和江淮运河航道方面，2023年6月，京杭运河浙江段三级航道全线通航。9月，菜子湖线航道通航，引江济淮航运工程全线贯通，缩短航运里程200至600千米①。2023年5月，西部陆海新通道平陆运河工程实现全线推进，全长135千米，预计完工后将缩短西江中上游入海航程约560千米②。

航道智慧平台建设方面，2023年1月，广西港航发展中心上线运行"广西数字港航一体化平台"，推出多个业务系统，实现监管服务和业务处理一体化。2月，济宁市港航事业发展中心推出的"智慧港航综合管理平台"集成了15个业务子系统，覆盖应急救援、航道管理等功能。9月，长江航道大数据应用服务平台建设完成，整合了20余项功能，数据量超400亿条③。高等

---

① 《合肥日报》：《江淮运河主航道全线贯通》，2023年9月17日，合肥市人民政府网站（https：//www.hefei.gov.cn/ssxw/ztzl/zt/srxxxcgcddesdjs/tshfxbh/109275785.html）。

② 人民网：《西部陆海新通道骨干工程平陆运河建设迈入全线动工新阶段》，2023年9月11日，人民网（http：//gx.people.com.cn/n2/2023/0911/c179464-40566159.html）。

③ 长江航道局：《400亿条！长江航道大数据服务启新篇》，2023年4月12日，长江航道局官网（https：//www.cjhdj.com.cn/xwzx/hdxw/202304/t20230412_298231.shtml）。

级航道电子航道图建设方面，2023 年 5 月，长江与京杭运河航道网电子航道图实现互联互通，拓展了京杭运河济宁段、苏北段航道共 650 千米[①]。7 月，济宁市港航事业发展中心建成覆盖 183 千米山东省内河第一张电子航道图，具备电子巡航、水位监测等 20 余项功能[②]。

四、航运网络互联互通水平不断提升，航运服务质量持续提高

随着"一带一路"倡议的持续推进，中国与"一带一路"共建国家的互联互通水平持续提升，航运企业积极开通"一带一路"海上航线，不断增加航运网络密度。港口企业发挥节点优势，不断提升航运服务质量，通过加快建设"保税仓"和"海外仓"，以及推进联运班列的开通，提升中国沿海与内陆地区的交通连接性，以及"一带一路"沿线的货运集散效率。

截至 2023 年年底，中外运集装箱运输有限公司和中远海运集装箱运输有限公司等航运企业已经开通 116 条"一带一路"航线，其中 2023 年新增 22 条，提升了中国国际物流的能力，活跃了"一带一路"口岸城市的物流市场[③]。2023 年期间航运公司开通的"一带一路"相关航线如表 5-4 所示。

表 5-4　2023 年新开通的"一带一路"部分海上航线情况

地区	公司名称	开通航线
日韩	东方海外（国际）有限公司	天津—仁川
	新海丰集装箱运输有限公司	大连—仁川

---

　①　中国新闻网：《长江与京杭运河航道网电子航道图实现互联互通》，2023 年 4 月 26 日，中国新闻网（https：//www.chinanews.com.cn/gn/2023/04-26/9997664.shtml）。

　②　济宁发布：《权威发布丨打响"济港通"平台　助力济宁内河航运高质量发展》，2023 年 7 月 6 日，搜狐网（https：//www.sohu.com/a/695152484_121106991）。

　③　《环球时报》：《16 条新航线！13 位新成员！第五届"丝路海运"国际合作论坛成果丰硕》，2023 年 9 月 11 日，百家号网站（https：//baijiahao.baidu.com/s?id=1776701086911668625）。

续表

地区	公司名称	开通航线
东南亚	中外运集装箱运输有限公司	青岛港—钦奈港
	海丰国际控股有限公司	厦门港—岘港
	上海锦江航运（集团）股份有限公司	青岛港—海防港
	宁波远洋运输股份有限公司	宁波—越南胡志明、海防
		宁波—泰国林查班、曼谷
澳洲	中远海运集装箱运输有限公司	覆盖悉尼、墨尔本、奥克兰等港口
欧洲	中远海运集装箱运输有限公司	上海—费里克斯托、泽布吕赫、格但斯克

资料来源：根据相关新闻资料数据整理。

港口集团也积极发挥节点优势，通过保税仓和海外仓建设，提升"一带一路"物流节点的基础设施水平。2023年3月，广州港集团有限公司黄埔"全球中心保税仓"建设完成，提升了"一带一路"国际货物的一站式场港服务水平。6月，连云港港口控股集团与乌兹别克斯坦铁路集装箱公司合作，将在乌兹别克斯坦和连云港共同投资保税仓，助力"一带一路"建设。锦州港股份有限公司的"中蒙俄—中国（锦州港）综合商品海外仓"也于6月建设完成，成为连接蒙俄与东南沿海港口以及东南亚国家的核心。6月，浙江省海港集团的海港云仓（迪拜）正式开仓，覆盖中东及北非地区，增强了浙江省"一带一路"的综合服务能力。

为进一步畅通"一带一路"物流通道，港口集团还积极开拓海铁联运班列，提升"一带一路"物流网络的海陆衔接能力。大连港集团有限公司在2023年1月至4月间，相继开通了大连港至长春、通辽和大庆等地的海铁联运班列。广西北部湾国际港务集团有限公司在3月和12月分别开通了北部湾港至玉林和东兴等地的海铁联运班列。秦皇岛港务集团有限公司在5月开通了"中国秦皇岛港—中国二连浩特—蒙古国"海铁联运国际班列，青岛港集团有限公司在7月开通了"青岛港—郑州圃田站"海铁联运专列。

此外，各地方政府也积极出台海铁联运补贴政策，促进"一带一路"铁路与海运航线协同发展。从 2023 年开始至 2025 年年底,广州市和福州市分别对进出南沙港和福州港的海铁联运集装箱进行补贴。从 2023 年开始至 2027 年年底,天津市对达到一定标准的海铁联运经营人,按照运量、铁路运输距离等因素给予补贴。从 2023 年 9 月开始,大连市对达到一定标准的海铁联运经营人按照 200 元/TEU 的标准进行补贴[1]。从 2024 年 1 月开始,厦门市对达到一定标准的海铁联运经营人按照 180 元/TEU 的标准补贴[2]。

五、船舶制造业持续发展,新能源船舶技术不断进步

2023 年,中国船舶制造业呈现稳中有进的发展态势,船舶制造企业取得新成绩。同时,绿色能源转型步伐加快,推动了纯电动船舶技术进一步发展。

2023 年,我国造船完工量 4232 万载重吨,同比增长 11.8%;新承接订单量 7120 万载重吨,同比增长 56.4%;手持订单量 13939 万载重吨,同比增长 32%[3]。江南造船集团有限责任公司(以下简称"江南造船")和大连船舶重工集团有限公司(以下简称"大连造船")在多个船型建造方面取得新进展。2023 年 4 月和 10 月,江南造船在上海分别交付了首艘 93000 立方米超大型液化气船"HARZAND"号[4]和全球最大 24000TEU 级超大型集装箱船"MSC CHINA"号[5]。5 月,大连造船交付了全球首艘 M350 型浮式生产储卸

---

[1] 大连市人民政府:《大连市促进东北亚国际航运中心和国际物流中心全面振兴新突破的若干政策》,2023 年 9 月 13 日,大连市人民政府网站(https://www.dl.gov.cn/art/2023/9/13/art_1170_1458.html)。

[2] 厦门市人民政府:《关于支持厦门市多式联运"一单制"业务发展的若干措施》,2023 年 12 月 14 日,自由贸易试验区厦门片区管理委员会网站(http://ftz.xm.gov.cn/xxgk/zcjd/202312/t20231214_2803912.htm)。

[3] 《人民日报》:《2023 年我国造船完工量同比增长 11.8%》,2024 年 1 月 17 日,人民网(http://jx.people.com.cn/n2/2024/0117/c186330-40716271.html)。

[4] 中国船舶集团有限公司:《全球首艘 93000 立方米超大型液化气船命名交付》,2023 年 4 月 28 日,国务院国资委宣传局网站(http://www.sasac.gov.cn/n2588025/n2588124/c27783409/content.html)。

[5] 搜狐网:《24000TEU 级超大型集装箱船"地中海·中国"号交付》,2023 年 10 月 11 日,搜狐网(https://www.sohu.com/a/727368239_531786)。

油船"BACALHAU"号,在规模、产能和储量均处于全球领先水平。7月,大连造船交付了全球首艘冰区节能环保型散货船"GOLDEN GRACE"轮,在航速、能耗、环保等性能方面均达到世界前列。

2023年7月,扬州中远海运重工有限公司研发的700TEU纯电动力集装箱船建造完成,在纯电动集装箱船装箱数、载重吨以及电池容量方面取得进一步突破①;10月,黑龙江航运集团有限公司研发的首艘纯电动新能源客船"领航之星"号入级中国船级社,该船在研发过程中攻克了电池及充电配套设备耐寒性差等难题;11月,连云港港口控股集团鸿云实业有限公司建造的5400马力纯电拖轮"云港电拖二号"在连云港交接启用,预计每年可节约燃油约300吨②。为了进一步激发造船企业和航运企业绿色化转型的动力,2023年12月,交通运输部、国家发展改革委等部委联合印发《船舶制造业绿色发展行动纲要(2024—2030)》,提出实施绿色智能船舶标准化引领工程,推动各个船型制造体系、供应链体系的绿色化转型,加快形成绿色船舶谱系化供给能力,预计未来中国造船业的绿色化水平将取得显著发展。

第四节 中国航空物流发展状况

航空物流凭借其高效运输优势,在现代物流体系中扮演着越来越重要的角色。2023年,中国民航机场货邮吞吐量显著增长,国内航线增长尤为强劲。航空基础设施升级和智慧化建设加速,航空物流冷链物流不断创新,无人机配送等新兴领域快速发展。随着绿色航空物流理念的推广和可持续航空燃料研发的进展,航空物流行业正朝着更加环保的方向发展。

---

① 搜狐网:《全球首艘!这家中国船厂建造700TEU纯电动力集装箱船出坞》,2023年7月26日,搜狐网(https://www.sohu.com/a/706465369_155167)。

② 人民网:《江苏连云港:纯电动拖轮"云港电拖二号"交付使用》,2023年11月21日,人民网(http://pic.people.com.cn/n1/2023/1121/c1016-40122786.html)。

一、机场货邮吞吐量强劲复苏，国内航线吞吐量增长较快

2023年，中国民航机场货邮吞吐量从2022年的1453.1万吨增至1683.3万吨，同比增长15.8%，接近2019年水平。这不仅反映了市场从2022年的下滑中强劲复苏，而且也表明了民航货运市场的活力正在逐步恢复。2019—2023年中国民航运输机场货邮吞吐量及增长率如图5-4所示。

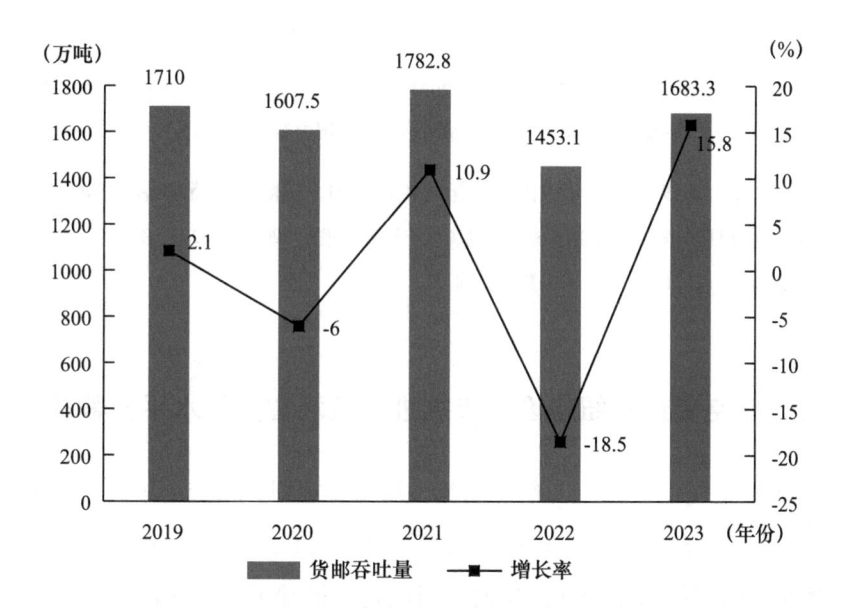

图5-4　2019—2023年中国民航运输机场货邮吞吐量及增长率

资料来源：根据中国民用航空局《民航机场生产统计公报》（2019—2020）和《全国民用运输机场生产统计公报》（2021—2023）相关数据整理。

从航线看，2023年，国内航线货邮吞吐量显著增长，达到967.7万吨，同比增长30.6%。国际航线货邮吞吐量增长则较为缓慢，为715.6万吨，同比增长仅为0.5%。2019—2023年中国民航运输机场国内、国际航线货邮吞吐量增速如图5-5所示。

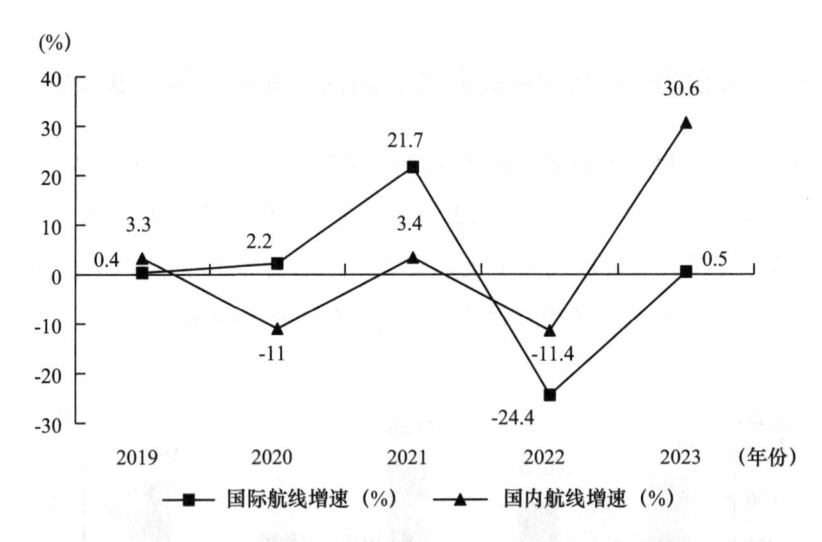

图 5–5 2019—2023 年中国民航运输机场国内、国际航线货邮吞吐量增速

资料来源：根据中国民用航空局《民航机场生产统计公报》（2019—2020）和《全国民用运输机场生产统计公报》（2021—2023）相关数据整理。

二、航空货运枢纽建设稳步推进，机场智慧化水平显著提升

2023 年是《"十四五"航空物流发展专项规划》实施的第二年。地方政府在航空货运枢纽的规划与建设方面取得积极成效，货物处理能力显著提升。各机场集团通过信息化和智能化的升级改造，推动了航空物流行业的高质量发展。

2023 年 1 月，广西出台了《南宁国际航空货运枢纽发展规划（2022—2050 年）》，该规划计划于 2025 年建设北货运区国际货站，并计划将南宁机场的货运设施面积扩建至 14 万平方米。3 月，云南省发布了《云南省民航强省建设三年行动（2023—2025 年）（征求意见稿）》，该行动计划旨在到 2025 年将昆明长水国际机场打造成为中国面向南亚、东南亚的主要航空枢纽。同月，福建省出台了《福建省现代物流业高质量发展实施方案（2023—2025 年)》，该方案计划到 2025 年将福州机场建设成为全球航空货运枢纽，并实现

集空铁公一体化的综合交通枢纽功能。

2023年12月，苏州航空货运中心正式启用，可为苏州及周边企业提供高效便捷的航空货运服务；同月，广州白云国际机场加速推进扩建工程，建成后货站面积将超100万平方米，机场货邮吞吐能力将达到600万吨[①]。

在信息化智能化建设方面，2023年3月，广东省机场集团数字货运平台上线，将创新优化业务模式融入货运操作全过程，实现了航空货运系统各方信息的互联互通、高效协同；4月，长沙机场利用"数字孪生"技术整合多方信息，能够高精度预测航班到达时间，有效管理机坪内车辆状态，实现空地一体化协同作业；11月，石家庄机场推出"货运信息管理系统"，可共享货物进出场站、作业流转等物流节点信息，提升了供应链各环节的协同作业能力。在智能化建设方面，2023年3月，浦东国际机场启动智能巡检系统的统筹建设，该系统通过先进的智能设备替代传统人力巡检，预计每年逐步减少三分之二的人力投入[②]；6月，国内首台无人值守的智慧通航加油服务站在上海高东直升机场投放使用；9月，全球首座远程无人驾驶自动登机桥在成都天府机场投入使用，实现了登机桥的自主导航和对接。

三、航空物流冷链服务创新加快，无人机配送场景多样化发展

为满足城乡居民不断升级的消费需求，航空物流企业积极创新冷链物流服务，以提升生鲜和医药产品的运输效率。相关企业还利用无人机物流的成本和效率优势，显著提高了城市末端配送的航空物流服务效率，增强了山地城市的运输服务能力。

在生鲜冷链运输领域，2023年海航货运通过优化包装并缩短运输时间，确保了生鲜产品的快速高品质分发。7月，青海省首次开启了省内空中生鲜

[①] 刘倩：《白云机场货站未来超百万平方米，加速实现"全球货 聚广州"》，2023年12月7日，南方Plus网站（https://static.nfapp.southcn.com/content/202312/07/c8379845.html）。

[②] 钱擘：《聚焦智慧民航｜浦东机场智慧创新生态多维生长》，2023年3月23日，澎湃新闻网站（https://www.thepaper.cn/newsDetail_forward_22420381）。

通道，将生鲜果蔬送达海拔4200米以上的果洛藏族自治州。9月，南航物流为新疆生鲜产品如三文鱼和螃蟹开设了绿色通道，提升了运输效率。11月，东航物流在成都启动西部生鲜港项目，预计将加强西部地区的生鲜航线网络，丰富产品供应。在医疗冷链方面，海航货运通过可靠的温控药品航空运输服务，于2023年1月成功将人血蛋白从巴黎安全运抵海口。6月，南航物流为金域医学的生物样本提供了全程温控航空运输服务，提升了医疗样本的运输效率。

无人机物流在城市配送和山地城市货物运输中均取得了显著进展。2023年4月，美团在上海启动了无人机常态化商用航线，配送效率较传统模式提升了近150%，有效满足了城市用户的时效性需求。12月，丰翼科技在大湾区实现了无人机的常态化运营，日运送单量高达6000单，提供同城即时和跨城急送的"小时级"配送服务①。在山地城市，如重庆，无人机物流也展现出优势，2023年10月，丰鸟科技的大型无人机FP—981C在重庆成功进行了货运首飞试验，预示着该地区中短途货物配送效率将显著提升。

四、地方政府和机场海关助力跨境航空物流服务升级，国际航空全货机运输网络不断完善

2023年，中国跨境电商市场以2.4万亿元的进出口额实现了15.6%的同比增长，显示出强劲的发展势头②。作为支撑这一增长的关键力量，航空运输通过不断升级跨境航空服务和提升通关便利化水平以及增强国际航空货运网络的能力，为跨境电商发展提供了坚实的物流支持。

为保障跨境电商的高速发展，2023年，各地政府和机场海关联合发

---

① 《深圳晚报》：《助力低空经济"腾飞"！丰翼无人机大湾区常态化运营日均突破6000单》，2023年12月13日，深圳宝安网（https：//ibaoan.sznews.com/content/2023-12/13/content_30643773.htm）。

② 国务院新闻办：《国务院新闻办就2023年全年进出口情况举行发布会》，2024年1月12日，中央人民政府网站（https：//www.gov.cn/zhengce/202401/content_6925703.htm）。

力，出台了一系列支持政策和创新措施。2023年8月，广州空港经济区出台最高达2000万元的货运班次和货量补贴政策，以激励国际全货航线的开通[1]。10月，江苏省出台专项资金计划，以加快各机场国际货运航班航线的恢复。12月，山东省交通运输厅也出台了针对新开或加密的国际航空货运航线的5万元到150万元补贴标准[2]。与此同时，各机场海关不断创新跨境通关模式。2023年4月，厦门机场海关推出的"智能分流"模式，大幅减少了装卸及运输作业次数和时间；10月，首都国际机场海关货运口岸推出的"连程直转"模式，显著提升了货物流通速度；12月，广州白云机场海关推出的"预约通关"和"简化申报"等措施，进一步保障了跨境电商货物的快速通关。

2023年，航空物流和快递企业通过积极引进全货机，显著增强了国际航空货运网络的运力。中国民航局数据显示，2023年国内货机机队规模扩大至257架，较2022年增加了34架[3]。其中，顺丰航空在2023年新增了9架全货机，使其机队规模扩展至86架以上，进一步完善了其运力结构[4]；南航物流则增加了两架全货机，使其总规模达到17架，并成功构建了覆盖亚洲、欧洲和美洲的航线网络[5]；圆通快递亦扩充了两架全货机，使得其航空货运机队总

---

[1] 广州空港经济区管理委员会：《广州空港经济区管理委员会关于印发广州市促进航空运输业高质量发展若干补充措施的通知》，2023年8月24日，广州空港经济区管理委员会网站（http://kgw.gz.gov.cn/xxgk/zdwj/content/post_9175001.html）。

[2] 山东省人民政府：《山东省人民政府关于印发2024年"促进经济巩固向好、加快绿色低碳高质量发展"政策清单（第一批）的通知》，2023年12月29日，山东省人民政府网站（http://www.shandong.gov.cn/art/2023/12/29/art_267492_63018.html?xxgkhide=1）。

[3] 中国民用航空局：《2023年民航行业发展统计公报》，2024年5月31日，中国民用航空局网站（http://www.caac.gov.cn/XXGK/XXGK/TJSJ/202405/t20240531_224333.html）。

[4] 顺丰航空：《顺丰航空实现安全运行十四周年》，2023年12月31日，顺丰航空网站（https://www.sf-airlines.com/sfa/zh/article_3709.html）。

[5] 中国南方航空：《南航物流新引进1架B777全货机 将投入广州—伦敦货运航线》，2023年5月23日，中国南方航空网站（https://www.csair.com/cn/about/news/news/2023/1h25db41igktp.shtml）。

数达到 13 架①。此外，2023 年中国还开辟了多条新的国际货运航线，具体信息详见表 5-5。

表 5-5　2023 年新开通的部分国际航空全货航线

地区	航空公司	开通航线
日韩	天津货航	青岛—大阪
	苏南国际航空	硕放—仁川
	圆通航空	宁波—首尔
东南亚	圆通航空	宁波—曼谷　宁波—河内
	香港货航	新加坡—中国香港—中国海口
	京东航空	深圳—胡志明　禄口—达卡
美洲	南方航空	广州—纽约
	青岛胶东国际机场	青岛—纽约
	顺丰航空	鄂州—洛杉矶
	东方航空	深圳—上海—伦敦
	金鹏航空	海口—达拉斯
	菜鸟、速卖通	深圳—墨西哥城
	厦门高崎国际机场	厦门—巴西圣保罗
其他	顺丰航空	武汉—阿布扎比
	济多特兰斯航空	兰州—新西伯利亚

资料来源：根据相关新闻资料数据整理。

五、绿色机场建设加速推进，可持续航空燃料技术实现突破

2023 年 10 月，工信部联合其他部门发布了《绿色航空制造业发展纲要》，强调航空产业绿色化转型发展的必要性，并倡导技术创新以开拓绿色航空的新领域。在政策的引领下，国内机场正在积极升级能源设施。关键的绿

---

① 《上海证券报》：《圆通速递：公司目前自有机队数量为 13 架》，2023 年 11 月 22 日，上海证券报网站（https://company.cnstock.com/company/scp_gsxw/202311/5154224.htm）。

色航煤技术也取得了新突破，为可持续航空燃料（SAF）的商业应用提供了保障。

机场清洁能源设施建设持续优化升级。2023年，首都机场完成了3个光伏项目建设，预计一年可发电超过100万千瓦时，全生命周期可发电2500万千瓦时，相当于节约标准煤约1万吨[①]；7月，杭州萧山国际机场分布式能源系统正式并网运行，一次能源综合利用效率可提升至90%以上；12月，宁波机场完成39杆高杆灯光源的LED改造，实现了飞行区内节能光源的全面覆盖。2024年1月，咸阳国际机场迎来了长安航空10辆储能式电动车的投入使用，预计全年将显著减少燃油消耗超过2000吨[②]。

在可持续航空燃料技术开发方面，2023年11月，绿色航煤关键技术"费托合成馏分油加氢异构"在鄂尔多斯中试成功，这一突破标志着在国际上首次实现了高品质绿色航空燃料全技术链条的贯通，为推动绿色航空燃料的产业化提供了坚实的技术支撑。2024年1月，君恒生物的SAF产品获得民航局的适航批准，这不仅代表了中国首家民营石化企业生产的SAF正式获得适航认证，也意味着其产品具备了商业使用的资格。

[①] 北京首都国际机场股份有限公司：《释放"中国第一国门"的绿色能量——记首都机场光伏应用规模化发展再提速》，2024年4月24日，北京首都国际机场股份有限公司网站（https://www.bcia.com.cn/airportkgxwxqy/11462/11462_f7099855244646e9ac028b952dd5ff8c.html）。

[②] 中国民航网：《飞机"充电宝"到位 海航航空旗下长安航空新投用十辆储能式电源车减排降碳》，2024年1月12日，中国民航网（http://www.caacnews.com.cn/1/6/202401/t20240112_1373911.html）。

第六章　中国制造业物流发展状况

制造业是中国社会物流需求的主要来源。2023年，面对全球经济复苏的不确定性、国际贸易摩擦的挑战、供应链重组的压力以及新兴技术革命带来的机遇，中国制造业全球化布局步伐加快，转型和升级进程提速，物流和供应链发展政策持续优化。在此背景下，制造业物流总体规模继续保持增长，物流业与制造业的融合程度日益加深，制造业物流的智能化水平显著提升。在新能源汽车和钢铁等重点领域，行业物流展现出强劲的发展势头，物流服务能力显著增强。

第一节　中国制造业物流发展环境

2023年，中国制造业规模继续保持世界领先，制造业全球化布局加速，制造企业积极向服务型制造转型，智能工厂建设项目持续展开。政府继续出台一系列政策促进和引导制造业高质量发展。

一、中国制造业实现稳步恢复

2023年，中国制造业生产企稳加快，规模以上制造业增加值同比增长5.0%[①]，制造业总体规模连续14年位居世界首位。装备制造业、高技术制造业对工业增长的支撑作用依旧强劲，装备制造业增加值比2022年增长6.8%，

[①] 中央人民政府：《国务院新闻办就2023年国民经济运行情况举行发布会》，2024年1月17日，中央人民政府网（https://www.gov.cn/zhengce/202401/content_6926623.htm）。

占规模以上工业增加值的比重为33.6%；高技术制造业增加值增长2.7%，占规模以上工业增加值的比重为15.7%。重点行业生产整体向好，汽车制造业增加值增长13.0%，电气机械和器材制造业增长12.9%，化学原料和化学制品制造业增长9.6%，专用设备制造业增长3.6%，计算机、通信和其他电子设备制造业增长3.4%，通用设备制造业增长2.0%[①]。2018—2023年中国规模以上制造业增加值增长情况如图6-1所示。

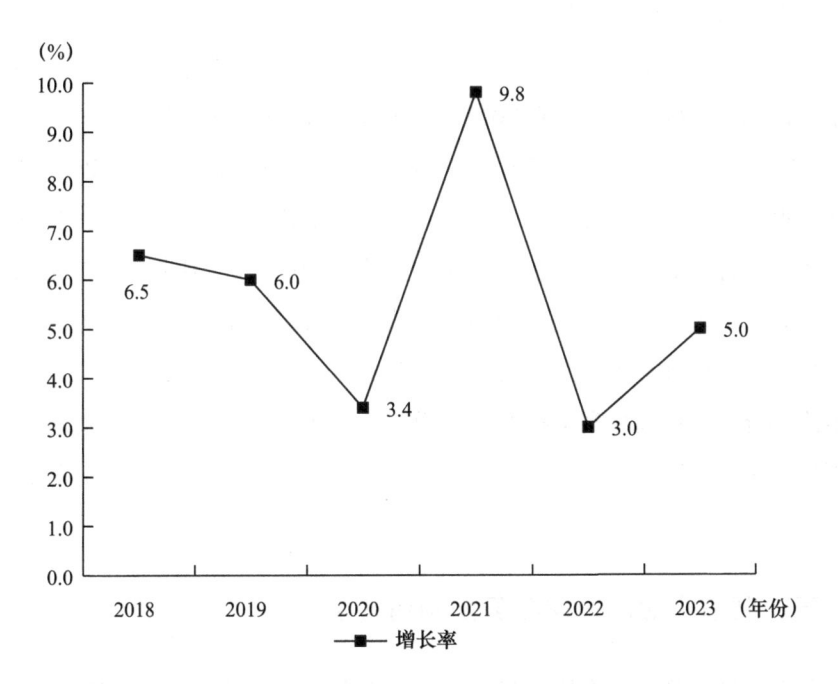

图6-1 2018—2023年中国规模以上制造业增加值增长情况

资料来源：根据国家统计局《中华人民共和国国民经济和社会发展统计公报》（2018—2023年）数据整理。

---

① 国家统计局：《中华人民共和国2023年国民经济和社会发展统计公报》，2024年2月29日，国家统计局网站（https://www.stats.gov.cn/sj/zxfb/202402/t20240228_1947915.html）。

二、制造业全球化布局提速

受贸易保护主义、地缘政治冲突、发达经济体制造业回流等多种因素的影响，全球产业链供应链加速重构，从以成本管控、生产效能、科学技术为导向转为以供应安全、产业稳健和地缘政治为主要目标。在此背景下，全球化分散布局成为中国制造业应对当前全球经济不确定性、增强供应链韧性、提升企业竞争力的必然选择。

2023年，我国电子、机械、化工和汽车等行业加速全球化布局。机械、电子、汽车和基础化工行业在2023年度出海设立子公司或生产基地的数量分别为40个、36个、25个、20个，与2022年相比有明显增长[①]。以汽车制造行业为例，中国自主品牌汽车企业正在通过设立海外生产基地、研发中心以及本土企业合作等方式，积极拓展海外市场。2023年，比亚迪、广汽埃安、上汽等多家中国汽车生产企业开始大规模出海建厂。其中，比亚迪在泰国的汽车生产和出口基地于3月正式奠基，并将在巴西建立由三座工厂组成的大型生产综合体，在匈牙利赛格德市建设一个新能源汽车整车生产基地。广汽埃安选择在东南亚汽车产业的重要基地泰国建厂，上汽集团则计划在欧洲建立生产基地。

三、制造企业加速向服务型制造转型

服务型制造是一种将传统制造业与现代服务业深度融合的新型产业模式，它通过整合先进的数字技术，如大数据、人工智能、物联网和区块链等，为客户提供从产品设计、生产到后续服务的全链条解决方案。

2023年，我国服务型制造示范遴选工作持续进行。11月，工业和信息化部公布《第五批服务型制造示范名单》。其中，110家企业被选为第五批服务

---

① 兴证策略：《制造行业东盟建厂情况全梳理：机械、电子、新能源、化工和汽车出海"势头最盛"》，2024年2月17日，金融界网站（https://stock.jrj.com.cn/2024/02/17090539530597.shtml）。

型制造示范企业，38个平台成为示范平台、13个平台被选为示范平台（共享制造类）、9个城市被选为示范城市。截至2023年年底，国家级示范企业总计达372家，国家级示范平台累计达225个，国家级服务型制造示范城市累计达33个。这些示范企业、平台及城市为整个行业提供了宝贵的经验和启示，对于推动先进制造业和现代服务业深度融合、落实发展服务型制造的决策部署、促进制造业高质量发展具有重要意义。

同时，制造企业通过实施数字化供应链项目、推出智慧工业解决方案等手段，实现从单纯的产品提供者向综合解决方案提供者的转变。例如，美的集团汇聚五十多年深厚的制造业知识和实践经验，提出"数字美的2025"战略，将数字化发展版图从智能家居领域向工业技术、楼宇科技、创新型业务等诸多板块快速扩展。2023年9月，美的发布"数字美的·智慧工业"系列解决方案，该方案融合了智慧楼宇、绿色能源、智能制造和智慧物流等领域，基于美的多年的制造经验和零碳及灯塔工厂的数字化实践，形成了一套实用、易用、可复制的系统化解决方案，将全面赋能新工业，为工业领域企业客户由传统的生产运营向智能化阶段进阶提供服务和助力。

四、智能制造工厂建设持续推进

2023年，多家智能制造工厂相继投产，推动中国制造业物流向自动化、数字化、智能化转型。截至2023年12月底，我国已建成62家"灯塔工厂"，占全球"灯塔工厂"总数的40%，培育了421家国家级智能制造示范工厂、万余家省级数字化车间和智能工厂[①]。

以制药行业智能制造工厂建设为例，2月，广东逸舒制药股份有限公司启动了中药数字化工厂建设项目，该项目将整合多种智能化物流技术，如自动引导车（AGV）系统、专用篮式自动投料系统以及轨道引导车（RGV）系

---

① 国务院新闻办：《国务院新闻办发布会介绍2023年工业和信息化发展情况》，2024年1月19日，国务院新闻办网站（https://www.gov.cn/zhengce/202401/content_6927371.htm）。

统，以适应不同提取车间的多样化工艺需求。工厂建成投产后，将实现全流程自动化控制，并配备先进的数字管理系统，确保产品全生命周期的可追溯性、可查询性和可统计性，从而显著提升制药生产的效率和药品质量。12月，山东宏济堂制药的莱芜智能制造项目正式投产，专注于口服液、中药固体制剂和植物提取物的生产。该项目实现了园区内信息的全面数字化采集，并通过创新的全封闭生产系统、自动化物料处理和智能提取投料系统、智能灭菌物流以及自动化的质量检测流程，打造了中药现代化生产的全新场景。

在乳业智能工厂建设方面，蒙牛乳业宁夏工厂于5月全面投产，该工厂首创乳业流程化系统全数智化覆盖，采用全流程自动化系统，实现了全系统、全链条、全流程、全自动的"全数智化"，不仅提高了效率和产能，同时转变了传统的人工操作方式，实现了生产制造的高度自动化和智能化。

在硅钢智能工厂建设方面，由中冶赛迪信息公司承建的望变电气工业互联网平台于10月正式启用，标志着硅钢行业首个智能制造系统开始运作。该平台首次采用CISDigital工业互联网[①]平台架构，整合了物联网、大数据、人工智能、5G和数字孪生等技术，将其应用于硅钢冷轧生产，创建了包括仓储、生产、设备、质量、成本、能源和安环在内的多个应用模块。该系统将管理冷轧硅钢生产的7大工序和21条机组，并集成38套系统与设备，实现全厂全流程的数字化和精益管理。

智能制造工厂建设的加快正深刻影响着制造业物流。一方面，智能制造工厂通过融入数字化和智能化技术，能够极大提升物流的效率和精准度。另一方面，物联网和5G技术的融合应用，能够增强供应链的透明度，使得实时监控和追踪成为可能，从而显著提升供应链的敏捷性和适应性。

---

① CISDigital是中冶赛迪集团有限公司（CISDI）推出的工业互联网平台。它融合了云计算、大数据、物联网（IoT）、人工智能（AI）等先进信息技术，旨在为工业企业提供全面的数字化转型解决方案，助力企业优化生产流程、实现智能制造、提升运营效率，并促进产业链的协同发展。

五、政策积极引导和促进制造业高质量发展

2023年，中国政府在重点制造领域稳增长、推动传统制造业转型升级、加快发展绿色船舶及航空制造等方面出台一系列政策措施，通过助力中国制造企业应对风险挑战，引导企业抢抓产业变革新机遇等途径，推动中国制造业高质量发展。

首先，政府致力于稳定制造业重点领域的增长。2023年，由于国际不稳定不确定因素增多，国内需求收缩、供给冲击、预期减弱三重压力仍然存在，工业和信息化部联合其他部门发布了针对机械行业、电子信息制造业和汽车行业等10个工业重点领域的稳增长工作方案。这些方案的主要目标是保持这些重点行业平稳增长，提升行业质量与效益，增强产业链供应链韧性和安全水平。具体措施包括扩大市场潜能、智能化和数字化转型、产业链现代化、强化品牌质量、区域经济一体化、财政金融激励及绿色低碳技术应用等。

其次，政府加速推动传统制造业转型升级。例如，2023年12月，工业和信息化部等8部门发布《关于加快传统制造业转型升级的指导意见》，提出"到2027年，传统制造业高端化、智能化、绿色化、融合化发展水平明显提升，有效支撑制造业比重保持基本稳定，在全球产业分工中的地位和竞争力进一步巩固增强"。同月，工业和信息化部等5部门还发布《纺织工业提质升级实施方案（2023—2025年）》。该方案提出了一系列任务，包括增强自主创新能力、培育纺织高端制造、大力发展智能制造、推进绿色循环低碳生产、提升供给体系的韧性和优化产业区域布局等，以扩大纺织工业的产业发展空间，提高产业链和供应链的韧性和安全水平，巩固纺织优势产业领先地位。

此外，政策还积极引导航空和船舶制造业向绿色化转型。2023年，为顺应全球海运及航空业绿色发展新趋势，引导企业抢抓全球航空及船舶动力变革新机遇，工业和信息化部等部门发布了《绿色航空制造业发展纲要（2023—2035年）》和《船舶制造业绿色发展行动纲要（2024—2030年）》，提出"以技术创新为驱动力，通过系统性规划和全产业链协同，实现航空和

船舶制造业的高端化、智能化、绿色化转型"。

第二节　中国制造业物流发展现状

2023年，中国制造业物流规模持续扩大，装备制造物流需求强劲回升。制造业与物流业深度融合发展，制造业物流智能化水平显著提升。相关部门发布了一系列标准和指南，旨在规范和引导制造业物流和供应链绿色可持续发展。

一、制造业物流规模持续增长

工业品物流一直是我国社会物流需求的最主要来源。2023年，全国工业品物流总额312.6万亿元，按可比价格计算，同比增长4.6%，增速比2022年提高1个百分点[①]。2017—2023年我国工业品物流总额增长情况如图6－2所示。

从工业领域物流需求结构看，2023年装备制造物流保持良好回升态势，增速高于全部工业物流两个百分点，特别是汽车、智能设备等领域物流总额增速超过10%，比2022年有所加快[②]。从制造业重点领域看，新能源汽车物流、钢铁物流等行业物流市场规模保持高速增长态势。

二、物流业与制造业深度融合发展

（一）政府部门加快推动快递与制造业深度融合发展

为实现《关于推进快递业与制造业深度融合发展的意见》提出的"到

[①] 中国物流信息中心：《物流恢复向好质效提升——2023年物流运行情况分析》，2024年2月7日，中国信息中心网站（http://www.clic.org.cn/wltjwlyx/311083.jhtml）。

[②] 中国物流信息中心：《物流恢复向好质效提升——2023年物流运行情况分析》，2024年2月7日，中国信息中心网站（http://www.clic.org.cn/wltjwlyx/311083.jhtml）。

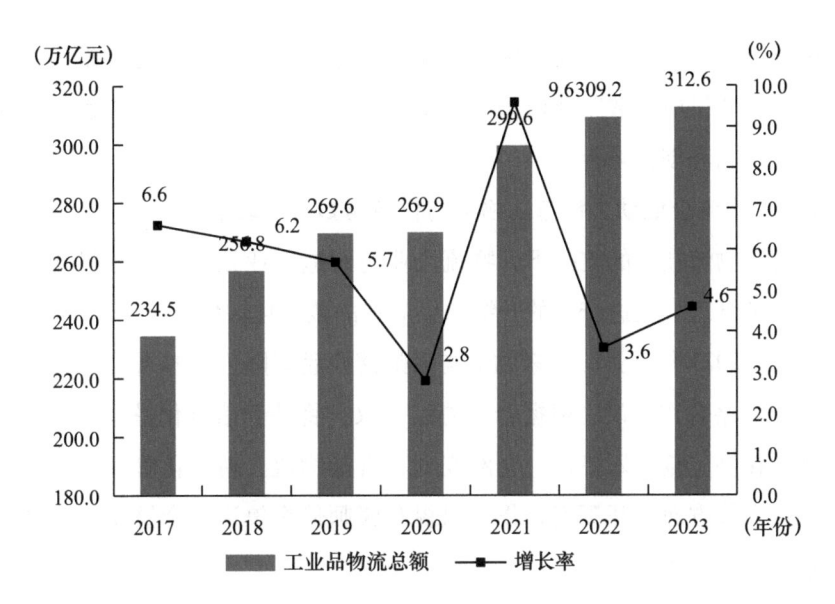

图 6-2　2017—2023 年中国工业品物流总额及增长率

资料来源：根据国家发展改革委、中国物流与采购联合会：《全国物流运行情况通报》（2017—2023 年）相关数据整理。

2025 年，培育出 100 个深度融合典型项目和 20 个深度融合发展先行区"目标，按照《快递业与制造业融合发展"5312"工程工作方案》及《关于做好快递业与制造业融合发展项目库建设及第一批融合发展试点先行区申报有关工作的通知》要求，2023 年，国家邮政局联合工业和信息化部组织开展《第一批快递业与制造业融合发展典型项目和试点先行区评选》。

经组织申报、地方推荐、复审评分、社会公示等程序，确定中国邮政速递物流股份有限公司服务博世（中国）投资有限公司项目等 22 个项目为第一批"快递业与制造业深度融合典型项目"；确定江苏省无锡市空港经济开发区等 10 个县（市、区）为第一批"快递业与制造业融合发展试点先行区"[①]。

[①] 国家邮政局：《国家邮政局办公室　工业和信息化部办公厅关于公布第一批快递业与制造业融合发展典型项目和试点先行区的通知》，2023 年 12 月 29 日，国家邮政局网站（https://www.spb.gov.cn/gjyzj/c100009/c100010/202312/6e3ecddefd4343399d3193bca8421b27.shtml）。

随着典型项目及试点先行区的典型经验做法的总结、提炼和推广，将推动产业升级和供应链数字化转型，营造有利的发展环境，促进快递业与制造业的深度协同和创新融合。

（二）物流企业助力制造业物流与供应链数智化转型

在智慧物流技术的支持下，物流企业与制造企业致力于共同优化生产流程和供应链管理，促进产业的升级和供应链的数字化转型。

例如，2023年2月，京东物流与康师傅控股有限公司签署了"数智供应链转型"战略合作协议。根据合作协议，双方将基于信息化搭建及数字化手段实施，在供应链计划咨询、仓网规划、智能物流、精细化管理与差异化服务模式探索等方面展开深度合作，以提升康师傅全渠道、全链路与多场景的服务水平与客户体验。

又如，7月，江苏顺丰速运有限公司与江苏鱼跃医疗设备股份有限公司达成战略合作，双方将在医疗器械的数字化供应链服务、智能仓储升级、社会公益及商业板块等领域展开全面合作。合作将利用顺丰的大数据、区块链和人工智能技术，为鱼跃医疗打造一套定制化的数字化服务体系，支持2B/2C全渠道需求接入、库存管理、智能仓储系统以及全链路订单监控等功能，助力鱼跃医疗在智能仓储和供应链管理方面实现优化和升级。

再如，11月，京东集团与神威药业签署了战略合作协议，协议内容包括部署自动化物流硬件和先进的物流信息管理系统，以提升神威药业仓储物流的运营能力和管理效率。双方还将在数智化供应链、智能物流、数字化生产和绿色物流等多个领域展开深入合作，共同推动神威药业在运营全环节实现数智化转型。

（三）物流企业持续提升制造业客户的深度服务能力

2023年，物流企业不断延伸产业链条，组建适合自身业务特性的供应链业务，以更好地服务于制造业客户。如，江苏飞力达公司通过为智能制造业提供一体化供应链管理解决方案，已积累了电子信息制造业、汽车及零部件、新能源、精密仪器及通信信息等行业的众多知名客户。2023年，为配合重要客户进行全球供应链的重构与规划，飞力达不断进行海外供应链体系的搭建，截至2023年第三季度，飞力达已在越南设立了5家分公司，运营仓储面积超过6万平方米[①]。2024年，飞力达将在东莞启动电子元器件集散中心项目，该项目建成达产后将作为飞力达在粤港澳大湾区供应链服务基地、承接飞力达穗莞深港客户的业务、华南地区区域运营总部职能、补充深圳网点的仓库资源，并以此为基础拓展华南区域的通路商、电子元器件、国际先进智造业头部客户。又如，2023年5月，中国物流集团与中国中车集团签署战略合作协议，未来双方将在综合物流、智慧物流、国际物流、物流包装与装备、物资供应、物流基础设施建设等方面展开全面合作。

快递企业在服务制造业过程中，面对客户多元化需求，改变传统单一的"点到点"运输模式，主动进厂，将服务延伸至客户上下游生产环节，提供定制化运输、包装、出入库、嵌入供应链、售后等一揽子解决方案。如，2023年，山东中邮承接了海信空调内仓物流仓储管理项目、海信日立空调原材料仓储及配送项目、海信视像科技模组整机散件准备项目、海信电器（海口）售后备件仓储及配送一体化物流。此外，快递服务制造业模式正逐渐由单一进厂模式向深度融合转变，由单一项目对接发展为区域联动的板块合作。如，江苏省已经逐步形成以常州为代表的快递服务汽车零部件，以泰州、连云港为代表的快递服务医药，以无锡、苏州为代表的快递服务服装、化妆品行业集群和以无锡空港经济开发区为代表的区域深度融合发展板块[②]。

三、制造业物流智能化水平不断提升

随着工业互联网、数字化、人工智能对传统实体生产制造体系的全面赋

---

① 金融界：《飞力达：拓展海外供应链业务并在越南运营近6万平米仓储面积》，2023年11月16日，搜狐网（https://www.sohu.com/a/736736649_114984）。

② 国家邮政局：《模式创新 示范引领 推动形成两业深度融合发展格局——快递业与制造业融合发展现场会侧记》，2023年12月27日，国家邮政局网站（http://yn.spb.gov.cn/gjyzj/c100196/202312/8dfd4052d8414cf5bac70042d82db8a1.shtml）。

能改造，以自动驾驶车辆为载体的无人化物流系统融入生产制造流程各环节，成为智能制造不可或缺的组成部分。技术的成熟、成本的下降，以及政策的促进，加快了自动驾驶技术在工业领域落地应用。

例如，2023年3月，"长城蚂蚁&华清科盛数智物流运营项目"河北省徐水工厂正式举行上线启动仪式。该项目是应用物联网、大数据、人工智能等数字化技术改善精益物流运营的典型应用，实现了工厂物流运营数字化、调度智能化、过程透明化，被誉为长城蚂蚁的"数智物流运营大脑"。

又如，吉利汽车在杭州湾工厂的智慧物流项目持续推进，继2022年11月成功上线小件"货到人"系统后，2023年6月，工厂进一步推进了焊装无人化智能配送的实施。通过引入160台360AGV（自动引导车），该项目实现了焊装车间内266类外协零件（包括工位间的转运）和42类自制零部件，以及所有小零件的自动化配送，实现了焊装车间全流程的AGV配送场景，彻底改变焊装车间传统的"人工+牵引车"物流配送模式。

四、制造业物流标准化工作持续推进

（一）制造企业逆向物流标准发布

2023年9月，国家市场监督管理总局和国家标准化管理委员会联合发布国家标准《绿色制造 制造企业绿色供应链管理逆向物流》，标准规定了制造企业绿色供应链管理有关逆向物流管理的目的、范围、总体要求，制造、流通及消费、回收利用及末端处置等环节要求以及信息管理要求。

该标准的发布和实施，对引导和规范制造企业逆向物流管理工作具有重要意义。标准将推动制造企业构建绿色、低碳、循环生产模式，为制造业的可持续发展提供支持，增强中国制造企业市场适应性和国际竞争力。

（二）制造业重点领域的多项物流标准发布

在汽车物流领域，7月，国家发展改革委发布《汽车零部件入厂物流质损判定及处理规范》，规定了汽车零部件入厂物流质损判定及处理总体要求、物流质损判定、物流质损零部件的分类和处理、评价与改进的内容。

在钢铁物流领域，10月，工业和信息化部印发《钢铁行业智能制造标准体系建设指南（2023版）》。该指南明确了到2025年建立完善的钢铁行业智能制造标准体系的目标，计划累计研制45项以上的国家和行业标准。在涉及钢铁物流标准方面，主要包括两个方面。第一是"工厂物流管理标准"，要制订钢铁行业智能工厂物流系统建设要求，原燃料进厂至产成品出厂全物流业务场景的物料跟踪管理系统技术要求，物料智能分拣、配送路径规划等标准，生产执行过程中物料状态、产（半）成品出入库、库存预警等仓储管理标准等。第二是"无人运输装备标准"，主要包括面向钢铁行业厂内及跨厂的自动引导车、桥式起重机、钢制品运输车、传动运输设备、矿山铁路运输设备、井下运输设备等装备的技术要求，以及面向上述装备的智能感知、控制系统、运维诊断、远控/集控、无人驾驶等系统的技术要求。

在机械行业物流领域，12月，工业和信息化部发布了一系列行业标准，包括《机械行业绿色供应链管理第1部分：通则》（以下简称《通则》）《机械行业绿色供应链管理第3部分：绿色采购》《机械行业绿色供应链管理第4部分：绿色生产》《机械行业绿色供应链管理第5部分：绿色物流》《机械行业绿色供应链管理第6部分：绿色回收》。其中《通则》规定了机械行业企业绿色供应链管理的总体要求、策划、实施和控制、绩效评价及管理评审和持续改进。第3部分至第6部分分别关注了绿色采购、绿色生产、绿色物流和绿色回收等关键环节。

（三）制造业物流标准的复审和制定工作持续开展

2023年，根据全国物流标准化技术委员会相关通知有关要求，多项物流标准已开始复审工作，包括《钢铁物流包装、标识规范》《铁矿石仓储服务规范》《钢铁物流作业规范》《煤炭仓储服务规范》《煤炭仓储设置设备配置及管理要求》和《钢铁物流验货操作规范》。

同时，国家发展改革委下达2023年物流行业标准项目计划，明确要修订《废蓄电池回收物流管理规范》，并计划制定《白酒物流服务规范》《新能源汽车废旧动力蓄电池物流追溯信息管理系统数据元》《新能源汽车废旧动力蓄电池物流追溯信息管理系统建设要求》等一批标准。

第三节　中国制造业重点领域物流发展状况

新能源汽车物流和钢铁物流是制造业物流的重要领域。2023年，中国新能源汽车物流需求强劲，物流服务能力不断增强，运输模式呈现多样化发展，动力蓄电池物流服务体系逐步完善。钢铁行业作为国民经济的基础性、支柱型产业，其智能制造水平继续保持领先地位，多个智慧钢铁物流管理平台上线、钢铁物流运输结构不断优化、厂内物流智能运输水平不断提升。

一、新能源汽车物流发展状况

（一）新能源汽车物流需求强劲

我国抓住汽车动力技术变轨机遇，超前布局新能源汽车产业，这既是我国从汽车大国迈向汽车强国的必由之路，更是应对气候变化、推动绿色发展的战略举措。近年来，我国新能源汽车产销量快速提升，新能源汽车产销已连续9年稳居全球第一。中汽协统计数据显示，2023年，中国新能源汽车产销量分别达到958.7万辆和949.5万辆，同比分别增长35.8%和37.9%，市场占有率达到31.6%[①]。同时，我国新能源汽车出口表现强劲，2023年我国新能源汽车出口120.3万辆，同比增长77.2%，创下历史新高[②]。新能源汽车产业的快速发展，将带动新能源汽车物流需求持续增长。

（二）新能源汽车物流服务能力不断增强

新能源汽车物流的全链条服务能力正随着产业的转型和市场需求的增长而不断增强，传统车企和新能源车企都在积极构建和优化其在新能源汽车领

---

① 第一财经：《中汽协：2023年新能源汽车销量949.5万辆　同比增长37.9%》，2024年1月11日，第一财经网（https://baijiahao.baidu.com/s?id=1787774459970002825&wfr=spider&for=pc）。
② 中国青年网：《2023年我国新能源汽车出口120.3万辆、同比增长77.2%，均创历史新高》，2024年1月18日，财经头条（https://cj.sina.com.cn/articles/view/2748597475/a3d444e302001g1t3）。

域的物流服务体系，以实现自主可控和安全可靠的产业布局。例如，广汽集团通过与中铁特货运输公司的战略合作，致力于打造一个从锂矿开采到电池生产，再到电池回收和梯次利用的全链条新能源产业链，提升物流和供应链的稳定性及安全性。此外，广汽智联新能源汽车产业园内的因湃电池智能生态工厂建成投产，通过利用产业园的地理优势，广汽集团实现了对整车厂的近距离核心零部件配套供应，从而显著提升了该集团在新能源汽车核心零部件物流方面的响应速度和灵活性。

同时，随着技术的进步和市场需求的变化，物流企业和物流系统集成商开始进入新能源汽车领域，围绕新能源汽车物流场景进行技术与解决方案创新。例如，菜鸟网络通过构建锂电行业全链路物流解决方案，不仅覆盖了锂电材料的送厂、成品电芯入车企等环节，还拓展到了大件储能交付和锂电售后等服务产品。这种全链路的解决方案能够为材料供应商、电池制造商以及汽车行业客户提供更为完善的供应链服务。此外，菜鸟网络还结合了国际物流、绿色包装和科技数字化等资源，进一步增强了服务的综合性和可持续性。又如，长久物流新能源事业部则专注于退役电池回收、应用、物流、存储等重点业务板块，通过提供最新的解决方案和规划思考，推动了新能源汽车产业的可持续发展。

（三）新能源汽车运输模式多样化发展

2023年，我国政府积极鼓励开展新能源汽车铁路运输业务，以更好满足新能源汽车生产企业运输需求，有效服务新能源汽车产业发展。如2023年1月，国家铁路局、工业和信息化部、中国国家铁路集团有限公司联合印发了《关于支持新能源商品汽车铁路运输服务新能源汽车产业发展的意见》，提出铁路运输新能源汽车不按危险货物管理，并从规范铁路运输条件、加强铁路运输管理、强化铁路运输安全监管、强化组织保障四个方面，明确了对纳入工业和信息化部《道路机动车辆生产企业及产品公告》范围的新能源商品汽车铁路运输的总体支持政策。

物流企业与新能源汽车制造企业合作，积极发展汽车"公转铁"运输及探索多式联运模式。如2023年9月，广铁集团、中铁特货公司为广汽集团开行了首趟新能源汽车铁路专列。同时，广铁集团、中铁特货公司还将与广汽集团深化合作，推动昆明线路稳定运行，开拓北京、四川、重庆等方向商品车精品线路，持续提供快捷物流服务。12月，中国外运股份有限公司与吉利远程新能源商用车集团签订战略合作协议，一是围绕整车及零部件共同探索海内外全链路的高效运输；二是联合各自的网络货运平台，打通公、水、铁多式联运信息流物流，共建全国运力生态圈。

（四）动力蓄电池物流服务体系逐步完善

在新能源汽车行业，电池物流是整个供应链中至关重要的一环。电池作为新能源汽车的核心组件，其安全、高效的物流体系对于保障整车生产的顺利进行和提高市场响应速度至关重要。2023年，我国动力蓄电池物流服务体系加快完善，主要表现在以下几个方面。

首先，动力蓄电池物流服务的标准化和规范化受到政府高度重视。2023年7月，国家发展改革委公布《电动汽车动力蓄电池物流服务规范》，规定了电动汽车动力蓄电池物流服务的基本要求、安全管理、运输服务、包装服务、仓储服务、配送服务、装卸和搬运服务、信息服务和评价与改进的要求，旨在提高动力蓄电池物流服务的标准化、规范化水平，进而推动新能源汽车行业的高质量发展。

其次，电池运输效率和安全性得以提升。为确保电池的及时供应和高效配送，电池生产商、新能源车企等企业不断探索和应用新的物流技术和管理模式，确保电池在物流过程中的安全和完整。如，宁德时代在电池物流体系建设中，不仅在生产端采用了严格的质量控制和自动化技术，还建立了完善的物流网络，包括专业的运输车辆和定制的包装解决方案，以确保电池在运输过程中的安全。此外，宁德时代还与多家物流公司合作，通过优化运输路线和提高物流效率，降低物流成本。又如，比亚迪通过构建自己的物流团队和专用的运输车辆，能够对电池的储存和运输进行严格控制，确保产品质量和交付时间。

此外，动力蓄电池回收利用成为新能源汽车产业链补链延链的重要方向。新能源汽车产业的迅猛发展导致动力电池的装配量急剧增加，这不仅推动了对锂、钴、镍等关键原材料的大量需求，也加剧了市场供需紧张的状况。我国尽管锂资源相对丰富但禀赋不佳，镍、钴资源则相对匮乏。因此，废旧动力电池的综合利用不仅成为汽车产业节能减排和循环经济的关键措施，也是确保国内动力电池材料供应的重要策略。

自2018年起，工业和信息化部陆续发布五批符合《新能源汽车废旧动力蓄电池综合利用行业规范条件》的企业名单，这些企业被视作行业内的"正规军"，专门从事电池的梯次利用和再生利用，即业界所称的"白名单"。截至2023年11月，已有156家企业入选该名单。

2023年7月，国家发展改革委发布《新能源汽车废旧动力蓄电池物流追溯信息管理要求》的行业标准。该标准规定了废旧动力电池在物流环节中，从收集到交付客户之间的装卸、储存、运输等物流环节的基本追溯要求，包括追溯信息和标签的管理、信息采集、运维管理以及追溯服务的实施等。12月，工业和信息化部发布《新能源汽车动力电池综合利用管理办法（征求意见稿）》，对汽车制造商、电池制造商以及梯次利用企业在动力电池综合利用过程中的责任进行了明确和优化。

二、钢铁物流发展状况

（一）钢铁行业智能制造水平不断进步

钢铁行业是制造强国建设的重要基石，但同时也面临资源、市场、环保和竞争等多重挑战。为应对这些挑战，智能制造成为提升行业绿色环保水平、安全保障能力和生产制造效率的关键途径。2023年，中国钢铁行业的智能制造水平不断提升，钢铁物流发展持续深化。

为贯彻落实《"十四五"智能制造发展规划》，工业和信息化部等5部门联合开展2023年度智能制造试点示范行动，并于10月公布《2023年度智能制造示范工厂揭榜单位和优秀场景名单》。在该名单中，有12家钢铁企业被评为智能制造示范工厂，同时有 25 家钢铁企业的 34 个场景被评为智能制造优秀场景。截至 2023 年年末，累计已有 31 家钢铁企业入选智能制造示范工厂榜单。

为促进钢铁工业与新一代信息技术的深度融合，更广泛地推广智能制造，11 月，工业和信息化部与冶金工业信息标准研究院联合发布了《钢铁工业智能制造优秀案例集》。该案例集覆盖了智能装备、智能生产、智能管理、智能工厂和智能协同等五个方面，提炼了一系列可复制和可借鉴的优秀实践和模式。

12 月，中信泰富特钢（兴澄特钢）荣获全球特钢行业首家"灯塔工厂"称号。该公司建立了一个全流程的数字化工厂，整合了工业互联网、大数据中心和人工智能等技术，实现了生产运营的高效率、高品质、高精度，同时达到了低能耗和低成本的智慧化管理。

（二）多个智慧钢铁物流管控平台上线

2023 年，钢铁物流领域的数字化管控平台得到进一步研发和升级。例如，3 月，首钢上线京唐智慧物流管控平台，该平台应用 5G、物联网、人工智能等技术，构建了全场景物流调度模型，实现了运输计划的自动编制、任务的智能分配、车辆的智能调度、运输实绩的自动收集以及异常事件的自动报警，全面覆盖物流全流程的智能化。自平台上线以来，已取消所有人工派车和调度工作，物流效率平均提升了 15%，年创效益超过 1500 万元[①]。

又如，中冶京诚数科公司与华为公司于 2023 年 7 月合作推出了一款面向冶金、有色等工业领域的数字化管控平台。该平台采用了先进的数据中台和 AI 中台技术，并整合了数字孪生工厂解决方案，全面打通了生产、物流、设备、质量、安全、能源、环保等全业务流程，实现了钢铁企业在公司级、工序级、设备级上的数字孪生应用，显著提升了企业的生产和运维效率。目前，

---

① 中国钢铁新闻网：《首钢：数智赋能再造发展新优势》，2024 年 2 月 5 日，中国钢铁新闻网（http://www.csteelnews.com/qypd/qydt/202402/t20240205_84660.html）。

该产品已经成功应用于中信兴澄特钢、凌源钢铁集团、福建鼎盛钢铁、山西晋钢集团、临沂钢投特钢等十余家企业[①]。

再如，攀钢集团的数智化物流一体化管控平台于2023年11月成功上线。该平台集中管理攀钢各基地的产、供、销物流业务，全面整合物资流、价值流和信息流，优化了供应链物流的组织和资源配置。平台实现了跨地域物流业务的协同与集中管控，推动攀钢物流运营向数字化、智能化和过程透明化转型，显著提高了物流效率和供应链的响应速度。

（三）钢铁物流运输结构不断优化

为持续优化物流运输方式，推动运输结构升级并降低物流成本，2023年8月，工业和信息化部等7部门共同发布了《钢铁行业稳增长工作方案》。该方案提出，要"推进绿色运输，中长途运输优先采用铁路或水运，中短途运输鼓励采用管廊或新能源车辆，鼓励企业使用新能源机车"。

同时，行业企业也在积极努力和创新实践，以优化运输结构、提升物流效率。例如，10月，河北省敬业集团的铁路专用线正式开通，该铁路专用线总投资45.5亿元，全长约22.5千米，实现了卷板成品的"公转铁"直发，开辟了物流多式联运新通道。同时，该专用线及配套的原料智能运输系统项目已实现原料火车直接进厂区、皮带送料到高炉、原料不搬倒不落地的"运输+生产"融合模式。12月，鞍钢股份内贸钢材海运班轮正式开航，并首次实现了车船直装，这是鞍钢股份为满足客户对产品的精准交付需求，打造具有自身特色的货、港、运物流生态圈的重要举措。

（四）钢铁行业的厂内物流智能运输水平不断提升

2023年，钢铁企业加快了新型运输设施的建设和发展，积极推进厂内智慧运输的实施。例如，7月，鞍山钢铁成功部署了国内首个厂内钢水无人化

---

① 《世界金属导报》：《重磅发布！2023年度钢铁工业智能制造十大要闻》，2024年1月30日，世界金属导报公众号（https：//mp.weixin.qq.com/s?__biz=MzA5ODEzMjgwNA==&mid=2656772230&idx=1&sn=d4c4bc7f9eacad983f18b1b99ed5c998&chksm=8a9e684784b25ceb7b3937e1332a2ab2a265536919e7fa012687fac2f24aaa9d0cda0fb97882&scene=27）。

运输系统。该系统整合了车载感知、地面感知以及多感知系统融合技术，并采用了机车无人驾驶技术。通过智慧机车和车辆系统构建技术，结合5G网络的高带宽和低延时特性，以及无线和有线网络的数据融合技术，系统实现了在特定场景下的完全无人驾驶和设备的自动化运行。同月，方大萍安钢铁湘东生产区成功启用了铁路信号微机联锁系统，将人工调度指挥手动扳道升级为微机联锁集中控制，提高了铁路道口的通行效率和安全性，显著提升了公司铁路运输管理水平。

又如，本钢集团于2023年9月在厂内短途倒运中首次引入无人驾驶技术，提升了厂内物流的运输效率，并形成了一套无人驾驶的短途倒运能力，为钢铁行业物流自动化和智能化发展树立了新标杆。同月，本钢板材实现了从热轧成品库至本钢浦项原料库之间2.5千米的原料卷无人驾驶重型卡车运输，这些载重能力超过50吨的重型卡车利用激光雷达、高清摄像头等传感器技术，实现了高度自动化的环境感知、实时决策和安全驾驶。

再如，友道智途与沙钢集团于2023年10月达成合作，启动了行业内首个超长超宽重载成品钢的自动驾驶运营测试，以宽厚板运输为核心场景，探索钢铁业绿色零碳智能化运输的新模式。

第七章　中国商贸物流发展状况

商贸物流业是指与批发、零售、住宿、餐饮、居民服务等商贸服务业及进出口贸易相关的物流服务活动，是物流业的重要组成部分。2023年，中国商贸物流发展环境持续优化，AI大模型等新技术加快探索应用场景，并赋能商贸物流智慧发展，多项商贸物流相关政策陆续出台。同时，商贸物流市场规模持续增长，基础设施建设稳步推进，新业态新模式不断涌现，企业的环境、社会和公司治理加速推进。此外，中国医药电商和仓储式会员超市物流蓬勃发展，推动了商贸细分物流行业快速增长，成为2023年商贸物流发展的热点领域。

第一节　中国商贸物流发展环境

2023年，中国商贸物流的市场、技术和政策环境持续优化。消费品零售和大宗商品流通市场规模均呈现增长态势，商品进出口贸易保持稳定。人工智能、数字孪生、无人驾驶等新技术赋能商贸物流智慧化发展。同时，政府部门出台多项政策，推动商贸物流的政策环境进一步完善。

一、消费市场规模快速增长

2023年，随着我国平稳进入新冠疫情常态化防控新阶段，经济社会全面恢复常态化运行，消费市场规模快速增长。全年实现社会消费品零售总额47.15万亿元，同比增长7.2%，有力带动了商贸物流行业的蓬勃发展。2018—2023年中国社会消费品零售总额及增速如图7-1所示。

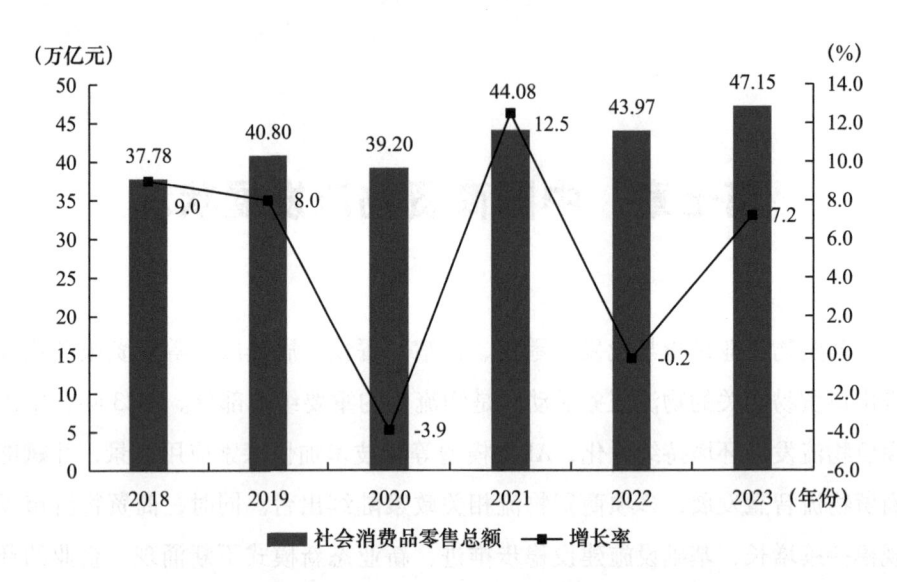

图 7-1 2018—2023 年中国社会消费品零售总额及增速

资料来源：根据国家统计局《中国统计年鉴》（2019—2023）和《中华人民共和国 2023 年国民经济和社会发展统计公报》相关数据整理。

从消费渠道上看，线上消费较快增长，实体零售持续恢复，推动电商快递、同城配送、时效快递等商贸物流细分行业需求持续增长。2023 年，全国网上零售额 15.4 万亿元，同比增长 11.0%。其中，实物商品网上零售额占社会消费品零售总额的 27.6%，同比增长 8.4%。线下实体零售活动中，限额以上零售业单位中的百货店、便利店、专业店和专卖店零售额同比分别增长 8.8%、7.5%、4.9% 和 4.5%。

从消费类别上看，基本生活类商品销售稳定增长，升级类消费需求不断释放。2023 年，限额以上单位粮油、食品类和纺织品类零售额分别增长 5.2% 和 12.9%，金银珠宝类、通信器材类和体育、娱乐用品类零售额分别增长 13.3%、7.0% 和 11.2%。

从区域分布来看，城乡市场共同壮大，县乡消费市场占比有所提升，对商贸物流的网络建设、城乡协同和高效运作提出更高要求。2023 年，城镇消费品零售额 40.7 万亿元，同比增长 7.1%；乡村消费品零售额 6.4 万亿元，同比增长 8.0%。县乡消费品零售额占社会消费品零售总额的 38.4%，比去年增长 0.3 个百分点①。

二、大宗商品市场运行回稳向好

2023 年，国际大宗商品市场表现低迷，国内主要大宗商品市场整体表现好于 2022 年，年内呈现季节性波动。第一季度，供需双侧联动上升，大宗商品市场稳中向好，其中 3 月大宗商品指数升至近 32 个月以来的最高点；第二季度，大宗商品指数在 4 月有所回落，5—6 月份实现回升；第三季度，指数在 7 月稍有回落，但好于去年同期，8 月受政策影响供需双强，指数持续回升，9 月达到全年最高值 103.6；第四季度，随着市场进入淡季、全球产业链中断和极端天气频发，大宗商品供应和需求均受到影响，整体交易活跃度呈现季节性下降。总体说来，我国大宗商品产业链供应链展现出较强韧性和恢复能力，为商贸物流发展提供了相对稳定的市场环境。2023 年中国大宗商品指数（CBMI）如图 7-2 所示。

三、进出口贸易规模保持稳定

2023 年，中国外贸顶住外部需求疲弱的冲击，进出口表现好于预期。货物进出口总额达到 41.8 万亿元，同比增长 0.2%。其中，进口 18.0 万亿元，同比下降 0.3%；出口 23.8 万亿元，同比增长 0.6%②。2018—2023 年中国进出口贸易总额及增速如图 7-3 所示。

从外贸国别构成来看，中国贸易伙伴多元共进，与"一带一路"共建国家的贸易总额占比提升，为商贸物流提供了新的增长点和业务机会。2023 年，

---

① 国家统计局：《国家统计局相关部门负责人解读 2023 年主要经济数据》，2024 年 1 月 18 日，中央人民政府网站（https://www.gov.cn/lianbo/bumen/202401/content_6926737.htm）。
② 国务院新闻办公室：《国务院新闻办就 2023 年国民经济运行情况举行发布会》，2024 年 1 月 17 日，中央人民政府网站（https://www.gov.cn/lianbo/fabu/202401/content_6926619.htm）。

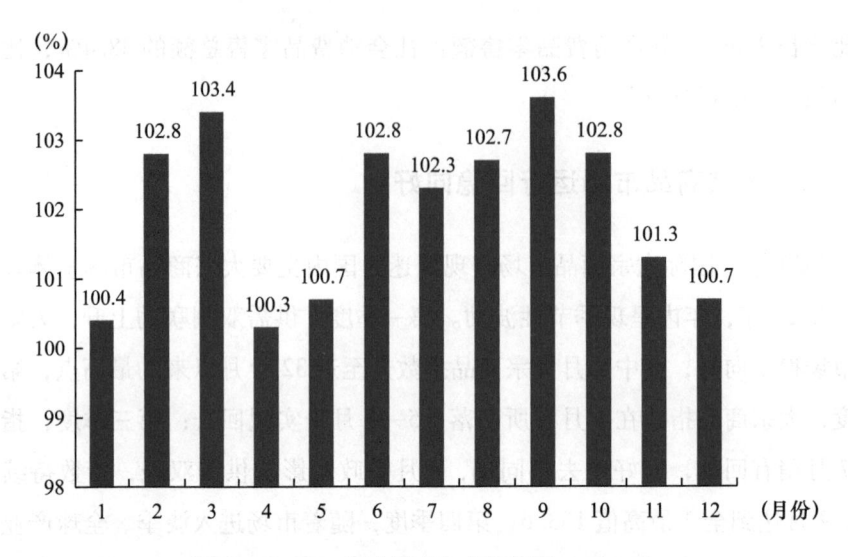

图7-2 2023年中国大宗商品指数（CBMI）

资料来源：中国物流与采购联合会：《2023年12月份中国大宗商品指数（CBMI）为100.7%》，2024年1月5日，中国物流与采购联合会网站（http：//www.chinawuliu.com.cn/lhhzq/202401/05/624400.shtml）。

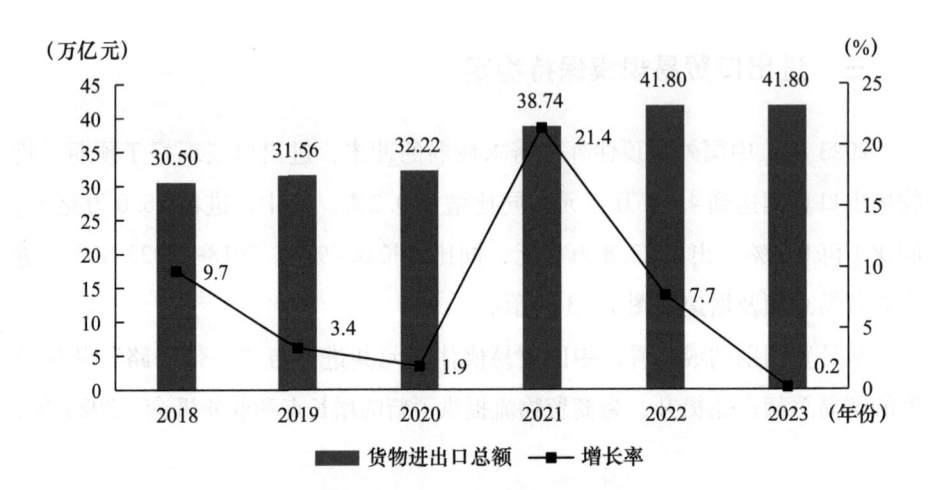

图7-3 2018—2023年中国进出口贸易总额及增速

资料来源：根据国家统计局《中国统计年鉴》（2019—2023）和《中华人民共和国2023年国民经济和社会发展统计公报》相关数据整理。

中国对"一带一路"共建国家进出口总额为19.5万亿元,同比增长2.8%,占进出口总值的46.6%,比去年提升1.2个百分点。同期,中国对拉美、非洲进出口总额分别为3.4万亿元和2.0万亿元,分别同比增长6.8%和7.1%;对欧盟、美国进出口总额分别为5.5万亿元、4.7万亿元,分别占进出口总值的13.2%和11.2%。

从外贸主体来看,经营主体活力充足,民营企业发挥重要作用,为商贸物流创造了更活跃、更有竞争力的发展环境。2023年,中国有进出口记录的外贸企业首次突破60万家。其中,民营企业55.6万家,合计进出口额22.4万亿元,同比增长6.3%,占进出口总值的53.5%。同期,外商投资企业进出口额12.61万亿元,国有企业进出口额6.7万亿元,分别占进出口总值的30.2%和16%。

从外贸品类来看,日用商品出口动能活跃,机电产品出口快速增长,支持商贸物流向更专业、更高附加值的服务转变。2023年,中国手机和箱包及类似容器出口额同比分别增长2.9%和9.3%。中国机电产品出口额13.9万亿元,占出口总值的58.6%,同比增长2.9%。其中,电动载人汽车、锂离子蓄电池和太阳能电池等"新三样"产品合计出口额首次突破万亿元大关,达到1.1万亿元,同比增长29.9%。

从外贸模式来看,高水平开放稳步推进,新平台新业态发展势头良好,促进商贸物流积极整合平台资源,推动实现更高效的跨境物流服务。2023年,我国自由贸易试验区数量达到22个,合计进出口额7.7万亿元,占进出口总额的18.4%,同比增长2.7%。同期,我国跨境电商进出口总额2.4万亿元,同比增长15.6%[1]。

---

[1] 海关总署:《2023年全年进出口情况新闻发布会》,2024年1月12日,海关总署网站(http://www.customs.gov.cn/customs/xwfb34/302330/5625690/index.html)。

四、新技术赋能商贸物流智慧化发展

（一）AI 大模型应用探索加快

商贸物流企业日常运营中的数据量巨大、类型多样，但相应数据处理需要昂贵的硬件资源和专业人才。AI 大模型可以协助商贸物流企业以更低成本完成对海量数据的处理、分析和预测等工作。例如，2023 年，蒙牛应用阿里巴巴推出的"通义千问"大模型，对多维度、大批量数据进行分析预警、自动优化决策，月度预测准确率较人工提升 5%，订单处理效率提升 35%[1]。针对快递物流场景中常见的地址信息规模大、质量参差不齐、人工复核和纠错成本高等痛点，百度地图推出物流大模型 Beta 版，可实现物流地址解析和物流调度决策。该模型的识别正确率大幅提升，且成本降低超过 3%，耗时降低超过 9%[2]。

AI 大模型中的生成式大模型可在理解已有信息的基础上，生成具有类似规律的新信息，帮助商贸物流企业提高客户服务和平台运营效率及质量。例如，顺丰科技将大模型技术与其在物流领域积累的专业知识结合，推出小哥服务中心等一系列人工智能生成内容（AIGC）的应用，为物品寄递、营销设计、企业管理等多元场景提供智慧化交互式服务[3]。基于生成式大模型的京东云"优加"AIGC 内容营销平台，可以自主理解商品特征，帮助商家生成文本、图片等营销素材，提高商家营销工作效率[4]。

---

[1] 中国物流与采购杂志：《阿里：AI 重构物流行业——助力物流提质升级　为创新提速》，2023 年 7 月 24 日，中国快递协会网站（http://www.cea.org.cn/content/details_24_24063.html）。

[2] 电商报：《百度地图发布物流大模型 Beta 版》，2023 年 9 月 22 日，电商报网站（https://www.dsb.cn/228635.html）。

[3] 亿欧网：《顺丰科技 AIGC 技术应用首次亮相数博会》，2023 年 9 月 18 日，亿欧网（https://www.iyiou.com/news/202309191052341）。

[4] 张静：《京东发布千亿级大模型"言犀"，原生数据集提供差异化模型能力》，2023 年 7 月 13 日，澎湃新闻网（https://www.thepaper.cn/newsDetail_forward_23838198）。

（二）数字孪生技术实现场景再现

商贸物流企业在实际生产过程中验证新策略、新算法需要耗费大量资源。数字孪生技术通过在虚拟世界中建立与真实世界高度相似的孪生体，让智能算法以极低成本、极高效率实时模拟和反映实际物流网络，为商贸物流企业提供零成本验证、预测和优化渠道。例如，2023年，顺丰基于Unreal Engine（虚幻引擎）平台，在数字世界中建立和现实世界完全相同的虚拟物流中转场，对分拣计划、设备台时匹配等系列问题进行验证。相比于真实的中转场1天仅能验证1个班次的分拣计划，数字孪生技术可以实现1天1000次分拣计划的迭代验证和优化。又如，顺丰将其快递物流网络中的网点、站点、中转场等实体抽象成节点，并在虚拟环境中按照现实串联，形成数字孪生的物流网络，孪生推荐的网络策略被采纳率达95%[1]。再如，2023年7月，京东发布"京东物流超脑"及京慧3.0，探索大模型与数字孪生技术的深度结合，逐步形成AI大模型自动生成物流解决方案，并通过数字孪生技术验证全局最优方案，从而实现完整供应链管理闭环[2]。

（三）无人驾驶技术优化配送流程

无人驾驶技术可在人工智能、视觉计算、雷达、监控装置和全球定位系统协同合作下，实现自主物流运输和配送的车辆、飞行器等，有利于提升配送效率，降低管理成本，缓解"最后一公里"等行业痛点问题。例如，新石器无人车被引入快递网点后，每天每台车可派件500—800单，是人工的3—5倍。2023年，新石器无人车在杭州、苏州、无锡等城市快递配送网点广泛投入使用，拿到北京、海南、深圳等多个省市的上路牌照，全球累计交付部署车辆超过2000辆[3]。美团探索自主飞行无人机配送业务，以解决传统公园和

---

[1] 新华网：《顺丰"首个在物流领域大规模应用的数字孪生实践"发布》，2023年9月25日，新华网（http://www.xinhuanet.com/auto/20230925/9806913e30ff4e12a246ccaa04b59cd7/c.html）。

[2] 京东物流：《京东物流超脑、京慧3.0亮相，给出物流大模型应用"京东物流答案"》，2023年7月13日，京东物流官网（https://www.jdl.com/news/3204/content01293?type=0）。

[3] 张广凯：《国内快递业务量超1200亿件，无人车规模化落地迎来窗口期》，2023年12月15日，观察者网（https://www.guancha.cn/qiche/2023_12_15_719111.shtml）。

景区无法配送外卖的限制，平均配送时效约为 15 分钟。截至 2023 年 8 月底，美团无人机配送业务已在上海、深圳等城市的 7 个商圈开辟 17 条航线，累计完成订单超 18.4 万单①。

五、政策环境进一步完善

2023 年，国务院及各部委持续出台多项商贸物流发展有关政策，如表 7-1 所示。在国内商贸物流方面，相关政策着重于完善乡村电子商务和快递物流体系、引导商贸流通企业转型升级、提高商贸物流质量效率等。在跨境商贸物流方面，政策则聚焦于建立和完善"一带一路"倡议下的国家标准信息平台，以及加强边境和跨境贸易的合作机制。这些政策的实施，不仅能够提升商贸流通的治理能力，促进商贸流通体系的软硬件建设，培育和壮大商贸流通企业，而且有助于优化商业环境，加强国际物流网络，支持国际贸易合作，实现标准对接，为商贸物流发展注入新的竞争优势。

表 7-1 2023 年中国商贸物流相关政策

发文时间	发文部门	政策文件名称	有关商贸物流内容
2月	中共中央、国务院	《关于做好 2023 年全面推进乡村振兴重点工作的意见》	加快完善县乡村电子商务和快递物流配送体系，建设县域集采集配中心，推动农村客货邮融合发展，大力发展共同配送、即时零售等新模式，推动冷链物流服务网络向乡村下沉
12月	国务院办公厅	《关于加快内外贸一体化发展的若干措施》	完善"一带一路"共建国家标准信息平台，进一步发挥《出口商品技术指南》作用，优化国内国际标准服务。推进国家级服务业标准化试点（商贸流通专项）工作，加强标准创新

---

① 《新新报》：《从天而降的外卖，无人机配送走到哪一步了？》，2023 年 11 月 23 日，澎湃新闻网（https：//www.thepaper.cn/newsDetail_forward_25390962）

续表

发文时间	发文部门	政策文件名称	有关商贸物流内容
7月	国家发展改革委	《关于恢复和扩大消费措施的通知》	完善县乡村三级快递物流配送体系，加快提升电商、快递进农村综合水平，支持县级物流配送中心、乡镇物流站点建设改造，整合邮政、快递、供销、电商等资源，推行集约化配送，鼓励农村客运车辆代运邮件快件
7月	商务部等9部门	《县域商业三年行动计划（2023—2025年）》	进一步推动资源要素向农村市场倾斜，加快补齐农村商业设施短板，健全县乡村物流配送体系，引导商贸流通企业转型升级，推动县域商业高质量发展

第二节 中国商贸物流发展现状

2023年，中国商贸物流市场总体规模稳定增长，商贸物流基础设施建设步伐加快。商贸物流领域涌现出多种新业态新模式，资本运作趋向国际化、多元化。同时，商贸物流企业ESG[①]发展取得显著成效。

一、商贸物流市场规模稳定增长

（一）单位与居民物品物流总额稳步提高

商贸物流市场中的民生消费物流稳中向好。2023年，全国单位与居民物品物流总额为13万亿元，同比增长8.2%，如图7-4所示。其中，餐饮、零售等领域回升明显，其相关物流需求实现由降转升，同比

---

① ESG是Environmental（环境）、Social（社会）、和Governance（治理）的缩写，是一种关注企业环境、社会、公司治理绩效而非传统财务绩效的投资理念和企业评价标准。

分别增长 20.0%、8.8%；便利店零售相关物流需求增长 7.5%，增速有所回升①。

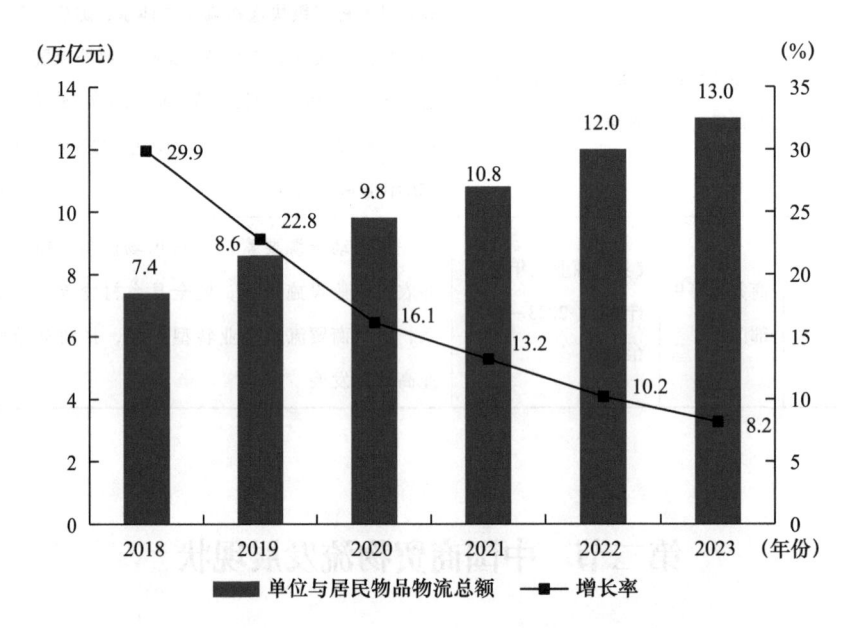

图 7-4 2018—2023 年单位与居民物品物流总额及增长率

资料来源：根据国家发展改革委、中国物流与采购联合会《全国物流运行情况分析》（2018—2023）相关数据整理。

（二）进出口物流增速回升

2023 年，中国海关监管进出口货运量 53.34 亿吨，同比增长 10.7%；进口和出口货运量分别为 34.99 和 18.35 亿吨，同比分别增长 13.0% 和 6.7%②。其中，中欧班列稳步增长，开行 1.7 万列，发送 174.9 万标准箱，

---

① 中国物流与采购联合会：《物流恢复向好质效提升——2023 年物流运行情况分析》，2024 年 2 月 7 日，中国物流与采购联合会网站（http://www.chinawuliu.com.cn/xsyj/202402/07/626457.shtml）。

② 海关总署：《2023 年 12 月货运监管业务统计快报表》，2024 年 1 月 12 日，海关总署网站（http://www.customs.gov.cn//customs/302249/zfxxgk/2799825/302274/302275/5624380/index.html）。

分别同比增长 6.2%、18.8%[①]；西部陆海新通道班列发送 86.1 万标准箱，同比增长 13.8%[②]。大宗商品进口量进一步扩大，其中原油、天然气、煤炭等能源产品进口 11.6 亿吨，同比增长 27.2%；铁、铝等金属矿砂进口 14.6 亿吨，同比增长 7.6%[③]。2019—2023 年海关监管进出口货运量及增长率如图 7-5 所示。

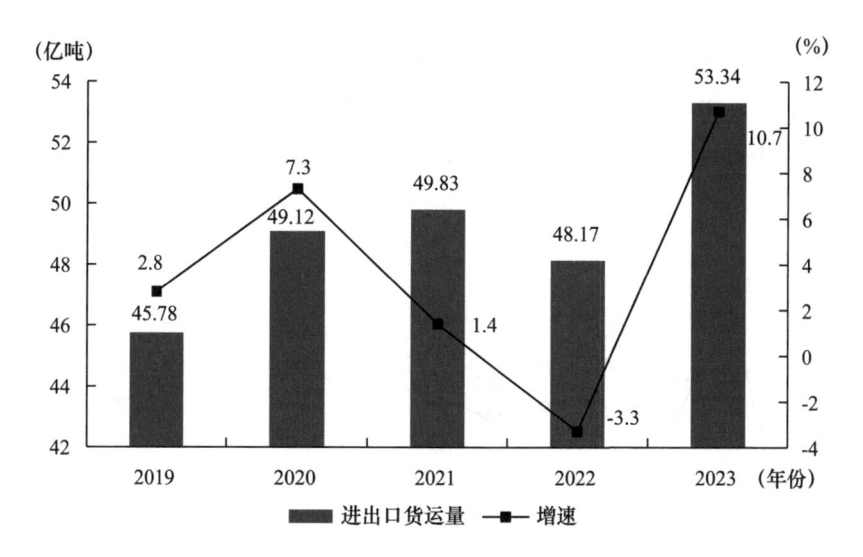

图 7-5 2019—2023 年海关监管进出口货运量及增长率

资料来源：根据中华人民共和国海关总署《12 月货运监管业务统计快报表》(2019—2023) 相关数据整理。

（三）仓储物流指数持续增长

2023 年，仓储物流行业景气持续向好。中国物流与采购联合会发布的中

[①] 张诗奇：《2023 年中欧班列开行 1.7 万列 铁路保障国家重大战略成效显著》，2024 年 1 月 10 日，光明网（https://economy.gmw.cn/2024-01/10/content_37080416.htm）

[②] 宋美奕、陈雨雪：《"共赢+共建"西部陆海新通道开启新年新篇章》，2024 年 1 月 11 日，中国日报网（https://cn.chinadaily.com.cn/a/202401/11/WS659faba3a310af3247ffba1b.html）。

[③] 中国物流信息中心：《物流恢复向好质效提升——2023 年物流运行情况分析》，2024 年 2 月 7 日，中国物流信息中心网站（http://www.clic.org.cn/wltjwlyx/311083.jhtml）

国仓储指数全年均值为51.5%，较2022年提升2.1个百分点，显示出我国仓储需求不断扩大，仓储行业呈现持续向好的发展态势。其中，第一季度受春节假期等的影响，仓储指数先升后降，1月份仓储指数为全年最低值43.2%，低于2022年最低值；2月份，受仓储周转速度加快等影响，仓储指数达到近两年最高值56.3%；第二季度，总体呈现小幅度下降趋势，由53.7%下降到50.7%，但仍处于50%的扩张区间，表明仓储行业依旧保持良好运行态势；第三季度，保持较快发展水平，在9月份达到下半年的最高值53.5%，均值达到52.6%；第四季度，运行较为平稳，相较于2022年第四季度波动明显缩小。2023年1月—12月份中国仓储指数如图7-6所示。

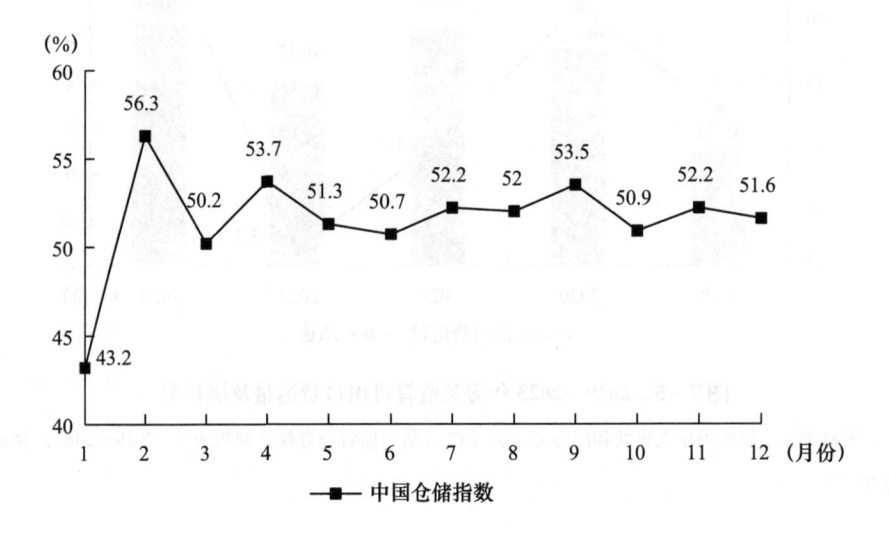

图7-6 2023年1月—12月份中国仓储指数

资料来源：中国物流与采购联合会：《2023年1月—12月份中国仓储指数》，2024年1月3日，中国物流与采购联合会网站（http://www.chinawuliu.com.cn/xsyj/）。

（四）快递等细分领域业务规模快速发展

2023年，商贸物流细分领域中的快递物流、冷链物流、网络货运及即时物流规模均保持较快发展速度。

2023年，中国快递行业增速加快，在总快递业务量和专业快递业务量上都有较大程度提升。2023 年，全国快递业务（不包含邮政集团包裹业务）完成 1320.7 亿件，同比增长 19.4%，较 2022 年增长率提升 17.3 个百分点，如图 7-7 所示。在分专业快递业务量方面，同城快递业务量由 128.0 亿件增长至 136.4 亿件，同比增长 6.6%；异地快递业务量从 957.7 亿件增长至 1153.6 亿件，同比增长 20.5%，国际/中国港澳台快递由 20.2 亿件增长至 30.7 亿件，同比增长 52.0%。在地区快递业务量结构上，东、中、西部地区快递业务量比重分别为 75.2%、16.7% 和 8.1%；中部和西部业务量占比小幅上涨，分别上涨 1% 和 0.6%，东部地区占比下降 1.6%。

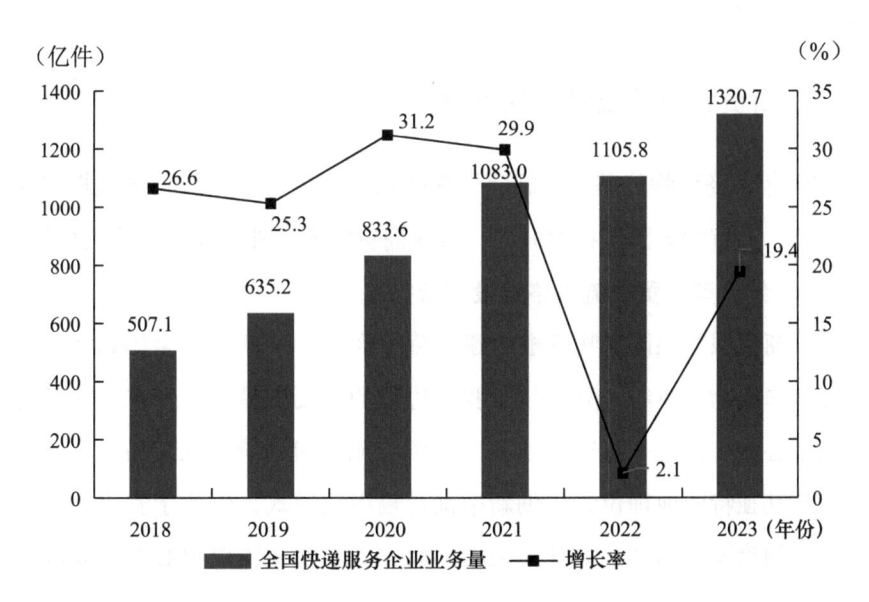

图 7-7 2018—2023 年全国快递服务企业业务量及增长率

资料来源：根据国家邮政局《国家邮政局公布 2023 年 1—12 月邮政行业运行情况》相关数据整理。

随着消费需求的不断回暖，冷链物流发展呈现稳定增长态势。2023 年，我国冷链需求总量约 3.5 亿吨，同比增长 6.1%；冷链物流总收入约 5170 亿元,同比增长5.2%①;冷藏车保有量达到43.2万辆,同比增长12.9%;冷库总量达到2.28亿立方米,同比增长8.3%②。

中国网络货运继续保持高速发展。截至2023年12月底,全国共有3069家网络货运企业(含分公司),接入社会运力车辆798.9万辆、驾驶员647.6万人。全年已上传系统的运输单据1.3亿单,同比增长40.9%③。

由于餐饮服务和零售的全面复苏,中国即时物流规模增速明显。2023年,全行业订单规模达到约408.8亿单,同比增长22.8%,过去5年年均复合增长率达到21.4%。在配送运力规模上,全国约有1240万即时配送骑手,同比上涨8.8%④。

二、商贸物流基础设施建设快速发展

2023年,商贸物流基础设施建设保持较快发展势头,商贸物流枢纽建设不断完善,商贸物流园区持续升级,专业商贸物流基础设施建设得到加强。

(一)综合型商贸物流网络建设不断完善

一是商贸服务型国家物流枢纽建设持续推进。2023年,全国新增6个商贸服务型国家物流枢纽,分别位于我国边境的重要贸易口岸和东、西部地区的商贸中心城市,进一步完善了我国商贸物流枢纽系统。在贸易口岸中,牡丹江依托其独特的地理位置,创新中俄运输组织模式,建成宁安市源丰对俄果蔬国际物流园等园区;大理作为面向南亚、东南亚辐射中心的重要战略支

---

① 中国物流与采购联合会:《崔忠付出席2023第十七届冷链产业年会》,2023年12月16日,中国物流与采购联合会网站(http://llzwh.chinawuliu.com.cn/gzdt/202312/16/623041.shtml)。
② 央视新闻客户端:《2023年我国冷链物流需求总量约3.5亿吨》,2024年1月27日,中国产业经济信息网(http://www.cinic.org.cn/hy/wl/1514086.html)。
③ 交通运输部:《2023年网络货运行业运行基本情况发布》,2024年2月5日,交通运输部微信公众号(https://mp.weixin.qq.com/s?__biz=MzI3MDQwMDQ5NQ==&mid=2247594896&idx=1&sn=288ea57be5f62cfbfbacacd72f391eaf&scene=0)。
④ 沙利文研究:《2023年中国即时配送行业趋势白皮书》,2024年3月17日,沙利文研究网站(https://www.frostchina.com/content/insight/detail?id=65f64369a2aa84f5d865a560)。

点，建成滇西保税物流中心、滇西国际物流港综合服务中心、滇西食品加工冷链物流产业园；喀什—红其拉甫依托其"五口通八国"优势，重点打造新疆现代商贸流通发展先行区，建成服务于中亚、南亚的喀什片区及服务于边境贸易口岸通关的红其拉甫片区。在商贸中心城市中，河北保定地处京津冀腹地，建成京津保国际智慧港、首衡高碑店国际农产品交易中心等商贸物流基础设施；重庆凭借其优越的高速公路区域交通网络以及长江黄金水道，致力于推动西部地区商贸物流组织中心提档升级，建成南彭公路保税物流中心、东盟商品集散中心；西安凭借"一带一路"及西北地区唯一国家中心城市的区位优势，建成电商物流聚集区以及商贸百货和大宗商品聚集区。

二是商贸流园区服务能级提升成效显著。2023年，全国新增物流示范园区22个，这些商贸物流园区在智能化改造和运作组织升级方面成效显著[1]。例如，江西高安汽车商贸物流产业园依托高安汽运资源，开展汽车商贸物流活动，并建成运营智能停车场等功能区。湖北襄阳樊西商贸服务型物流示范园区为农产品提供智能物流服务，建成好邻居生鲜物流中心等功能区。江苏海安商贸物流产业园依托特殊地理位置优势，建成包含5条铁路货运线、"三纵四横"公路网和4个千吨级泊位于一体的运输网络，实现公、铁、水多式联运一体化。

（二）专业型商贸物流设施建设得到加强

一是冷链物流基础设施建设提速。2023年，中国冷链物流基础设施建设投资达585.5亿元，同比增长8.2%[2]；国家骨干冷链物流基地新增25个，累计建设66个[3]。2023年，国家骨干冷链物流基地建设表现出以下三个特点。首先，是带动上下游产业转型升级。例如，阜阳凭借生猪、牛羊等特色产地

---

[1] 澎湃新闻：《国家发展改革委 自然资源部联合发布第四批示范物流园区名单》，2023年7月21日，澎湃新闻官网（https：//www.thepaper.cn/newsDetail_forward_23936716）。

[2] 中国物流与采购联合会：《崔忠付出席2023第十七届冷链产业年会》，2023年12月16日，中国物流与采购联合会网站（http：//llzwh.chinawuliu.com.cn/gzdt/202312/16/623041.shtml）。

[3] 国家发展和改革委员会：《国家发展改革委发布2023年国家骨干冷链物流基地建设名单》，2023年6月12日，国家发展和改革委员会官网（https：//www.ndrc.gov.cn/fggz/202306/t20230612_1357490.html）。

优势，建设冷库库存超65万立方米，全年冷链食品加工及周转量超过130万吨，有力推动当地牛羊肉加工、农畜产品交易等产业集群融合创新。其次，是引领冷链物流绿色创新发展。例如，台州国家骨干冷链物流基地普及应用低碳化冷链运输车辆，积极利用LNG冷能，助力物流绿色低碳转型。再次，夯实构建新发展格局基础。例如，烟台重点发展优势特色农产品国内国际物流集散贸易，致力于打造全国大型生鲜中转基地，形成"南渔北运，北肉南输"的新流通格局。

二是跨境物流基础设施规模增长显著。2023年，我国跨境物流的仓储、运输、分拣和配送等基础设施建设加快。在仓储环节方面，海外仓建设持续推进，仅中国（杭州）跨境电子商务综合试验区企业在境外自建、合作、租赁的海外仓就有362个，总面积785.8万平方米[1]；在运输环节方面，跨境运输网络不断扩张，2023年我国西部陆海新通道通达全球490个港口，同比增加24.6%，为跨境物流提供了更多的选择和便利[2]。在分拣和配送环节方面，各类型的跨境快递产业园、分拨中心等发展迅速。例如，2023年，新疆乌鲁木齐跨境电商物流仓储面积达到25万平方米，处理快递数量超过5万件，分拣配送能力和效率得到显著提升。

三是农村寄递物流设施逐步完善。2023年，随着"快递进村"和"一村一站"等工程的有力实施，农村商贸物流寄递体系点、线、面基础设施加速推进。全年新增村级寄递物流综合服务站近10万个，新增交邮联运邮路1300余条，邮快合作建制村覆盖率超70%。2023年，全国已累计建成1267个县级公共寄递配送中心、28.9万个村级寄递物流综合服务站和19万个村邮站[3]。

---

[1] 全国数字贸易博览会：《2023年杭州海外仓建设取得新突破》，2024年2月1日，全国数字贸易博览会网站（https://www.gdte.org.cn/content/content_8683522.html）。

[2] 重庆市人民政府口岸和物流办公室：《西部陆海新通道辐射城市再增加10个 2023年重庆口岸物流领域"百尺竿头更进一步"》，2024年2月7日，重庆市人民政府口岸和物流办公室官网（https://zfkawlb.cq.gov.cn/ztzl/zllhxtd/202402/t20240218_12928400.html）。

[3] 国家邮政局：《完善农村寄递物流体系 助力乡村振兴战略》，2024年1月31日，国家邮政局网站（https://www.spb.gov.cn/gjyzj/c100196/202401/741ceac4e2c54de1a84511ffcd4b8203.shtml）。

三、商贸物流业态模式不断创新

2023年，依托新设备、新技术和新组织方式，我国商贸物流在配送、仓储和管理等多个环节涌现出多种新业态新模式。

一是以"地铁运快递"为代表的城市地下物流配送模式创新发展。城市地区人员密集，传统商贸物流的地上货运易产生交通拥堵和事故，是城市商贸物流效率低下的重要原因。发展城市地下物流体系将成为解决上述问题的重要途径之一。2023年9月，北京地铁试行地铁运快递，成为全国首例利用地下轨道运输快递的试点项目[1]。12月，深圳市深铁集团与顺丰集团开展地下轨道快递业务试点，主要覆盖福田枢纽—碧海湾地铁站—深圳顺丰机场基地，既缓解了陆上交通拥堵，也盘活了轨道交通空闲时段的运力资源。此外，顺丰速运研发了适用地铁运输尺寸的可循环物流箱，中国邮政研发出城市轨道交通专用推车；上海、天津、无锡、金华等城市也逐步开展了地铁运快递业务模式，为我国后续探索"城市地铁+地下管道物流"等地下物流配送模式打下良好基础。

二是以"多功能数字化仓库"为代表的智慧物流仓储模式转型升级。传统仓储模式存在信息孤岛、效率低下、管理粗放等问题，智慧仓储模式则通过数字化、自动化、智能化技术解决上述痛点，实现定制化仓储服务、数字化仓单、动产质押融资等多项物流创新服务。2023年，山东自贸试验区青岛片区对传统仓库进行数字化升级改造。该改造通过在仓库安装监控摄像头和引入智慧运营平台实现对货物实时监督，利用云计算和AI数据技术实现库存快速清点和仓储智能决策，采用数字仓单打通仓储与交易平台的链接端口。其中，首批数字仓库改造面积达8万平方米，货物入库审核流转效率提高40%以上，提货业务效率提高50%以上[2]。中信梧桐港供应链管理有限公司

---

[1] 中国快递协会：《新加坡媒体：中国地铁快递悄然崛起》，2024年1月5日，中国快递协会官网（http：//www.cea.org.cn/content/details_10_24726.html）。

[2] 齐鲁网：《青岛自贸片区：搭建数字仓库 破解大宗商品流通交易行业痛点》，2023年6月2日，齐鲁网（https：//news.iqilu.com/shandong/kejiaoshehui/20230602/5440996.shtml）。

实施"数字仓库+可信仓单+动产质押融资+大宗商品交易+场外风险管理"五位一体的供应链综合管理模式,其数字仓库系统可为入库粮食添加重量、等级等信息,并进行实时监测,形成具有融资效用的数字化仓单,实现物流、信息流和资金流的一致。

三是以"无源智联"为代表的商贸物流全流程管理模式。物联网是实现物流流程可视化、物流商品可追溯化和物流企业管理智慧化的关键技术,是商贸物流全流程集成化管理的关键基础。受制于成本、性能和使用环境等因素,传统有源物联网终端的覆盖率较低,难以满足商贸物流大批量、多场景和全流程的使用要求。无源物联网,作为一种自供能型的物联网技术,具有低成本、小体积、强适应能力、高实时性、支持广域连续覆盖及低碳环保等特点,可实现大型物流仓库盘点"一码定识",物流车辆和商品全域"一码追寻",商贸物流运作全流程集成管理"一码到底"。2023 年,中国联通为海南自贸港提供无源物联网标签技术,助力物流仓中重点监管免税货物的信息管理;通过站间协同,支持揽件、分拣、运输、中转和配送过程中的多货物实时信息采集,比传统方式提升 20 倍以上效率,并有效保障贵重包裹和易损物品的安全送达。

四、商贸物流资本运作趋向多元化国际化

2023 年,我国商贸物流积极拓展国际资本市场,寻求更广阔的资金来源和更高效的资本运作。2023 年,我国物流行业全年发生国内投融资事件共计 66 起,相比 2022 年减少 35.0%[1]。头部商贸物流企业转向国际融资渠道,赴港上市增多。10 月,极兔速递在港交所主板上市,市值超千亿港元[2]。12 月,跨境商贸物流公司泛远国际在港交所正式挂牌上市,全球发售 1.4 亿股股份,

---

[1] 腾讯网:《韩雪峰:物流内卷持续加剧 2024 路漫漫其修远矣》,2024 年 1 月 6 日,腾讯网(https://new.qq.com/rain/a/20240106A06YQK00)。

[2] 京报网:《极兔速递今日港交所上市,发行价每股 12 港元》,2023 年 10 月 27 日,京报网(https://news.bjd.com.cn/2023/10/27/10603388.shtml)。

市值达7.8亿港元①。顺丰和菜鸟也分别于8月和9月向港交所提交上市申请，两家公司均为境外上市外资股IPO（首次上市）上市。

我国商贸物流企业间跨行业跨地区的兼并重组加快，以资本运作实现业务扩展和市场占位。2023年5月，极兔速递宣布已与顺丰下属子公司丰网控股有限公司签署《股权转让协议》，以11.8亿元收购深圳丰网速运有限公司100%股权，以巩固极兔在电商快递领域的优势②。7月，顺丰达成收购协议，以2.5亿港元进一步收购嘉里物流旗下亚太地区及欧洲的附属快递公司③。8—11月，大宗商品物流服务商密尔克卫陆续并购中谷船务④及富仓物流⑤，以开拓散装危化品运输市场。

五、商贸物流企业ESG实践加速推进

ESG是指从环境、社会和公司治理三个维度评估企业经营的可持续性与对社会价值观念的影响。2022年11月，中国证监会发布《推动提高上市公司质量三年行动计划》，推动ESG信息披露制度，商贸物流企业ESG实践明显增多，绿色可持续发展进程进一步加快。

从环境影响上看，商贸物流对象是各类消费品，相比于其他物流行业，流通包装更多元、运输方式更多样、物流网络更复杂，因此会产生更多能源消耗、碳排放、废弃物等污染问题。针对上述特点，商贸物流企业的环境友好发展实践集中在可循环包装、新能源运输、整体碳足迹优化等方面。例如，

---

① 腾讯网：《泛远国际物流上市，阿里巴巴持股10.58%》，2023年12月25日，腾讯网（https://new.qq.com/rain/a/20231225A02ANZ00）。

② 中国经营网：《极兔速递11.83亿元收购丰网速运 快递行业或迈向"寡头"竞争格局》，2023年5月17日，中国经营网（http://www.cb.com.cn/index/show/zj/cv/cv135211531263）。

③ 新浪网：《嘉里物流向顺丰出售亚太及欧洲快递服务公司 作价2.5亿港元》，2023年7月25日，新浪网（https://k.sina.com.cn/article_1644983660_620c756c02001h9r0.html）。

④ 搜狐网：《收购中谷船务80%，这家专业物流公司打造自己的船队！》，2023年3月8日，搜狐网（https://www.sohu.com/a/651399507_175033）。

⑤ 凤凰网：《深耕日化快消，进军散粉运输》，2023年10月16日，凤凰网（https://ishare.ifeng.com/c/s/v002Vidhbvlg-_Sk—GaeIMaJ8Z4GfEmMhBLLvFD30mXusweQ__）。

在绿色包装方面，2023 年，菜鸟推行智能箱型设计和装箱算法，共减少纸箱重量 730 吨[①]；顺丰的循环包装箱在半年中减少原纸使用约 2.1 万吨，减少塑料使用约 7.8 万吨[②]。在运输节能方面，2023 年，中铝物流集团有限公司引入电动重卡，并对现有内燃设备进行"油改电"，推动绿色低碳化运输；嘉泓物流引入超过 30 辆电动车，全年减少近 3.2 万吨碳排放[③]。在整体碳足迹优化方面，2023 年，京东发布供应链管理平台 SCEMP，通过计算物流运输碳足迹规划运输路线，指导供应链中的能源优化；中国外运依据国际航运组织规定，开发碳足迹计算器，更换船舶动力能源，实现物流活动碳足迹优化。

从社会责任影响上看，商贸物流中的快递、即时配送等行业，累积了大量劳动力资源，需要关注这些从业人员的职业保障。同时，商贸物流多服务于本地社区，在突发事件中更具备紧急救援和社区服务的能力。例如，在员工职业保障提升方面，2023 年，美团扩大骑手保险覆盖率，开展职业伤害保障试点，并为骑手提供智能头盔等保障装备；安能物流则通过为员工子女发放奖学金资助，切实提高员工福利。在应急物流实践方面，2023 年 8 月、9 月和 12 月，申通快递为河北涿州水灾、福建台风内涝及甘肃地震支援救灾物资超 100 吨，里程累计超 5000 千米。在公益保障提供方面，2023 年，圆通快递的"圆梦行动"公益助残项目已建设助残驿站近 8000 家，帮助 1.2 万余名残疾人及其家属就业创业，有效提升了物流企业的品牌形象。

从公司治理影响上看，由于商贸物流涉及复杂的供应链管理和国内外商品流通，需要处理和分析大量市场数据、客户信息和交易记录。因此，相比其他物流企业，商贸物流企业更关注提升外部信息安全和内部信息透明度，以推动安全、公平、高效的公司治理。在外部信息安全方面，2023 年，顺丰

---

① 新华网：《阿里 2023ESG 报告解析，菜鸟构建全链路绿色物流助力减碳》，2023 年 7 月 24 日，新华网（http://www.xinhuanet.com/tech/20230724/be33c2012b1f441c96eefd0dde90d71b/c.html）。
② 顺丰速运：《高质量稳健增长 | 一图读懂顺丰 2023 年半年报》，2023 年 8 月 28 日，顺丰速运网站（https://www.sf-express.com/chn/sc/news/245）。
③ 罗戈网：《物流开出"双碳"加速度！万科物流、嘉宏国际、壳牌、山东港口、羚牛氢能……》，2023 年 5 月 8 日，罗戈网（https://www.logclub.com/articleInfo/NjIzMzQ=）。

设立"蓝军团队"对公司网络进行大规模渗透测试，以确保其网络系统的安全性；环世物流携手亿格云建设网络信息安全的数字化项目，实现精细对接人员与权限、全面管控员工上网安全、充分支撑全球网络访问。在内部信息透明化方面，2023年，韵达建立"预备会议—业务访谈—列席会议—文件起草—反馈完善"的定期报告机制，既为投资者提供更准确及时的决策依据，也强化了公司的治理能力。

第三节　商贸物流热点领域发展状况

2023年，我国医药电商物流市场规模增长显著，多种物流模式蓬勃发展，并推动供应链运营优化创新，成为商贸物流中的发展亮点。同时，仓储式会员超市作为本年度增长最快的零售创新模式，其上下游渠道的物流服务高效融合，并带动生鲜、中央厨房等专业物流服务快速发展，成为2023年商贸物流发展的另一亮点。

一、医药电商物流发展状况

（一）医药电商市场整体规模增长显著

2023年，中国医药电商市场规模迅速增长，为医药电商物流发展带来机遇。根据商务部《2022年药品流通行业运行统计分析报告》，2022年中国医药电商市场规模已达2358亿元，2023年估计总体超过2852亿元，如图7-8所示[1]。根据终端药品销售途径分类，全年网上药店市场规模超过600亿元，同比增长28.7%；根据药品零售渠道分类，全年医药电商B2C模式市场规模达到124亿元，同比增长22%[2]。鉴于瑞典、美国等发达国家医药线上销售

---

[1] 中商产业研究院：《2023年中国医药电商市场规模及市场结构预测分析》，2023年8月18日，中商情报网（https://www.askci.com/news/chanye/20240105/09073427044168540213214 7.shtml）。
[2] 中康监测：《2023年医药电商O2O达124亿，同比增长22%》，2024年3月1日，腾讯网（https://new.qq.com/rain/a/20240301A05MZM00）。

占比高达30%，中国医药电商物流市场仍有较大发展潜力①。

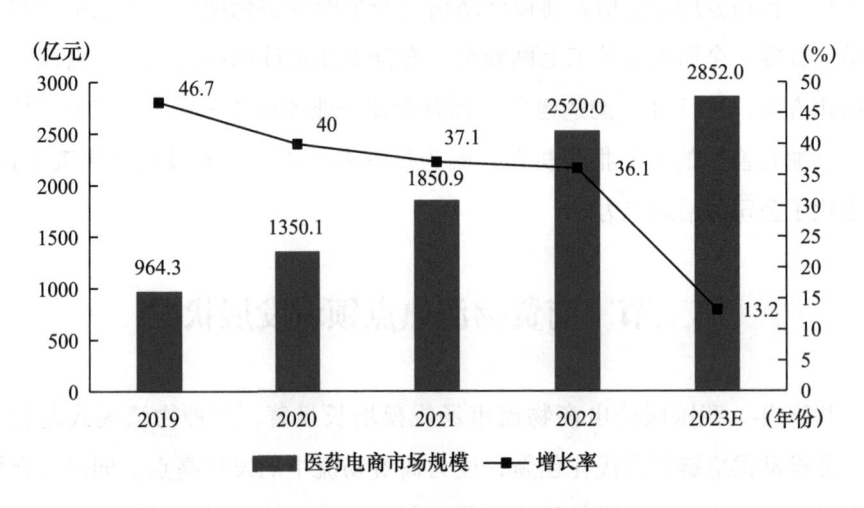

图7－8　2019—2023中国医药电商市场规模

注：2023E为2023年预测值。

资料来源：中商产业研究院：《2023年中国医药电商市场规模及市场结构预测分析》，2023年8月18日，中商情报网（https：//baijiahao.baidu.com/s？id=1774518021736498403）。

（二）医药电商多种物流服务模式蓬勃发展

2023年，B2B和B2C模式的医药电商物流发展迅速，DTP②和跨境等医药电商物流创新模式也取得显著进展。

医药电商B2B模式是指通过电商平台，连接医药生产企业和医院、诊所及药店，实现药品的采购配送等服务。2023年，医药电商B2B模式的市场份额占医药电商市场总规模之比预计超过93%③。目前，我国B2B模式的典型医药电商有药师帮、九州通网、1药网、药京采等。在B2B模式下，医药电

---

① 艾媒咨询：《2023—2024年全球与中国医药电商市场与发展趋势研究报告》，2023年10月12日，艾媒网（https：//www.iimedia.cn/c400/96151.html）。

② 即Direct-to-Patient（直接面对客户）模式。

③ 36氪研究院：《2023年中国医药电商B2B行业洞察报告》，2023年3月2日，36氪研究院网站（https：//www.36kr.com/p/2153883523240200）。

商企业专注于解决基层医疗机构和中小药店存在的药品流通链条长、费用高、交付慢问题。例如，截至2023年年底，药师帮已构建了由21城22仓组成的自营仓智慧供应链体系，自营业务平均可在3小时内完成出库，并且开通超百条物流路线，实现多数主仓订单的半日达、当日达。得益于物流效率提升，2023年药师帮月均付费采购买家达34.3万家，同比增长21.1%。

医药电商B2C模式则是指电商平台直接向终端消费者提供药品交易服务，实现方式有同城即时配送（如美团、饿了么送药）、电商仓储配送（如阿里健康、京东大药房）及药房自营配送（如各大连锁药店线上小程序等）。该模式基本可实现"半小时""1小时"配送，力图解决消费者"急药配送"的难题。截至2023年年底，在医药同城即时配送平台中，仅入驻美团的药店已经超过10万家，平均配送时效低至23分钟；在电商平台物流企业中，京东已建成超10座符合GSP[①]认证的现代化医疗物流仓库；在药店自营电商中，老百姓药房2023年前三季度的物流配送规模实现了60%以上的增长。

医药电商DTP模式是指制药企业授权网上平台，向特殊患者直接销售新特药或高值药。在DTP模式中，患者购买创新药仅需1—2个月，并可使用医保报销，避免了传统医院申请采购的繁琐流程。同时，该模式也能促进创新药企实现创新药快速应用推广。2022年，DTP模式的市场销售规模达629亿元，同比增长14.2%。

此外，跨境医药电商则是跨境电商中增长最快的领域之一。2021—2023年，跨境医药电商市场规模平均增速普遍高于40%。近年来，跨境医药电商试点陆续在北京、郑州和上海等地开展，带动一批医药物流企业迅速发展。例如，科园海信和药兜网等作为北京跨境医药电商专用仓储服务提供商，其免税仓库面积分别达到4169平方米和3200平方米，2023年前10个月共完成199.7万单医药产品采购、仓储和配送活动。

---

① GSP即《药品经营质量管理规范》。

(三) 医药电商推动物流供应链服务运营优化创新

电商渠道的兴起对医药供应链产生了深远影响。在医药供应链上游的制药企业中，医药电商由于成本和议价能力的优势，往往能够压低销售价格，影响制药企业收益，导致供应链的稳定性受到挑战。2021年，哈尔滨制药集团等13家制药企业曾先后发布通告，集体抵制药师帮等医药电商平台的低价售药行为；同年，美大康药业以药品零售价格混乱严重影响线下药店工作为由，决定停止向京东健康和阿里健康供货。在医药供应链下游的零售药店中，医药线上零售平台间为了争夺市场份额采取的低价策略，长期来看会对整个行业健康发展构成威胁。例如，2021年，药师帮累计亏损21.2亿元，京东健康亏损达11亿元。

为应对这些挑战，医药供应链提出各种更加灵活和创新的策略。一方面，供应链上游制药企业开始加快建设供货渠道建设，利用数字化技术追溯药品流向，并加强医药零售开拓，实现供应链有效管控。例如，2023年，桂林三金药业建立电商部门，通过签订协议规定不同渠道的最低出货价、产品流向和控制措施，有效把控线上线下价格差异。制药企业拜耳联手1药网、美团买药等重点医药健康类电商平台，将电商平台作为其健康消费品的主要销售渠道，开始与外运香港签订协议，推动其自主跨境医药电商业务发展[1]。另一方面，供应链下游医药销售企业也积极探索多样化服务模式，提高盈利能力，避免恶性价格竞争。例如，2023年，益丰大药房、海王星辰等传统药房超500家门店实现线上线下一体化24小时运营，通过依托第三方物流平台，订单增长显著。京东健康和阿里健康先后建立"互联网+医疗+医药"一站式物流服务平台，开展在线诊疗、线下配药全流程医疗服务。顺丰同城推出一体化医药配送综合物流解决方案，通过直接接入医院线上诊疗平台，实现"线上复诊+药品急送"一站式服务，并协助医药厂家在各个城市打造城市

---

[1] 搜狐网：《拜耳携手本土战略合作伙伴，共同筑梦"健康中国"》，2023年11月9日，搜狐网（https://www.sohu.com/a/735060416_121118853）。

仓，大幅缩减流转过程，做到全城平均4小时达。

二、仓储会员超市物流发展状况

（一）仓储会员超市增长势头强劲

近年来，中国消费者对健康、高性价比和独特性产品的兴趣与日俱增，推动了仓储式会员超市行业快速发展。与传统超市相比，仓储式会员超市以付费制会员为服务对象，通过提供较少的商品种类、较大的商品包装和较低的单位价格，实现高周转率、高客单价格和高复购率。从市场规模看，自2018年开始，中国仓储式会员超市进入快速增长期，2022年市场规模达到335亿元，同比增长10.1%[①]，如图7-9所示。2023年，限额以上单位仓储会员店零售额增速达到两位数，显著高于中国社会消费品零售总额7.2%的增长率；在超市行业整体零售额下降0.4%的环境中，呈现逆势增长态势。从门店数量看，截至2023年年底，国内现存至少11家仓储式会员店品牌，开业超150家门店。其中，山姆、麦德龙分别在国内开设47家、56家门店，盒马、大润发零售分别开出10家和2家。相比2023年大型连锁零售超市中有三分之二的上市企业门店数下降，仓储会员超市门店增长势头显著。

（二）仓储会员超市上下游渠道的物流服务高效融合

仓储会员超市的采购、仓储、配送等物流活动是其快速发展和高效运营的重要支撑。仓储会员超市在相关环节的优化创新，显著提高了供应链的响应速度和服务质量，增强了其市场竞争力。

在产业链上游的采购环节，仓储会员超市通过对较少品种商品的大批量采购，或者通过独家供应协议及自主品牌的源头直采等方式，形成具有规模效应和强议价能力的垂直一体化采购渠道。例如，山姆热门商品瑞士卷蛋糕是其与战略供应商恩喜村食品共同合作研发的产品；山姆与霸蛮牛肉米粉生

[①] 一财商学院：《仓储式会员店对比：中产乐园，还是年货圣地？》，2024年2月6日，36氪研究院网站（https://www.36kr.com/p/2636682872474881）。

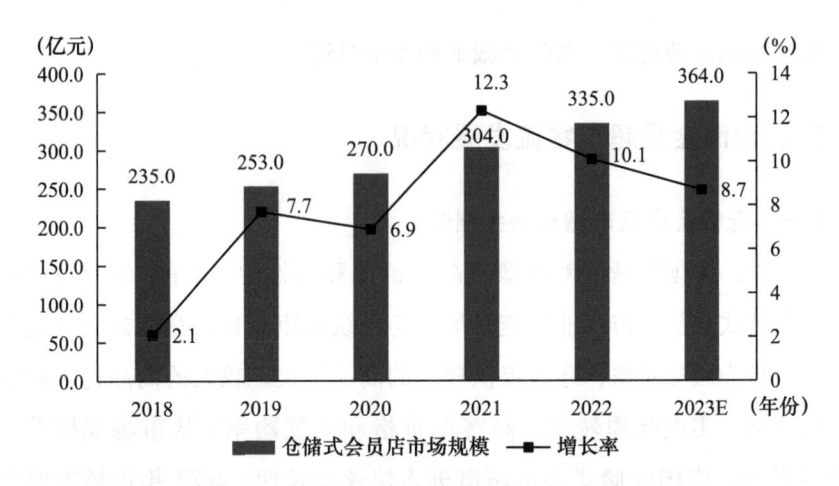

图7-9　2018—2023年中国仓储式会员店市场规模及增速

注：2023E 为 2023 年预测值。

资料来源：根据国家统计局、艾媒数据公开资料整理。

产商签订合作协议，通过改变规格形成区别其他渠道的差异化产品；山姆还通过与竞争供应商合作等方式推动小龙虾产品生产工艺的持续改进[1]。开市客通过稳定 30 天账期和提供供应链金融服务等手段，与价格和品质都最具竞争力的供应商展开合作。盒马会员店则关注"本土特色产品"，通过订单农业模式，形成产地直供的垂直生鲜供应链，涉及蓝莓、牛油果和奇异果等多种产品[2]。

在产业链下游的销售环节，仓储会员超市通过仓储和配送协同，加快商品上新、补货和调拨效率，通过数字技术和前置仓等，提升商品多渠道物流服务质量，形成线下门店和线上电商相结合的销售渠道。例如，2023 年，盒马建成上海供应链中心，可覆盖上海和周边地区会员店面向生鲜冷藏商品的

---

[1] 晚点 LatePost：《所有人都在学的山姆，没有秘密》，2023 年 9 月 4 日，新浪财经网（https：//t. cj. sina. com. cn/articles/view/7294209083/1b2c4cc3b00101ezwf？finpagefr = p_103）。

[2] 羊城派：《"新零售 + 数字化农业"，185 个盒马村探索乡村发展新模式》，2023 年 7 月 21 日，腾讯网（https：//new. qq. com/rain/a/20230721A08W8Z00）。

越库作业和调拨业务①。开市客则与配送中心布局紧密，配送中心发货至门店时间不超过 24 小时，保障其商品的高效周转。麦德龙与多点 Dmall 达成合作，以"供应链+IT"作为业务支柱，通过全程控制建立高标准的冷链物流体系，打造可溯源的低温冻品物流配送体系②。2023 年，山姆会员店建立近 500 个前置仓，通过与达达快送合作，为会员提供生鲜日用品一小时极速达服务；线上渗透率增长至 47%，同比增长 2 倍多，实现销售额达 800 亿元③。

（三）仓储会员超市带动生鲜、中央厨房等专业物流服务快速发展

仓储会员超市的蓬勃发展，促进了相关专业化物流服务企业快速崛起。这些企业专注于生鲜冷链、中央厨房和即时配送等关键领域，为会员超市提供强有力的支撑。

生鲜食材供应链上游源头分散、机械化程度低，中游冷链技术不足、运输成本高，下游标准化困难，而仓储会员超市对高品质生鲜产品需求的增长，使得优野蔬菜、彩食鲜等企业凭借其专业的生鲜生产、加工和物流能力，成为市场上的领先者。例如，优野蔬菜配备有专业冷库和冷链车，严格控制产品运输温度，是山姆、麦德龙等商超的新鲜蔬菜和预制菜物流服务商，并于 2023 年完成数千万融资，用于其生鲜加工中心和物流渠道的进一步建设。彩食鲜在全国建立了 38 个大型生鲜中央工厂，拥有 650 多辆自有物流车辆、1500 多辆合作物流车辆，为永辉等连锁会员商超提供生鲜食材解决方案。2023 年，彩食鲜主营业务增长 30%，并于年底获得陕西榆林的国有乡村振兴基金战略投资。

中央厨房涉及菜品的原料采购、生产加工和包装运输，是仓储会员超市

---

① 新浪财经网：《面积最大、科技含量最高、投资金额最大！盒马上海供应链运营中心全面投产》，2023 年 7 月 1 日，新浪财经网（https：//finance.sina.com.cn/jjxw/2023-07-10/doc-imzafexf4596691.shtml）。

② 中华网财经：《以多点 Dmall+麦德龙为例　看零售企业的 B 端业务拓展》，2023 年 12 月 12 日，澎湃新闻网（https：//www.thepaper.cn/newsDetail_forward_25628723）。

③ 商业观察家：《山姆 2023 年销 800 亿左右，线上占比 47%》，2024 年 4 月 15 日，新浪财经网（https：//finance.sina.com.cn/wm/2024-04-16/doc-inarxvpk3250689.shtml）。

烘焙和熟食供应链的核心环节,并随着仓储会员店规模增加而快速发展。例如,立高中央工厂专注山姆、盒马等会员店的冷冻烘焙供应业务,旗下致能冷链物流公司已接入全国 130 余家商超的冷链温控监控系统,覆盖全国超 600 个城市。2023 年,该公司来自大型超商的销售收入达 5.4 亿元,同比增长 78.5%。

此外,依托于迅速发展的仓储式会员超市线上销售,达达快送、京东极速达、挑挑购物等即时配送企业的订单规模也不断增长。其中,达达快送协同京东物流,通过仓、拣、配一体的物流服务,有效解决山姆配送订单多且复杂、周末波峰明显等物流痛点;2023 年,达达快送入选全国城乡高效配送典型案例和商贸物流重点联系企业,第三季度实现 20% 的营收增长。

第八章　中国农产品物流发展状况

发展现代农产品物流是解决我国农产品供需矛盾的重要举措，也是全面推进乡村振兴、促进城乡融合发展的重要途径。目前，我国农产品产量持续增长，行业环境不断改善。在此背景下，我国农产品物流规模稳定增长，物流网络体系日益完善，物流模式创新取得成效，跨境物流建设得到进一步推进。同时，作为农产品物流的两个重点领域，进口冻品物流与果蔬农产品物流发展较快，态势良好。

第一节　中国农产品物流发展环境

2023年，我国农产品物流发展环境持续向好。农产品产量与进口额总体保持稳定，乡村产业高质量发展不断推进，农产品电子商务发展取得长足进步。同时，我国政府相继出台一系列农产品物流相关政策，为农产品物流健康持续发展提供有力支撑。

一、农产品产量规模增长、进口额保持稳定

（一）农产品产量总体平稳增长

中国农产品产量规模巨大。2023年，我国粮食生产再获丰收，产量再创历史新高。全年粮食总产量69541万吨，比2022年增加888万吨，同比增长1.3%，连续9年稳定在1.3万亿斤以上[①]。同时，油料扩种成效明显，生猪

[①] 《人民日报》（海外版）：《2023年全国粮食总产量13908.2亿斤，比上年增长1.3%——中国粮食生产再获丰收》，2023年12月12日，中国政府网（https://www.gov.cn/yaowen/liebiao/202312/content_6919648.htm）。

产能保持稳定，牛羊禽肉、牛奶、水产品全面增产，蔬菜水果供应充足。2019—2023 年中国主要农产品产量如表 8-1 所示。

表 8-1 2019—2023 年中国主要农产品产量　　　单位：万吨

指标	2019 年	2020 年	2021 年	2022 年	2023 年
粮食	66384	66949	68285	68653	69541
油料	3495	3585	3613	3653	3864
茶叶	280	297	318	335	355
肉类	7649	7639	8887	9227	9641
禽蛋	3309	3468	3409	3456	3563
牛奶	3201	3440	3683	3932	4197
水产品	6450	6545	6693	6869	7100

资料来源：根据国家统计局《中华人民共和国国民经济和社会发展统计公报》（2019—2023）相关数据整理。

（二）农产品进口额基本稳定

我国深度参与国际农产品市场，农产品进口额居世界第一位，成为世界农产品大市场。其中，美洲是我国最重要的进口来源地，东盟国家在我国农产品进口来源地中的重要性逐渐提高。2023 年，中国农产品进口额达 2341.1 亿美元，同比减少 0.3%，与 2022 年相比基本保持稳定。2019—2023 年中国农产品进口额及增速如图 8-1 所示。

从具体品类上看，2023 年谷物进口 5909.5 万吨，同比增长 11.1%；食用油籽进口 10875.4 万吨，同比增长 15.4%；食用植物油进口 1021.5 万吨，同比增长 40.6%；蔬菜进口额 9.9 亿美元，同比增长 6.8%；水果进口额 183.4 亿美元，同比增长 16.3%；食糖、畜产品和水产品的进口额出现不同程度的下降。2021—2023 年中国主要农产品进口数量及进口额如表 8-2 所示。

第八章 中国农产品物流发展状况

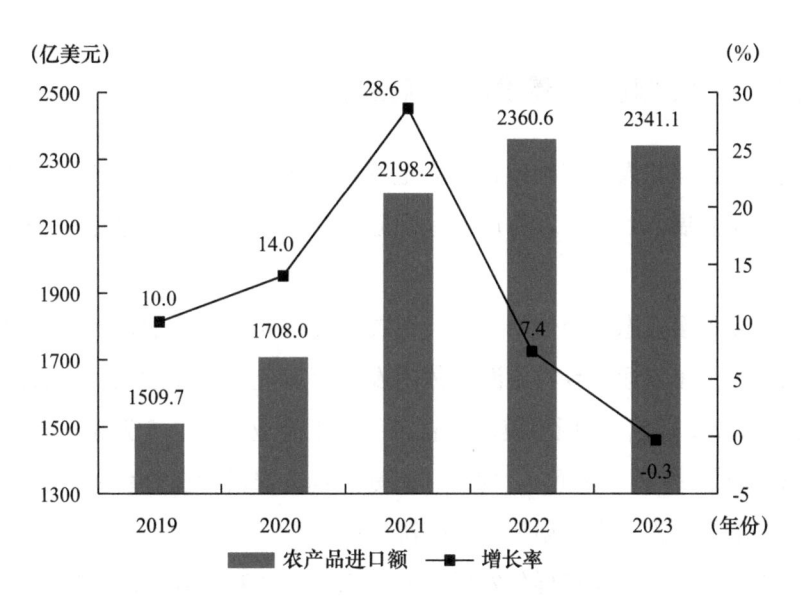

图 8-1　2019—2023 年中国农产品进口额及增速

资料来源：根据农业农村部《我国农产品进出口情况》（2019—2023）相关数据整理。

表 8-2　2021—2023 年中国主要农产品进口数量及进口额

种类	进口数量（万吨）			进口额（亿美元）		
	2021 年	2022 年	2023 年	2021 年	2022 年	2023 年
谷物	6537.6	5320.4	5909.5	200.7	196.6	208.0
棉花	234.2	202.6	203.0	41.9	53.0	42.0
食糖	566.6	527.5	397.3	22.8	25.6	23.1
食用油籽	10205.1	9610.9	10875.4	580.7	658.4	668.6
食用植物油	1131.5	726.4	1021.5	115.7	95.5	106.6
蔬菜	—	—	—	11.9	9.6	9.9
水果	—	—	—	145.2	156.9	183.4
畜产品	—	—	—	523.4	515.5	451.9
水产品	—	—	—	180.1	237.0	237.6

资料来源：根据农业农村部《我国农产品进出口情况》（2021—2023 年）相关数据整理。

二、乡村产业高质量发展不断推进

我国持续强化农业基础地位，立足特色资源，发展优势产业，推动农村产业高质量发展。目前，农村产业呈现融合化、集群化、绿色化和数字化发展特征。

一是乡村多业态融合创新发展。在农业种植养殖产业加速转型升级的同时，农产品加工流通、乡村旅游和休闲农业等多业态快速发展。以农产品加工业为例，2023年，全国规模以上农产品加工企业达到9.5万家，农产品加工业营业收入20.3万亿元[1]。此外，家庭农场、农民专业合作社、各类乡村企业不断发展壮大，农村创新创业蓬勃发展。

二是乡村产业实现集群化发展。近年来，各地着力发展现代农业产业园和产业集群，推动农业规模化、专业化布局，加快乡村产业集群化发展。2023年，全国各地新建40个、续建51个优势特色产业集群，培育全产业链产值超100亿元的集群139个、超500亿元的14个、超1000亿元的3个。各地培育乡村特色产业专业村镇4068个，实现总产值9000多亿元[2]。此外，2023年我国现代农业园区建设提档升级，新建50个国家现代农业产业园、200个农业产业强镇，创建100个农业现代化示范区[3]。

三是乡村产业绿色化发展持续推动。随着新发展理念深入贯彻落实，节水、节肥、节药、节能、减排等清洁生产、低碳生产模式在乡村大范围推广，加快了乡村产业的绿色化转型。农业生产和农产品"三品一标"再获新成效，新认证登记绿色、有机和名特优新农产品1.5万个，全国农产品质量安

---

[1] 《人民政协报》：《农产品加工可为耕者谋利、为食者谋福》，2024年3月14日，人民政协报官方网站（http://dzb.rmzxb.com.cn/rmzxbPaper/pc/con/202403/14/content_58893.html）。

[2] 《人民日报》（海外版）：《中央一号文件鼓励各地发展特色产业、打造乡土特色品牌——让乡村"土"味香飘更远》，2024年2月27日，中国政府网（https://www.gov.cn/zhengce/202402/content_6934395.htm）。

[3] 《经济日报》：《提升乡村产业发展水平》，2024年3月1日，全国电子信息服务网（https://dzswgf.mofcom.gov.cn/news/43/2024/3/1709270904801.html）。

全监测总体合格率达到97.8%①。

四是乡村产业信息化、数字化转型加快。截至2023年6月，我国农村网络基础设施基本实现全覆盖，农村地区互联网普及率达60.5%。农业农村大数据平台建设加快完善。2023年10月，河北省乐亭县农业农村大数据平台上线运营，这是全国首个应用农业农村部大数据发展中心公共平台基座的县级农业农村大数据平台。智慧农业探索竞相展开，无人农业作业试验区建设持续加快，智能农机与智慧农业、云农场建设等协同发展水平提升。数字经济新业态不断涌现，以直播电商、休闲康养农业等为代表的基于互联网的乡村新业态加速涌现，为乡村全面振兴注入了新活力。

三、农产品电子商务蓬勃发展

我国农产品网络零售市场主要指标持续向好，市场规模再创新高。2023年，全国农村网络零售额达2.49万亿元，同比增长12.9%。其中，农产品网络零售增势较好，全年农产品网络零售额5870.3亿元，同比增长12.5%，增速较2022年提升3.3个百分点。分品类看，休闲食品、粮油、滋补食品位居农产品网络零售额前三，占比分别为17.1%、13.3%和13.3%。分地区看，东、中、西部和东北地区农产品网络零售额占全国农产品网络零售额比重分别为63.9%、15.7%、14.9%和5.5%，分别增长11.8%、16.9%、13.1%和6.8%②。

"数商兴农"工程持续推进，已成为通过电子商务服务发展农村电商新基建、提升农产品产销对接与流通水平的重要举措。2023年，商务部牵头在13个省市开展"数商兴农"进地方活动，累计帮助对接销售超23亿元，促

---

① 国务院新闻办：《国务院新闻办发布会介绍2023年农业农村经济运行情况》，2024年1月23日，中国政府网（https：//www.gov.cn/zhengce/202401/content_6927914.htm）。

② 商务部电子商务和信息化司：《2023年中国网络零售市场发展报告》，2024年1月31日，全国电子商务公共服务网（https：//dzswgf.mofcom.gov.cn/news_attachments/0b705cad272d2f27479e27aa-ba27ebe816731b07.pdf）。

成产品采购、产业带合作、创业就业等系列合作；"三品一标"认证帮扶项目受益企业超过3000家，帮助脱贫地区、乡村振兴重点帮扶县等对接销售额超过500亿元。2023年，电子商务司指导开展的"2023数商兴农庆丰收"活动历时1个月，依托中国电商乡村振兴联盟，广泛引导电商平台和企业参与。23家联盟成员推出38项促销帮销举措，涵盖产销对接、商家帮扶、信息宣传、物流服务等内容，具体包括开设大豆、主粮等网络消费专区专场，采用"直播+原产地""直播+产业带""直播+地标"等创新模式，推出农特产购物节、产地溯源、寻鲜采摘、"数商兴农"进县域、"消费+土特产"品牌创新等特色活动，覆盖产品超10万①。

电商平台企业积极利用自身渠道、资金、技术等优势，为农户提供货品补贴、流量扶持、商家培训、展示推广等专项扶助与服务，促进农产品渠道拓展、品牌打造、产销对接。2023年9月，京东举办农特产购物节，投入十亿元现金补贴流量资源，扶持内蒙古苏尼特羊肉、宿迁霸王蟹、东北玉米、山东莱阳秋月梨等全国2000多个产业带的农特产品销售，并依托京东的数智化供应链与高效物流体系，采用"源头直发"模式直达消费者餐桌。同月，拼多多上线"多多丰收馆"，联合平台30万涉农商家与全国超1000个农产区，对入驻"丰收馆"的米面粮油、肉禽蛋奶、蔬菜水果等农副产品进行价格补贴与流量资源倾斜，促进各地农产品直连消费者。此外，快手等直播平台扩宽了农产品贸易范围和客户群体，减轻了供需双方信息不对称难题，"助农直播"已成为畅通农产品通路的主要方式之一。2022年9月至2023年9月，抖音电商平台共助销农特产47.3亿单，挂购物车售卖农产品短视频数量为2186万条，农特产商品讲解总时长达到3778万小时。此外，货架场景带动的农特产销量同比增长137%，销售的农特产种类同比增长188%②。

---

① 商务部：《"2023数商兴农庆丰收"活动正式启动》，2023年9月22日，商务部官网（http://www.mofcom.gov.cn/article/bnjg/202309/20230903442592.shtml）。
② 中国新闻网：《抖音电商年销农特产47.3亿单 货架场景带动销量增长137%》，2023年9月21日，中国新闻网（https://www.chinanews.com.cn/cj/2023/09-21/10081674.shtml）。

农产品电子商务的蓬勃发展,有效带动了"农产品进城",提升了农产品电子商务物流需求,并通过集产、供、销、购等资源要素于一体,促进了电商物流与农产品物流的发展融合,推动了我国现代农产品流通体系的建设。

四、农产品物流政策环境持续优化

2023年,国务院、国家发展改革委及交通运输部等部门出台了多项农产品物流领域的相关支持政策,如表8-3所示。从政策内容来看,主要涉及推动农产品冷链物流发展、鲜活农产品运输绿色通道、物流配送体系完善和农产品产地冷藏保鲜设施建设等方面。这些政策完善了农产品物流产业的发展环境,为农产品现代物流体系建设起到了重要的推动作用。

表8-3 2023年中国出台的农产品物流主要相关政策

发文时间	发文部门	政策文件名称	主要内容
2023年1月	中共中央国务院	《关于做好2023年全面推进乡村振兴重点工作的意见》	完善农产品流通骨干网络,改造提升产地、集散地、销地批发市场,布局建设一批城郊大仓基地;支持建设产地冷链集配中心,推动冷链物流服务网络向乡村下沉
2023年7月	国家发展改革委	《关于恢复和扩大消费的措施》	完善县乡村三级快递物流配送体系;推动产地销地冷链设施建设,补齐农产品仓储保鲜冷链物流设施短板,推动城乡冷链网络双向融合
2023年1月	交通运输部等四部门	《关于进一步提升鲜活农产品运输"绿色通道"政策服务水平的通知》	严格执行鲜活农产品品种目录,统一规范"鲜活""深加工"判断标准、"整车合法装载"查验标准、计重设备合理误差认定标准,加强通行服务保障
2023年7月	农业农村部办公厅	《关于继续做好农产品产地冷藏保鲜设施建设工作的通知》	完善产地冷藏保鲜设施网络,推动冷链物流服务网络向乡村下沉,打造农产品上行和生鲜消费品下行的双向冷链物流新通道;培育一批农产品产地流通主体,创新一批农产品冷链物流运营模式

续表

发文时间	发文部门	政策文件名称	主要内容
2023年8月	中央财经委员会办公室等九部门	《关于推动农村流通高质量发展的指导意见》	加强农产品仓储保鲜冷链设施建设，积极构建高效顺畅、贯通城乡、安全有序的农产品冷链物流体系；加快补齐县乡村物流设施短板，健全农村粮食物流服务网络
2023年8月	商务部等九部门	《县域商业三年行动计划（2023—2025年)》	加强农村物流基础设施建设，建设改造县级物流配送中心和乡镇快递物流站点；鼓励邮政、供销、快递、商贸流通等主体市场化合作，叠加消费品、农资下乡和农产品进城等双向配送服务，降低物流成本

资料来源：根据公开发布的农产品物流发展相关政策整理。

第二节 中国农产品物流发展现状

随着市场环境和政策环境的向好，我国农产品物流总体规模保持稳定增长，农产品物流网络进一步完善，在农产品产地市场体系、冷链物流基地与"县乡村"三级网络建设等方面均取得进展；农村物流服务品牌项目推动农产品物流创新体系构建，农产品物流数字化、智慧化创新水平不断提升。农产品跨境物流建设也取得积极成果，通道链条进一步延伸，业务模式持续创新。

一、农产品物流总额保持稳定增长

中国农产品物流规模保持良好发展态势。2023年，全国农产品物流总额达5.3万亿元，按可比价格计算，同比增长4.1%。2019—2023年中国农产品物流总额及增速如图8-2所示。

中国农产品物流总额占社会物流总额的比重保持稳定。2023年，我国农

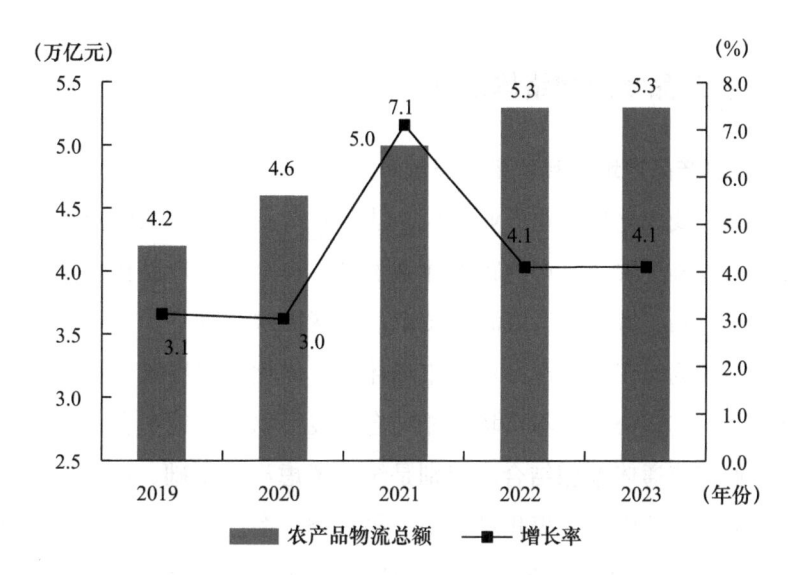

图 8－2　2019—2023 年中国农产品物流总额及增速

资料来源：根据国家发展改革委、中国物流与采购联合会《全国物流运行情况通报》（2019—2023）相关数据整理。

产品物流总额占社会物流总额的比重为 1.5%，与前三年持平，如表 8－4 所示。

表 8－4　2019—2023 年中国农产品物流总额及其占社会物流总额比重

年份	社会物流总额（万亿元）	农产品物流总额（万亿元）	农产品物流总额占比（%）
2019	298.0	4.2	1.4
2020	300.1	4.6	1.5
2021	335.2	5.0	1.5
2022	347.6	5.3	1.5
2023	352.4	5.3	1.5

资料来源：根据国家发展改革委、中国物流与采购联合会《全国物流运行情况通报》（2019—2023）相关数据整理。

二、农产品物流网络体系进一步完善

(一) 农产品产地市场体系建设统筹推进

近年来,我国立足农业产业布局,结合农产品消费区域以及交通运输发展特点,统筹推进农产品产地市场体系发展。在全国农产品优势产区,对接京津冀、长三角、粤港澳、成渝等城市群消费需求,进一步完善以国家级农产品产地市场为龙头的农产品产地市场体系,优化不同层级市场的空间分布和功能作用,实现公益性与市场化相结合、线下物流与线上营销相结合、产地市场与城镇流通体系相结合。特别是统筹考虑产业基础、消费导向、市场潜力及交通设施等因素,聚焦粮油类、果蔬类、畜产品类、水产品类及特色农产品类中的26个重点品类,布局国家级农产品产地市场,其重点区域布局如表8-5所示。

表8-5 国家级农产品产地市场重点区域布局

品类	主营品种	区域	衔接交通物流网
粮油类	玉米	东北地区等产区	京哈走廊及绥满、京延等通道
	水稻	东北地区、长江流域等产区	京哈、沪昆等走廊及绥满、福银、厦蓉等通道
	小麦	黄淮海平原、长江中下游等产区	京藏、大陆桥等走廊及二湛等通道
	大豆	东北地区、黄淮海平原等产区	京哈、大陆桥等走廊及绥满、二湛等通道
	马铃薯	黄土高原、西南地区、东北地区等产区	大陆桥、西部陆海、成渝昆等走廊及福银、二湛等通道
	杂粮杂豆	黄土高原、内蒙古及长城沿线和东北地区等产区	京哈、大陆桥、京藏等走廊和京延、沿边、二湛等通道
	特色油料	黄淮海平原、黄土高原、西北地区等产区	京藏、大陆桥、西部陆海等走廊和沿边、二湛等通道

续表

品类	主营品种	区域	衔接交通物流网
果蔬类	蔬菜	华南与西南热区和长江流域冬春蔬菜产区，黄土高原、云贵高原和北部高纬度夏秋蔬菜产区，黄淮海与环渤海设施蔬菜产区	国家综合立体交通网
	食用菌	东北地区、秦巴伏牛山区、长江中上游及东南沿海等产区	京哈、大陆桥、成渝昆等走廊和绥满、福银、厦蓉等通道衔接
	苹果	渤海湾、黄土高原等产区	大陆桥、西部陆海等走廊和福银等通道
	柑橘	长江上中游、赣南—湘南—桂北、浙—闽—粤和鄂西—湘西等产区	西部陆海、沪昆、成渝昆等走廊和福银、湘桂、厦蓉等通道
	梨	环渤海、黄河故道、西北地区、长江流域、黄土高原等产区	京哈、大陆桥等走廊和沿边、福银、二湛等通道
	葡萄	西北地区、东北地区、环渤海等产区	大陆桥、西部陆海、京哈等走廊和京延、福银等通道
	猕猴桃	湖南、四川、贵州、陕西等产区	大陆桥、西部陆海等走廊和福银、二湛等通道
	热带水果	广东、广西、海南、云南等产区	成渝昆、广昆等走廊和二湛、湘桂、厦蓉等通道
畜产品类	牛羊肉	西北地区、华北地区、华中地区等产区	京藏、大陆桥等走廊及沿边、福银、二湛等通道
	禽肉	广东、广西等产区	广昆走廊和二湛、湘桂等通道
	禽蛋	河北、辽宁、山东、河南等产区	京哈、京藏等走廊和京延等通道
水产品类	淡水产品	长江流域、珠江流域、黄河流域等产区	大陆桥、沪昆等走廊及二湛、福银等通道
	海水产品	环渤海、黄海、东海、南海等产区	京哈、西部陆海、广昆等走廊和福银、二湛、厦蓉等通道

续表

品类	主营品种	区域	衔接交通物流网
特色农产品类	茶叶	长江流域、东南沿海、西南等产区	沪昆、成渝昆、广昆等走廊和福银、湘桂、厦蓉等通道
	中药材	黄土高原、大小兴安岭长白山、黄淮海、南方丘陵等产区	京哈、京藏、大陆桥、西部陆海、广昆等走廊和福银、二湛、厦蓉等通道
	鲜切花	浙江、云南等产区	大陆桥、沪昆、成渝昆等走廊
	桑蚕	华南地区、西南地区等产区	西部陆海、成渝昆、广昆等走廊及厦蓉、湘桂等通道
	香辛料	西南地区、西北地区及黄淮海等产区	西部陆海、成渝昆等走廊和福银、厦蓉等通道
	干果	东北地区、西北地区、华北地区等产区	京哈、京藏等走廊和京延、沿边等通道

资料来源：根据农业农村部《"十四五"全国农产品产地市场体系发展规划》相关资料整理。

农业农村部围绕粮油、果蔬、畜产品、水产品以及特色农产品，共建或认定一批"通达全国、世界知名"的国家级农产品产地市场，打造农产品产地与国内外市场对接的国家级平台。例如，2023年山东金乡大蒜国际交易市场获批省部共建国家级农产品产地市场，入驻大蒜企业230余家、物流企业90余家，产品远销160多个国家和地区。为推进商贸、物流、信息资源与港口海岸无缝对接，金乡县建成全国首个服务县域经济的海关贸易便利化服务中心，实现报关报检、业务培训、商贸物流、低温仓储等外贸出口"一站式""全流程"服务功能，打通"最后一公里"。同时开通"金乡大蒜号"国际集装箱冷链班列，全面融入"一带一路"，推动大蒜出口铁路联运、铁海联运无缝对接，在国内国际市场进一步巩固金乡大蒜主导地位[①]。

（二）农产品冷链物流基地示范带动作用显著

2023年6月，国家发展改革委印发《关于做好2023年国家骨干冷链物流

---

① 腾讯网：《金乡大蒜：品牌敲开大市场 "金蒜盘"打出国门》，2023年3月24日，农视网（https://new.qq.com/rain/a/20230324A01LJQ00）。

基地建设工作的通知》，发布了新一批 25 个国家骨干冷链物流基地建设名单。国家骨干冷链物流基地是依托存量设施群布局建设的大型冷链物流基础设施，是整合集聚冷链物流资源、优化冷链物流运行体系、促进冷链物流与相关产业融合发展的基础支撑、组织中心和重要平台。这些基地的建设将进一步推动农产品优势产区、主要集散地和主销区冷链物流枢纽互联成网，建立健全畅通高效、贯通城乡、安全规范的农产品流通网络体系。2020 年以来，国家发展改革委已分 3 批将 66 个国家骨干冷链物流基地纳入年度建设名单，基地网络覆盖 29 个省（自治区、直辖市，含新疆生产建设兵团）。

本次发布的 25 个国家骨干冷链物流基地在存量冷链物流规模、基础设施水平以及上下游产业配套等方面具备良好条件，并在以下三个方面具有明显示范带动作用。

一是带动上下游产业转型升级。相关基地充分发挥区域农产品冷链物流网络组织核心作用，畅通覆盖城乡的农产品冷链物流服务网络，有效促进冷链物流提质增效降本，有力带动引领农产品物流和相关产业转型发展。例如，阜阳国家骨干冷链物流基地凭借生猪、牛羊等特色产地优势，建立健全冷鲜肉生产、流通和配送体系，冷库库容超过 65 万立方米，有效促进肉类冷链物流与现代化生猪集中屠宰、牛羊肉加工、农畜产品交易等产业集群融合创新，年冷链食品加工及周转量超过 130 万吨[1]。

二是引领农产品冷链物流绿色创新发展。相关基地积极加强智慧化、绿色化设施设备应用，示范带动周边地区提升冷链物流智慧绿色发展水平。例如，台州国家骨干冷链物流基地普及应用低碳化冷链运输车辆、智能制冷设备、数字化温控系统、自动化分拣设施等先进技术装备，并积极利用 LNG 冷能、海上风电等绿色电力资源，实现绿色低碳发展。绵阳国家骨干冷链物流基地依托绵阳高新技术产业基础，围绕智能冷链物流装备需求，发展智能冷

---

[1] 国家发展和改革委员会：《国家发展改革委发布 2023 年国家骨干冷链物流基地建设名单》，2023 年 6 月 12 日，国家发展和改革委员会官网（https://www.ndrc.gov.cn/fggz/202306/t20230612_1357490.html）。

链物流装备产业,与绵阳高新技术产业高质量融合发展,打造智慧化国家骨干冷链物流基地。

三是夯实构建新发展格局基础。相关基地充分发挥自身地理区位、服务网络、产业基础优势,打通国内国际农产品冷链物流通道,为加快构建新发展格局创造良好条件。例如,烟台国家骨干冷链物流基地重点发展优势特色农产品国内国际物流集散贸易,深化与日韩合作机制,加强国内物流集散通道能力建设,拓展全链条农产品冷链物流体系。防城港国家骨干冷链物流基地发挥防城港市沿海沿边优势,打造海陆双通道南向冷链物流集散中心,主动对接粤港澳大湾区,拓展冷链物流发展新空间,促进北部湾经济区、粤港澳大湾区冷链物流网络互联互通。

(三)农村"县乡村"三级物流网络建设助力农产品上行

"快递进村"工程加速推进,"一村一站"工程有力实施,持续带动农产品上行。2023年,全国累计建成1267个县级公共寄递配送中心、28.9万个村级寄递物流综合服务站和19万个村邮站;开展100个农村电商快递协同发展示范区和300个快递服务现代农业示范项目创建工作,打造邮政快递业服务现代农业金牌项目143个。"县乡村"三级物流网络体系的完善对畅通特色农产品上行渠道、推进农产品线上销售与产业链条升级、提升农产品物流效率具有重要作用[①]。

例如,湖北省十堰市以县级共配中心为依托、乡镇寄递物流综合服务站为节点、农村邮政快递网点为末端,搭建了三级农村寄递物流服务体系。在郧阳区,全区20个乡镇建立了"电商+客运+快递"综合服务站,打造了集货物收发、信息交换于一体的末端站点,保障农产品上下行双向畅通。茅塔乡康家农场是十堰市"同城配送、蔬菜进城"的试点之一,十堰市邮政分公司与康家农场合作,每周为20余名客户提供送菜上门服务,月均送菜近百

---

① 《人民日报》:《全国将新增10万个村级物流综合服务站》,2024年1月27日,人民网(http://finance.people.com.cn/n1/2024/0127/c1004-40167570.html)。

单，2023年该同城配送项目将帮助康家农场增收约40万元。十堰市快递企业还精准对接当地香菇产业，服务香菇外运，年产值近24亿元；全力服务橄榄油产业，发送橄榄油等农特产品达4000吨，实现产值8亿元[①]。

又如，江苏省淮安市淮阴区构建了"1+17+245"的区镇村三级农村物流三级节点体系，即1个区级农村物流中心，17个镇（街）农村物流服务站，245个涉农村（居）农村物流服务点。三级物流节点均配备统一的标识标牌，所有镇（街道）、村级节点实现100%覆盖。同时，淮阴区建设县际物流配送中心、农产品冷链建设等6个项目，不断完善仓储、分拣、包装、装卸、运输、配送等设施，提升农村寄递物流效率，拓宽农产品出村进城渠道[②]。

再如，重庆秀山县依托良好的区位优势，构建"城乡配送网络+区域分拨网络+全国直达网络"三网一体系统。在城乡配送网络上，秀山建成了12个农村电商服务中心，规划4个片区7条乡村物流线路，构建县与村、镇与村、村与村之间的服务路网；在区域分拨网络上，建成武陵山区农产品、水产品、肉禽产品等流通中心，实现仓配一体化；在全国直达网络上，建成投用武陵山冷链物流中心、保税物流中心，开通秀山—粤港澳大湾区、秀山—成渝地区双城经济圈冷链物流专车，实现沿海地区海产品、中西部地区农产品双向流通。2023年上半年，秀山县网络零售额实现19.7亿元、农特产品电商销售额实现8.8亿元，分别同比增长6.1%、8.3%，县域快递上行件完成1574.4万件，同比增长11%[③]。

[①] 《中国邮政快递报》：《以路为媒 以车连线 湖北十堰建立高效物流体系为乡村振兴注入新动力》，2023年11月7日，国家邮政局官方网站（http：//gs.spb.gov.cn/gjyzj/c100196/202311/fcb54ed56fb2406a8429c81285e36b17.shtml）。

[②] 淮阴发布：《打通"最后一公里" 城乡物流配送体系让"蔬菜进城"搭上"顺风车"》，2024年3月2日，澎湃新闻网（https：//www.thepaper.cn/newsDetail_forward_26542495）。

[③] 重庆市人民政府：《上半年全县GDP增长达6.1% 居全市各区县第三名 秀山 加快打造西部陆海新通道东线物流枢纽》，2023年8月21日，重庆市人民政府官网（https：//www.cq.gov.cn/ywdt/zwhd/qxdt/202308/t20230821_12256819.html）。

三、农产品物流模式创新取得新进展

(一) 政府推动农村物流服务品牌项目构建农产品物流创新体系

2019年8月,交通运输部、国家邮政局、中国邮政集团公司联合发布《关于深化交通运输与邮政快递融合推进农村物流高质量发展的意见》,提出推动交通运输与邮政快递在农村地区融合发展。同年9月,交通运输部发布《关于深化交邮融合推广农村物流服务品牌的通知》,并于2020—2022年分别公布了三批农村物流服务品牌。2023年10月,交通运输部办公厅、国家邮政局办公室确定50个项目为第四批农村物流服务品牌。这些项目通过打造一批网络覆盖健全、资源整合高效、运营服务规范、产业支撑明显的农村物流服务品牌,为构建运营高效、创新发展的农产品物流服务新体系提供有力支撑。

例如,河北饶阳县通过农村物流网络节点多站合一、资源共享的方式,探索"电商平台+特色农业+农户直采"服务模式,打造农产品从田间直达餐桌的农村物流供应链体系。具体做法包括创新建设产销联结运行机制、多方联动监管机制举措,打造"一店多能"的社区一站式服务综合点,与全国多家物流企业建立合作,实现优质农产品从原产地直达餐桌;建设配备村级服务站点和7个镇区仓储站、190台运输车辆,在197个行政村实施电商服务网点物流配送业务;推动各级交通、农业、商务、供销、邮政等部门将现有信息资源向农产品物流企业开放并进行平台对接,实现物流信息资源的高效整合、合理配置。通过该模式创新,饶阳县实现农产品销售每年13万单,翻了10倍;农产品流通成本从每斤0.63元降低到0.38元,降低了39%[1]。

又如,江苏常熟市打造整合农产品种植、加工、仓储、运输、销售于一体的跨业融通本地生态圈,形成了"数字新商超+跨业全融通+城乡广供配"农产品物流发展模式。具体做法包括开发集购物、休闲等功能的综合性

---

[1] 交通运输部:《第四批农村物流服务品牌典型经验》,2023年10月30日,交通运输部官方网站(https://xxgk.mot.gov.cn/2020/jigou/ysfws/202310/P020231030554503926488.docx)。

线上平台，在客户下单后，通过信息化系统和智能分拣系统，实现货物精准分拣并最终完成配送到户；依托龙头企业，建立起县、镇、村三级冷链、常温物流中心和商超节点，升级智能仓储设施和新能源运输设备，在设施层面实现了常熟全市全覆盖；发挥龙头企业优势，研发仓储管理系统、订购信息管理系统、视频监控信息系统等，研发农产品溯源系统平台，对全供应链流程实施精细管控。通过以上建设，常熟市实现了农产品从田头到商超再到餐桌无缝对接的本地生态圈，帮助农户解决销售鲜活农产品 2 万多吨，辐射果蔬农田达 5 万亩，受益农户超 2 万多[①]。

（二）农产品物流数字化、智慧化新模式加速推广

近年来，大数据、物联网、区块链、人工智能等现代信息技术在农产品物流领域不断推广应用，农产品物流数字化、智能化升级改造加速推进，数字基础设施持续升级，智慧物流模式创新不断发展，各地方和企业均形成了一批建设成果。

在数字化物流信息服务平台构建方面，云南省普洱市澜沧拉祜族自治县与京东云展开合作，京东云为澜沧打造农产品冷链物流信息交易运营平台。该平台联通产地、销地，整合市场供需信息，并运用大数据、物联网、人工智能等技术打造冷库"上云用数赋智"，应用冷链智慧仓储管理、运输调度管理等信息系统，优化冷链运输配送路径，提高冷库、冷藏车利用效率。信息平台通过提供数字化建设与运营一体化服务，使生产、加工、运输、配送等资源实现有效聚合，降低了农产品上行物流成本；同时打造农产品特色品牌，通过冷链物流基地建设将农特产品销往更远地区，农产品上行总量提升 81%[②]。

在智能化物流装备应用方面，张掖国家玉米种子产业园采用"智慧平

[①] 交通运输部：《第四批农村物流服务品牌典型经验》，2023 年 10 月 30 日，交通运输部官方网站（https：//xxgk.mot.gov.cn/2020/jigou/ysfws/202310/P020231030554503926488.docx）。

[②] 金融界资讯：《数智供应链解锁农特产品上行"新姿势" 京东云探索乡村振兴新路径》，2023 年 1 月 4 日，金融界资讯（https：//finance.jrj.com.cn/2023/01/04112937257781.shtml）。

台+高精度立库货架+RGV轨道穿梭机器人+输送机"集成系统，打造国家级玉米种子智慧仓储加工标杆园区。产业园采用国产自主研发的智慧物流云平台，综合运用5G、AI、云计算等技术，打通生产到仓储环节的数据链接，实时采集设备状态、位置信息，从而提供更快的物料周转响应速度，实现玉米种子入库、出库、输送场内物流环节的精益管理、预测预警和全程可视。同时，RGV轨道穿梭机器人运用传感器定位技术，在仓库控制系统调度下实现取货、运送、放置等任务的高定位精度智能化运行，有效规避作业风险。2023年12月，产业园一期项目基本建成投入运营。预计项目全部建成后，玉米种子仓储物流、生产加工能力可达每年3亿公斤，产值达125亿元①。

在供应链信息跟踪追溯体系建设方面，顺丰丰溯溯源平台利用"区块链+物联网"技术，联合顺丰速运、第三方质检机构、农业部门共建农产品数据联盟链，全程记录、追踪产品从田间到餐桌的流向，以确保每个环节食品质量安全信息的透明可追溯，解决了传统溯源的数据中心化存储、产品窜货等痛点。目前，该平台已在柚子、车厘子、大闸蟹、酒水等多个品类和领域进行了落地和试点，正在成为新一代的农产品溯源标准和体系。例如，顺丰为舟山海产的明星产品舟山带鱼构建全程透明可追溯、全程温控保鲜等特色物流服务体系，在实现"从码头到舌尖"的新鲜交付的同时，通过溯源信息赋予产品品牌故事、专家品鉴等延伸价值，提升产品形象推出地域品牌。舟山市水产流通与加工行业协会高度评价顺丰速运对舟山带鱼寄递做出的贡献，于2023年12月授予舟山顺丰速运有限公司中国舟山带鱼节金牌物流服务商②。

---

① 甘州融媒：《【冬日无闲 大抓项目】张掖国家玉米种子产业园一期项目基本建成投入运营》，2023年12月8日，张掖市人民政府官网（https：//www.zhangye.gov.cn/dzdt/xqdt/gzq_2543/202312/t20231208_1153035.html）。

② 搜狐网：《"鲜"到"鲜"得！顺丰荣获带鱼节金牌物流商称号》，2023年12月28日，搜狐网官网（https：//www.sohu.com/a/744952688_121198369）。

四、农产品跨境物流建设持续发力

(一) 农产品跨境物流通道不断延伸

经历了新冠疫情的考验和"逆全球化"的浪潮，中国与"一带一路"共建国家的战略对接与合作展现出强大的韧性和旺盛的活力。中国农产品跨境物流服务能力不断提升，物流通道链条不断延伸，为农产品国际贸易合作提供了重要保障。

长春国际陆港依托多式联运示范工程，借助内陆口岸与综合保税区功能叠加优势，通过"区港联动"、一体化通关等模式，降低了中欧班列客户的运营成本，促进了农产品跨境贸易便利化。2023年10月，满载冷冻鸡肉类货品的中欧班列（长满欧）从长春兴隆铁路口岸出发。该班列首次在长春兴隆铁路口岸开通自发电冷链集装箱运输业务，为吉林省开通农产品冷链跨境物流新通道，对吉林省冷链优质农产品出口"一带一路"共建国家起到了重要支撑作用[①]。

大理州紧盯"一带一路"建设、RCEP协定、云南面向南亚东南亚辐射中心建设等国家重大发展战略叠加机遇，围绕果蔬等生鲜特色农产品跨境贸易出口，积极构建"大通道、大物流、大贸易、大产业"的开放格局，为大理建设南向印度洋大通道国际陆港提供要素支撑。2023年12月，中老中越铁路生鲜冷链"大理号"国际专列满载蔬菜水果，从大理白族自治州祥云县首发，将一柜葡萄、四柜石榴发往中越线，一柜葡萄、四柜蔬菜发往中老线。该专列的开行为大理乃至滇西地区与南亚东南亚国家农牧业产品、生鲜产品等双向贸易打通一条高效快捷的国际冷链物流大通道[②]。

贵安综保区以贵州南瓜、洋葱、土豆等特色农产品出口和东南亚优质水

[①] 长春发布：《中欧班列（长满欧）国际冷链货运班列正式开通》，2023年10月20日，腾讯网（https：//new.qq.com/rain/a/20231020A00ZID00.html）。

[②] 云南网：《中老中越铁路生鲜冷链"大理号"国际专列首发》，2023年12月24日，云南网（https：//society.yunnan.cn/system/2023/12/24/032885195.shtml）。

果进口为突破，优化通道运输方案，强化政策支持力度，开通了贵安经凭祥至越南的农产品进出口通道。2023年12月，一辆载有43吨贵州南瓜的货车驶出贵安综保区发往越南北宁省，标志着贵安综合保税区东南亚跨境物流通道正式开通[1]。2024年2月，一辆满载25吨火龙果的货车在越南装车途经广西凭祥口岸运输到贵安综合保税区，并仅用半小时完成通关手续，直接运往贵阳花溪区石板镇水果批发市场开售。这标志着越南贵州农产品跨境物流通道实现双向通车，进一步促进"黔货出山"和进口农产品消费升级[2]。

（二）农产品跨境物流业务模式创新发展

近年来，各地围绕特色型、拳头型农产品开展积极探索，实施多种跨境物流创新业务模式，为农产品进出口贸易打开局面。这些新模式使企业享受到更多通关、物流便利化政策，推动农产品跨境物流的畅通和对外贸易新业态的成长。

2023年4月，一辆装载着10吨湖南郴州宜章脐橙的货车从郴州国际陆港驶出并抵达香港，这是湖南省农产品首次以"跨境快速通关"模式出口。相较于之前运输需要在东莞等地换装粤港两地车，此次采用"跨境快速通关"叠加农产品出口"绿色通道"模式，使得脐橙从郴州到香港实现"一站式"运抵。在该模式下，往来香港货物在公路口岸、属地场所实现自动快速核放，跨境车辆可24小时通关，全程时间较以往压缩40%以上，满足了生鲜农产品在运输方面的时效性要求，促进两地农产品跨境便捷流通[3]。

2023年10月，甘肃千里丝路国际贸易有限公司的25吨核桃，以跨境电商B2B出口海外仓模式顺利运往该公司在吉尔吉斯斯坦的海外仓，标志着陇南市跨境电商出口海外仓业务（9810）实现零的突破。在该模式下，

---

[1] 《贵州日报》：《贵安综保区东南亚跨境物流通道开通》，2024年1月3日，中国新闻网（http://www.gz.chinanews.com.cn/szfc/guiyang/2024-01-03/doc-ihcwnhai3503693.shtml）。

[2] 《贵州日报》：《越南贵州跨境物流通道实现双向"通车"》，2024年2月29日，贵州省政府官网（https://www.guizhou.gov.cn/home/gzyw/202402/t20240229_83861560.html）。

[3] 中国新闻网：《湖南农产品首次经"跨境快速通关"出口》，2023年4月12日，中国新闻网（https://www.chinanews.com.cn/dwq/2023/04-12/9988867.shtml）。

海关对出口货物优先查验，企业可在物流监管等方面享受便利，而且企业通过海外仓的前置备货，能够使商品更快送达海外消费者手中。近年来，陇南抢抓"一带一路"和"中新南向通道"物流节点建设机遇，通过强化与兰州海关、天水海关的合作，全面推进农产品跨境电商物流新模式在陇南的落地突破，陇南市核桃、鲜苹果、豆制品、盐渍菜等特色农产品迅速打入国际市场[①]。

进口方面，2023年12月，位于洛阳综合保税区的河南吉乐富跨境供应链管理有限公司，推动越南明星农产品ST25大米通过跨境电商网购保税进口"1210"模式，首次进入洛阳市场。跨境电商网购保税进口"1210"模式，又称保税备货模式，是指将海外商品以货物形式批量运至海关特殊监管区域，再通过购物平台向国内零售，待国内消费者下单后进行批量配送。该模式具有响应订单快、运输时间短、综合运费低等优点。洛阳综保区自2022年年底实行跨境电商网购保税进口"1210"模式以来，已实现燕窝、西洋参等海外特色农产品的批量进口[②]。

第三节　中国农产品物流重点领域发展状况

近年来，中国进口冻品物流需求旺盛，进口冻品冷链物流服务能力不断提升，通关监管模式持续创新。同时，中国果蔬农产品物流直采直供模式得到广泛采用，产地基础设施与冷链物流园区建设力度加大，果蔬冷链专列发展也取得良好成效。

---

① 四方网络科技：《从农村电商到跨境电商，陇南农产品迎出口增长机遇实现"开门红"》，2024年2月22日，搜狐网（https://www.sohu.com/a/759457004_120439601）。

② 洛阳国家高新技术产业开发区综合协调部：《越南大米"世界冠军"在洛开启"中国之旅"》，2023年12月14日，洛阳国家高新技术产业开发区官网（http://www.lhdz.gov.cn/html/1/2/1001/1212/52425.html）。

· 243 ·

一、进口冻品物流发展状况

（一）进口冻品物流需求保持旺盛

进口冻品物流规模受居民收入与消费水平、冷链物流基础设施、产品进出口政策等多重因素驱动。近年来，随着居民食物消费升级和饮食结构优化、冷链物流水平提升以及相关政策扶持，高蛋白、低脂肪的水产品和牛肉等肉类受到消费者更多青睐，消费量保持平稳增长，物流需求持续旺盛。2023年，中国主要进口冻品包括肉类和水产品，其中肉类进口量738万吨，同比微降0.3%，进口金额1933.2亿元人民币，同比下降8.8%；水产品进口量501万吨，同比增长19.6%，进口总额为1389.1亿元人民币，同比增长4.7%。2023年全国重点冻品进口量与进口金额如表8-6所示。

表8-6 2023年全国重点进口冻品量与进口金额

商品名称	1月至12月累计 数量（万吨）	1月至12月累计 金额（万元）	累计比去年同期±% 数量	累计比去年同期±% 金额
农产品	—	164488317	—	5.0
肉类（包括杂碎）	738	19332217	-0.3	-8.8
牛肉及牛杂碎	277	10144250	1.5	-15.7
牛肉	274	10008208	1.8	-15.7
猪肉及猪杂碎	271	4516297	-5.3	-0.3
猪肉	155	2471032	-11.7	-5.5
羊肉	43	1245751	21.2	-9.3
禽肉	68	1214636	17.0	29.1
水产品	501	13891412	10.6	4.7
食用水产品	487	13621786	11.5	5.0
冻鱼	238	3369235	15.5	-1.5

资料来源：根据中华人民共和国海关总署，《2023年12月进口主要商品量值表》（http://gdfs.customs.gov.cn/customs/302249/zfxxgk/2799825/302274/302277/302276/5637081/index.html）相关数据整理。

此外，进口冻品中肉类来源地包括巴西、美国、欧盟、澳大利亚、阿根廷等国家和地区，水产品来源地则包括俄罗斯、加拿大、美国、印度和印尼等国家。2023年我国肉类和水产品主要的进口来源国及相应金额如表8-7所示。

表8-7　2023年我国肉类和水产品主要的进口来源国及相应金额

单位：万元

商品名称	主要进口国家及金额				
肉类 （包括食用杂碎）	巴西 6335953	美国 2332699	欧洲联盟 2252087	澳大利亚 1711191	阿根廷 1594724
水产品	俄罗斯 2025535	加拿大 928848	印度 883123	美国 809581	印度尼西亚 603226

资料来源：根据中华人民共和国海关总署，《2023年自部分国家（地区）进口商品类章金额表》（http://gdfs.customs.gov.cn/customs/302249/zfxxgk/2799825/302274/302277/302276/5637085/index.html）相关数据整理。

（二）进口冻品冷链物流能力不断提升

近年来，我国通过冷链基础设施建设、物流技术应用赋能、物流模式创新发展等手段，不断推动进口冻品物流高效运作，打通进口冻品供应链流程环节，开辟进口冻品物流通道。

2022年，山西大同陆港枢纽被列入国家物流枢纽建设名单，同年大同国际陆港山西北肉冷链加工产业园项目投产运营。该项目总投资7亿元，建设针对肉类产品的进口贸易、冷链仓储、精深加工、智能配送、金融服务等功能于一体的综合性现代冷链仓储物流加工中心。2023年12月，一批重75吨、货值近260万元的阿根廷进口冷冻牛肉由天津港入境后，通过冷链集装箱卡车直接运输至国际陆港北肉产业园。这是产业园迎来的首批境外进口肉类，开辟了境外肉类产品进晋的新通道①。

2022年10月,广州南沙国际物流中心(南区)启动冷链进口业务,运营主体为广州南沙国际冷链有限公司(简称"南沙冷链")。南沙冷链一期已建成3座冷库和1个冷藏箱堆场,总库容22.7万吨。南沙冷链依托临港、港铁联运的干线运输优势,以肉类、水产品等冻品货类为主,构建广州港冷链物流"一平台三中心"格局,即"冻品公共服务平台"和"冻品物流服务中心""冻品分拨中心""冻品交易中心",为进口冻品提供储存、保税、加工、配送和供应链等一站式服务。2023年4月,南沙冷链进境肉类查验功能正式启动。这将进一步加快南沙进口冻品物流一站式服务提质增量,保障进口冻品品质、物流效率和消费安全②。

2023年3月,一趟从深圳盐田港发出的进口肉品铁路冷链快车抵达长沙北站,其装载的100吨来自西班牙和南美的猪肉、牛肉、鸡肉等冻品从冷藏箱直接卸进长沙北站智能立体冷库储藏,为湖南地区进口肉类食品提供新鲜保障。该冷链快车是广铁集团首次组织港口直达铁路冷库的冷链快车,通过"铁海快线+冷库"的一站式物流模式,实现了将进口冻肉快速、恒温地运到消费地,最大程度地保鲜冻品③。

(三)进口冻品通关监管模式持续创新

我国海关结合进口冻品贸易方式,充分发挥保税仓库功能,创新进口冻品保税仓储、保税直提等模式,进一步降低制度性成本、提高通关时效。

例如,天津海关结合冻品贸易方式,通过叠加提前申报、船边直提、保税仓储等优势政策,创新冻品"保税+直提"改革举措,推动进口冻品贸易提档升级。2023年5月,天津港保税区企业天津港强集团有限公司公用型保

---

① 搜狐网:《大同:境外肉类产品进晋有了"新通道" 华远国际陆港(大同)集团首批进口肉类业务启动》,2023年12月28日,搜狐网(https://www.sohu.com/a/747684759_121123747)。
② 《广州日报》:《南沙启用全国最大单体冷库》,2023年9月28日,新华网(http://gd.news.cn/20230928/8c9f263db03b464594064c6d0ccd5dab/c.html)。
③ 华声新闻:《港口直达铁路冷库,深圳至长沙绿色冷链快车首发》,2024年3月21日,华声在线(https://hunan.voc.com.cn/article/202403/20240321202846174485.html)。

税仓库正式获批并投入运营,成为天津口岸第一家具备运行条件的保税冷库。该保税仓库可容纳 40 个冷柜集装箱,冻品仓储规模达 2000 吨。冻品货物进入保税仓库存储期间,企业可以暂缓缴纳相应税款,降低企业资金周转成本,更好地满足货物中转和储存的需要。2023 年 6 月,装有 28.5 吨绵羊腿骨的集装箱通过船边直提模式直接运往天津港强集团公用型冻品保税仓库进行保税仓储,成为天津首票在特殊监管区外采用"保税+直提"模式通关的进口冻品。这是天津海关针对进口冻品实施深化多元通关模式改革的重要创新措施,对服务京津冀冷链产业集群建设,推动天津地区进口冻品由"通道经济"向"产业经济"转型升级具有重要意义①。

又如,重庆丰都积极开辟冷冻牛肉保税进口新途径,于 2023 年 1 月在水天坪工业园区设立了重庆"两群地区"首个公用型保税仓库——丰恒物流发展公用型保税仓库。该保税仓库总建筑面积 3118 平方米,年仓储能力达 3.9 万吨,可实现冻品在零下 18℃ 的长期仓储。2023 年 8 月,自巴西进口的 336 吨冷冻去骨牛肉顺利运抵丰恒物流发展公用型保税仓库。该批次牛肉共计 12 个集装箱,从广西钦州装货报关后,经西部陆海新通道转运至重庆丰都,全程历时 7 天。这是重庆市首次通过保税方式进口冷冻肉类,开创了重庆市通过保税方式进口冷冻肉类的先河,标志着丰都在肉类进口贸易、保税物流等重点领域迈出坚实的一步②。

二、果蔬农产品物流发展状况

(一)果蔬源头直采直供物流模式广泛采用

近年来,电商平台持续将渠道下沉,建设源头直采、基地直供等果蔬物

---

① 天津海关:《天津首票特殊监管区外"保税+直提"冻品顺利入库》,2023 年 6 月 21 日,中华人民共和国天津海关官网(http://tianjin.customs.gov.cn/tianjin_customs/427885/427886/5105609/index.html)。

② 丰都新闻网:《共 336 吨!重庆首票保税进口冻肉运抵丰都》,2023 年 8 月 29 日,重庆市丰都县人民政府官网(http://tianjin.customs.gov.cn/tianjin_customs/427885/427886/5105609/index.html)。

流供应链模式，通过实现产地与消费市场供需两端的高效连接，减少中间流通环节，确保果蔬的鲜度与质量，同时提升了供应链的可追溯性。

小象超市（原美团买菜）于2022年推出"本地尖货"计划，目前已有北京庞各庄西瓜、上海南汇水蜜桃、广州增城荔枝等300多种果蔬产品通过直播带货、源头采摘、全程冷链、30分钟配送等新型即时物流体系，在一天内完成产销全链路，提高供应链效率。2023年11月，小象超市首次与云南红河、曲靖等地开展产地直采合作，推动当地小香葱、秋葵、球生菜等叶菜产品纳入"本地尖货"计划，为更多特色果蔬打通"出村进城"的便捷通道[1]。

2023年2月，拼多多宣布启动"农云行动"，批量对接当地优质供应链"上云"，为农产品商家对接仓储、冷链等物流体系，提供全链路的农产品上行基础设施服务，并通过持续集中曝光等全渠道推广，打造农特产品的区域和全国性品牌。此后，山东金乡大蒜、广西南宁水果等果蔬产品的"农云行动"项目迅速落地，成为拼多多首批重点助力的产业带[2]。

2023年3月，阿里社区品牌"淘菜菜"在云南红河州弥勒、山东莱西和浙江临安集中签约挂牌三大直采基地。三大直采基地建成后，将通过淘菜菜输出近2万斤的香椿、100万斤的春笋和1000万斤的普罗旺斯西红柿。目前，淘菜菜已链接陕西武功猕猴桃、山东章丘大葱、江西赣南脐橙等超1万个农业基地，利用阿里巴巴的农业基础设施与直采直销网络，实现生鲜果蔬"从产地到餐桌"直供消费市场[3]。

（二）果蔬物流冷链基础设施加大建设

产地冷藏保鲜设施建设是我国果蔬物流的短板。近年来，我国加大果蔬

---

[1] 新浪财经：《直连直采，小象超市助力乡村振兴》，2024年4月1日，雷锋网（https://t.cj.sina.com.cn/articles/view/2118746300/7e4980bc02001fh50）。

[2] 新华网：《拼多多启动"农云行动"，助力100个农业产业带加速"数实融合"》，2023年3月6日，新华网（http://www.xinhuanet.com/tech/20230306/9874c09670ef4f2b8b21bb60c5eac98a/c.html）。

[3] 经济观察网：《云南香椿坐飞机出山！淘菜菜再签3大生鲜直采基地》，2023年3月8日，经济观察网（https://www.eeo.com.cn/2023/0308/581004.shtml）。

产地冷藏保鲜基础设施建设力度，针对蔬菜、水果等产业重点县开展产地冷藏保鲜整县推进试点，有效提高了果蔬农产品供给服务水平和保障能力。2020年至2023年7月期间，政府财政共支持建设7.5万个产地冷藏保鲜设施，新增库容1800万吨以上，县级覆盖率达70%以上；产地冷藏保鲜能力、商品化处理能力、产后集散能力、均衡供应能力和产业抗风险能力显著提升，果蔬农产品损耗率大大降低，有力推动了小农户对接大市场[①]。例如，在江苏省射阳县，洋马基层供销社500吨菊花冷库、临海基层供销社800吨蒜产品冷库、鲍墩基层供销社300吨等3个保鲜库已于2023年建成营运；正在建设的两个保鲜库、一个仓储物流中心，库容总量达21800吨，也将陆续竣工投产。又如，重庆聚焦果蔬农产品优势区和脱贫地区，陆续建成一批果蔬农产品产地冷链设施。2020年以来，全市新增冷藏保鲜仓储容量9.1万吨，节约预冷贮藏周转费43%，蔬菜、水果流通腐损率分别减少20%、11%，经冷藏保鲜后的蔬菜、水果市场溢价率分别提高约13%、36%[②]。

此外，我国持续加大果蔬农产品冷链物流园区建设，为提升生鲜果蔬物流服务水平，减少流通损耗，扩大高品质市场供给提供了重要保障。2023年5月，北京新发地衡水（冀州）农副产品智慧物流园暨城市安全保供仓项目在河北省衡水市冀州区落地开建。该项目总投资16亿元、占地420亩，规划建设批发交易区、仓储加工区、电商服务区、冷链物流区、配套服务区五大功能区，实现果蔬分拣、净菜加工、中央厨房、冷藏冷储、精品果蔬交易等功能。项目建成后，将具备4万吨冷冻冷藏、1.5万吨生鲜蔬菜储存能力，年交易量可达120万吨以上，预计年交易额达到30亿元[③]。

[①] 农业农村部：《全国农产品产地冷藏保鲜设施建设暨都市现代农业现场会在广东召开》，2023年7月13日，农业农村部官网（http://www.moa.gov.cn/gbzwfwqjd/xxdt/202307/t20230713_6432130.htm）。

[②] 罗清平、陈睿：《重庆市农产品产地仓储保鲜冷链设施高质量发展对策探讨》，《南方农业》2023年第15期。

[③] 《河北日报》：《把更多优质果蔬装入北京"菜篮子"》，2024年4月7日，河北新闻官网（https://hbrb.hebnews.cn/pc/paper/c/202404/07/content_224583.html）。

（三）果蔬冷链专列发展取得积极成果

果蔬冷链专列运输有助于发挥铁路运输运量大、安全系数高、成本低等综合优势，规避了汽运安全系数低、时效性难保障等不足，从而提升农产品运输终端品质，确保农产品在途安全。近年来，我国积极发展果蔬冷链专列，为实现国内国外农产品大流通和统一大市场建设，助力乡村振兴和提升人民生活品质产生重要助力。

一方面，冷链专列助力打通东南亚水果进口通道。2023年6月，满载着28个冷柜榴莲的专列从老挝万象驶出，途经云南、重庆到达终点站四川成都。该榴莲专列经由中老铁路运输，采用"采、运、销"全业务链的数字化管控，在运输过程中对在途路线、货柜状态、产品新鲜度、清关进程等数据进行实时监控追踪，最大程度上确保果品的新鲜度。该冷链专列是西部陆海新通道首列中老泰冷链班列，对提升西部陆海新通道农产品物流效率，以进口果蔬服务成渝经济圈品质生活具有重要意义[1]。2023年7月，首列满载榴莲的中欧班列（中豫号）"泰国—老挝—郑州"水果冷链回程班列抵达中铁联集郑州中心站。这是河南省首次通过中老泰铁路从东南亚进口水果，标志着河南省成功打通了直达RCEP国家的水果进口冷链专列物流大通道。该趟水果冷链班列从泰国出发，通过全程冷链运输6天后抵达郑州，相较传统海运和汽运路线，运输时间更短、成本也大幅降低[2]。

另一方面，果蔬冷链班列进一步促进了新疆鲜果出疆。2023年9月，喀什发出开往粤港澳大湾区的首趟西梅冷链专列。该专列打破了新疆水果长期以来多靠汽车长途外运的惯例，为"疆品出疆"开辟了果蔬冷链专列新通道[3]。2023年10月，新疆首趟香梨冷链专列从新疆库车站出发，开往湖南怀

---

[1] 洪九果品：《发车了！"洪九泰好吃"榴莲专列成功首发》，2023年6月9日，洪九官网新闻中心（https：//www.hjfruit.com/newsDetail？id=47）。
[2] 《河南日报》：《"榴莲班列"从泰国远道而来！河南首列水果冷链回程专列抵郑》，2023年7月5日，中国一带一路网（https：//www.yidaiyilu.gov.cn/p/326552.html）。
[3] 中国食品安全网：《喀什—深圳首趟生鲜冷链专列发出 640吨新疆西梅运往深圳》，2023年9月6日，《南方日报》（https：//www.cfsn.cn/2023/09/06/99379389.html）。

· 250 ·

化西站，是首次通过铁路从新疆运输香梨到湖南。该专列共有 21 只冷藏集装箱，搭载了 514 吨库尔勒香梨。这些香梨有 9 成将转运销往湖南及广东 13 个地市，部分香梨则继续搭载铁路冷藏班列经中老铁路出口泰国、越南等东盟国家[①]。

[①] 国际果蔬报道：《新疆首趟香梨冷链专列发往湖南》，2023 年 10 月 16 日，国际果蔬报道官网（https：//m. guojiguoshu. com/article/8656）。

专题篇

导　言

　　本篇继续遵循及时追踪中国物流业发展最新热点的选题原则，选取共建"一带一路"十周年中国物流发展成就与展望、中国物流数字化发展现状与展望以及 中国跨境电商物流发展特征及趋势三个专题进行深入研究。

　　2023年是共建"一带一路"倡议提出10周年。十年来，共建"一带一路"已成为开放包容、互利互惠、合作共赢、深受欢迎的国际公共产品和国际合作平台。第九章介绍了"一带一路"倡议及物流发展定位，总结了物流领域推进共建"一带一路"的举措与发展成就，分析了共建"一带一路"中现代物流的重大价值，并对共建"一带一路"新阶段现代物流的发展方向进行了展望。报告认为，共建"一带一路"成为中国物流发展的强大推进器，促进了中国国际物流体系建设取得突破性进展。海上、空中和陆上的互联互通水平稳步提高，国际多式联运大通道持续拓展，中国物流企业的国际物流服务能力显著增强，中国的全球物流治理能力也得到提升。现代物流在共建"一带一路"中展现出重大价值。现代物流促进了国际贸易投资的繁荣发展，为维护全球产业链供应链安全稳定贡献了中国方案；现代物流在助推我国形成陆海内外联动、东西双向互济的开放格局的同时，也助力共建国家的经济发展与脱贫致富。未来，中国将坚定不移推进共建"一带一路"高质量发展走深走实，这将对现代物流体系建设提出新的更高要求。中国将全面提升物流基础设施联通水平，加快完善国际物流综合服务体系，大力提升物流企业"跨境出海"能力；同时，将深入推进物流领域绿色发展，进一步提高全球物流治理能力。

　　物流数字化是中国数字经济发展的重要领域，也是加快形成物流业新质生产力和推动国民经济上下游产业数字化转型的重要引擎。第十章梳理了中国物流数字化的发展阶段、驱动因素和重大意义，总结了中国物流数字化的发展现状和未来展望。报告认为，中国物流数字化发展进程正在向纵深推进，很多领域已经形成较为成熟的应用体系，并正在积极推动新一代人工智能技术在物流领域的应用。具体包括，物流企业内部管理信息系统不断扩展和完善；数字化物流服务交易平台应用日趋成熟；物流装备的智能化、无人化运营管理水平不断提升；企业逐步依托物流大数据辅助决策与优化流程；基于大模型的新一代人工智能技术开始探索应用；政府不断出台政策推动物流数字化转型。未来，中国物流数字化发展将持续推进并带动上下游产业协同转型，交通基础设施数字化将进一步助力物流数字化转型，物流大模型将不断涌现并推动行业提质增效，政府也将主动作为发挥支持和引导作用，持续推进中国物流数字化发展。

跨境电商物流是现代物流体系的重要组成部分，也是打通国内国际双循环的重要支撑。大力发展跨境电商物流，对提升跨境电商水平、降低物流成本、提高流通效率、促进国际贸易和加强国际合作，都具有重要意义。第十一章在系统分析我国跨境电商物流发展驱动因素的基础上，探讨了我国跨境电商物流的运作模式、发展特征及未来趋势。报告认为，受产业消费双升级、技术进步与融合、政策持续利好等多重因素共同驱动，我国跨境电商物流得到快速发展。具体表现为跨境电商物流市场规模持续扩大，基础设施不断完善，物流通道加速拓展，市场主体呈现多元化发展态势；同时，跨境电商物流服务模式不断创新，数字化水平得到不断提升，国际化合作也愈发紧密。未来，随着海外仓建设的不断完善，跨境电商航空物流通道的进一步畅通，以及跨境电商物流数字化转型的加速推进，我国跨境电商物流市场规模将呈现持续扩大趋势。

第九章 共建"一带一路"十周年中国物流发展成就与展望

2013年，中国国家主席习近平提出共建"一带一路"的宏伟倡议。共建"一带一路"既是维护开放型世界经济体系，实现多元、自主、平衡和可持续发展的中国方案；也是深化区域合作，加强文明交流互鉴，维护世界和平稳定的中国主张；更体现了中国作为最大的发展中国家和世界第二大经济体，对推动全球治理体系朝着公平、公正、合理方向发展的责任担当[①]。十年来，在国内外各方携手努力下，共建"一带一路"落地生根、蓬勃发展，已成为开放包容、互利互惠、合作共赢、深受欢迎的国际公共产品和国际合作平台[②]。现代物流作为共建"一带一路"的先行领域和重要基础，取得了巨大发展成就，为共建"一带一路"作出了重大贡献。未来，共建"一带一路"将进入高质量发展的新阶段，为中国物流的发展提出新的要求，也指明进一步前进的方向。

第一节 "一带一路"倡议及物流发展定位

共建"一带一路"围绕互联互通，以基础设施"硬联通"为重要方向，

[①] 耿协峰：《共建"一带一路"拓展全球治理新实践》，2023年10月23日，人民网（http://opinion.people.com.cn/n1/2023/1023/c1003-40100883.html）。

[②] 推进"一带一路"建设工作领导小组办公室：《坚定不移推进共建"一带一路"高质量发展走深走实的愿景与行动——共建"一带一路"未来十年发展展望》，2023年11月24日，中国政府网（https://www.gov.cn/yaowen/liebiao/202311/content_6916832.htm）。

以规则标准"软联通"为重要支撑,以共建国家人民"心联通"为重要基础,不断深化政策沟通、设施联通、贸易畅通、资金融通、民心相通,不断拓展合作领域,成为当今世界范围最广、规模最大的国际合作平台[①]。其中,交通基础设施互联互通是"一带一路"建设的优先领域,物流枢纽和通道建设成为国内各区域推进"一带一路"建设的战略重点。

一、"一带一路"倡议的核心内涵与合作内容

(一)"一带一路"倡议提出的背景

2000多年前,张骞出使西域,开辟了一条横贯东西、连接亚欧的陆上"丝绸之路"。同一时期,连接中国与亚欧国家的海上丝绸之路也逐步兴起。陆上丝绸之路和海上丝绸之路共同构成了古代中国与亚欧国家交通、贸易和文化交往的大通道,促进了东西方文明交流和人民友好交往。

在国际金融危机深层次影响持续显现、全球经济缓慢复苏的大背景下,加强区域合作是推动世界经济发展的重要动力和趋势。2013年9月和2013年10月,中国国家主席习近平在出访中亚和东南亚国家期间,先后提出共建"丝绸之路经济带"和"21世纪海上丝绸之路"的战略构想,得到国际社会高度关注和有关国家积极响应。国务院原总理李克强在参加2013年中国—东盟博览会时也强调要铺就面向东盟的海上丝绸之路,打造带动腹地发展的战略支点[②]。2015年3月28日,经国务院授权,国家发展和改革委员会、外交部、商务部联合发布了《推动共建丝绸之路经济带和21世纪海上丝绸之路的愿景与行动》,简称"一带一路"倡议。

共建"一带一路",是中国政府根据国际和地区形势的深刻变化,以及中国发展面临的新形势、新任务,致力于维护全球自由贸易体系和开放型经

---

① 国务院新闻办公室:《〈共建"一带一路":构建人类命运共同体的重大实践〉白皮书》,2023年10月10日,国务院新闻办公室网站(http://www.scio.gov.cn/gxzt/dtzt/49518/32678/index.html)。
② 新华社:《经国务院授权 三部委联合发布推动共建"一带一路"的愿景与行动》,2015年3月28日,中国政府网(https://www.gov.cn/xinwen/2015-03/28/content_2839723.htm)。

济体系，促进沿线各国加强合作、共克时艰、共谋发展提出的战略构想，具有深刻的时代背景①。在新的历史时期，沿着陆上和海上"古丝绸之路"构建经济大走廊，将给中国以及沿线国家和地区带来共同的发展机会，拓展更加广阔的发展空间。

（二）"一带一路"倡议的主要内涵

"一带一路"倡议以和平合作、开放包容、互学互鉴、互利共赢的丝路精神为核心理念，以恪守联合国宪章的宗旨和原则、坚持开放合作、坚持和谐包容、坚持市场运作、坚持互利共赢为共建原则，以把"一带一路"建设成为和平之路、繁荣之路、开放之路、绿色之路、创新之路、文明之路为建设目标。"一带一路"倡议的核心要义是在"一带一路"建设的国际合作框架内，各方秉持共商、共建、共享原则，携手应对世界经济面临的挑战，开创发展新机遇，谋求发展新动力，拓展发展新空间，实现优势互补、互利共赢，不断朝着人类命运共同体方向迈进②。

（三）"一带一路"倡议的顶层框架

"一带一路"贯穿亚欧非大陆，一头是活跃的东亚经济圈，一头是发达的欧洲经济圈，中间广大腹地国家经济发展潜力巨大。根据中国国家主席习近平的倡议和新形势下推进国际合作的需要，结合古代陆上丝绸之路和海上丝绸之路的走向，共建"一带一路"确定了五大方向。根据这五大方向，按照共建"一带一路"的合作重点和空间布局，中国提出了"六廊六路多国多港"的合作框架。这是共建"一带一路"的主体框架，为各国参与"一带一路"合作提供了清晰的导向。"一带一路"倡议的顶层框架如表9-1所示。

---

① 人民网：《和平合作　开放包容　互学互鉴　互利共赢》，2015年3月30日，人民网（http://politics.people.com.cn/n/2015/0330/c1001-26767674.html）。

② 中国一带一路网：《什么是"一带一路"》，2022年12月26日，中国一带一路网（https://www.yidaiyilu.gov.cn/z/221226-1/index.shtml）。

表 9 – 1 "一带一路"倡议的顶层框架

领域	具体方面	具体内容
五大方向	丝绸之路经济带	1. 从中国西北、东北经中亚、俄罗斯至欧洲、波罗的海 2. 从中国西北经中亚、西亚至波斯湾、地中海 3. 从中国西南经中南半岛至印度洋
	21世纪海上丝绸之路	1. 从中国沿海港口过南海,经马六甲海峡到印度洋,延伸至欧洲 2. 从中国沿海港口过南海,向南太平洋延伸
主体框架	六廊	1. 新亚欧大陆桥国际经济合作走廊 2. 中蒙俄国际经济合作走廊 3. 中国—中亚—西亚国际经济合作走廊 4. 中国—中南半岛国际经济合作走廊 5. 中巴国际经济合作走廊 6. 孟中印缅国际经济合作走廊
	六路	铁路、公路、航运、航空、管道和空间综合信息网络
	多国	是指一批先期合作国家。"一带一路"沿线有众多国家,中国既要与各国平等互利合作,也要结合实际与一些国家率先合作,争取有示范效应、体现"一带一路"理念的合作成果,吸引更多国家参与共建"一带一路"
	多港	是指若干保障海上运输大通道安全畅通的合作港口,通过与"一带一路"共建国家共建一批重要港口和节点城市,进一步繁荣海上合作

资料来源:中国一带一路网:《受权发布:〈共建"一带一路":理念 实践与中国的贡献〉》,2017年5月11日,中国一带一路网(https://www.yidaiyilu.gov.cn/p/12658.html)。

(四)"一带一路"倡议的重点合作领域

沿线各国资源禀赋各异,经济互补性较强,彼此合作潜力和空间很大。中国政府倡议,共建"一带一路"以政策沟通、设施联通、贸易畅通、资金融通、民心相通为主要内容,加强合作。其中,加强政策沟通是"一带一路"建设的重要保障,基础设施互联互通是"一带一路"建设的优先领域,投资贸易合作是"一带一路"建设的重点内容,资金融通是"一带一路"建设的重要支撑，民心相通是"一带一路"建设的社会根基。

在政策沟通方面，合作重点包括加强政府间合作，积极构建多层次政府间宏观政策沟通交流机制，共同制定推进区域合作的规划和措施等内容；在设施联通方面，合作重点包括共同推进国际骨干通道建设，逐步形成连接亚洲各次区域以及亚欧非之间的基础设施网络等内容；在贸易畅通方面，合作重点是着力研究解决投资贸易便利化问题，消除投资和贸易壁垒，构建区域内和各国良好的营商环境，积极同沿线国家和地区共同商建自由贸易区等内容；在资金融通方面，合作重点包括推进亚洲货币稳定体系、投融资体系和信用体系建设，扩大沿线国家双边本币互换、结算的范围和规模等内容；在民心相通方面，合作重点包括广泛开展文化交流、学术往来、人才交流合作、媒体合作、青年和妇女交往、志愿者服务等内容[①]。

二、"一带一路"倡议中物流发展的定位

（一）交通基础设施互联互通是"一带一路"建设的优先领域

共建"一带一路"致力于亚欧非大陆及附近海洋的互联互通，建立和加强沿线各国互联互通伙伴关系，构建全方位、多层次、复合型的互联互通网络，实现沿线各国多元、自主、平衡、可持续发展。在设施联通方面，在尊重相关国家主权和安全关切的基础上，共建国家宜加强基础设施建设规划、技术标准体系的对接，共同推进国际骨干通道建设，逐步形成连接亚洲各次区域以及亚欧非之间的基础设施网络。同时，强化基础设施绿色低碳化建设和运营管理，在建设中充分考虑气候变化影响。

交通运输作为经济社会发展的基础性、先导性和服务性行业，是"一带一路"形成和发展的基础条件和主要载体。交通基础设施互联互通是"一带一路"建设的优先领域。"一带一路"倡议提出以下五点。（1）抓住交通基

---

① 新华社：《经国务院授权 三部委联合发布推动共建"一带一路"的愿景与行动》，2015年3月28日，中国政府网（https://www.gov.cn/xinwen/2015-03/28/content_2839723.htm）。

础设施的关键通道、关键节点和重点工程,优先打通缺失路段,畅通瓶颈路段,配套完善道路安全防护设施和交通管理设施设备,提升道路通达水平;(2)推进建立统一的全程运输协调机制,促进国际通关、换装、多式联运有机衔接,逐步形成兼容规范的运输规则,实现国际运输便利化;(3)推动口岸基础设施建设,畅通陆水联运通道,推进港口合作建设,增加海上航线和班次,加强海上物流信息化合作;(4)拓展建立民航全面合作的平台和机制,加快提升航空基础设施水平;(5)加强能源基础设施互联互通合作,共同维护输油、输气管道等运输通道安全,推进跨境电力与输电通道建设,积极开展区域电网升级改造合作[①]。

(二)物流枢纽和通道建设成为国内省市推进"一带一路"建设的战略重点

推进"一带一路"建设,中国将充分发挥国内各地区比较优势,实行更加积极主动的开放战略,加强东中西互动合作,全面提升开放型经济水平。其中,物流枢纽和物流通道建设成为国内省市推进"一带一路"建设的重要举措。一是西北、东北地区,新疆要形成丝绸之路经济带上重要的交通枢纽和商贸物流中心,陕西、甘肃、宁夏、青海等地要形成面向中亚、南亚、西亚国家的通道和商贸物流枢纽;黑龙江完善对俄铁路通道和区域铁路网,黑龙江、吉林、辽宁与俄远东地区开展陆海联运合作,推进构建北京—莫斯科欧亚高速运输走廊。二是西南地区,广西要构建面向东盟区域的国际通道,云南要推进与周边国家的国际运输通道建设。三是沿海地区要加强上海、天津、宁波—舟山、广州、深圳、湛江、汕头、青岛、烟台、大连、福州、厦门、泉州、海口、三亚等沿海城市港口建设,强化上海、广州等国际枢纽机场功能。四是内陆地区要建立中欧通道铁路运输、口岸通关协调机制,打造"中欧班列"品牌,建设沟通境内外、连接东中西的运输通道;支持郑州、

---

① 新华社:《经国务院授权 三部委联合发布推动共建"一带一路"的愿景与行动》,2015年3月28日,中国政府网(https://www.gov.cn/xinwen/2015-03/28/content_2839723.htm)。

西安等内陆城市建设航空港、国际陆港[①]。

第二节 物流领域推进共建"一带一路"的举措与发展成就

十年来,共建"一带一路"成了造福世界的"发展带"和惠及各国人民的"幸福路"。共建"一带一路"也成为中国物流发展的强大推进器,促进中国国际物流体系建设取得突破性进展,全球物流治理能力也得到有效提升。

一、构建高效的海运物流网络,海上互联互通水平显著提升

构建高效的海运物流网络、布局港口等重要节点,是推进"一带一路"建设、实现互联互通的重要途径。中国在共建"一带一路"十年中,规划发展国内重点港口,积极推动海外港口投资建设与运营,有力推动了21世纪海上丝绸之路的繁荣发展。

(一)国内港口建设成效显著,港口规模与连通性全球领先

"一带一路"倡议明确提出要加强上海、天津、宁波—舟山、广州、深圳、湛江、汕头、青岛、烟台、大连、福州、厦门、泉州、海口、三亚等沿海城市港口建设。十年来,中国不断加强港口基础设施建设,推动港口资源深化整合,促进区域港口群协同发展,加快建设世界一流港口,引领全球港口绿色发展、智慧发展。

宁波舟山港是"丝绸之路经济带"和"21世纪海上丝绸之路"的交汇点,连接着190多个国家和地区600多个港口[②]。2023年,宁波舟山港完成

[①] 新华社:《经国务院授权 三部委联合发布推动共建"一带一路"的愿景与行动》,2015年3月28日,中国政府网(https://www.gov.cn/xinwen/2015-03/28/content_2839723.htm)。

[②] 《现代物流报》:《"一带一路"十周年》,2023年11月6日,现代物流报网站(https://baijiahao.baidu.com/s?id=1781779235380503055&wfr=spider&for=pc)。

货物吞吐量 13.2 亿吨,连续 15 年位居全球第一;集装箱航线 300 条以上,其中"一带一路"航线达 130 条。上海港作为"21 世纪海上丝绸之路"重要节点与长江经济带江海联运重要枢纽,2023 年集装箱吞吐量达到 4900 万 TEU(标准箱),连续 14 年位居全球第一;拥有 320 多条国际航线,班轮运输连通性指数连续 12 年位列全球榜首。天津港是京津冀的海上门户,处于亚欧大陆桥桥头堡的地位,是中蒙俄经济走廊东部起点和 21 世纪海上丝绸之路支点。天津港也是国内最早开通陆桥跨境班列的沿海港口,已开通 40 余条海铁联运通道;拥有集装箱航线 145 条,其中"一带一路"相关航线达 66 条[①]。

(二)国外港口建设日新月异,助力全球海上互联互通

中国以港口建设助力全球各国互联互通,积极承担大国责任,提升全球连通性,沿线许多港口装卸、货运能力取得较大提升。中国作为"一带一路"物流网络的关键枢纽,为全球货物流通保驾护航。

希腊比雷埃夫斯港是地中海地区最大的港口之一,是共建"一带一路"的标志性项目,作为中欧陆海快线的起点与丝绸之路经济带紧密连接。在中国远洋海运集团有限公司的经营下,比雷埃夫斯港在沉寂多年后重新焕发生机,成为中欧陆海快线辐射中东欧的第三条中欧贸易大通道中的重要环节。2022 年,比雷埃夫斯港集装箱吞吐量保持在 500 万标准箱以上,跃升为欧洲第四大集装箱港口、地中海领先集装箱大港,在地中海、欧洲乃至全球航运格局中占据日益重要的位置[②]。

巴基斯坦瓜达尔港共建取得重大进展,正朝着物流枢纽和产业基地的目标稳步迈进;缅甸深水港项目正在开展地勘、环社评等前期工作;斯里兰卡汉班托塔港散杂货年吞吐量增至 120.5 万吨;意大利瓦多集装箱码头开港运营,成为意大利第一个半自动化码头;尼日利亚莱基深水港项目建成并投入

---

① 新华网:《天津港集装箱航线达到 145 条》,2023 年 11 月 16 日,新华网(http://m.xinhuanet.com/2023-11/16/c_1129979045.htm)。

② 《现代物流报》:《"一带一路"十周年》,2023 年 11 月 6 日,现代物流报网站(https://baijiahao.baidu.com/s?id=1781779235380503055&wfr=spider&for=pc)。

运营，成为中西非地区重要的现代化深水港①。中国企业还积极参与海尔、达曼、吉赞等西亚国家的港口建设，对地区经济发展作出重要贡献。

（三）积极构建港航联盟，织密海上航线网络

为提升港航服务品质、促进航贸要素聚集，中远海运集团、福建省交通集团和厦门港务集团共同倡议发起了"丝路海运"联盟，旨在融合港口、航运、物流、贸易、投资、金融、信息等要素，构筑服务于"一带一路"、跨行业共商共建共享的国际航运物流生态圈，打造国内首个以航运为主题的"一带一路"国际综合物流服务品牌和平台，为区域互联互通和贸易合作提供重要支撑。截至2023年6月底，"丝路海运"航线已通达全球43个国家的117个港口，300多家国内外知名航运公司、港口企业、智库等加入"丝路海运"联盟。

二、强化机场建设和航线拓展，空中互联互通水平稳步提升

航空物流是跨境物流中速度最快的物流运输方式。航空物流对于一个国家和地区深度参与国际分工与合作、保障国际供应链稳定具有重要意义。作为国民经济的重要战略性产业，中国航空物流主动融入共建"一带一路"，加强航空枢纽布局建设，积极拓展航空运输网络，"空中丝绸之路"建设取得显著成效。

（一）加强航空货运枢纽建设，加快拓展共建国家间航线网络

十年来，中国加快推进京津冀、长三角、粤港澳大湾区和成渝四大世界级机场群建设，着力增强乌鲁木齐、昆明、哈尔滨、成都、重庆、西安、郑州国际航空（货运）枢纽功能，千万级机场数量达到41个，形成了布局合理、功能齐全的航空枢纽，为建设"空中丝绸之路"提供了重要支撑②。上

---

① 国务院新闻办公室：《共建"一带一路"：构建人类命运共同体的重大实践》，2023年10月10日，中国政府网（https：//www.gov.cn/zhengce/202310/content_6907994.htm）。

② 央视网：《上半年"空中丝绸之路"旅客量占比达71%　航空枢纽支撑保障能力提升》，2023年9月16日，央视网（https：//news.cctv.com/2023/09/16/ARTI2joQPvX42yd7Yxy1tmvJ230916.shtml）。

海机场集团积极加密欧美市场洲际干线、构建亚洲空中快线、拓展"一带一路"共建国家和地区航线，2013—2023 年"一带一路"共建国家货邮吞吐量占全国总量超 1/2①。2023 年上海浦东国际机场货邮吞吐量 344 万吨，位居全球第三位。深圳机场开通直飞共建国家货运航线 16 条，顺丰、京东等大型物流企业在深圳机场开通了飞往东南亚的货运航线。借助区位优势，西安已经成为我国"一带一路"向西开放的重要航空货运枢纽之一，累计开通阿拉木图、塔什干等 24 条国际货运航线②。2022 年中国首个专业货运枢纽机场——湖北鄂州花湖机场正式投运。作为内陆地区"空中出海口"，湖北鄂州花湖机场链接全国，辐射全球，目前已开通 44 条国内货运航线、10 条国际货运航线，初步实现覆盖亚洲、延伸欧美的航空货运网络，货运航班量位居全国前列③。

（二）积极参与共建国家的机场建设，促进区域空中互联互通

机场是空中联通的主要基础设施。十年来，沿线国家由中国企业投资、承建、改造的机场和航站楼陆续落成，客货运量不断增长，成为地区重要航空枢纽，为实现地区互联互通贡献了力量。作为中巴经济走廊框架下的重点项目，中国援建的巴基斯坦瓜达尔新国际机场于 2019 年启动建设。瓜达尔新国际机场投入运营后，将成为瓜达尔地区发展的新引擎。中国企业承建的埃塞俄比亚的博莱国际机场新航站楼于 2019 年正式投入运营。作为东非最大航空枢纽，博莱国际机场是许多国际航线的中转站，未来将成为非洲地区航空运输中心。中国企业投资、建设、运营的暹粒吴哥国际机场项目于 2020 年 3 月启动建设，目前已顺利完工并通过竣工验收。新机场启用后，暹粒国际机

---

① 刘政：《如何与"一带一路"深度"绑定" 各地这样做》，2023 年 10 月 12 日，网易号官网（https：//www.163.com/dy/article/IGS7KS100550HKM7.html）。

② 央视网：《中欧班列+航班航线 共建"一带一路"国家空中物流走廊正在形成》，2023 年 11 月 5 日，环球网官网（https：//baijiahao.baidu.com/s？id=1781692352555341209&wfr=spider&for=pc）。

③ 金台资讯：《花湖机场为湖北融入"一带一路"提供重要支撑》，2023 年 12 月 3 日，金台资讯网站（https：//baijiahao.baidu.com/s？id=1784222524042490663&wfr=spider&for=pc）。

场将正式关闭，所有客运和货运航班将转移至暹粒吴哥国际机场①。中国企业融资支持的洛美国际机场是多哥最重要的航空港，亦是西非地区的航空枢纽。项目建成运营后，多哥对外交通环境将大幅改善，便捷的出行条件、现代化的航站楼将吸引越来越多的人到多哥投资、旅游②。

三、推进公路、铁路和管道建设，陆上互联互通格局逐步形成

陆路通道在贸易国家之间的物流联通中发挥着重要作用，是沿边内陆地区跨境运输和对外开放的重要载体。十年来，我国与"一带一路"共建国家在新亚欧大陆桥、中蒙俄、中国—中亚—西亚、中国—中南半岛、中巴和孟中印缅经济走廊上，共同推进国际骨干通道建设，打造连接亚洲各次区域以及亚欧非之间的基础设施网络，促进了陆上通道的内外联通。

新亚欧大陆桥是高质量共建"一带一路"的六大经济走廊之首。开通30年来，新亚欧大陆桥已经发展成为连接亚欧大陆的重要经济大通道，通道沿线的亚欧公路、铁路等陆路运输网络逐步多元化。匈塞铁路的塞尔维亚贝尔格莱德—诺维萨德段于2022年3月开通运营，这是客货共线双线电气化铁路，是中国铁路技术装备与欧盟铁路互联互通技术规范对接的首个项目，标志着中国与中东欧国家共建"一带一路"重点项目取得重大进展③；中国企业承建的黑山南北高速公路顺利建成并投入运营，这是黑山首条高速公路，连接南部港口城市巴尔与北部城市博利亚雷，也是黑山通往欧洲内陆的重要通道。中蒙俄经济走廊是"一带一路"建设中促进中蒙俄三国合作发展的重要平台，也是联通东亚经济圈和欧洲经济圈的重要桥梁。中蒙俄经济走廊方

---

① 《人民日报》：《机场建设，促进地区互联互通》，2023年10月8日，中国一带一路网（https://www.yidaiyilu.gov.cn/p/0R2H2KQ6.html）。

② 进出口银行：《中国进出口银行支持多哥多领域基础设施建设》，2022年9月20日，进出口银行公众号（https://www.yidaiyilu.gov.cn/p/278230.html）。

③ 中国铁路：《匈塞铁路塞尔维亚境内贝诺段开通运营！》，2022年3月19日，中国铁路网（https://m.thepaper.cn/baijiahao_17198306）。

向，中俄合建首座跨境公路大桥黑河—布拉戈维申斯克界河公路大桥、中俄首座跨江铁路大桥——同江铁路桥通车运营，中俄东线天然气管道正式通气，中蒙俄中线铁路升级改造和发展可行性研究正式启动。中国—中亚—西亚经济走廊方向，中国与中亚国家共同实施了中哈原油管道、中亚天然气管道等一系列战略项目，实现了跨国油气管道的互联互通。其中，中哈原油管道年输油能力2000万吨，累计向中国输油突破1.5亿吨；中亚天然气管道年输气能力550亿立方米，已累计向国内输气超过4000亿立方米①。中国—中南半岛经济走廊方向，时速350千米的雅万高铁开通运行；中泰铁路一期签署线上工程合同，土建工程已开工11个标段。中巴经济走廊方向，白沙瓦—卡拉奇高速公路、喀喇昆仑公路二期等项目竣工通车。孟中印缅经济走廊方向，中缅原油和天然气管道建成投产，成为我国能源进口四大战略通道之一。作为孟加拉国目前最大的基建项目，由中国企业承建的帕德玛大桥建成通车，成为连接中国与东南亚"泛亚铁路"的重要通道之一。

四、持续拓展国际多式联运大通道，开创亚欧国际运输新格局

"一带一路"国际多式联运是在"一带一路"倡议框架下，不同的运输方式（如铁路、公路、海运、航空等）之间进行无缝衔接，以实现高效的货物运输和物流配送的方式。多式联运不仅让更多的国家实现了互联互通，还为"一带一路"建设注入了新的动能。十年来，国际多式联运大通道持续拓展，中欧班列、西部陆海新通道、中欧陆海快线等国际多式联运稳步发展，开创了亚欧国际运输新格局。

（一）中欧班列构筑了亚欧物流大通道

中欧班列是运行于中国与欧洲以及"一带一路"共建国家间的国际铁路联运列车，构建了全天候、大运量、低碳的亚欧物流大通道，成为共建"一带一

---

① 《中国石油报》：《"一带一路"助力中国—中亚能源合作提档升级》，2023年12月5日，中国石油报网站（https：//baijiahao.baidu.com/s？id=1784427554323508431&wfr=spider&for=pc）。

路"标志性品牌。中欧班列在境内形成经阿拉山口、霍尔果斯、二连浩特、满洲里、绥芬河五大口岸出境的西、中、东三条主通道，时速120千米图定运行线86条，联通中国境内112个城市；在境外，初步形成北、中、南三大通道，通达25个欧洲国家的200多个城市，以及11个亚洲国家的100多个城市[①]。2011—2023年，中欧班列开行量及货运量年均分别增长77.8%和87.6%。截至2024年2月底，中欧班列国内出发城市达120个，通达欧洲25个国家219个城市[②]。2011—2023年中欧班列开行量及货运量如图9-1所示。

（二）西部陆海新通道成为连接东盟的重要纽带

西部陆海新通道位于我国西部地区腹地，北接丝绸之路经济带，南连21世纪海上丝绸之路，协同衔接长江经济带。西部陆海新通道建设对于充分发挥西部地区连接"一带"和"一路"的纽带作用，深化陆海双向开放，具有重大现实意义和深远历史意义。西部陆海新通道以重庆、广西钦州为主要枢纽，基本形成东、中、西三条主通路[③]，实现了铁海联运、跨境公路和国际铁路班列的常态化运行，成为辐射西部、服务全国、连接东盟、融入全球的国际综合大通道。目前，西部陆海新通道已实现由线到面，织就一张以铁路为主干线，覆盖18省份、70市、145站的交通物流网络，通达120个国家和地区的495个港口，运输品类达1143种，成为连接西部地区和东盟国家的重要纽带[④]。

（三）中欧陆海快线形成"亚欧第三条贸易通道"

中欧陆海快线是南起希腊比雷埃夫斯港，北至匈牙利布达佩斯，中途经过马其顿斯科普里和塞尔维亚贝尔格莱德的运输快线。2017年1月，由中远

[①] 新华社：《跨越山河开新途——中欧班列—线漫行记》，2023年9月29日，中国政府网（https://www.gov.cn/yaowen/liebiao/202309/content_6907042.htm）。

[②] 《新华日报》：《前两月中欧班列累计开行2928列》，2024年3月11日，新华日报网（http://xh.xhby.net/pc/con/202403/11/content_1304623.html）。

[③] 自重庆经贵阳、南宁至北部湾出海口（北部湾港、洋浦港），自重庆经怀化、柳州至北部湾出海口，以及自成都经泸州（宜宾）、百色至北部湾出海口三条通路。

[④] 《人民日报》：《西部陆海新通道铁海联运班列今年已发送货物突破11万标箱》，2024年2月23日，人民网（https://baijiahao.baidu.com/s?id=1791648769922661866&wfr=spider&for=pc）。

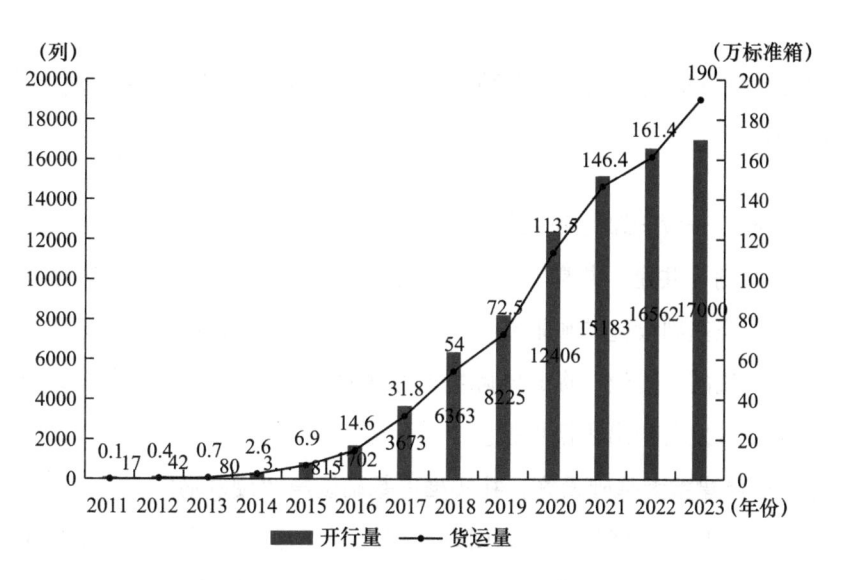

第九章 共建"一带一路"十周年中国物流发展成就与展望

图9-1 2011—2023中欧班列开行量及货运量

资料来源：2011—2022年数据来源于中华人民共和国国务院新闻办公室：《〈共建"一带一路"：构建人类命运共同体的重大实践〉白皮书》，2023年10月10日，中华人民共和国国务院新闻办公室网站（http://www.scio.gov.cn/zfbps/zfbps_2279/202310/t20231010_773682.html）；2023年数据来源于光明网：《2023年中欧班列开行1.7万列 铁路保障国家重大战略成效显著》，2024年1月10日，光明网（https://economy.gmw.cn/2024-01/10/content_37080416.htm）。

海运启动的首列装载中国货物的火车由比雷埃夫斯港抵达匈牙利布达佩斯，中欧陆海快线正式开通，比雷埃夫斯港由此成为"丝绸之路经济带"和"21世纪海上丝绸之路"以海铁联运形式在欧洲的交汇点。中欧陆海快线成为继海运航线和陆上中欧班列后的亚欧"第三条贸易通道"。2022年中欧陆海快线运输总箱量超过18万标准箱，火车开行2600余列①。目前，中欧陆海快线已辐射中东欧9个国家7100万人口②。

---

① 国务院新闻办公室：《共建"一带一路"：构建人类命运共同体的重大实践》，2023年10月10日，中国政府网（https://www.gov.cn/zhengce/202310/content_6907994.htm）。
② 中国水运网：《凝聚奋进力量 共谱发展新篇——2024年全国交通运输工作会议交流发言摘编》，2023年12月21日，中国水运网（http://www.zgsyb.com/news.html？aid=670658）。

· 269 ·

五、中国物流企业积极融入共建"一带一路",提升国际物流服务能力

企业是"一带一路"建设的重要实践者、推动者。十年来,中国物流企业坚持"共商、共建、共享"的发展理念,与"一带一路"共建国家深入开展合作,围绕基础设施"硬联通"和"软联通",积极参与交通物流重大基础设施和物流网络建设,提升国际物流服务能力,为"一带一路"共建国家和地区的经济发展作出积极贡献。

(一)参建重大基础设施,扎实推进基础设施"硬联通"

我国央企坚持以经济走廊为引领、以互联互通为主线,累计在共建国家投资或参与建设港口、铁路、机场等重大基础设施超过 200 个,有效疏通了海陆天网大动脉,促进了要素资源大流通[1]。作为参与共建"一带一路"最早的中国企业之一,招商局集团积极参与全球港口物流建设,网络扩展至 40 多个国家;同时深耕细作海外园区,构建国际产能合作平台,引进各国企业 600 多家,实现与各方的共同发展,共利互赢[2]。作为全球领先的综合航运企业,中远海运集团在"一带一路"共建国家和地区持续深化航线、港口及综合物流领域的投资和布局,深入构建"航运 + 港口 + 物流"的立体运输大通道,全力以赴促进全球互联互通和经济贸易发展。截至 2023 年 8 月底,中远海运集团在"一带一路"沿线完成投资 790 亿元,建设了包括希腊比雷埃夫斯港、阿联酋阿布扎比码头等重要枢纽港在内的集装箱码头 21 个,覆盖北欧、南欧、远东、东南亚、中东、南美、非洲等区域[3]。

---

[1] 求是网:《推进"硬联通",央企疏通海陆天网大动脉》,2023 年 12 月 7 日,求是网(http://www.qstheory.cn/laigao/ycjx/2023 - 12/07/c_1130011747.htm)。

[2] 澎湃新闻:《央企"一带一路"十年投资超万亿美元》,2023 年 10 月 20 日,澎湃新闻(https://www.thepaper.cn/newsDetail_forward_25002004)。

[3] 张亚蓓:《中远海运集团完成"一带一路"沿线投资 790 亿元》,2023 年 10 月 23 日,中国水运网(http://www.zgsyb.com/news.html?aid=666039)。

（二）加快布局建设海外仓，不断拓展国际物流网络

海外仓作为物流企业为提升国际业务能力，在国外设立的具备储存、流通、加工等功能的仓储物流节点，成为跨境电商和国际物流的重要枢纽和新型外贸基础设施。在"一带一路"建设不断推进的十年间，海外仓正成为我国出口企业开拓市场的新通道，在促进"一带一路"设施联通和贸易畅通等方面发挥了积极作用。菜鸟网络在全球拥有 1100 多个总面积约 1650 万平方米的仓库，并在全球设立了 380 多个物流分拨中心，成为拓展海外市场的重要基础；京东物流在全球拥有近 90 个海外仓、保税仓、直邮仓，跨境网络总仓储面积已经超过 90 万平方米[1]。截至目前，中国商品通过跨境电商销往 100 多个"一带一路"共建国家和地区，建设海外仓数量约 2860 个，增速达 80%，总面积约 2900 万平方米，分布在俄罗斯、日本、美国、韩国等国家和地区，业务范围辐射全球[2]。

（三）积极开辟航班航线，提升国际物流服务能力

中国物流企业围绕设施联通，积极推进中欧班列高质量发展，加快陆海新通道和空中丝绸之路建设，大力提升国际物流服务能力。中远海运集团不断加大对亚欧海铁联运、亚欧国际班列业务投入，在"一带一路"沿线铺设集装箱班轮航线 167 条，投入集装箱船舶运力 165 余万标准箱，占该集团集装箱船队总运力的 56%[3]。中国邮政集团持续强化国际寄递能力建设，进一步提升出口通道能力，开通了 13 条中欧班列铁路运邮线路，截至 2023 年 8 月，累计发运出口国际邮件 2159 箱，共计 14085.2 吨[4]。川航物流拓展洲际

---

[1] 《现代物流报》：《一带一路｜国际物流登陆作战，海外仓成为"关键一棋"》，2023 年 10 月 31 日，现代物流报网站（https：//www.163.com/dy/article/IID6SFVM05507HPG.html）。

[2] 中宏网：《将海外仓打造成为"数字丝绸之路"的重要节点》，2023 年 9 月 4 日，宏观经济杂志社网站（http：//www.hgjjgl.com/show-190-285877-1.html）。

[3] 张亚蓓：《中远海运集团完成"一带一路"沿线投资 790 亿元》，2023 年 10 月 23 日，中国水运网（http：//www.zgsyb.com/news.html？aid=666039）。

[4] 李伟、吕磊、毛志鹏：《做好互联互通的桥梁和纽带——中国邮政服务共建"一带一路"高质量发展综述》，2023 年 10 月 18 日，中国邮政网（http：//www.chinapost.com.cn/html1/report/23101/808-1.htm）。

10 小时航程圈和亚洲 5 小时航程圈,开辟了比利时布鲁塞尔洲际航线航班①。顺丰航空高度重视货运航线的开发布局,加快提升运行能力、拓展国际航线,已通航的"一带一路"节点城市累计达 14 个,货运航线联通中亚、东南亚、中东 12 个国家②。货拉拉和其国际品牌 Lalamove 以"互联网+货运"的方式,服务更多的全球消费者。目前已在全球 11 个市场(即中国内地、中国香港、泰国、菲律宾、新加坡、印度尼西亚、越南、马来西亚、墨西哥、巴西及孟加拉国)超过 400 个城市开展业务③。

六、签署一批区域运输协定,加强规制和标准的"软联通"

规则标准是促进互联互通的桥梁和纽带。十年来,中国在物流领域积极与共建国签署双边和多边协定,促进规制、标准的"软联通"与基础设施"硬联通"的有效衔接。

中国积极与"一带一路"共建国家签署铁路、公路、海运、航空和邮政的双边和区域运输协定。十年来,中国共签署了 22 项政府间国际道路运输便利化协定、72 个双边和区域海运协定、130 多个双边航空运输协定④;中国邮政共计与 36 个"一带一路"共建国家(地区)邮政签订双边协议⑤。2017 年,中国、白俄罗斯、德国、哈萨克斯坦、蒙古国、波兰、俄罗斯七国铁路

---

① 《中国民航报》:《稳中求进 于变局中谋新局》,2022 年 4 月 11 日,中国民航网(http://www.caacnews.com.cn/1/6/202204/t20220411_1342563.html)。

② 顺丰航空:《连开 3 条 顺丰航空鄂州国际货运航线突破 10 条》,2023 年 10 月 28 日,顺丰航空官网(https://www.sf-airlines.com/sfa/zh/article_3690.html)。

③ 经济网:《从大湾区到全世界,中国数字货运平台货拉拉"出海记"》,2023 年 10 月 11 日,经济网(https://www.ceweekly.cn/company/2023/1011/426425.html)。

④ 交通运输部:《交通运输部党组书记、部长李小鹏在第三届"一带一路"国际合作高峰论坛互联互通高级别论坛上发言》,2023 年 10 月 19 日,交通运输部网站(http://www.zgjtqx.org.cn/lszhjtfh/21641.html)。

⑤ 李伟、吕磊、毛志鹏:《做好互联互通的桥梁和纽带——中国邮政服务共建"一带一路"高质量发展综述》,2023 年 10 月 18 日,中国邮政网(http://www.chinapost.com.cn/html1/report/23101/808-1.htm)。

部门正式签署《关于深化中欧班列合作协议》。这是中国铁路第一次与"一带一路"沿线主要国家铁路签署有关中欧班列开行方面的合作协议，标志着中国与沿线主要国家铁路的合作关系更加紧密，为中欧班列的开行提供了更加有力的机制保障。2017年，《上海合作组织成员国政府间国际道路运输便利化协定》生效，该协定是上海合作组织交通领域首个涵盖所有成员国的多边合作文件，其正式生效为深化本地区互联互通合作，破除地区经济一体化瓶颈，促进区域经济发展注入新动力[1]。

在基础设施建设过程中，采用中国技术和中国标准成为沿线国家普遍欢迎的合作方式。蒙内铁路成为国际上第一条完全采用中国标准进行设计和施工的现代化新型铁路。中国企业以设计、采购和施工总承包方式总体承建和参与铁路项目的运营管理，使得中国铁路装备、标准和管理"走出去"。印度尼西亚马都拉大桥是世界上第一座采用中国桥梁规范建造的跨海大桥，匈塞铁路是中国铁路技术装备与欧盟铁路互联互通技术规范对接的首个项目，中国铁路先进的技术装备得到广泛应用。

第三节 共建"一带一路"中现代物流的重大价值

十年来，现代物流在共建"一带一路"中展现出重大价值。现代物流促进了国际贸易投资的繁荣发展，为维护全球产业链供应链安全稳定贡献了中国方案。此外，现代物流在助推我国形成陆海内外联动、东西双向互济的开放格局的同时，也助力共建国家的经济发展与脱贫致富。

---

[1] 人民网：《〈上合组织成员国政府间国际道路运输便利化协定〉生效 为区域经济合作注入新活力》，2017年2月15日，人民网（http://world.people.com.cn/n1/2017/0215/c1002-29083260.html）。

一、现代物流促进了国际贸易投资的繁荣发展

共建"一带一路"有计划、有步骤地推进交通基础设施建设,构建起全方位、多层次、复合型的贸易畅通网络,消除了共建国家内部、跨国和区域间的交通运输瓶颈及贸易投资合作障碍,极大提升了对外贸易的便捷度和国内国际合作效率,推动建立全球贸易新格局,对国际贸易发展发挥了重要的促进作用。

(一) 新型物流组织方式推动了国际贸易运输方式变革

在"一带一路"倡议框架下,各国积极推进多式联运的发展,从"渝新欧"班列的"单点突破",到众多地方国际物流线路的"连点成线",再到中欧班列的"织线成网",推动了国际贸易运输方式的创新和发展。以往中国和东盟、欧洲的许多商品和服务曾因物流成本过高或运输时间太长而无法通过市场及时实现供需对接,如今西部陆海新通道、中欧班列等为打通国际国内物流提供了一个运输成本更低、运行更稳定的新选项[1]。通过中欧班列,中国的消费类电子产品、家电、日用小商品等多种产品,以更快的速度、更优的价格到达欧洲。中欧班列也为欧洲生产商和贸易商扩大对华出口开辟了新的运输途径,特别是为众多中小企业的产品进入中国市场提供了经济快捷的运输方式,为俄罗斯、德国、荷兰等国家的木材、粮食、畜牧业产品、水果等特色产品创造了更加广阔的市场空间[2]。

(二) 快速高效的物流运作切实降低了国际贸易成本

统计显示,预估共建"一带一路"交通走廊完全建成后,共建国家的交通运输时间可最多缩短12%,世界其他地区的交通运输时间将平均

---

[1] 《人民日报》(海外版):《"一带一路"交通互联互通迈上新台阶》,2022年10月16日,中国政府网(https://www.gov.cn/xinwen/2022-10/16/content_5718700.htm)。

[2] 国家发展改革委:推进"一带一路"建设工作领导小组办公室发布〈中欧班列发展报告2021〉》,2022年8月18日,国家发展改革委网站(https://www.ndrc.gov.cn/fzggw/jgsj/kfs/sjdt/202208/t20220818_1333112.html)。

缩短 3%①。随着交通运输时间的缩短、物流成本的降低，贸易效率和货物的周转速度将大幅提高。以蒙内铁路为例，作为肯尼亚独立以来最大的基础设施建设项目，自 2017 年开通运营以来，大幅降低了东非内陆地区的产品经蒙巴萨港出口的物流成本。据肯尼亚政府估计，蒙内铁路对肯尼亚经济增长的贡献率达 2%②。世界银行《"一带一路"经济学：交通走廊的机遇与风险》研究报告显示，共建"一带一路"实施以来，仅通过基础设施建设，就可使全球贸易成本降低 1.8%，使中国—中亚—西亚经济走廊上的贸易成本降低 10%，为全球贸易便利化和经济增长作出重要贡献③。

二、现代物流为全球产业链、供应链安全作出重要贡献

共建"一带一路"致力于建设高效互联的国际大通道，对维护全球供应链稳定畅通具有重要作用。新冠肺炎疫情发生后，中欧班列、"空中丝绸之路"等全力保持安全稳定运行，为共建国家复工复产提供重要支撑，为世界提供了有效缓解全球供应链紧张难题、增强国际物流保障能力的可靠物流方案。

（一）中欧班列成为连接亚欧大陆的应急战略通道

中欧班列实现快速发展和常态化运营，成为连接中国同亚欧大陆国家的重要贸易线和"一带一路"建设大动脉。特别是在新冠疫情期间，中欧班列成为国际社会携手抗疫的重要"生命线"。中欧班列运营平台与 TCL、戴尔、联想、吉利、沃尔沃等一大批企业合作开行了"定制班列"，提供全程物流运输解决方案，通过采取匹配班次、加密计划等多项举措，为国内外企业维

---

① 刘倩：《共建"一带一路"：推动经济增长与全球发展的重要力量》，2023 年 11 月 2 日，光明网（https://news.gmw.cn/2023 - 11/02/content_36936624.htm）。

② 推进"一带一路"建设工作领导小组办公室：《中国—非洲国家共建"一带一路"发展报告》，2023 年 12 月，北京：中国计划出版社。

③ 国务院新闻办公室：《共建"一带一路"：构建人类命运共同体的重大实践》，2023 年 10 月 10 日，中国政府网（https://www.gov.cn/zhengce/202310/content_6907994.htm）。

持产业链供应链稳定提供重要支撑①。中哈中欧班列以其分段运输、运载货量较大、人员接触较少等优势，极大缓解了海运空运通道不畅的负面影响，成为中哈间货物运输的主渠道②。2021 年年初，苏伊士运河货轮搁浅事件发生后，亚洲至欧洲的海运航线一度陷入停滞状态，受疫情影响的国际供应链遭受进一步冲击。中欧班列及时发挥应急战略通道作用，展现了陆路贸易运输的韧性和潜力③。

（二）"空中丝绸之路"构筑了全球"空中生命线"

"空中丝绸之路"通过不断新增航班和航线，将大批国际防疫物资运往世界各地，成为疫情期间雪中送炭的"空中桥梁"和"生命通道"。疫情期间，中国民航向 47 个国家和地区提供抗疫援助，通过 100 多架次临时航班包机累计运送防疫物资达 1721 吨④。以河南郑州—卢森堡为代表的"空中丝绸之路"不停飞、不断航，运送大量抗疫物资，在中欧间发挥了"空中生命线"的作用。中国货运航空有限公司在"一带一路"共建国家的全货运航线连接着中国上海、深圳等地与阿姆斯特丹、萨拉戈萨、法兰克福、伦敦等欧洲城市，以及新加坡、曼谷等东南亚城市，运送电子产品、机械产品、生鲜产品等，对确保中欧之间产业链与供应链的稳定发挥了重要作用⑤。疫情期间国货航为西非的贝宁、布基纳法索、多哥、佛得角、冈比亚、刚果布、加纳、塞拉利昂、

---

① 中国访谈：《国家发改委区域开放司司长徐建平：中欧班列已成为保障产业链供应链安全的"生命通道"》，2022 年 8 月 20 日，中国网（http://fangtan.china.com.cn/2022－08/20/content_78381185.htm）。

② 外交部：《驰骋亚欧大陆的钢铁驼队——中欧班列》，2023 年 5 月 16 日，中国外交部网站（https://www.fmprc.gov.cn/web/ziliao_674904/zt_674979/ywzt_675099/2023nzt/zgzyfh/bjzl/202305/t20230516_11078284.shtml）。

③ 国家发展改革委：《中欧班列发展报告2021》，2022 年 8 月 18 日，国家发展改革委网站（https://www.ndrc.gov.cn/fzggw/jgsj/kfs/sjdt/202208/t20220818_1333112.html）。

④ 中国民航网：《后疫情时代 聚焦民航复苏与发展》，2020 年 9 月 11 日，中国民航网（http://caacnews.com.cn/1/2/202009/t20200911_1310327.html）。

⑤ 中共上海市委宣传部、中共上海市委对外宣传办公室、新民晚报社：《空中丝路：飞越千山万水，实现互联互通｜老外讲故事·"一带一路"促共赢》，2023 年 10 月 20 日，中国新闻网（https://www.chinanews.com.cn/sh/2023/10－20/10097638.shtml）。

加蓬、几内亚比绍、塞内加尔、尼日利亚等十八国运输了防疫物资①。

三、现代物流助推中国形成对外开放新格局

在推进共建"一带一路"进程中，我国各地区充分发挥比较优势，实行更加积极主动的开放战略，加强物流枢纽和国际物流通道建设，巩固东部沿海地区开放先导地位，提高中西部和东北地区开放水平，推动形成"陆海内外联动、东西双向互济"的开放格局。

（一）西北、东北地区对外开放取得新突破

内联西北五省份、外接亚欧八国的新疆，通过加快互联互通、完善基础设施建设，已成为向西开放的枢纽核心。陕西加快建设中欧班列西安集结中心和国际航空枢纽，在哈萨克斯坦等"一带一路"共建国家布局26个"海外仓"，发挥了向西开放的示范作用②。甘肃积极建设陆港型国家物流枢纽、国家级示范物流园区、国家级多式联运示范工程、国家一级铁路物流基地和铁路集装箱中心站，成为国家西部陆海新通道甘肃平台、中欧国际货运班列核心中转枢纽及中亚、南亚贸易通道枢纽③。宁夏利用所处新亚欧大陆桥国内段中间位置以及对内连接中国东西部与对外通往中亚西亚的特殊陆空优势，积极推动陆海多式联运，实现西向（中亚）、北向（俄罗斯）、南向（西部陆海新通道）、东向（天津港）货运班列开行，形成面向中亚、南亚、西亚国家的通道和商贸物流枢纽④。作为连接亚欧大陆桥重要战略通道和沟通西南、

---

① 中国国际货运航空股份有限公司：《国货航为西非十八国运输防疫物资》，2020年4月7日，中国国际货运航空股份有限公司网站（https：//www.airchinacargo.com/cargo/gywm/xwgg/xw/0717/20230717101934948748391_pc.html）。

② 陕西省人民政府新闻办公室：《陕西省人民政府新闻办公室举办新闻发布会介绍陕西省推进"一带一路"建设的总体情况》，2023年10月10日，陕西省人民政府网（http：//www.shaanxi.gov.cn/szf/xwfbh/202310/t20231010_2303020.html）。

③ 甘肃（兰州）国际陆港：《甘肃（兰州）国际陆港简介》，2023年10月17日，甘肃（兰州）国际陆港官网（https：//lzitlp.lanzhou.gov.cn/col/col7155/index.html）。

④ 《宁夏日报》：《西北五省区奏响"一带一路"大合唱》，2023年3月7日，宁夏新闻网（https：//www.nxnews.net/zt/23zt/2023qglh/wzbjwznx/wzbjwztt/202303/t20230307_7879106.html）。

西北交通枢纽，青海正积极推进西部陆海贸易新通道、格尔木国际陆港建设，扩大中欧班列、南亚班列开行，构建国家向西向南开放新支撑。东北地区的中俄陆海联运国际交通走廊、中蒙俄经济走廊、中欧班列等互联互通项目顺利推进，"哈欧班列""哈俄班列""长满欧""辽满欧""辽蒙欧""辽海欧"等中欧班列开通运营，东北成为中国向北开放的前沿。

（二）西南地区成为面向东盟开放合作的前沿

广西充分发挥西部陆海新通道东西互济、陆海联动的突出优势，推动海铁联运班列覆盖我国18省69市138站，南宁机场国际货运航线基本实现东盟国家全覆盖，北部湾港集装箱航线通达全球100多个国家和地区的200多个港口，通道沿线省区市经广西口岸进出口的贸易总额不断攀升，通道辐射内陆、联通世界的作用进一步增强[1]。云南加快推进与周边国家互联互通国际大通道建设，"七出省五出境"高速公路网基本形成，"八出省五出境"铁路网不断延伸，"两网络一枢纽"航空网加快推进，"两出省三出境"水路网持续拓展，外联内畅的综合运输大通道加快形成[2]。

（三）东部沿海地区开发开放的先导地位进一步巩固

东部沿海城市不断加强港口建设，形成了环渤海、长三角、粤港澳大湾区三大世界级港口群。海上丝绸之路以重点港口和航线为纽带，构筑起畅通安全高效的国际海运大通道。海南则推动共建"一带一路"和自由贸易港建设的有机联动，加快建设洋浦港区域国际航运枢纽，成为"21世纪海上丝绸之路"的重要战略支点。截至2023年年底，世界港口吞吐量、集装箱吞吐量排名前十位的港口中，中国分别占8席和7席。十年来，中国已与100多个国家和地区建立了航线联系，航线覆盖"一带一路"沿线所有沿海国家和地

---

[1] 《广西日报》：《广西深度融入共建"一带一路"》，2023年10月24日，广西壮族自治区人民政府网（http：//www.gxzf.gov.cn/mlgxi/gxjj/gxydyljs/t17332259.shtml）。

[2] 云南省网上新闻发布厅：《云南省参与共建"一带一路"倡议十周年新闻发布会》，2023年10月26日，云南省网上新闻发布厅网站（https：//www.yn.gov.cn/ynxwfbt/html/2023/zuixinfabu_1025/6217.html）。

区,海运连接度全球领先①。同时,在航空运输领域,以京津冀、长三角、粤港澳大湾区为代表的世界级机场群,加快全球航空货运枢纽建设,持续完善"一带一路"沿线国际航线布局,成为东部沿海地区"空中丝绸之路"的核心和国际门户枢纽。上海浦东国际机场和广州白云国际机场更是跻身全球十大航空货运枢纽。

(四) 内陆地区从内陆腹地迈向开放高地

内陆地区通过开行中欧班列、建设"空中丝绸之路"等方式,积极融入共建"一带一路",从根本上改变了内陆地区的经济区位,塑造了区域经济发展新格局,也让这些地区由内陆腹地迈向开放高地。四川成都的国际班列已连通105个境外城市、30个境内城市,形成了中欧中亚班列、西部陆海新通道班列、中老中越班列等多向度班列协同运行格局,构建起了"西进欧洲、北上蒙俄、东联日韩、南拓东盟"的国际班列线路网络和陆海货运配送体系②。河南确立了"构建以郑州为亚太物流中心、以卢森堡为欧美物流中心,覆盖全球航空货运网络"的"双枢纽"战略,初步形成横跨欧美亚三大经济区、覆盖全球主要经济体的货运航线网络,使河南通过"空中丝绸之路"链接全球③。

四、现代物流助力共建国家经济发展、脱贫致富

中国政府鼓励实力强、信誉好的企业走出国门,在"一带一路"共建国家开展铁路、公路、港口等交通基础设施建设。这不仅带动了当地就业,促

---

① 中国新闻网:《中国已与100多个国家和地区建立航线联系 海运连接度全球领先》,2023年7月11日,中国新闻网(https://baijiahao.baidu.com/s?id=1771119383716075624&wfr=spider&for=pc)。

② 《成都日报》:《共建"一带一路"十年 成都加速开创对外开放新格局》,2023年10月18日,成都发展改革官网账号(https://www.thepaper.cn/newsDetail_forward_24973311)。

③ 《河南日报》:《从内陆腹地迈进开放高地——共建"一带一路"倡议十年河南实践与思考》,2023年10月18日,河南省发展和改革委员会网站(https://fgw.henan.gov.cn/2023/10-18/2831551.html)。

进了当地经济发展，实现脱贫减贫，还有效推进了便民设施、民生项目落地，增进了共建国家民生福祉。

（一）促进了共建国家的区域经济发展

共建"一带一路"在"六廊六路多国多港"的基础框架下，基础设施互联互通格局加速形成，成为推动区域经济发展和对外开放的重要基础。中老铁路通车助力老挝实现"陆联国"梦想，东盟首个高铁印尼雅万高铁成功试运营，金港高速公路引领柬埔寨迈入"高速公路时代"，中老泰铁路、马来西亚东海岸铁路建设提速，国际陆海贸易新通道高效联通亚欧。高效的互联互通为共建国家承接大宗商品交易和产业转移、融入全球价值链、实现经济腾飞提供了基础和保障，促进了区域经济一体化欣欣向荣。

（二）为共建国家创造了大量就业机会

世界银行预测，到2030年，共建"一带一路"相关投资有望使共建国家760万人摆脱极端贫困、3200万人摆脱中度贫困[①]。根据巴基斯坦计划委员会不完全统计，中巴经济走廊第一阶段早期收获项目已创造约3.8万个工作岗位，75%以上为当地就业，其中交通基础设施建设创造约1.3万个工作岗位[②]；中老铁路建设期间，带动老挝当地超过11万人次就业；内罗毕快速路在建设阶段为当地创造了超过6000个工作岗位[③]。

（三）增进了共建国家的民生福祉

巴基斯坦白沙瓦—卡拉奇高速公路苏库尔至木尔坦段通车，打通了巴基斯坦中部南北交通大动脉，极大改善了当地交通状况。中国企业在建设公路

[①] 国务院新闻办公室：《共建"一带一路"：构建人类命运共同体的重大实践》，2023年10月10日，中国政府网（https://www.gov.cn/zhengce/202310/content_6907994.htm）。

[②] 统计局网站：《党的十八大以来经济社会发展成就系列报告："一带一路"建设成果丰硕 推动全面对外开放格局形成》，2022年10月9日，中国政府网（https://www.gov.cn/xinwen/2022-10/09/content_5716806.htm）。

[③] 人民网：《公路建设，带动区域经济社会发展（共建"一带一路"·公路建设）》，2023年10月14日，人民网（http://paper.people.com.cn/rmrb/html/2023-10/14/nw.D110000renmrb_20231014_1-06.htm）。

的同时，还在当地修建了便民道路、水井、水渠、桥梁等大量便民设施[1]。中国在"一带一路"共建国家加强了民生领域的物流服务供给，医疗卫生、教育文化等领域的物资运输得到了更好的保障。此外，中国物流企业积极参与公益事业和慈善活动，展现了物流业的社会责任和担当。招商局集团携手比尔·梅琳达盖茨基金会向吉布提、多哥、坦桑尼亚和孟加拉国等国的新生婴儿免费提供80余万针剂基础疫苗，有效防止了肺炎、百日咳、疟疾、腹泻等一系列常见、高危的传染疾病，显著降低了当地出生死亡率[2]。中国邮政携手推动共建国家邮政、快递服务发展，积极参与共建国家的扶贫工作，为贫困地区提供优质的邮政服务，提升了共建国家经济发展和人民生活水平。

第四节　共建"一带一路"新阶段现代物流的发展方向

未来，中国将坚定不移推进共建"一带一路"高质量发展走深走实，这将对现代物流体系建设提出新的更高要求。为此，中国将全面提升物流基础设施联通水平，加快完善国际物流综合服务体系，大力提升物流企业"跨境出海"能力。同时，将深入推进物流领域绿色发展，进一步提高全球物流治理能力。

一、全面提升物流基础设施联通水平

设施联通是共建"一带一路"的优先方向。中国将与各方通过建设高质

---

[1] 人民网：《公路建设，带动区域经济社会发展（共建"一带一路"·公路建设)》，2023年10月14日，人民网（http://paper.people.com.cn/rmrb/html/2023-10/14/nw.D110000renmrb_20231014_1-06.htm)。

[2] 招商局集团有限公司：《招商局集团有限公司："一带一路"守望相助，携手战"疫"见证友情》，2021年1月12日，国务院国有资产监督管理委员会官网（http://www.sasac.gov.cn/n4470048/n13461446/n14398052/n16460319/n16460417/c16495009/content.html)。

量、可持续、抗风险、价格合理、包容可及的基础设施，着力推动陆上、海上、天上丝绸之路建设，全面提升共建国家间基础设施互联互通水平。

一是大力推进陆上通道建设，积极参与共建国家主要港口进港铁路及机场高速公路建设，共同搭建以铁路、公路直达运输为支撑的亚欧大陆物流新通道。二是深化与共建国家海上互联互通，积极推进"丝路海运"港航贸一体化发展，加快陆海新通道建设，鼓励共建国家重要港口缔结友好港或姐妹港协议，合作共建国际和区域性航运中心。三是推动共建"空中丝绸之路"高质量发展，稳步推进与共建国家签订多双边航空运输协定，有序扩大航权安排，探索推动更高水平的航空开放；加强国际航空运输多双边领域合作，充分释放区域航空市场潜力[1][2]。

二、加快完善国际物流综合服务体系

加快完善国际物流综合服务体系、提升国际物流服务能力，是提高互联互通水平的重要保障。一是加快推进中欧班列高质量发展，优化完善中欧班列开行方案统筹协调和动态调整机制，加快建设中欧班列集结中心，完善海外货物集散网络，推动中欧班列双向均衡运输，提高货源集结与班列运行效率。二是加快国际航运、航空与中欧班列、西部陆海新通道国际海铁联运班列等协同联动，提升国际旅客列车行包运输能力，开行客车化跨境班列，构建多样化国际物流服务体系。三是提高重点边境铁路口岸换装和通行能力，推动边境水运口岸综合开发和国际航道物流合作，提升边境公路口岸物流能力[3]。四是推动增加海上航线和班次，加强与共建国家重点港口国际物流信息

---

[1] 推进"一带一路"建设工作领导小组办公室：《坚定不移推进共建"一带一路"高质量发展 走深走实的愿景与行动——共建"一带一路"未来十年发展展望》，2023 年 11 月 24 日，中国政府网（https：//www.gov.cn/yaowen/liebiao/202311/content_6916832.htm）。

[2] 新华社：《习近平出席第三届"一带一路"国际合作高峰论坛开幕式并发表主旨演讲》，2023 年 10 月 18 日，中国政府网（https：//www.gov.cn/yaowen/liebiao/202310/content_6909921.htm）。

[3] 国务院办公厅：《国务院办公厅关于印发"十四五"现代物流发展规划的通知》，2022 年 12 月 15 日，中国政府网（http：//www.gov.cn/zhengce/content/2022-12/15/content_5732092.htm）。

互联共享，提升运输便利化水平。积极与共建国家及港口城市分享临港经济发展经验，根据当地实际情况和意愿，推广"港口+自贸区"模式。五是进一步加密与共建国家首都及重点城市的航线航班，提高航空运输质量和运行效率[1]。同时，将加快建设运营海外货站，加强境内外企业多元合作，集成"空中网+地面网+货源网"，打通地面"后一公里"，提供"一站式"物流产品，从而打造安全可靠的国际航空物流体系[2]。六是加快构建多点支撑的境外寄递枢纽，聚焦运输、仓储和收投等环节，增强国际寄递网络的连通性和稳定性。面向东南亚、东北亚等周边区域，加快结点成网，形成区域网络优势。面向欧洲、北美和大洋洲的重要贸易伙伴，拓宽双向寄递通道。面向中东、非洲和南美洲等地区，增强网络连接，挖掘市场潜力[3]。

三、大力提升物流企业"跨境出海"能力

未来，物流企业助力全球价值链重构、提升产业链供应链稳定性的使命更加突出，物流"跨境出海"将迈向全链路业务整合和全球化多点布局发展新阶段[4]。一是鼓励有条件的物流企业"走出去"，加强资源整合配置，完善全球服务网络；支持跨国大型供应链服务企业发展，提高国际竞争力，增强产业链供应链韧性[5]。二是加强与境外港口跨境运输合作，鼓励航运企业基于

---

[1] 推进"一带一路"建设工作领导小组办公室：《坚定不移推进共建"一带一路"高质量发展 走深走实的愿景与行动——共建"一带一路"未来十年发展展望》，2023年11月24日，中国政府网（https：//www.gov.cn/yaowen/liebiao/202311/content_6916832.htm）。

[2] 广东踏信冷链物流有限公司：《首份航空物流领域海外建设运营航空货站的指导性文件发布》，2023年6月8日，广东踏信冷链物流有限公司网站（http：//hangzhou0160597.11467.com/news/3766456.asp）。

[3] 国家邮政局：《"十四五"邮政业发展规划》，2021年12月28日，国家邮政局网站（https：//www.spb.gov.cn/gjyzj/c100009/c100012/202201/f7f90da54b10432bb5cff518b4c7ebae.shtml）。

[4] 林坦：《2024年物流业五大趋势展望》，2024年2月28日，中国交通新闻网（https：//www.zgjtb.com/2024-02/28/content_402062.html）。

[5] 国务院办公厅：《国务院办公厅关于促进内外贸一体化发展的意见》，2022年1月19日，中国政府网（https：//www.gov.cn/zhengce/content/2022-01/19/content_5669289.htm）。

市场化原则拓展内外贸货物跨境运输业务范围①；提高航运企业供应链组织能力，整合国内外物流网络资源，组建世界一流船队，培育海运国际竞争优势②。三是鼓励航空物流企业与机场共同打造航空物流枢纽，构建畅通周边国家、辐射全球的航空物流网络；支持优势企业强强联合，建设强大国际货运机队，打造一体运作的国际航空物流运营平台，增强国际航空物流组织能力③。四是鼓励快递企业发展国际快递供应链，支持快递企业聚焦RCEP国家，"以点带面"逐步建设境外地面服务网络，在重要贸易伙伴国家构建快递通道，在新兴市场建立服务节点；鼓励快递企业建设海外仓，与跨境电子商务、制造业协同出海，为相关企业、相关国家提供便利高效的双向快递服务通道④。

四、深入推进物流领域绿色发展

推进物流领域绿色发展，是践行绿色发展理念、推进生态文明建设的内在要求，是推进共建"一带一路"高质量发展的重要载体。一是加强绿色基础设施互联互通。引导企业推广基础设施绿色环保标准和最佳实践，在设计阶段合理选址选线，降低对各类保护区和生态敏感脆弱区的影响，做好环境影响评价工作，在建设期和运行期实施切实可行的生态环境保护措施，不断提升基础设施运营、管理和维护过程中的绿色低碳发展水平。引导企业在建设境外基础设施过程中采用节能节水标准，减少材料、能源和水资源浪费，提高资源利用率，降低废弃物排放，加强废弃物处理。二是加强绿色交通领

---

① 国务院办公厅：《关于加快内外贸一体化发展的若干措施》，2023年12月7日，中国政府网（https：//www.gov.cn/gongbao/2024/issue_11086/202401/content_6924972.html）。

② 国家发展改革委：《"十四五"现代流通体系建设规划》，2022年1月24日，国家发展改革委网站（https：//www.ndrc.gov.cn/xxgk/zcfb/ghwb/202201/t20220124_1312812.html）。

③ 国家发展改革委：《"十四五"现代流通体系建设规划》，2022年1月24日，国家发展改革委网站（https：//www.ndrc.gov.cn/xxgk/zcfb/ghwb/202201/t20220124_1312812.html）。

④ 国家邮政局：《"十四五"快递业发展规划》，2022年2月18日，国家邮政局网站（https：//www.spb.gov.cn/gjyzj/c204521/202202/666bdb79cc134a3dbd1ac3d88a4fcfeb.shtml）。

域国际合作,助力共建"一带一路"国家发展绿色交通。积极推动国际海运和国际航空低碳发展,推广新能源和清洁能源车船等节能低碳型交通工具,推广智能交通中国方案,鼓励企业参与境外铁路电气化升级改造项目,巩固稳定提升中欧班列良好发展态势,发展多式联运和绿色物流[①]。

五、进一步加强规制和标准的软联通

未来,中国将进一步加强与共建国家在物流领域的规制和标准的软联通。一是深化交通运输合作机制。继续深化中国和中亚之间、和东盟之间、和中东欧之间的交通合作机制,拓展国际公路运输公约(TIR)应用,持续提升国际运输便利化水平;促进国际航班增班;引导邮政快递企业积极拓展海外业务,进一步扩大国际寄递市场规则。二是深度参与国际规则的制定。积极参与国际海事组织等国际组织的工作,努力引导国际航运温室气体减排进程;推动加快加入国际铁路运输政府间组织(OTIF);积极参加世界道路协会等相关活动,为世界交通发展贡献中国方案[②]。三是推进跨境物流单证规则、检验检疫、认证认可、通关报关等标准衔接和国际互认合作[③]。

[①] 国家发展改革委、外交部、生态环境部、商务部:《国家发展改革委等部门 关于推进共建"一带一路"绿色发展的意见》,2022年3月28日,国家发展改革委网站(https://www.ndrc.gov.cn/xxgk/zcfb/tz/202203/t20220328_1320629.html?code=&state=123)。

[②] 国务院新闻办公室:《国新办举行以交通运输高质量发展服务中国式现代化新闻发布会》,2023年12月21日,国务院新闻办公室网站(http://www.scio.gov.cn/live/2023/33091/tw/index_m.html)。

[③] 国务院办公厅:《国务院办公厅关于印发"十四五"现代物流发展规划的通知》,2022年12月15日,中国政府网(http://www.gov.cn/zhengce/content/2022-12/15/content_5732092.htm)。

第十章 中国物流数字化发展现状与展望

数字经济是继农业经济、工业经济之后的主要经济形态，正在快速推动生产方式、生活方式和治理方式的深刻变革，成为重组全球要素资源、重塑全球经济结构、改变全球竞争格局的关键力量。物流数字化发展是中国数字经济发展的重要领域，也是加快形成物流业新质生产力和推动国民经济上下游产业数字化转型的重要引擎。当前，中国物流的数字化转型基本覆盖全产业领域，其发展进程之快、辐射范围之广、影响程度之深前所未有。

第一节 物流数字化概述

中国物流数字化发展过程受到政策、技术、市场和产业等多种驱动因素的影响，并经历了信息化、平台化、智慧化三大发展阶段。中国物流的数字化转型不仅是经济发展和生产力进步的内生需求，也是国家重大发展战略落地实施的关键支撑。

一、物流数字化概念内涵与发展阶段

（一）物流数字化的概念内涵

《"十四五"数字经济发展规划》指出，数字经济是以数据资源为关键要素，以现代信息网络为主要载体，以信息通信技术融合应用、全要素数字化转型为重要推动力，促进公平与效率更加统一的新经济形态。数字经济包括产业数字化与数字产业化两大领域。其中，产业数字化是利用数字技术优化

和升级传统产业中的各个环节和要素,推动产业自身和产业链上下游数字化转型、升级和再造的过程。按照这个逻辑,物流数字化即为物流各个细分产业的数字化转型过程。

对于物流数字化的概念,目前尚无被广泛认可的明确定义。本报告将物流数字化定义为以新一代数字技术为基础,以数据为核心生产要素,以挖掘物流数据价值和升级、再造物流作业体系为主线,对物流运作的整个过程进行数字化赋能的过程。

(二)中国物流数字化的发展阶段

物流业具有适宜新兴信息技术应用的多元化作业场景,因此经常作为前沿信息技术应用的第一实验场。中国物流数字化发展进程总体上可分为信息化、平台化和智慧化三个阶段。

(1)信息化阶段

物流信息化是企业利用现代信息技术,特别是识别和传感技术(如条码、射频识别、传感器等)、数据交换和网络技术(如EDI、蓝牙、紫峰、因特网等)、空间定位和地理信息技术以及数据库技术等,通过采集、识别、传递、汇总、跟踪、查询等一系列物流活动,实现对货物流动过程的细节信息获取,为科学设计物流网络和作业流程、控制成本和提高效率、提升可视化水平等提供辅助。

在信息化阶段,数字技术仅限于物流企业的内部作业流程或物流企业与客户的点对点服务,信息系统的主要功能是获取信息和辅助企业运营中的管理和决策。在该阶段,数据要素的积累和价值挖掘并非主要目的,信息系统也不具有交易结算功能,更不具有自主决策和优化能力。但是,在信息化阶段,物流企业初步明确了信息系统对关键流程的重要作用,在一定程度上提升了决策和管理水平,为企业的深度数字化转型奠定基础。

(2)平台化阶段

物流平台化是将供应链上下游主体甚至整个物流产业生态中的各个主体集中整合到单一平台系统中,利用平台的系统算法和运营行业的技术资源优势，形成包含实时交易功能的线上物流生态圈。物流平台化阶段主要依托传感网、大数据、云计算、高带宽互联网、移动通信、互联网支付、区块链等技术手段，通过对多边交易网络主体的信息采集、传输、数据积累、价值挖掘等活动，实现数据共享、作业协同、供需匹配等目标，进一步提升了供应链上下游的整体协同能力。

在平台化阶段，数字技术服务于供应链上下游企业和市场买卖交易的多边商业主体，信息系统的主要功能是构建供应链上下游和多边交易主体的商业渠道。数据要素的积累和价值挖掘成为系统运行的重要目的，系统一般具备多边交易和服务能力，但对数据要素的应用过程仍主要基于对既定预制作业的调整和优化。在该阶段，物流细分行业的各类物流资源能够获得整合，细分市场的运作效率和产业组织结构也在一定程度上获得提升和优化。

（3）智慧化阶段

物流智慧化又称物流"数智化"，是指利用深度学习、强化学习等各类机器学习算法，以及数字孪生、生成式人工智能、大模型等新一代人工智能技术，结合信息化和平台化阶段的各类技术手段，对物流及其子系统进行优化，实现系统自身在作业流程中不同程度的自主决策，以及在自主决策基础上的人机协同作业或完全无人化作业。

在智慧化阶段，数字技术服务于物流与供应链的全部场景和各个参与主体，并重点关注大规模复杂作业场景的优化和人机协同、无人作业场景优化。数据要素的积累和价值挖掘作为基本要求，为各类学习型算法提供用于训练的数据源。信息系统具备多种能力，甚至在越来越多领域可以替代人工，成为具备一定自主决策能力的新一代通用人工智能系统。在智慧化阶段，物流各类作业流程都面临基于人机协同或无人化逻辑的改造，各类物流资源的整合利用能力进一步提升，物流运作效率也进一步提升。

迄今，中国物流数字化已经进入智慧化阶段。伴随着新一代信息技术和人工智能技术的发展，结合其他领域各类技术的不断集成，中国物流数字化仍处于不断发展演化的进程中。

二、中国物流数字化发展的驱动因素

中国物流数字化发展受到政策、技术、市场与产业多重因素的共同驱动。其中，技术进步、市场需求、产业升级是物流数字化发展的内在驱动力量，政策因素则起到了重要的引领、催化和规范作用。

（一）政策因素

党的十八大以来，以习近平同志为核心的党中央把科技创新摆在国家发展全局的核心位置，我国科技创新能力获得飞速提升。在世界知识产权组织发布的全球创新指数排名中，中国从2012年的第34位上升至2023年的第12位[①]。在大力推进科技创新的同时，中国政府注重支持和引导各行业的数字化转型。2021年颁布的国家"十四五"规划，将"加快数字化发展，建设数字中国"单独成篇，明确提出"以数字化转型整体驱动生产方式、生活方式和治理方式变革"的要求。2022年1月，国务院印发《"十四五"数字经济发展规划》，提出数字经济是构建现代化经济体系的重要引擎，并从优化升级数字基础设施、充分发挥数据要素作用、大力推进产业数字化转型等八个方面提出了产业数字化转型的具体任务。2022年5月，国务院办公厅印发《"十四五"现代物流发展规划》，明确提出加快物流数字化转型，利用现代信息技术推动物流要素在线化、数据化，提升物流数据价值。可以看出，国家政策覆盖从数字技术创新、产业数字化转型到物流数字化的各个层面，为中国物流数字化发展提供了强有力支撑。

（二）技术因素

随着全球新一轮技术革命和产业革命的深入发展，中国信息技术领域在技术创新及其转化应用方面取得了长足进步。其中，数字技术创新及其转化

---

① 人民网：《中国是全球知识产权活动的重要贡献者》，2024年5月2日，人民网百度百家号（https：//baijiahao.baidu.com/s? id=1797890050851506767&wfr=spider&for=pc）。

应用受到了中国物流企业前所未有的关注。人工智能、区块链、云计算、大数据、物联网等一系列信息技术与物流产业深度融合，不仅极大推动了各细分行业降本增效，也不断催生了行业新业态和新模式，拓宽了物流产业的整体发展空间。具体来看，数字化技术的创新和应用是驱动中国物流数字化发展的核心因素，物流企业在战略和运营方面的管理者均将数字化技术及其应用作为密切关注的领域，进而推动企业革新。数字技术对中国物流企业数字化转型的影响愈发广泛、深刻和长远。

（三）市场因素

随着中国经济的快速发展和居民物质文化需求的增长，中国的商业流通体系逐步呈现供应链的"短链化"特征，即规模化的生产企业、商贸企业开始直接面向个人和家庭等终端消费场景重新设计销售体系，压缩批发和转售环节，并通过线上渠道或线上线下结合的全渠道完成产品销售。这种商流重构也创造了巨量的面向终端消费者的"门到门"的物流需求。例如，在网络零售、社区团购、外卖到家、跨境电商等新兴商业业态蓬勃发展的带动下，面向个人家庭服务的快递物流、即时物流、前置仓、网格仓等消费物流服务业快速发展。这些物流新需求与新模式在即时成交、物流全程可视化、即时合并配送订单、实时规划配送路线等方面具有较高要求，迫切需要各类新兴数字化技术的全面支撑。同时，在消费物流的引领下，面向制造、商贸、农产品等重点产业领域的物流市场对数字技术和数字化转型的要求也不断提升。中国流通体系和市场需求的升级使物流业的数字化转型需求也变得越来越迫切。

（四）产业因素

改革开放以来，中国物流业从以大型制造业为主的传统分工体系中逐步分离出来。由于起步晚、基础弱等原因，多数物流细分行业的市场主体都具有"小、散、弱"的特征，全行业的规范、整合、转型和升级需求都较为迫切。信息技术革命的爆发推动物流行业发展引入新的技术，也引导物流企业逐步提升内部运营管理水平、整合外部市场资源、提高供应链上下游协同能力。数字技术发展催生的平台经济可帮助中小物流企业快速纳入大型供应链企业的分工合作体系，从而形成围绕物流平台企业的"簇群市场"结构，在推动企业发展壮大的同时，也提升了和客户进行市场谈判的能力。从这个角度讲，各类中小物流企业在对内部署数字化系统和对外加入数字化平台方面都存在内生需求，数字化转型已经成为各类物流企业获得持续发展动能的普遍共识。

三、中国物流数字化发展的重大意义

现代物流一头连着生产，一头连着消费，是延伸产业链、提升价值链、打造供应链的重要支撑，在构建"双循环"新发展格局、促进形成强大国内市场、推动高质量发展、建设现代化经济体系和实现中国式现代化过程中发挥着先导性、基础性和战略性作用。

（一）培育和发展新质生产力，推动国家经济高质量发展

高质量发展需要新的生产力理论来指导，推动落实高质量发展战略需要进一步提升新质生产力对高质量发展的强劲推动力和支撑力。新质生产力是创新起主导作用，摆脱传统经济增长方式、生产力发展路径，具有高科技、高效能、高质量特征，符合新发展理念的先进生产力质态。现代物流是国民经济的先导性、基础性和战略性产业，是国家现代化产业体系的组成部分。因此，推动物流数字化转型不仅是物流领域培育和发展新质生产力的必然途径，也将为国家经济的高质量发展提供支撑。

（二）推动降本增效和产业协同，助力构建"双循环"新发展格局

现代物流在促进形成强大国内市场、构建"双循环"新发展格局中起到重要作用。物流的数字化转型将从降本增效、提升产业链供应链协同能力的角度进一步增强物流业对完善商贸流通体系、加快构建新发展格局的促进作用。一是开拓平台化的线上市场、推动流通体系降本增效。作为经济的"经脉"，现代物流是流通体系的重要环节。物流的数字化转型有助于开辟平台化的线上市场渠道，提升流通体系的全渠道融合发展能力，进而推动商贸流通

降本增效。二是推动产业协同，促进形成强大国内市场。现代物流的数字化转型将提升产业链供应链上下游的协同发展水平，促进物流与制造业、农业和其他服务业的深度融合，并对增强应急保障能力、提升产业链供应链韧性起到关键作用，对巩固和扩大国内市场，打通国内大循环堵点、卡点、断点和空白点起到积极的促进作用。

（三）促进区域协同和创新扩散，推动实施重大区域发展战略

在京津冀协同发展、长江经济带和粤港澳大湾区等国家重大区域发展战略中，推动物流产业的数字化转型同样起到了重要的支持作用。首先，数字化转型为物流网络的区域协同能力提供系统支撑，助力区域重大发展战略落地。例如，河北省发布《河北省智慧物流专项行动计划》，推进京津冀物流数字化协同，完善优化跨区域供应链共同治理机制[①]。其次，物流数字化对区域技术溢出和创新扩散起到推动作用。物流是连接产业链上下游的枢纽，通过跨区域的上下游企业间供应链合作过程直接推动技术溢出和创新扩散，对推动落实国家重大区域协同发展战略起到支持作用。

第二节　中国物流数字化发展现状

当前，中国物流数字化发展进程逐步向纵深推进，很多领域已经形成较为成熟的应用体系，包括企业内部管理信息系统应用的不断扩展和完善，企业之间的数字化物流服务交易平台应用日趋成熟，物流装备的智能化、无人化运营管理水平提升，应用物流大数据辅助决策和优化流程等。同时，随着生成式人工智能大模型技术的快速发展，物流领域也开始关注并积极推动新一代人工智能技术的应用。此外，我国政府也不断出台一系列政策，积极引导和支持行业的数字化转型发展。

[①] 中国新闻网：《河北构建智慧物流体系　推进京津冀物流数字化协同》，2020年6月22日，中国新闻网财经频道（https://www.chinanews.com.cn/cj/2020/06 - 22/9219308.shtml）。

一、企业内部管理信息系统应用不断扩展和完善

大规模的物流与供应链业务涉及群组化设备的实时管理和多部门多环节的实时沟通，需要通过管理信息系统统筹管理企业的人员、设备等要素资源。尤其是大型车队、云仓企业和消费物流企业，通过合理的优化算法高效管理车辆、仓库库位、配送员等，更是企业核心竞争力的来源之一。同时，搭建供应链层面的子系统一体化协同平台和可视化管控平台也是企业管理信息系统数字化发展的重要途径。

（一）车队管理系统逐步向基于全生命周期的精益化管理转型

车队管理系统涉及对各类车辆、驾驶员、线路规划、货物类型等复杂因素的综合管理和规划，是现代物流车队实现规模化发展、数字化转型和科学化管理的重要载体。早期物流企业一般仅采用简单的运输管理系统（TMS）集中管理车队，这类系统仅能简单记录和存储司机出勤、收发货、车辆出发和到达等信息。随着车队规模的扩张和竞争压力的提升，中国物流企业的车队管理系统的设计理念和平台功能都开始转型和提升。在设计理念方面，由单车单业务成本控制逐步向基于规模化车队的全生命周期成本控制（TCO）和精益化运营转型。在平台功能方面，车队管理平台功能逐步向全过程管理扩展，成为具有实时监控、路径规划、任务调度、报警提醒、数据分析等多元功能的数字化平台。

志鸿物流对大车队管理系统进行了基于全生命周期的系统开发，如在车辆采购上注重品牌和质量，而非购置成本因素。志鸿物流选用沃尔沃卡车往返广州至成都线路，在车队管理平台管控下可以实现往返次数增加、燃油支出下降和维保费用降低，从全生命周期成本控制上实现车队降本增效。2018年该公司被满帮收购后，其车队管理系统与网络货运平台融合，精益化管理水平持续提升。例如，其冷运模块可实现基于线路、品类、车型、场景、天候等海量参数的算法建模，采用基于线路归并的线性拟合、基于LightGBM决

策树回归模型、基于深度学习线路嵌入的特征工程等①，实现对服务产品的动态定价和对车队的精益化管理。

G7易流开发了以前视摄像头、司机摄像头、盲区摄像头为硬件，并与"端+云"算法相结合的"安全管家"平台，实现服务车队全年百万千米事故率下降17%；开发了"流向管家"平台，以"GPS+载重IoT+视频识别"三重保障，可有效防止在途偷货、窜货和换货，实现了异常在途事件实时侦测和即时警报，以及AI算法自动判责等功能；2023年5月，平台新上线"财运通"产品，实现车队在途油耗费用精准管控、在途发生费用水印拍照实时上报和全车队车辆运转效率实时看板功能，并能自动测算单个客户、单个运输项目的全部费用。这些车队管理数字化平台为客户创造了巨大利润，如使用"流向管家"的海螺水泥公司，陆续撤销了200个监测车辆流向的人工路签点，每年为企业节约管理成本近4000万元②。

（二）库存管理系统和订单管理系统向动态化、智能化升级

仓库库存管理及相关订单管理，是制造、商贸企业供应链管理的核心内容之一，也是第三方物流企业设计供应链物流运营管理方案的关键点。利用库存管理系统（WMS）和订单管理系统（OMS）进行企业相关作业的数字化升级改造，是提升企业供应链管理水平的重要路径。随着新技术的发展和市场需求的转变，中国企业的WMS和OMS正在向一体化和智能化方向升级。

一体化是指WMS和OMS平台为企业的供应链管理提供全客户、全渠道、全品类、全流程、全场地的一体化管理平台。例如，唯智信息公司为国内领先的卫浴品牌九牧搭建了仓库管理系统，实现了企业对原材料、在制品、成品、线边、VMI仓库的多点精细管理，并配合九牧公司国内外多点生产、线上线下全渠道销售等特点，整合WMS与企业销售管理中台，为企业供应链库存管理提供了整体解决方案和运营管理系统。又如，美团牵牛花系统是美团

---

① 罗戈研究：《2024中国供应链物流科技创新发展报告》，2024年1月，罗戈网（https：//www.logclub.com/front/lc_report/get_report_info/4230）。

② 相关数据来自G7易流官网：https：//www.g7e6.com.cn/iot.html#part3。

为本地零售商家提供的数字化订单管理 SaaS 系统产品，提供多渠道门店管理、订单履约管理、库存、订单与财务对账、中心仓前置仓进销存管理等全流程数字化解决方案。截至 2023 年年底，美团牵牛花系统服务超 4 万门店，覆盖超过 30% 百强便利店和超过 80% 即时零售业态商家①。

提升 WMS 和 OMS 系统的智能化水平是增强企业仓库、订单管理能力的重要优化方向。一些企业开始探索建立基于机器学习、生成式人工智能大模型等新一代人工智能技术的软件产品和平台。例如，2023 年 7 月，准时达公司发布了 JusAI 系列三款服务产品。其中"动态库存管理"系统利用 AI 模型和历史数据来对未来的需求量进行预测，实现在途库存计算、销售预测跟踪、异常主动报警功能，整合在途、在库与计划出库库存，提供实时补货及出货建议，从而帮助企业实时规划采购与库存规模，优化库存成本②。又如，蓝幸软件公司的"供应链蓝图 SCATLAS"系统可以为客户提供基于 AI 系统的整体销量预测和补货策略。该系统采用全自主知识产权算法库，支持从整数规划、产品流规划到人工智能驱动的库存优化、需求预测、端到端模拟仿真等多种算法③。该系统整体提升了客户需求预测准确性，为企业提供了多场景、多方案比对下的供应链库存计划。

（三）供应链信息跟踪追溯体系向可视化管理平台迈进

物流过程的信息跟踪和追溯体现了现代物流信息化、数字化的水平，能够提高企业的过程管理水平，并为客户提供相对准确的订单履约预期。传统的信息跟踪和追溯依托二维码、射频识别、全球定位系统（GPS）、地理信息系统（GIS）等技术实现配送中心追溯和运输在途信息追溯。当前，在技术进步和客户需求的推动下，叠加了物联网、区块链、数字孪生等新技术的供

---

① 罗戈研究：《2024 中国供应链物流科技创新发展报告》，2024 年 1 月，罗戈网（https：//www. logclub. com/front/lc_report/get_report_info/4230）。

② 准时达国际供应链：《准时达发布 JusAI 全新产品线　上线三款 AI 新产品》，2023 年 7 月 10 日，电商报（https：//www. dsb. cn/news-flash/120273. html）。

③ 蓝幸软件公司官网：https：//www. lanxingai. com/product. php。

应链可视化平台逐步开始获得应用，提升了供应链服务过程信息追溯的整体水平。

2023年10月，京东物流正式推出京东物控2.0平台，在原有仓库管理系统基础上全面升级仓库AI和仓储数字空间构建工具，基于3D场景搭建和实时渲染能力，并通过部署传感器和接入多种自动化机器人设备，实现实时信息采集和智能算法分析。同时，该平台将仓库的物理状态进行数字孪生，实现了全场景覆盖，达到监控、调度和维护的多维统一，有效降低错误操作发生率，促进了以仓储为核心的整体供应链的降本增效。

2023年3月，洞隐科技发布Wali供应链可视化平台。该平台通过多数据源融合、大数据、机器学习等技术，提供包括海运、空运、铁运和陆运等运输方式的运力计划、货物跟踪及位置服务，可深度覆盖多段航程和多式联运场景，实时预判港到港船期和ETD/ETA延误，实现对整个供应链端到端的全程可视化，帮助客户进行实时主动的异常管理和预警，优化物流计划衔接。截至当月，Wali平台已支持43家船公司、89家航空公司、国内多数集卡企业及主流GPS平台。

二、数字化物流服务交易平台应用日趋成熟

物流服务交易平台是物流供需双方进行匹配、缔约、结算和跟踪交付的电子商务平台，主要包括物流企业与客户间的供需撮合交易平台及物流要素资源交易平台。在供需撮合交易平台中，数字化技术最为成熟、同行业应用普及度最高的是公路干线网络货运平台和城市配送网络货运平台；在物流要素资源交易平台中，行业应用较多的包括设施设备租赁、运力众包等平台。

（一）公路干线网络货运平台实现行业大规模应用

公路干线网络货运平台是长途、大批量（整车或零担）公路货运运力与货运需求实现服务撮合交易的互联网平台，是我国物流业应用渗透度较高、龙头企业业务规模较大、数字化技术水平较为先进的物流交易平台。

在渗透度方面，2023年发布的《2022年货车司机从业状况调查报告》调

查结果显示①，到2022年年底，从事干线公路货运的大型卡车司机中，76.0%曾经使用过公路干线网络货运平台。另外，据交通运输部网络货运信息交互系统统计②③，截至2023年9月底，全国共有2937家网络货运企业，整合社会零散运力728.8万辆，整合驾驶员602.6万人。第三季度共上传运单2747.0万单，同比增长16.8%。

在企业业务规模方面，我国以干线运输领域业务为主的公路网络货运平台中，已经出现满帮、路歌等龙头上市企业。这些企业在细分市场的业务规模不断壮大，以满帮为例，2022年全年实现营收67.3亿元，同比增长44.6%，净利润为2021年的3倍。2023年11月满帮财报显示，平台车货匹配服务营收19.0亿元，同比增长25.8%；发货货主月平均活跃用户达213万，同比增长15.0%，过去12个月的履约活跃司机达379万，供需两端活跃用户数均创历史最高。

在平台技术方面，大型网络货运平台的运营本身需要互联网、云计算和大数据等先进的数字技术支撑，一些平台也开始主动引入新一代人工智能技术。例如，福佑卡车平台积累了涵盖整车价格、线路、车辆信息、司机信息等多个维度的大规模历史数据，通过采用机器学习等先进技术，可在询价、调度、运输、交付、结算等多个业务节点实现人工智能的赋能应用。该平台帮助货主企业及卡车司机在供需匹配过程中有效降低信息获取成本、提高车辆运行效率、优化运输服务体验。

（二）城市配送网络货运平台推动城市物流数字化水平提升

城市配送网络货运平台一般是服务同城配送的公路货运运力方与货运需

---

① 中国物流与采购联合会：《2022年货车司机从业状况调查报告》，2023年4月7日，中国物流与采购联合会官方百度百家号（https：//baijiahao.baidu.com/s？id=1762480092104701582&wfr=spider&for=pc）。

② 央广网：《交通运输部：第三季度全国网络货运企业上传运单量同比增长16.8%》，2023年11月10日，央广网官方百度百家号（https：//baijiahao.baidu.com/s？id=1782189128157223632&wfr=spider&for=pc）。

③ 这部分数据的统计范围包含公路干线网络货运平台和城市配送网络货运平台。

求方的撮合交易平台。当前，城市配送网络货运平台市场结构相对集中，大型平台企业的发展进一步提升了城市物流业务的数字化水平。

城市配送网络货运平台市场呈现"一超多强"的市场格局。2021年，货拉拉在同城网络货运市场占比最高，已达到52.8%[①]。截至2023年6月，货拉拉业务范围覆盖全球11个市场，包括中国及东南亚、南亚、南美洲等地区，其中中国总共覆盖360座城市，月活司机达90万，月活用户达1050万[②]。除货拉拉平台外，到家集团旗下的快狗打车平台、滴滴全球旗下的滴滴货运平台、满帮集团旗下的"省省"平台等也占有相对较高的市场份额。

城市配送网络货运平台持续提升了城配业务的数字化发展水平。以货拉拉、快狗打车为代表的城市配送平台，除了提供供需匹配交易功能，还依托多元数字化技术为平台交易各方提供增值服务。例如为司机提供订单排程和基于多条可选线路的实时调度，以提升运输效率和缩短配送时间；为中小企业、家庭客户提供多种可选车型和服务方案等。此外，各大平台不断优化系统算法。例如，快狗打车平台的智能匹配算法，将待运送货物的规格、距离、车辆类型、客户要求等多个因素逐步纳入算法匹配的考量因素，为订单需求快速匹配对应服务。

（三）物流要素资源交易平台应用不断发展壮大

物流需求具有典型的潮汐特征，且具有来自时间、地区、品类、服务水平不同方面的不确定性。为了适应需求波动并压缩持有成本，很多物流企业的运输仓储设施设备、运力、人员等生产要素都采用"部分自持、部分外协"的方式，即通过租赁、众包等方式动态持有生产要素和资源。为了满足这类需求，一些供应商还提供专门的物流要素资源交易平台，提升了交易的数字化和按需动态服务能力。

[①] 易观分析：《中国同城货运市场发展洞察2022》，2022年6月23日，商业新知（https://www.shangyexinzhi.com/article/4958988.html）。

[②] 该数据来源于货拉拉公司官方网站，https://www.huolala.cn/about_us.html?sources=SZ-Y-A-P-bd-pc。

托盘是物流企业的常用成组运输设备，各类租赁平台在推动托盘循环共用方面不断取得进展。2023 年 4 月，中国托盘租赁行业两大供应商路凯集团与集保公司完成合并，合并后路凯集团在国内的各类托盘载具运营规模达到 2200 万件，汽车周转物流箱 100 万个①。物流企业租赁托盘和物流箱的下单过程，商品带板运输后物流商将托盘转出给下游配送中心或客户的过程，直至最终零售商使用完成归还托盘的过程，均可通过路凯集团的一体化信息平台"路凯在线"完成。

运力众包平台是较为常见的物流要素资源交易平台。按照《中国灵活用工发展报告（2022）》的统计，交通运输、仓储和邮政业劳动者流动频繁，非正式员工（兼职和灵活用工人员）达 576.6 万人，占行业全部从业人员的 46.4%②。其中，快递、外卖等新兴物流领域是运力众包平台发展较快的领域。根据国家信息中心的统计，2022 年全年在线外卖收入占全国餐饮业收入比重达到 25.4%，许多平台采用包括"众包"在内的多种灵活用工方式，外卖、即时物流配送业务成为临时失业人员、创业受困群体通过运力众包平台重新就业的重要领域③。常见的运力众包平台包括提供兼职服务为主的前程无忧、58 同城，提供劳务外包服务为主的猪八戒、远创人力，以及提供薪税服务为主的云账户、蚂蚁 HR 等。

三、物流装备的智能化、无人化运营管理水平不断提升

中国物流装备正朝着智能化和无人化的方向发展，区别于传统基于预制程序的自动化，新一代物流装备的数字化发展整合了具备更强自主智能化水平的算法技术，逐步实现了较高水平的人机协同作业和无人化作

---

① 该数据来源于路凯公司官方网站，https：//www.loscam.com.cn。
② 杨伟国、吴清军、张建国：《中国灵活用工发展报告（2022）》，社会科学文献出版社 2022 年版。
③ 国家信息中心：《盘点我国共享经济 2022 发展特点与趋势》，2023 年 5 月 11 日，国家信息中心官方网站（http：//www.sic.gov.cn/sic/82/568/0222/11273_pc.html）。

业能力。

（一）仓库货架和搬运设备向人机协同和无人化作业体系发展

仓内货架和搬运设施设备是中国物流数字化发展进程较快的领域，主要包括高层密集存储智能货架、无人叉车、自主搬运机器人（AMR）等。

在智能货架方面，实现密集存储的高层立体货架体系日益普及，并与专业的穿梭车和分拨体系配合，形成融合密集仓储和自动拣选的智能化作业体系。例如，凯乐士科技集团开发的大件产品多层楼库密集存储解决方案，针对1000KG以下的托盘类及大尺寸货品的存储和搬运设计。在技术上，该方案将自主研发的侧叉式托盘移动机器人（PTR）与四向托盘穿梭车FLASH-TP结合，利用托盘穿梭车仓库高效、高密度、低成本的存储方式与移动机器人窄巷道、快速对接、柔性部署等特点，配合自主研发的AI算法，实现任务路径的最优规划及冲突避障，保障系统流畅作业。

在无人叉车领域，早在2018年年底，德邦快递就开始引入智久品牌的自主驾驶叉车产品，应用于德邦快递浦东分拨中心；2019年，德邦又与木蚁机器人公司达成合作，实现100台木蚁无人叉车入驻德邦快递全球最大分拣中心——广东佛山顺德陈村分拣中心，完成无人叉车自动化搬运工作，并与300台原电叉车和257名叉车工人协同作业。人机协同新体系实施后，实现人工减少14%，作业效率提升15%，时效工作量达到平均每人每小时21板。基于双方合作，德邦在2020年至2023年参与木蚁机器人多轮融资，成为木蚁机器人的股东之一，双方开始了新一轮无人叉车在公路分拨中心领域的应用探索。

在自主搬运机器人方面，中国仓储企业和相关设备提供商目前已经开启了传统仓内自动引导车（AGV）向自主搬运机器人（AMR）的转型发展历程[1]，并形成了一些具有全球销售能力的企业。2022年，中国

---

[1] AGV通常只能沿着预设路线，依照预设程序指令完成任务，且在任务执行过程中无法根据现场环境的变化而改变行为，AMR具备现场智能感知、自主路径规划、灵活避障、可安全进行人机协作等能力，能够应对复杂的现场环境变化，因此更智能、柔性、安全和高效。

移动机器人（含 AGV 和 AMR）市场销售额达 185 亿元，同比增长 46.8%[1]。中国主要 AMR 厂商共约 70 家，包括极智嘉、迦智科技、海康机器人、快仓智能、灵动科技、新松智能、法博智能、明基智能等[2]。其中，北京极智嘉在全球超 40 个国家和地区拥有销售、运营和服务能力，已服务全球客户超 1000 家，2022 年实现年订单额超过 20 亿[3]。极智嘉为齐心集团打造的 AMR 解决方案中，处理了超过 13 万个小型且高度多样化的 SKU，可将销售热度较高的 SKU 存放在最低层货架上，从而加快拣货过程。部署该方案后，齐心仓库的整体存储容量提升了 200%，拣货效率提升了 50%，准确率达到了 99.99%[4]。

（二）分拨中心拣选和物流包装设备逐步专业化和机器人化

分拨中心的作业具有动作精细、流程庞杂的特点，包括货物的拣选、拆零、打包、码垛等细分环节，物流包装也多在分拨中心进行。不同于商品销售包装，物流包装一般是为了在物流作业过程中能够保护、集装商品和方便搬运商品。当前，一些分拨中心开始应用高度专业化和智能化的机器人，实施重复性强、精细度高或人力资源消耗大的物流作业。

2022 年，联邦快递宣布与物流机器人企业蓝胖子机器智能公司合作，在广州华南电子商务货件分拣中心启用人工智能驱动的智能分拣机器人 Dora-Sorter，用于处理来自华南地区的跨境电商小型包裹。该机器人采用特制抽屉状"爪手"，能够与传送带无缝衔接，准确将包裹从传送带抓取到相应目的地路由格口投放包裹，最高可承载 10 公斤包裹，最多可同时操作 100 个目的

---

[1] 罗戈研究：《2024 中国供应链物流科技创新发展报告》，2024 年 1 月，罗戈网（https://www.logclub.com/front/lc_report/get_report_info/4230）。

[2] 中泰信合：《2023 全球及中国自主移动机器人（AMR）市场发展与应用趋势分析》，2023 年 8 月 9 日，中泰信合官方百度百家号（https://baijiahao.baidu.com/s?id=17737208077428548211&wfr=spider&for=pc）。

[3] 数据来源于极智嘉科技官方网站：https://www.geekplus.com/cn/company。

[4] 极智嘉, Interact Analysis：《仓储机器人的未来》，2022 年 6 月 22 日，罗戈网（https://www.logclub.com/front/lc_report/get_report_info/948）。

地流向①。

海康机器人提供的 3D 视觉引导机械臂拆码垛系统，融合 AI 深度学习、3D 机器视觉、光纤传输、高光谱成像等前沿技术，针对分拨中心拆码垛应用痛点，利用机械臂实现拆包、码垛智慧化解决方案。该方案内置了基于大型数据库的预训练模型，能轻松识别多品类的货物，灵活应对来料偏差等情况，引导机械臂准确抓取货物，并支持混合拆垛、一拍多抓、偏置抓取等多种抓取策略，帮助用户提高生产效率②。

京东物流在分拨中心的订单处理流程中引入了智能打包机，可通过视觉识别、机械手抓取、3D 视觉等先进技术实现自动包装操作，简化人工操作流程，降低员工劳动强度的同时提升了运营效率。其中，磁悬浮打包机引入了磁悬浮技术，通过该技术克服重力使物体悬浮，可实现针对多种不同规格包装材料的自动推荐选择与商品规格匹配。同时，机器人可以做到 0.6 秒内更换适当夹具，使该设备适用手机、食品等多种商品的打包供货流程③。

（三）智能运输配送设备和无人驾驶车辆获得加速应用

智能运输装备，如数字货仓、智能重卡、L4 级无人驾驶物流车等已经开始加速在中国物流运输领域应用。其中，一些互联网、物流、人工智能领域龙头企业开始加快推进无人驾驶车辆在高速公路、厂区园区等场景的应用。

G7 易流开发数字货仓设备，具备实时记录仓内货物装载体积功能，可以帮助记录装载时间，发现可用空间，帮助客户车队平均装载率提升 2%。同时，数字货仓具备实时称重和货物重量数据上传功能，精度高达 98%。此

---

① 数据来源于蓝胖子机器智能官网：https://www.dorabot.com.cn。
② 海康机器人：《一文读懂海康机器人 3D 视觉引导拆码垛系统》，2022 年 1 月 13 日，物流技术与应用（https://mp.weixin.qq.com/s?__biz = MjM5NDU4NzcwMw = = &mid = 2650502342&idx = 3&sn = 9f5582e1f8fc25c06efb1d5f5616f192&chksm = be8aa19e89fd2888975375f138c1c62cede2900ee459c904452b4aed975ea874cefd8e430be0&scene = 27）。
③ 林振强：《京东的磁悬浮打包机、优衣库的工业机器人、亚马逊的打包机器人，自动化包装已去到多远？》，2020 年 7 月 3 日，物流技术与应用（https://mp.weixin.qq.com/s/Kw-9QUySrGryO1yqf-QudBQ）。

外，该设备还具有远程温控和震动等监测功能，解决了公路货车装载和冷链全程监控的痛点问题①。

驭势科技依托自主研发的 U-Drive 智能驾驶平台，在业务上形成可规模化部署的 L3－L4 级智能驾驶系统，可以满足可控场景下高级别自动驾驶物流车辆的部署需求。2019 年，驭势科技在机场和厂区领域实现了"去安全员"无人驾驶车辆常态化运营的突破。2022 年 11 月，东风物流与驭势科技共同合作的东风本田第二工厂园区内无人驾驶物流车创新应用项目正式通过验收测试，成为国内首批尝试无人驾驶场内物流的汽车制造企业。这些无人驾驶物流车可全程自主导航、自主避障，可实现全天候运营和突发事件自主处理，确保安全高效地将物料运送至指定地点卸货②。

千挂科技致力于智能重卡的"脱眼脱手"级自动驾驶技术解决方案。在与东风柳汽的合作基础上，千挂科技基于东风乘龙 H7 型重卡牵引车，打造 AutraOne 智能重卡，成为从结构改制、传感器布置、动力链优化、智能驾驶舱配置、底层电子电气架构升级、软件算法开发等方面正向研发的前装量产智能卡车。该智能重卡支持"人机轮替驾驶"，对于高速公路场景，系统可以做到人类驾驶员的"脱手脱眼"，实现比传统长途干线的"双驾驶员"模式节约一名驾驶员，仅人工成本一年就可以节约 15—18 万元③。2023 年 5 月，牵挂科技与福佑卡车达成战略合作，宣布该智能重卡已在福佑卡车平台顺利交付多个基于京沪货运大通道的真实运单，单程距离均超过 1000 千米，在使用自动驾驶系统参与的货物运输过程中，保持着 100% 准时交付和零安全事故的服务成绩④。

---

① 相关内容来自 G7 易流官网：https://www.g7e6.com.cn/g7-equip.html。
② 相关内容来自驭势科技官网：https://www.uisee.com/article94-cases1.html。
③ 贾浩楠：《全球首款"脱手脱眼"智能重卡来了!》，2024 年 1 月 11 日，网易网（https://www.163.com/dy/article/IO675TLL0511DSSR.html）。
④ 金融界：《千挂科技与福佑卡车达成战略合作，预计今年将提供百万公里级的干线智能货运服务》，2023 年 5 月 12 日，金融界百度百家号（https://baijiahao.baidu.com/s?id=1765658867070210690&wfr=spider&for=pc）。

（四）低空无人机和配送机器人在快递、外卖特定场景常态化应用

早在 2016 年前后，阿里、京东、美团、顺丰等互联网和物流龙头企业就已集中展开了对无人机和配送机器人（无人配送车）技术设备的相关研究。当前，无人配送车设备主要落地场景集中在办公楼、医院、大学校园等封闭区域的包裹快递和外卖物流，无人机的落地场景集中在农村地区以及城市固定区域的外卖和部分近场零售物流。

无人配送车可以实现城市环境下的办公楼、封闭园区、校园等订单集中场所的收派件服务。大型物流企业均已在无人配送车应用的细分落地场景中布局，如京东依托包裹配送业务，很早就在快递配送场景上探索应用。菜鸟的小蛮驴率先进入校园，已逐步覆盖全国上百所高校。2023 年年初，美团无人配送车在北京顺义落地生鲜配送业务，不断扩大外卖、生鲜的无人配送范围。2023 年 6 月，顺丰发布全网首台冷链无人配送车，为无人配送机器人设备开拓了新的应用场景[1]。

无人机可应用在干线、支线和末端配送物流。顺丰、京东、菜鸟、美团等企业在无人机物流领域起步较早。2015 年至今，经过无人机设备制造和应用企业的不断努力，物流无人机的技术稳定性不断提升，应用场景模式也不断扩展。基于国内的空域政策、居住条件、市场需求等现实条件，配送无人机目前的主要应用场景包括偏远山区配送、医药资源紧急配送、应急保障物资配送等。在城市配送领域，2022 年至 2023 年，美团无人机在深圳多个区域接连开展外卖品配送的常态化运营，仅 2022 年就进行了超过 10 万次的无人机配送[2]。

---

[1] 每日经济新闻：《抢发全网首台冷链无人车　顺丰加速无人配送细分场景商业落地》，2023 年 6 月 20 日，每日经济新闻百度百家号（https：//baijiahao.baidu.com/s? id = 1768503484191528548&wfr = spider&for = pc）。

[2] 美团网：《外媒：中国公司率先证实城市无人机配送可行性》，2023 年 5 月 23 日，美团官方网站（https：//www.meituan.com/news/NN230525020007502）。

四、企业逐步应用物流大数据辅助决策与优化流程

除了精益化运营，企业的数字化转型也能够在数据洞察决策方面起到重要的支撑作用。随着物流数字化的推进，利用积累的行业大数据为企业提供各类战略和战术层级的辅助决策，已经成为物流数据要素的价值实现形式之一。

（一）通过构建物流中枢平台支持企业整体运营决策

物流和供应链企业的中枢平台又被称为"物流大脑"或"供应链控制塔"。物流中枢平台可以收集、存储企业的历史和实时数据，并整合各类内外部子系统，为企业的整体战略及运营决策提供有效支撑。例如，苏宁物流"智慧大脑"由自主研发的乐高、天眼、天机三大系统平台构建，整合了企业 WMS、OMS、TMS 管理信息系统。同时，智慧大脑与装备无人仓、无人机的智慧园区、智能仓储、智能分拨场、智能快递站等软硬件系统打通，提供销售预测、数据模拟、智能补调、路由规划等功能，形成了面向大规模订单的智能化处理能力。该系统提升了企业决策的精准度，也为合作伙伴的降本增效提供了决策支持[1]。

（二）通过大数据和智能算法为企业提供供应链计划和任务排程

通过数字技术提升供应链计划和任务排程能力，可充分发挥大数据和智能算法的技术优势。悠桦林聚焦制造业场景需求，以运筹学、强化学习、大数据分析等智能决策技术为基础，为制造企业提供智能供应链计划与排程解决方案，基于自研 Deloris 算法平台，并通过宏观到微观的多层级计划产品体系，实现 AI 智能决策的排程方案真正落地[2]。通天晓研发的企业供应链 OFS 订单协同平台，可以实现全渠道、多业态订单的库存寻源、履约管控、对账

---

[1] 和讯网：《从自动化到智慧化、数智化 苏宁易购物流持续夯实供应链》，2022 年 9 月 26 日，和讯网百度百家号（https://baijiahao.baidu.com/s?id=1745020532875394478&wfr=spider&for=pc）。

[2] 相关内容来自悠桦林官网：https://www.youhualin.com/about.html。

结算，形成面向订单的全生命周期闭环、可视化管理，帮助企业制订供应链计划和任务规划①。

（三）通过大数据和智能算法实现实时线路优化和资源最优调度

现代物流在云仓网络、运力调配、配送线路优化等决策方面呈现出大规模实时优化特征，通过汇集各类需求特征、资源状态和环境大数据，可以借助智能算法实现实时线路和资源调度优化。

一是辅助云仓网络的仓储决策和实时调度决策。顺丰速运的分布式仓储体系整合了全国各地品牌客户资源，云仓之间的骨干网络形成了高效配载的物流线路，可以支撑多批次、少批量的云仓快速调拨，为中小规模商家提供少量多批、快进快出的最优分仓库存方案。但是，这种云仓网络在网点选择、各网点存储策略、仓库间调拨策略等方面需要依托全网的大数据和高效算法的支持。顺丰云仓基于客户销售大数据和算法，为客户提供智能分仓方案，助力商家实现"订单未到，货已先行，订单入仓，货即出仓"。这种分布式仓储体系大大提高了顺丰速运的配送效率，减少了不必要的运输成本。

二是辅助车辆路径规划和运输网络优化决策。菜鸟车辆路径规划服务面向多网点、多线路、不同车型的复杂性配送场景，是菜鸟网络自主研发的车辆路径优化算法，技术上融合了大规模邻域搜索、超启发式算法、基因算法、分布式并行化和增强学习。该算法经实际应用验证，可在保证时效的基础上，节省车辆、人力和运费。2020年12月，该算法入围美国运筹学与管理科学学会2021年Franz Edelman杰出成就奖。京东物流发布"与图"数字地图开放平台，依托京东物流多年积累的海量运输业务数据、自研算法和强大算力，实现了包括货运线路规划、智能地址、智能分单、智能调度等服务。

五、基于大模型的新一代人工智能开始探索应用

新一代人工智能技术的快速发展正在加速推动中国物流数字化发展进程。

---

① 相关内容来自通天晓官网：https://www.ittx.com.cn。

2022年11月，ChatGPT的发布引发了人们对生成式人工智能和大模型的广泛关注，在全球范围内掀起了新一轮规模巨大的人工智能技术开发与应用浪潮。2023年，中国科研机构和企业也陆续发布了生成式人工智能大模型。截至年底，全国范围内大模型产品已超过200种①。作为大模型的垂直应用领域之一，物流产业也在探索引入人工智能大模型，进一步实现数字化领域的深度发展。

（一）生成式人工智能在无人驾驶、货运服务等领域探索应用

生成式人工智能大模型有可能改变自动驾驶技术路线的竞争格局。早在2020年，特斯拉就率先引入大模型相关算法优化自动驾驶技术，并于2023年发布端到端AI自动驾驶系统FSD Beta V12。在国内外市场竞争压力下，中国汽车行业正在加速大模型应用，造车新势力②均尝试融入Transformer架构提升车辆自动驾驶领域的智慧化水平。百度Apollo、驭势科技、嬴彻科技等科技公司，顺丰、京东等物流公司也都尝试在卡车智能驾驶领域融入新一代大模型人工智能技术。

在货运大模型领域，2023年10月，福佑卡车与腾讯签约，围绕共创首个数字货运大模型达成全面战略合作。双方将基于大模型技术在数字货运领域展开共创、共建，通过深度应用促进运输效率和服务体验全面升级。目前，双方已打造端到端的OCR智能识别大模型，应用于物流货运证件和各类回单的智能识别与自动处理，该大模型对图片字段的识别准确率超过99%，图片信息匹配的综合识别准确率超过95%，召回率比传统模型提高近20%③。未来，双方将在运营分析方面利用大模型技术为货运物流需求预测和市场趋势分析提供支持，辅助"福佑大脑"智能中台做出更明智的决策。

---

① 数据观综合：《14款！中国第四批大模型备案获批》，2024年2月1日，中国大数据产业观察（http://www.cbdio.com/BigData/2024-02/01/content_6176476.htm）。

② 造车新势力的全称是"互联网造车新势力"，区别于传统车企在新能源、智能车领域的拓展，造车新势力主要品牌包括蔚来、小鹏、理想、零跑、哪吒等。

③ 《物流时代周刊》：《福佑卡车与腾讯放大招！首个数字货运大模型真的来了》，2023年10月23日，物流时代周刊微信公众号（https://mp.weixin.qq.com/s/zNMnbmtZtP46Zrbn04XOeg）。

（二）生成式人工智能在物流企业运营支持领域拓展应用

2023年9月，百度地图推出物流大模型Beta版，率先在物流地址解析、物流调度决策两大领域开展应用。其中，地址解析大模型的应用可以为物流收发货提供运营支持，而传统地址解析模型则需要辅以大量高成本的人工复核与纠错处理。百度物流大模型借助百度文心大模型在中文语义识别理解、知识增强等方面的优势，通过百度地图积累的POI等大数据训练微调，能很好地实现地址内容识别、地理关系分析、地址核验纠错、地址坐标解析、地址相似性判断等多种任务。经过对比评测，相比传统方式，物流大模型在不同的地址分级层级下的识别正确率均有大幅提升[1]。

顺丰科技利用在视觉、语音、自然语言、数字孪生等技术领域的丰富沉淀，融合大模型技术，推出"小哥服务中心""小丰智答""关务通"等应用，为物流、关务、企业管理等多元场景提供智慧化运营支持。例如，小哥服务中心基于私有化大模型，可以驱动API调用知识库检索，支持小哥语音直接提问，能够理解各类业务问题，找到精确的答案和数据，为小哥生成简单易懂的答案，并能实现连续对话。此外，该应用能在实际业务中，回答特定关键信息问题，如始发地、目的地、收寄标准、运费标准、收派操作等。目前，小哥服务中心的答案精确率已达95%，已为顺丰数十万快递员提供服务，满意度达96.2%[2]。

（三）生成式人工智能大模型驱动的供应链运营引起行业重视

基于大模型的新一代人工智能已经开始在供应链决策优化领域展现出巨大的潜力和价值。2023年以来，多家信息技术和科技物流企业积极探索"大模型+物流供应链"模式。2023年6月，菜鸟在2023全球智慧物流峰会上发布了一款基于大模型的数字化供应链产品"天机π"，通过菜鸟自研算法结合

---

[1] 中国地理信息产业协会：《新品发布汇｜百度地图：物流大模型Beta版发布》，2023年9月27日，中国地理信息产业协会微信公众号（https：//mp.weixin.qq.com/s/JW_w2wquENwNefdooXlc9A）。
[2] 网易新闻：《顺丰科技AIGC技术应用首次亮相数博会》，2023年9月18日，网易网（https：//www.163.com/news/article/IETP8Q5F00019UD6.html）。

基于大模型的生成式 AI 辅助决策，在销量预测、补货计划和库存健康等领域实现提质增效。7 月，京东言犀大模型与言犀 AI 开发计算平台亮相 2023 京东全球科技探索者大会。该模型融合了 70% 通用数据与 30% 数智供应链原生数据，是瞄准零售、物流、供应链等业务场景的垂直领域大模型。依托言犀大模型，京东为客户供应链运营可提供包括商品智能审核、商品标准化管理、智能运营、智能价格管控、智能结算、供应商智能管理等多场景的数智化供应链服务解决方案。例如在供应链采购领域打造"采购大脑"，基于 AI 大模型为企业客户提供采购全链路智能化解决方案，同时"采购大脑"加强了对采购人员的洞察能力和推理能力，进一步提升采购决策的科学性和准确度[①]。

六、政府不断出台政策推动物流数字化转型

中国政府着力推动物流业的数字化转型，提升物流产业整体数字化、智能化水平。2021—2023 年，中国政府出台了一系列鼓励、支持和引导物流数字化发展的政策，主要涉及构建数字化物流网络、推动物流要素数字化和完善数字化交通基础设施体系等方面。《"十四五"现代物流发展规划》更是将"加快物流业数字化转型和科技赋能"作为推动物流业转型升级的动力路径和重点方向之一。2021—2023 年中国物流数字化主要政策如表 10 – 1 所示。

表 10 – 1　2021—2023 年物流数字化的主要政策汇总

发文时间	发文部门	政策文件名称	有关数字化的主要内容
2022 年 4 月	中共中央、国务院	《关于加快建设全国统一大市场的意见》	建设现代流通网络。优化商贸流通基础设施布局，加快数字化建设。推动国家物流枢纽网络建设，大力发展多式联运，推广标准化托盘带板运输模式

---

① 京东企业业务微信：《推动采购大模型创新，京东企业业务助企业客户实现数智化转型升级》，2023 年 7 月 14 日，京东企业业务微信公众号（https：//mp.weixin.qq.com/s/T4H3varaVOLXv6tP-NtAj8Q）。

续表

发文时间	发文部门	政策文件名称	有关数字化的主要内容
2022年5月	国务院办公厅	《"十四五"现代物流发展规划》	加快物流数字化转型。利用现代信息技术推动物流要素在线化数据化，开发多样化应用场景，实现物流资源线上线下联动。推动"一站式"物流数据中台应用，鼓励平台企业和数字化服务商开发面向中小微企业的云平台、云服务，加强物流大数据采集、分析和应用，提升物流数据价值。培育物流数据要素市场，统筹数据交互和安全需要，完善市场交易规则，促进物流数据安全高效流通。积极参与全球物流领域数字治理，支撑全球贸易和跨境电商发展。研究电子签名和电子合同应用，促进国际物流企业间互认互验，试点铁路国际联运无纸化
2021年7月	国务院办公厅	《关于加快发展外贸新业态新模式的意见》	引导利用数字化手段提升传统品牌价值。到2025年，形成新业态驱动、大数据支撑、网络化共享、智能化协作的外贸产业链供应链体系
2021年1月	商务部	《关于推动电子商务企业绿色发展工作的通知》	鼓励电商企业应用大数据、云计算、人工智能等现代信息技术，加强供需匹配，提高库存周转率，推动多渠道物流共享，应用科学配载，降低物流成本和能耗
2023年9月	交通运输部	《关于推进公路数字化转型加快智慧公路建设发展的意见》	到2035年，全面实现公路数字化转型。公路建设、管理、养护、运行、服务数字化技术深度应用，提升质量和效率、降低运行成本。助力公路交通与经济运行及产业链供应链深度融合，公路数字经济及产业生态充分发展，为构建现代化公路基础设施体系、加快建设交通强国提供支撑

第三节 中国物流数字化发展展望

发展数字经济是中国把握新一轮科技革命和产业变革新机遇的战略选择。展望未来，中国物流数字化转型将持续推进并带动上下游协同转型，交通基础设施数字化将进一步推动物流数字化发展，物流大模型等新一代人工智能技术将持续推动行业提质增效，政府也将进一步发挥重要作用，支持和引导物流数字化转型发展。

一、物流数字化发展持续推进并将带动上下游产业协同转型

物流与供应链领域的数字化转型是中国新时代生产力发展水平提升和技术进步的必然趋势。在政策驱动、需求拉动和技术发展推动下，未来中国物流产业将持续关注数字化新兴技术的发展，提升新兴数字技术尤其是新一代人工智能技术的应用转化能力，不断提升数字化与智能化发展水平。同时，作为众多制造业、农业、服务业的配套产业，物流业的数字化发展也将加快供应链上下游相关产业的数字化转型进程，为建设现代化产业体系，构建形成新质生产力提供支撑。

二、交通基础设施数字化将进一步助力物流数字化转型

我国公路、铁路、机场和港口等交通基础设施也在持续推进数字、智慧化转型。对智慧公路、铁路、机场的智慧化探索主要聚焦在客运服务，与货运物流相关的数字化服务支撑能力仍在逐步探索。未来，车路协同技术、数字化高铁货运、全货机和货运专用机场的数字化、智慧巷道和码头等将持续扩展应用，交通基础设施领域的数字化水平也将持续提升，成为中国物流数字化转型发展的推动力量。物流数字化转型与交通基础设施数字化发展之间将形成相辅相成、相互促进的协同共生关系。

三、物流大模型不断涌现并将推动行业提质增效

作为新一代人工智能的代表性技术，生成式人工智能和大模型技术在全球范围内正处于快速迭代创新和应用爆发阶段，未来将进一步拓展在物流垂直领域的应用，同时大幅提升物流各细分行业和具体作业流程的作业效率。此外，在新技术应用过程中，借助中国庞大的物流需求市场支撑，物流产业新平台、新业态和新模式将不断涌现，实现技术创新与商业模式创新双轮驱动的发展态势。新一代人工智能技术的应用深化是中国物流数字化发展的新起点和新机遇，中国物流业将密切关注这一进程，积极应对技术变革，实现行业高质量发展。

四、政府将进一步发挥支持和引导作用

国家高度重视物流数字化和智能化发展，不断加大对物流新基础设施的投入，鼓励企业应用新一代人工智能、大数据、区块链等新兴技术，扩展新产业业态和新商业模式。同时，由于数字技术本身的发展具有不确定性，需要在产业规划引领、应用风险防范、行业规范发展等领域不断制定和出台合理政策，最大限度发挥市场的资源配置作用和激发企业的创新能力。2023年7月，国家互联网信息办公室等七部门联合颁布《生成式人工智能服务管理暂行办法》，支持和规范生成式人工智能发展，将大模型应用纳入算法推荐备案制管理。截至2024年1月月底，已有四批次超过40款AI大模型产品获得了国家备案审批。如何科学处理行业实践探索与政府监管的关系，也是未来政府在物流数字化发展进程中的重要工作。

第十一章 中国跨境电商物流发展特征及趋势

跨境电商物流是现代物流体系的重要组成部分，也是打通国内国际双循环的重要支撑。大力发展跨境电商物流，对提升跨境电商水平、降低物流成本、提高流通效率、促进国际贸易和加强国际合作，都具有重要意义。近年来，我国跨境电商物流市场规模持续扩大，基础设施不断完善，物流通道加速拓展，市场主体呈现多元化发展态势；同时，我国跨境电商物流服务模式不断创新，数字化水平得到不断提升，国际化合作也愈发紧密。未来，随着海外仓建设的不断完善，跨境电商航空物流通道的进一步畅通，以及跨境电商物流数字化转型的加速推进，我国跨境电商物流市场规模将呈现持续扩大趋势。

第一节 中国跨境电商物流发展的驱动因素及运作模式

跨境电商物流是指不同关境的交易主体，在通过电商平台达成交易后，由外贸经营主体以进口或出口方式，经出口国国内集货、出口退税、国际运输和清关、海外仓储管理及目的国（地区）配送等一系列环节，实现商品从卖家流向买家的跨境物流活动。本节主要讨论我国跨境电商物流的驱动因素及运作模式。

一、中国跨境电商物流的驱动因素

中国跨境电商物流的快速发展得益于产业消费双升级、技术进步与融合、政策持续利好等多重因素的共同驱动。其中，产业消费升级、技术进步与融合是跨境电商物流发展的内在驱动力，持续利好的政策则为跨境电商物流快速、健康发展指明方向。

（一）产业消费双升级

跨境电商作为一种新业态新模式，已成为我国外贸发展的新动能、转型升级的新渠道和高质量发展的新抓手。近年来，随着我国居民收入水平的提高和对美好生活需要的日益增长，越来越多的中小微企业及个人借助电商平台进行全球跨境交易，我国跨境电商行业呈现蓬勃发展态势。2023年，我国跨境电商主体已超15万家[1]，参与跨境电商进口消费者达到1.6亿人。2023年，我国跨境电商进出口总额2.4万亿元，同比增长15.6%。其中，出口总额1.8万亿元，同比增长19.6%；进口总额5483亿元，同比增长3.9%[2]。与此同时，我国电商平台也得到快速发展，进一步促进我国跨境电商的发展。2023年，希音（SHEIN）、拼多多（Temu）、抖音电商（TikTok Shop）三大电商平台在上海空港口岸的出口申报量同比增长超10倍，出口申报4.4亿票，同比增长近2倍[3]。总体来说，随着我国跨境电商市场主体的蓬勃发展及出海"四小龙"[4]平台等的快速崛起，我国跨境电商行业实现高速增长，有力促进了我国跨境电商物流的快速发展。

---

[1] 杭州市商务局：《跨境电商和海外仓，实力展现"外贸新质生产力"》，2024年4月28日，杭州市商务局网（http://sww.hangzhou.gov.cn/art/2024/4/28/art_1229307777_58901676.html）。

[2] 杨亚楠：《海关总署：2023年我国跨境电商进出口2.38万亿元 增长15.6%》，2024年1月12日，光明网（https://economy.gmw.cn/2024-01/12/content_37086028.htm）。

[3] 海关总署：《上海空港口岸成为跨境电商 推动国货出海重要通道》，2024年1月23日，中华人民共和国海关总署网（http://gdfs.customs.gov.cn/customs/xwfb34/mtjj35/5644334/index.html）。

[4] 出海四小龙：阿里旗下的AliExpress（速卖通）、拼多多的跨境电商平台Temu、抖音电商的国际版TikTok Shop以及快时尚领域的独角兽企业SHEIN（希音）。

（二）技术进步与融合

以信息技术和数字技术为代表的新一轮科技革命和产业变革加速推进，赋能跨境电商物流创新发展。从跨境物流企业来看，基于大数据、云计算、人工智能、区块链、5G 等新兴技术，海外仓、物流产业园等跨境电商物流基础设施更加智能化与数字化，为跨境物流企业服务能力的提升奠定了坚实的基础；EDI、RF、GIS、GPS 等现代信息技术，广泛应用于运输、仓储、装卸搬运、包装配送等环节，促进跨境电商物流企业实现降本增效。从跨境电商物流监管方来看，数字与信息化技术加速了集约化、一站式通关信息平台的发展，优化了通关业务流程，提高了跨境电商申报效率，减少了通关管理工作量，降低了供应链全流程成本。从跨境电商用户来看，人工智能、大数据等技术实现用户分析、个性化推荐等功能，提高了用户的跨境电商购物体验效果。同时，区块链等技术实现了物流全流程追溯，保障了跨境电商商品的质量，提高了跨境电商用户交易的信任度。从跨境电商商家来看，新技术在跨境电商运作过程中的大力应用，促进了跨境电商规模经济的发展，从而便利了交易过程，并降低了跨境电商商家承担的跨境电商物流成本。

（三）政策持续利好

在对外开放基本国策引领下，我国积极探索国际贸易高质量发展新业态新模式，大力支持跨境电商发展。2020 年 11 月，习近平总书记在第三届中国国际进口博览会开幕式上强调，要推动跨境电商等新业态新模式加快发展，培育外贸新动能。2021 年 10 月，商务部、中央网信办、国家发展改革委印发《"十四五"电子商务发展规划》，明确提出加快在重点市场海外仓布局，完善全球服务网络；补齐货运航空等跨境物流短板，强化快速反应能力和应急保障能力；优化跨境电商零售进口监管，加强跨境电商行业组织建设，完善相关标准，强化应对贸易摩擦能力。2022 年 12 月，国务院办公厅印发的《"十四五"现代物流发展规划》，明确提出积极推进海外仓建设，鼓励大型物流企业开展境外港口、海外仓、分销网络建设合作和协同共享，完善全球物流服务网络。2023 年，国家积极出台跨境电商物流相关政策，指导跨境电商海外物流基础设施建设、跨境电商铁水联运和海外物流服务体系等健康发展。2023 年中央及地方政府出台的跨境电商物流相关政策如表 11-1 所示。

表 11-1 2023 年中央及地方政府出台的跨境电商物流相关政策

颁布时间	颁布部门	政策名称	与跨境电商物流相关内容
2023 年 10 月	国务院	《中国（新疆）自由贸易试验区总体方案》	构建现代综合交通枢纽体系，创新物流运输服务模式，丰富跨境电商、物流全程协同等地方特色应用，推动建设边境仓、海外仓，构建多仓联动跨境集运模式
2023 年 11 月	国务院办公厅	《关于加快内外贸一体化发展的若干措施》	加强与境外港口跨境运输合作，加快发展铁水联运，拓展运输服务辐射范围，支持内外贸集装箱同船运输和进出口双向运作模式，建设跨境物流基础设施，支持建设国际邮政快递枢纽
2023 年 1 月	交通运输部、自然资源部、海关总署、国家铁路局	《推进铁水联运高质量发展行动方案（2023—2025 年）》	鼓励铁路、港口、航运企业联合开展市场营销，大力发展跨境电商铁水联运，积极拓展主要港口国际辐射范围，推动中欧班列等国际商贸通道发展
2023 年 7 月	工业和信息化部、国家发展改革委、商务部	《轻工业稳增长工作方案（2023—2024 年）》	稳定出口市场，提升全球产业链供应链分工地位，加快推动通过中欧班列运输轻工产品，支持跨境电商、海外仓等外贸新业态发展
2023 年 11 月	商务部	《关于在上海市创建"丝路电商"合作先行区的方案》	支持跨境电商企业建设海外仓，完善仓储、物流等电子商务基础设施建设，推进与伙伴国之间物流供应链体系建设，推动地区跨境电商平台在通关、物流等方面加强合作

续表

颁布时间	颁布部门	政策名称	与跨境电商物流相关内容
2023年12月	商务部等10部门	《商务部等10部门关于提升加工贸易发展水平的意见》	鼓励地方因地制宜强化跨境物流运输保障，加强对国家重大战略服务能力，优化运输组织与线路布局，促进多式联运高质量发展，加大对重点地区支持力度，降低物流成本
2023年3月	湖南省人民政府	《关于促进跨境电商高质量发展的若干措施》	鼓励企业综合运用多种投融资方式参与海外仓建设，支持企业在重点市场的关键通道和节点布局海外仓，鼓励引导海外仓资源整合、功能升级为公共海外仓
2023年4月	北京市人民政府	《北京市全面优化营商环境助力企业高质量发展实施方案》	提升航空运输国际竞争力，加快多式联运发展，探索跨境电商体验消费场景，在市内自贸试验区片区、重点商圈增设保税物流中心、自提柜、前置仓
2023年8月	西藏自治区人民政府	《中国（拉萨）跨境电子商务综合试验区实施方案》	鼓励企业建设海外仓、边境仓，完善海外物流基础设施和服务体系，推进多式联运，支持企业开设针对重点国家的国际专线物流运输

此外，2023年11月，国家市场监督管理总局、国家标准化管理委员会发布了《跨境电子商务海外仓运营管理要求》（GB/T 43291－2023），出台首个跨境电商海外仓国家标准。该标准明确规定了跨境电商海外仓服务提供者的基本要求，以及运营管理和管理保障要求，填补了我国在该领域国家标准的空白。其中，基本要求部分规定了海外仓服务提供商应具备的基本条件；运营管理部分规定了海外仓服务提供者宜提供的履约配套、物流衔接、整合资源等增值服务内容及要求；管理保障部分规定了人员、设施设备、信息系统

等服务保障要求，以及供应商管理、客户管理、合规管理、合同管理、数据管理、安全与应急管理等方面的要求。

二、中国跨境电商物流的主要运作模式

跨境电商物流一般由发货地物流、干线物流、收货地物流三个环节组成，即商品经电商卖家销售后，商品由物流运作主体（如快递公司等）揽收至集货仓，在出口国清关后通过海运、空运、陆运等方式进行跨国干线运输，待商品在进口国清关完成后进行转运和配送，最终交付给电商买家。目前，我国跨境电商运作模式可以分为物流专线模式、海外仓模式、邮政包裹模式、商业快递模式和保税仓模式。

（一）物流专线模式

物流专线模式是指通过航空、海运、陆运等专线将众多卖家包裹集中发往目的国口岸，清关后再利用当地资源进行配送。其中，跨境电商物流企业通过公路、铁路、航空、水路资源，直接将跨境电商货物运输至特定目的地国家或地区，包括货物的收集与分拣、专线运输、进出口清关等运作流程。该模式采用从起始地到目的地的两点一线固定直达运输，有效减少了其中转环节，进而大幅缩短了清关、运输等时间，也降低了货物的破损和丢失风险。例如，航空专线通常在5—7日即可送达。目前，我国提供跨境电商物流专线服务的企业包括菜鸟、极兔速递、万邑通、纵腾集团、递四方、顺丰国际等[①]，已开通中欧、中美、中俄、中澳等跨境电商物流专线。

（二）海外仓储模式

海外仓储模式是跨境电商平台或物流企业等主体，在境外目的国自建或租用仓库，基于市场预测提前将商品批量运输到海外仓库中，待电商平台完成销售后，直接实现分拣、包装和交付一站式控制与管理服务的模式。该模

---

① 亿欧全球：《盘点丨中国16家有竞争力的跨境物流服务公司》，2022年10月9日，亿欧网（https://www.iyiou.com/analysis/202210091036512）。

式由头程运输、仓储管理和本地配送三个环节组成。其中,头程运输环节负责将商品通过海运、空运、陆运、多式联运等方式从出口国运输至目的国;仓储管理环节负责将商品在目的港清关后运送到海外仓,并通过物流信息系统,对商品进行仓储、分拣、包装,从而实现远程实时管理库存;本地配送环节负责海外仓收到电商订单后,进行分拣、复核、打包、称重,最后通过本地快递配送给买家。海外仓模式具有清关快、配送快、周转快、服务快和成本低的"四快一低"特点①。目前,我国使用海外仓模式的跨境电商企业包括阿里巴巴、京东等。

(三)邮政包裹模式

邮政包裹模式是中国邮政或国际邮政公司,以万国邮政联盟(UPU)和卡哈拉邮政组织(KPG)所发展的邮政网络为依托,通过国内仓储提货、仓储管理、国际头程运输、目的港清关、海外仓储管理、多渠道尾程配送等流程,实现消费者在电商平台下单货物的跨境进出口模式。该模式拥有较为完善的跨境物流网络系统和国际快递服务体系,其网络系统已覆盖超过200个国家和地区的网点②,同时因拥有自主的"海陆空"立体化运输通道和核心节点口岸资源,使其具有较强的通关能力③。目前,中国邮政的跨境电商物流业务以国际邮政小包、国际易邮宝和国际EMS为主。

(四)商业快递模式

商业快递模式是指电商交易的卖方将物流活动外包给专业快递公司,由快递公司完成集成式跨境物流服务,主要包括国内揽收、干线运输、海关清关和末端配送等跨境物流流程。该模式因其先进的物流信息系统和专业的清关能力,能实现快速清关,一般在3—7日内送达目标地点。目前,中国送往

---

① 中华人民共和国中央人民政府:《稳步推进海外仓高质量发展的专项行动》,2021年7月12日,中国政府网(https://www.gov.cn/xinwen/2021-07/12/content_5627471.htm)。

② 陈月新、宗绿叶:《跨境电子商务物流模式创新与发展趋势的探讨》,《科技经济市场》2022年第11期。

③ 谢雷鸣:《中国贸易报:中国邮政:四大优势助力企业出海》,2021年2月4日,中国邮政网(https://www.chinapost.com.cn/xhtml1/report/2102/2021-1.htm)。

亚洲其他国家仅需2—3日。目前提供跨境电商商业快递服务的企业包括联合包裹运送服务公司（UPS）、联邦快递集团（FedEx）、敦豪集团（DHL）和顺丰集团等。

（五）保税仓模式

保税仓模式是指跨境电商平台通过集中采购，将海外进口商品以批量报关方式存入境内保税仓；消费者在电商平台下单付款后，平台将订单、支付单、物流单等信息提交至海关系统申报，清关后以快递包裹等形式直接从保税仓配送至消费者手中。该模式具有采购及物流成本低、物流配送速度快和售后服务便捷等优点。目前，杭州、广州等地跨境电商综合试验区已设立专门跨境电商保税仓，货之家、安驿能、威高等企业提供跨境电商保税仓服务。

第二节　中国跨境电商物流发展特征

近年来，跨境电商已成为中国外贸高质量发展的新引擎，跨境电商物流则是连接跨境电商国内外市场的重要纽带。我国跨境电商市场规模持续扩大，基础设施不断完善，市场主体呈现出多元化发展态势。同时，跨境电商物流服务模式不断创新，技术融合得到持续深化，国际合作也愈发紧密。

一、市场规模持续扩大，市场格局不断优化

近年来，我国跨境电商进出口总额持续扩大，跨境快递业务量快速增长。同时，跨境电商物流市场格局也不断优化，总体呈现出"欧美地区主导、新兴市场开拓"的发展态势。

一是我国跨境电商进出口总额持续扩大。2019—2023年，我国跨境电商进出口总额逐年上升，年均增速为16.6%。2022年，我国跨境电商进出口总额首次突破2万亿元，达到2.1万亿元，同比增长9.8%。2023年，跨境电商进出口总额达到2.4万亿元，同比增长15.6%。2019—2023年中国跨境电商进出口总额及增长率如图11-1所示。

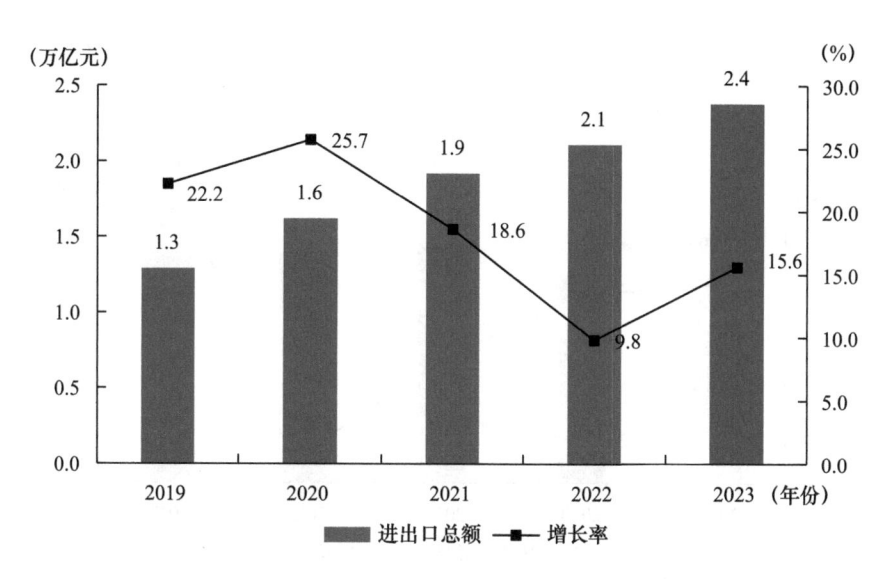

图 11-1 2019—2023 年中国跨境电商进出口总额及增长率

资料来源：商务部：《中国电子商务报告（2022）》，2023 年 6 月 9 日，电子商务司网站（http://dzsws.mofcom.gov.cn/article/ztxx/ndbg/202306/20230603415404.shtml）；中国政府网：《国务院新闻办就 2023 年全年进出口情况举行发布会》，2024 年 1 月 12 日，国务院新闻办网站（https://www.gov.cn/govweb//lianbo/fabu/202401/content_6925700.htm）。

二是跨境快递业务量快速增长。2019—2023 年，国际/中国港澳台快递业务量总体呈现快速增长态势，年均增速为 14.8%。其中，2023 年，国际/中国港澳台快递业务量再创新高，首次突破 30 亿件，达到 30.7 亿件，同比增长 52.0%[①]。2019—2023 年中国跨境快递业务量及增长率如图 11-2 所示。

此外，我国跨境电商物流市场格局不断优化，呈现出"欧美地区主导、新兴市场开拓"的格局。一方面，欧美市场由于消费水平高、消费观念先进，成为我国跨境电商物流行业服务的核心区域。从出口来看，2023 年上半年，美国占我国跨境电商出口总额的 35.1%，英国、德国、法国等主要欧洲国家

---

① 国家邮政局：《国家邮政局公布 2023 年邮政行业运行情况》，2024 年 1 月 22 日，国家邮政局网站（https://www.spb.gov.cn/gjyzj/c100015/c100016/202401/59eeb6e8b0e7404f8127aa2c7aebded6.shtml）。

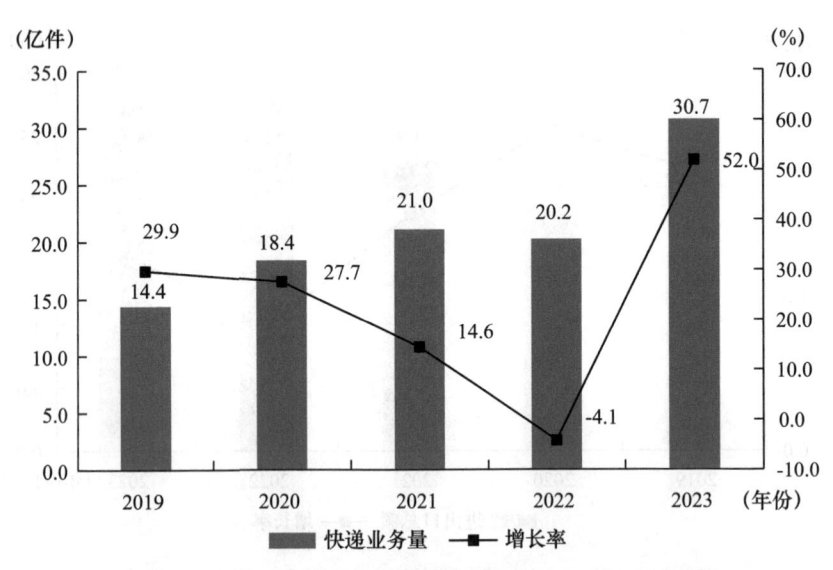

图 11-2　2019—2023 年中国跨境快递业务量及增长率

资料来源：国家邮政局：《国家邮政局公布邮政行业运行情况》（2019—2023），国家邮政局网站（https：//www.spb.gov.cn/gjyzj/c100276/common_list.shtml）。

占比超过 20%；从进口来看，日本占我国跨境电商进口总额的 21.9%，美国占比 17.4%，澳大利亚、法国等发达国家占比超过 20%[①]。另一方面，随着东南亚、拉美国家消费潜力不断释放和 RCEP、"一带一路"相关自由贸易协定的实施，越南、马来西亚、巴西等国家也逐渐成为我国跨境电商物流拓展的新兴市场。2022 年，我国跨境电商出口额排名前 10 位的国家中东南亚国家占据六席，与东盟电子商务合作发展指数达到 116.3，比 2021 年增加 7.4[②]。

二、基础设施不断完善，物流通道加速拓展

近年来，我国海外仓建设步伐不断加快，国内跨境电商物流中心、集散

[①] 中国海关：《2023 年上半年中国跨境电商进出口情况》，2023 年 10 月 30 日，海关总署网（http：//www.customs.gov.cn/customs/resource/cms/article/333551/5455758/2023103014342177889.doc）。
[②] 《国际商报》：《中国—东盟电子商务合作持续深化：把握数字时代，力促 RCEP 合作》，2023 年 9 月 18 日，中国自由贸易区服务网（http：//fta.mofcom.gov.cn/article/fzdongtai/202309/54577_1.html）。

基地等加速建设。同时，我国跨境电商物流新通道加速拓展，跨境电商物流基础设施不断完善。

一是海外仓建设步伐不断加快。目前，我国海外仓已广泛分布在全球各大消费国家，主要以消费能力强、人口较为密集的发达国家为主，并逐步向东南亚等新兴市场拓展。截至 2023 年年底，我国企业建设的海外仓数量已超过 2400 个，比 2022 年新增 200 多个，总面积超过 2500 万平方米[①]，数量位居全球第五[②]。同时，各地方政府也积极推动海外仓建设。例如，2023 年 4 月，河南洛阳综合保税区设立首个跨境电商海外仓。该海外仓位于马来西亚的槟城，面积达 1 万平方米，为洛阳跨境电商高质量发展提供强劲动力[③]。截至 2023 年 10 月，黑龙江省设立海外仓 39 个，覆盖俄罗斯、美国、荷兰、巴西、新西兰等 7 个国家，满足跨境电商客户多元化需求[④]。2023 年 12 月，云南省大理州建立首个跨境电商海外仓，占地 1100 平方米，可将水果从采摘地运达越南的时间缩短至 12 小时[⑤]。

二是国内跨境电商物流中心、集散基地等加速建设。2023 年 4 月，内蒙古赤峰市保税物流中心开通国际电商快件集散中心。该中心是蒙东地区首个集进出口快件通关、仓储、装卸、分理、物流信息综合处理于一体的现代化国际商贸快件集散基地。该中心预计全年处理快件 200 万件以上，可实现进出口额 4 亿元。2023 年 10 月，山东省烟台市充分利用综合保税区优势，正式启动运营"烟台机场产业仓"项目，致力打造临空跨境电商物流中心。2023 年前 7 个月，

[①]《经济日报》：《对外贸易结构更优动力更足》，2024 年 1 月 21 日，中国政府网（https：//www. gov. cn/yaowen/liebiao/202401/content_6927300. htm）。

[②] 魏建国：《跨境电商为何成为今年外贸黑马？》，2023 年 4 月 6 日，搜狐网（https：//www. sohu. com/a/663583465_121346104）。

[③] 洛阳市人民政府：《助力"双循环" 洛阳综保区设立首个跨境电商海外仓》，2023 年 4 月 17 日，河南省人民政府网（https：//m. henan. gov. cn/2023/04 – 17/2726603. html）。

[④] 杨晶：《黑龙江：跨境电商已辐射 104 个国家和地区》，2023 年 12 月 21 日，中国新闻网（https：//www. workercn. cn/c/2023 – 12 – 21/8086635. shtml）。

[⑤] 石晓晶：《跨境电商海外仓助力大理水果走出国门》，2023 年 12 月 26 日，大理州人民政府门户网站（https：//www. dali. gov. cn/dlrmzf/c101532/202312/a6bba4a6f7834f0f9e6dd27a28eb6a7c. shtml）。

该中心出口跨境电商货量已达5000余吨，在机场国际货运出口业务中占比超过35%，成为机场国际货运发展的新增长点①。2023年12月，黄花井贝跨境电商产业园项目正式竣工。该园区位于长沙自贸临空经济核心区内，致力于打造面向高端仓储的跨境（进口）商品集散分拨、存储及货物（包裹）预处理中心。该园投入运营后预计首年将实现自营进出口额3亿美元以上②。

三是跨境电商物流新通道加速拓展。在铁路运输方面，我国开行面向欧洲、中亚、东南亚地区的跨境电商班列数量不断增加。例如，2022年，陕西西安国际港务区创新中欧班列与跨境电商联动发展模式，开行中欧班列长安号跨境电商专列198列，增速超60%。截至2023年年底，该区已累计开行跨境电商班列500列③。2022年，云南昆明综合保税区探索运行中老铁路"澜湄快线+跨境电商"新模式，开行跨境电商班列40列，可在26小时内把货物从昆明送达万象，辐射10余个东南亚国家和地区④。在海运方面，2022年6月，福建厦门整合航运、港口、物流资源和一体化服务跨境电商产业，启动厦门港跨境电商海运快捷通道，并开通首条"丝路海运"电商快线。该航线可实现"两港一航"，即货物由厦门港直接送达菲律宾马尼拉南港，为电商企业提供高效的航运服务⑤。2024年3月，浙江温州乐清湾海关开通跨境贸易电子商务海运通道，2024年预计能够实现1000个集装箱货物的出口⑥。

---

① 烟台跨境电商综试区：《烟台机场航空物流赋能跨境电商蓬勃发展》，2023年8月23日，烟台跨境电商综试区网站（https：//ceca.yantai.gov.cn/art/2023/8/23/art_40466_2864494.html）。

② 李丹：《长沙井贝跨境电商产业园提前5个月竣工》，2023年12月14日，腾讯网（https：//new.qq.com/rain/a/20231214A03TBT00）。

③ 《经济参考报》：《跨境电商 尽享中欧班列红利》，2023年8月3日，新华网（http：//www.xinhuanet.com/tech/20230803/d2acc0a4e7514c20a1a3516df617f211/c.html）。

④ 新浪财经：《"澜湄快线"为什么"火出圈"？》，2023年10月11日，新浪网（https：//finance.sina.com.cn/jjxw/2023-10-11/doc-imzqszmm6070746.shtml）。

⑤ 厦门自贸片区管委会：《全国首创！厦门港跨境电商海运快捷通道正式启动》，2022年6月13日，福建省商务厅网站（https：//swt.fujian.gov.cn/xxgk/jgzn/jgcs/zmsyq/zmzhc_tpxw/202206/t20220613_5928610.htm）。

⑥ 《温州日报》：《国际快件海运新通道落地 乐清港搭上跨境电商》，2024年3月13日，乐清市政府网（https：//www.yueqing.gov.cn/art/2024/3/13/art_1322069_59253572.html）。

在空运方面，浙江宁波开通宁波—列日、宁波—芝加哥、宁波—洛杉矶、宁波—纽约4条第五航权航线跨境电商空运出口专线，打破以往只能绕道上海出口美国的困境，仅用16小时即可将货物运送至纽约[①]。2023年4月，深圳开通首条南美货运航线和深圳首条至金砖国家的"跨境电商空运专线"。该航线将跨境电商产品运输效率提升了20%，最快仅需一周就能将货物送到巴西消费者手中[②]。

三、市场主体多元化发展，龙头企业加速形成

随着跨境电商的蓬勃发展，我国跨境电商物流企业也不断发展壮大，形成了一批具有国际竞争力的跨境电商物流龙头企业。截至2023年10月，我国跨境物流企业规模已超过15万家[③]，呈现出多元化发展态势。

一是以中国邮政集团、中国外运等为代表的国有物流企业。中国邮政集团有限公司是世界邮政行业排名第一的大型企业集团，在2023年《财富》世界五百强企业中位列第86位。作为跨境电商物流领域的引领者，中国邮政拥有覆盖整个跨境电商供应链的服务资源和多渠道运输通道。依托900余条国际航空邮路和30余个商业口岸，中国邮政已在全球12个国家和地区布局了15个出口海外仓，总面积达6万平方米，累计为3500余家企业提供海外仓配服务，寄递网络覆盖全球200多个国家和地区。中国外运股份有限公司则是我国货代领域的龙头企业，也是国家5A级物流企业，其自有海外网络已覆盖42个国家和地区，在全球拥有66个自营网点。中国外运在东南亚地区围绕水陆空三大通道共开设了6条空运包板航线，实现了中老泰铁路快线产品常态

---

① 《经济日报》：《2023年多地跨境电商出口创新高》，2024年1月29日，中国政府网（https：//www.gov.cn/lianbo/difang/202401/content_6928830.htm）。

② 《南方日报》：《深圳机场开通首条南美货运航线》，2023年4月4日，广东省人民政府网（https：//www.gd.gov.cn/gdywdt/ydylygd/content/post_4148235.html）。

③ 探迹大数据研究院：《2023年跨境物流行业发展趋势报告》，2023年10月27日，探迹网（https：//www.tungee.com/support/business-share/detail/653677e444249e0c3232cfde.html）。

化运营；在中东、拉美推进迪拜自贸区物流中心建设项目，开通杭州至迪拜以及香港至智利、墨西哥的包机服务。为巩固发展欧洲市场，公司还开通了宁波—列日包机航线，新设匈牙利自营网点，进一步完善其在欧洲的布局①。2023年，中国外运跨境电商物流业务量达到13.4万吨，增速高达52.4%。

二是以京东物流、顺丰等为代表的大型民营物流企业。京东物流是中国领先的技术驱动型供应链解决方案和物流服务提供商，也是首批全国供应链创新与应用示范企业。目前，京东物流在全球已拥有近90个海外仓、保税仓和直邮仓，管理面积近90万平方米，正在加速布局国际供应链，逐步实现48小时内中国通达全球②。在北美地区，京东物流自营卡车运输服务覆盖美国90%以上区域，北美全境可实现最快2—3日达③；在欧洲地区，京东已收购4处规模庞大的物流资产，仓储网络覆盖德国、波兰、荷兰、英国等主要欧洲国家④。顺丰控股股份有限公司是中国国内领先的快递物流综合服务商，也是全球第四大快递公司。截至2023年上半年，顺丰跨境电商包裹业务覆盖全球200多个国家和地区，拥有海外仓1300余个，仓储面积超过290万平方米。此外，顺丰快递在湖北鄂州建成了亚洲第一个、世界第四个专业货运枢纽机场，并于2023年开通首条运输跨境电商快件的国际货运航线⑤。

三是以纵腾、万邑通、递四方为代表的跨境电商物流企业。纵腾集团是我国5A物流企业和中国服务企业500强，也是首家跨越百万级别的海外仓企业，主要聚焦跨境仓储与物流，致力于成为全球跨境电商基础设施服务商。

---

① 中国外运：《中国外运股份有限公司2023年年度报告》，2024年3月22日，中国外运公司网站（https：//www.sinotrans.com/module/download/down.jsp？i_ID=36430&colID=2362）。
② 董童、李源：《国内、海外都收货 京东11.11开门红第一单已送货上门》，2023年10月24日，人民网（http：//finance.people.com.cn/n1/2023/1024/c1004-40102191.html）。
③ 安枫：《京东物流：跨境供应链为国货出海护航》，2022年11月16日，腾讯网（https：//new.qq.com/rain/a/20221116A06PFG00）。
④ 跨境焦点：《京东重押欧洲市场，斥资5400万欧元收购荷兰物流中心》，2023年12月7日，电商报（https：//www.dsb.cn/234210.html）。
⑤ 杨云飞：《吞吐量突破10万吨，顺丰在鄂州花湖机场飞出新曲线》，2023年12月8日，腾讯网（https：//new.qq.com/rain/a/20231208A0924500）。

该公司业务范围覆盖全球 30 多个国家，拥有海外订单处理中心 80 余个，海外仓面积超 120 万平方米。该公司以持续提升运转效率和客户体验为宗旨，发货时效小于 24 小时，入库时效小于 48 小时[1]。万邑通公司是全球跨境电商海外仓服务提供商，也是跨境电商物流领域的龙头企业之一。该公司在全球拥有 13 大海外仓，总面积超 30 万平方米，网络遍布美国、加拿大、英国、德国和澳大利亚等跨境电商市场。递四方公司是全球跨境电商供应链综合服务提供商，依托全球包裹递送网络和全球订单履约网络，从事全球快递、海外仓、首公里等跨境物流服务。该公司拥有近 30 个成熟的全球仓储网络，已在欧洲、北美、大洋洲等地区铺设 50 余个海外仓，总面积达 100 万平方米，能够服务全球约 100 万家跨境电商商户和超 2 亿跨境电商终端用户。

四、服务模式不断创新，服务水平不断提升

随着跨境电商的迅速发展，用户需求愈发多样化、个性化，与之相应的跨境电商物流服务模式也持续迭代创新，跨境电商物流呈现出多样性、专业化态势，服务水平不断提升。

例如，中国邮政瑞安分公司推出海外仓"就地拼柜"模式，既为客户节省了头程运输费，又保证了货物的安全性。该模式通过将货物在本地直接装柜并运送至境外仓库处理，将以往两周左右的国际物流时间缩短至一周，大幅降低了企业的物流成本，有力保障了企业供应链的稳定。2022 年，瑞安邮政累计发运货柜 350 个，带动本地外贸出口超 10 亿元[2]。广州首创跨境电商物流"空铁联运"模式，依托广州白云机场的保税功能、枢纽功能和空运优势，实现了"航空 + 中欧班列"无缝衔接。相比海运出口方式，该模式减少了约 70% 的物流时间；相比空运出口方式，则降低了 95%

---

[1] 谷仓海外仓：《9 小时急速收货！旺季海外仓迎来年度大考，包裹跑出「加速度」》，2023 年 11 月 23 日，谷仓海外仓公司网站（https://goodcang.com/news/details?newsId=838）。

[2] 李哈妮：《"就地拼柜"助企"出海"》，2023 年 9 月 20 日，中国邮政报（https://www.chinapost.com.cn/xhtml1/report/23091/3050-1.htm）。

的运输成本①。

又如，菜鸟国际与速卖通联合推出"全球五日达"国际快递快线新产品，标志着跨境电商正式进入"全球五日达"时代。该模式在国内端实现"首干融合"，即将国内首端揽收相关的仓储、分拨、干线仓等功能与干线运输融合成一次性完整操作；在海外端做到"关仓融合"，飞机落地后可实现清关和分拨一体化；包裹在当地被揽收后，绝大部分区域第二天即可完成配送。同时，菜鸟与速卖通联手开辟了跨境电商大件商品专属通道，使得超大、超重商品出口更加便捷。

再如，京东物流采用"国内直发+海外仓备货"模式，依托国内中心仓、海外辅助仓的相互配合，实现全链路端到端供应链服务，为华为、美的等诸多国内外知名企业提供跨境电商一体化供应链服务。为应对大规模订单增长需求，京东物流还在欧洲多个仓库引入自动化分拣拣选方案，通过"地狼" AGV 搬运机器人和智能分拣机器人的配合，将仓内操作效率提升超过 3 倍②。

此外，TikTok Shop、速卖通等电商平台卖家利用"云仓代发"跨境电商仓储新模式，建立覆盖全球的云仓网络。该模式由云仓服务商提供仓储、拣货、包装等服务，基于云计算技术对卖家订单信息在共享仓库中进行智能调度，可实现最快速度配送。同时，卖家利用该模式只需处理订单信息，即可实现发货效率的大幅度提高和成本的降低③。

五、数智化水平不断提升，技术融合持续深化

目前，以数字服务为核心、以数字订购与交付为主要特征的数字贸易正

---

① 大洋教育：《广州综试区：跨境电商"广州模式"的新思维新趋势新发展》，2022 年 11 月 10 日，网易网（https://www.163.com/dy/article/HLQSPT5105381AAK.html）。

② 京东物流：《持续打造供应链出海服务样本，京东物流如何助力全球企业降本增效？》，2023 年 9 月 1 日，京东物流官网（https://www.jdl.com/news/3320/content01401）。

③ 泰嘉物流：《Tiktok 卖家如何使用云仓代发特货产品？》，2024 年 4 月 11 日，泰嘉物流公司网站（https://www.takesend.com/dongtai/16317.html）。

在蓬勃兴起,并成为中国加快贸易强国建设的新引擎,极大地推动了我国跨境电子商务物流数字化、智慧化水平的提升。同时,人工智能、云计算、物联网等技术在跨境电商物流领域加速落地,技术融合持续深化。

一是跨境电商物流基础设施数智化加速建设。在海外仓方面,我国已建成部分"智慧化海外仓",并带动整个跨境产业链供应链数字化升级。例如,纵腾集团已在海外布局智能仓,利用自主移动机器人,实现智能化仓储库内自动化作业效率提升2—3倍,准确率达99.9%。万邑通与海柔在英国伯明翰上线运行双方创新合作研发的ACR(箱式仓储机器人)智慧仓,使得海外仓上架准时率超95%、出库准时率超99.7%、库存准确率超99.9%、准时妥投率超95%[1]。在物流园区方面,山东青岛(上合)自贸区打造中国外运"互联网+物流"一站式新型智慧物流园区,以物联网、区块链赋能物流全链路建设,推动跨境电商发展。安徽(蜀山)跨境电子商务产业园积极推动智慧物流发展,运用大数据、区块链等技术,为入驻企业提供国际物流、通关全流程服务,实现了全球货物流通情况的可视化。

二是跨境电商物流网络数智化持续深化。我国正在加快形成物流运输全流程的信息化、自动化和智能化,实现跨境电商物流"一单到底"。例如,中欧班列运输已实现国际联运电子化,并与俄罗斯、哈萨克斯坦、蒙古国等国铁路部门实现信息高效共享交换,极大地提高了运输效率和服务水平。又如,京东集团依托其国内高科技机器人仓群,在全球范围内构建覆盖主要国家的供应链物流网络,打造集海外仓网、国际转运枢纽、海外国家本土运配网络及跨国干线运输网络于一体的全球供应链数智化网络。再如,菜鸟国际以数据、算法为驱动,打造由提货、仓储、运输、清关、配送等诸多环节组成的全球跨境电商包裹网络,实现了全链路物流节点的可控化、可视化,以及物流数据预警和及时干预。

---

[1] 方伟彬:《"就地拼柜"助企"出海"》,2022年9月10日,广东新闻网(https://www.gd.chinanews.com.cn/2022/2022-09-10/423557.shtml)。

三是跨境电商物流平台数智化建设加快推进。例如，商务部指导浙江省商务厅建设的"海外物流智慧平台"，利用大数据、5G、高精度定位等技术，帮助政府、市场主体等了解海外仓分布情况，提供供需精准匹配，有效解决信息不对称难题。该平台已吸引全国九分之一的海外仓入驻，覆盖全球133个城市。再如，重庆市构建覆盖跨境贸易主要链条的西部陆海新通道进出口数字贸易平台，利用无人驾驶、智能调度、区块链等技术重塑通道物流体系，形成覆盖原材料输入、生产运输、成品输出的全流程智慧园区物流体系和互联互通的物流网络，推进物流通道大数据融合应用，赋能西部陆海新通道跨境电商发展。

六、国际合作愈发紧密，合作机制日趋完善

良好的国际环境是跨境电商物流快速发展的重要保障。近年来，我国秉持合作共赢的理念，在基础设施共建、物流通道互联、联盟组织互动等方面持续推进跨境电商物流双边和多边合作。

一是基础设施共建大力推进。例如，匈牙利建设了专门为中欧跨境电商服务的匈牙利瓦茨电商物流园区，并与速卖通、拼多多、希音等电商平台合作，将匈牙利打造成中国主流电商平台的中东欧分拨中心。该园区在建的瓦茨电商智能仓项目预计于2024年9月正式投产，该项目应用了最新的机器人及后台仓储无人化技术，建成后将成为中东欧最大、最先进的智能仓储项目[1]。又如，2023年11月，亚马逊与宁波市合作建立该公司在中国的首个海外购前置保税仓。该仓利用1210[2]备货模式，将海外直邮时效平均节省10

---

[1] 付志刚：《物流园里的"老板梦"和"技术流"》，2024年5月13日，光明日报（https：//epaper.gmw.cn/gmrb/html/2024-05/13/nw.D110000gmrb_20240513_1-12.htm）。

[2] 1210备货模式：全称为"保税跨境贸易电子商务"，简称"保税电商"，行业俗称"保税备货模式"。该模式是海关总署设置的四种针对跨境电商出口通关的特殊监管方式之一，适用于境内个人或电子商务企业在经海关认可的电子商务平台实现跨境交易，并通过海关特殊监管区域或保税监管场所进出的电子商务零售进出境商品。

天，最快 2 日即可送达，大幅提升消费者购物时效性①。再如，2024 年 3 月，极兔速递与沙特阿拉伯最大的电商平台 Salla 签约合作，共同建设区域内最大的智能物流产业园。通过该项目，极兔将在自有末端收派送网络实现沙特境内 100% 覆盖的基础上，为消费者提供更加定制化的物流方案及优质的售后服务②。

二是物流通道互联持续发展。例如，2023 年 2 月，我国与巴西合作开通首条"金砖"城市跨境电商空运专线"厦门—圣保罗"全货运航线，成为满足中巴两国跨境电商物流需求的热门线路。该航线开通首年进出口货物 1.6 万吨，其中出口跨境电商包裹 1600.9 万件，出口载货率达 100%；进口则以三文鱼、葡萄、车厘子等生鲜产品为主，累计进口 6005.8 吨③。2023 年 4 月，四川成都国际铁路港与法国邮政 DPD 集团签约，开设跨境电商定制专列，为跨境电商客户提供稳定高效的物流通道。在此基础上双方继续深化合作，从 2024 年 4 月起将开行频次从之前的每月 2 列增加至每月 4 列④。2023 年 2 月，吉林省与俄罗斯扎鲁比诺港合作打通中俄跨境电商海上物流通道，年吞吐能力为 6000 万吨。该航线是中国东北第二条出海大通道，未来将成为联通东北亚地区的自由港⑤。

三是联盟组织互动愈发深化。近年来，中国持续推动电子商务多双边合作，促进"一带一路"、RCEP 等联盟或组织在跨境电商物流方面的合作。截

---

① 成百舸、林思谕、王瑛琢：《亚马逊海外购前置保税仓落地北仑》，2023 年 11 月 13 日，宁波市北仑区人民政府网（http：//www.bl.gov.cn/art/2023/11/13/art_1229044479_59077686.html）。

② 陈方：《极兔速递与沙特政府携手建设区域内最大智能物流产业园》，2024 年 3 月 11 日，湖南日报网（https：//www.voc.com.cn/article/202403/202403111614381093.html）。

③ 《福建日报》：《国内首条金砖城市跨境电商空运专线开通满一年》，2024 年 2 月 11 日，福建省人民政府网（https：//www.fujian.gov.cn/xwdt/fjyw/202402/t20240211_6395711.htm）。

④ 红星新闻：《世界 500 强与成都再度签约！合作建设全球跨境电商货物集散项目》，2024 年 4 月 10 日，大陆桥物流联盟公共信息平台网站（http：//www.landbridge.com/kjds/2024-04-10/121790.html）。

⑤ 秦安战略：《打通中俄合作关键物流通道——图们江三角洲东北亚跨境电商》，2023 年 2 月 25 日，网易新闻网（https：//www.163.com/dy/article/HUDUQFCF05526B7P.html）。

至2023年9月,中国已与29个国家建立了双边电子商务合作机制①,合作内容包括伙伴国之间跨境电商物流基础设施、通道建设和服务水平等方面。2023年11月,国务院在上海市创建"丝路电商"合作先行区,并就跨境电商物流设施建设、数据平台搭建、服务体系构建等方面内容,与"一带一路"共建国家合作提出相关举措,取得了一系列积极成果。例如,上海跨境公服平台与世界电子贸易平台(eWTP)合作,搭建上海泰国东部经济走廊自贸区数据共享机制,探索出口到泰国的跨境电商交易、物流信息互联互通。又如,先行区依托海外仓服务联盟,上线"丝路电商"海外仓电子地图,能够实现查询中外运等14家首批成员单位海外仓布局②。

第三节 中国跨境电商物流发展趋势

随着中国跨境电商的快速发展以及国家对跨境电商物流的支持,我国跨境电商物流市场规模将持续扩大,海外仓建设将进一步完善。同时,跨境电商航空物流通道将更加高效通畅,跨境电商物流数智化转型将加速推进。

一、跨境电商物流市场规模将持续扩大

随着中国外贸新业态、新模式的蓬勃发展以及跨境电商平台全托管模式的盛行,跨境电商物流规模和服务能力将持续增长。《"十四五"电子商务发展规划》预计,到2025年,跨境电商交易额将达到2.5万亿元。《国务院办公厅关于加快发展外贸新业态新模式的意见》明确提出,将大幅度增强跨境

---

① 新华社:《我国已与29个国家建立双边电子商务合作机制》,2023年9月7日,中国政府网(https://www.gov.cn/lianbo/bumen/202309/content_6902680.htm)。
② 商务部:《对接高标准规则 推动高水平开放——"丝路电商"合作先行区建设开局良好》,2024年4月19日,上海市商务委员会网站(https://sww.sh.gov.cn/swdt/20240422/d56b1d3dbee7470b80c68d5dbed3fdb5.html)。

电商企业核心竞争力，到 2025 年，力争培育 10 家左右出口超千亿元人民币的内外贸一体化市场、100 家左右在信息化建设、智能化发展、多元化服务、本地化经营等方面表现突出的优秀海外仓企业。《商贸物流高质量发展专项行动计划（2021—2025 年）》提出，到 2025 年，将培育一批具有品牌影响力和国际竞争力的商贸物流企业。可以预见，我国跨境电商物流市场规模将持续扩大，成为推动产业链供应链资源高效配置的重要引擎。

二、海外仓建设将进一步完善

未来一段时间内，我国 B2C 出口跨境电商模式将得到快速发展。由于该模式订单具有碎片化、反应快的特征，因此时效性与妥投率更高的海外仓模式将成为跨境电商物流的主要发展趋势。《"十四五"现代物流发展规划》《"十四五"电子商务发展规划》等规划均强调将加快在重点市场海外仓布局，完善全球服务网络。一方面，我国将加快在新兴市场的海外仓建设，完善欧美重点市场海外仓布局，引导和支持传统外贸企业、跨境电商和物流企业通过多种方式推进海外仓、海外物流中心高质量共建共享。另一方面，我国将提升枢纽海外仓的货物联运、转运、集散能力和海外节点仓、分拨仓的货物流通效能；同时，也将搭建海外仓综合服务平台，促进海外仓供需对接，推进海外仓丰富功能，培育一体化、专业化、综合型海外仓。

三、跨境电商航空物流通道将更加高效畅通

拼多多、希音等快时尚跨境电商平台的崛起将使未来航空运输需求量大幅增加，两大平台通过航空货运的年出口货量已达百万吨级[1]。中央和各地区商贸相关规划均多次强调，将加强跨境电商航空物流通道建设。一方面，

---

[1] 跨境电商物流百晓生：《十年专注成就加拿大头部跨境物流企业｜晓生专访：佳邮国际创始人傅剑》，2024 年 2 月 28 日，跨境电商物流百晓生账号（https://mp.weixin.qq.com/s/cu3EQnbmMSeq-OKo034yx0w）。

我国将优化国际电商航线网络布局，引导物流企业强化跨境电商新兴市场航线网络，打造畅通全球的跨境电商航空物流通道；同时，也将推进专业性跨境电商货运机场建设，加强与综合性枢纽机场的分工协作，开通冷链、医药、精密设备等特殊性货品跨境电商运输专线。另一方面，我国将提高跨境电商物流多式联运能力，加快跨境电商航空运输与水运、中欧班列、西部陆海新通道等国际班列协同联动，提高跨境电商物流一体化转运能力。此外，我国也将加强国际航线与国内物流通道衔接，推动空港与跨境电商物流园区、自贸试验区联合发展，提升空运通道与报关通关等环节衔接能力。

四、跨境电商物流数智化转型将加速推进

"十四五"期间，随着大数据、物联网、云计算、人工智能等新兴信息、数字技术的不断成熟，跨境电商物流将进一步向信息化、数字化、智能化等方向发展。跨境电商物流基础设施将向智慧化方向改造，智慧海外仓、智慧物流枢纽、智慧物流园区、海外智慧物流平台将成为主要的新型物流基础设施，自动分拣、智能货架等新技术将得到广泛应用；跨境电商物流运输服务网络将不断加速数字化、智能化升级，自助取货、无人配送等新型智能配送模式将成为跨境电商末端物流主要模式。此外，跨境电商物流将结合货物的主要流向、流量，提高进出口环节物流、港口、口岸、国际货代等环节之间的数据共享程度，建设跨境电商智慧物流服务平台，提升各环节衔接效率，保障跨境电商物流运输通道高效畅通。

参考文献

[1] 36氪研究院:《2023年中国医药电商B2B行业洞察报告》,2023年3月2日,36氪研究院网站（https：//www.36kr.com/p/2153883523240200）。

[2] 推进"一带一路"建设工作领导小组办公室:《坚定不移推进共建"一带一路"高质量发展走深走实的愿景与行动——共建"一带一路"未来十年发展展望》,2023年11月24日,中国政府网（https：//www.gov.cn/yaowen/liebiao/202311/content_6916832.htm）。

[3] 新华社:《经国务院授权 三部委联合发布推动共建"一带一路"的愿景与行动》,2015年3月28日,中国政府网（https：//www.gov.cn/xinwen/2015-03/28/content_2839723.htm）。

[4] 国务院新闻办公室:《共建"一带一路"：构建人类命运共同体的重大实践》,2023年10月10日,中国政府网（https：//www.gov.cn/zhengce/202310/content_6907994.htm）。

[5] 人民网:《和平合作 开放包容 互学互鉴 互利共赢》,2015年3月30日,人民网（http：//politics.people.com.cn/n/2015/0330/c1001-26767674.html）。

[6] Shekhar Aiyar, et al.： *Geoeconomic Fragmentation and the Future of Multilateralism*, 2023年1月16日,国际货币组织官网（https：//www.imf.org/en/Publications/Staff-Discussion-Notes/Issues/2023/01/11/Geo-Economic-Fragmentation-and-the-Future-of-Multilateralism-527266?cid=bl-com-SDNEA2023001）。

[7] 阿拉山口零距离:《创历史新高！2023年阿拉山口口岸通行中欧班列超6600列》,2024年1月12日,阿拉山口人民政府官网（http：//www.alsk.gov.cn/info/1012/64855.htm）。

[8] 艾媒咨询:《2023—2024年全球与中国医药电商市场与发展趋势研究报告》,2023年10月12日,艾媒网（https：//www.iimedia.cn/c400/96151.html）。

[9] 安枫:《京东物流：跨境供应链为国货出海护航》,2022年11月16日,腾讯网（https：//new.qq.com/rain/a/20221116A06PFG00）。

[10] 百家号网（2023a）:《青岛港董家口港区第二座40万吨矿石泊位工程首个沉箱封顶》,https：//baijiahao.baidu.com/s?id=1768106973324519387,2023-06-08。

[11] 百家号网（2023b）:《16条新航线！13位新成员！第五届"丝路海运"国际合作论坛成果丰硕》,https：//baijiahao.baidu.com/s?id=1776701086911668625,2023-09-11。

[12] 北京首都国际机场股份有限公司（2024）：《释放"中国第一国门"的绿色能量——记首都机场光伏应用规模化发展再提速》，https：//www. bcia. com. cn/airportkgxwxqy/11462/11462_f7099855244646e9ac028b952dd5ff8c. html，2024 – 04 – 24。

[13] 标准化工作部：《中国在物流领域国际标准化方面取得重大突破》，2023 年 10 月 16 日，中国物流与采购网（http：//www. chinawuliu. com. cn/lhhzq/202310/16/618039. shtml）。

[14] 陈方：《极兔速递与沙特政府携手建设区域内最大智能物流产业园》，2024 年 3 月 11 日，湖南日报网（https：//www. voc. com. cn/article/202403/202403111614381093. html）。

[15] 陈月新、宗绿叶：《跨境电子商务物流模式创新与发展趋势的探讨》，《科技经济市场》2022 年第 11 期。

[16] 成百舸、林思谕、王瑛琢：《亚马逊海外购前置保税仓落地北仑》，2023 年 11 月 13 日，宁波市北仑区人民政府网（http：//www. bl. gov. cn/art/2023/11/13/art_1229044479_59077686. html）。

[17] 大连市人民政府（2023）：《大连市促进东北亚国际航运中心和国际物流中心全面振兴新突破的若干政策》，https：//www. dl. gov. cn/art/2023/9/13/art_1170_1458. html，2023 – 09 – 13。

[18] 大洋教育：《广州综试区：跨境电商"广州模式"的新思维新趋势新发展》，2022 年 11 月 10 日，网易网（https：//www. 163. com/dy/article/HLQSPT5105381AAK. html）。

[19] 第一财经：《中汽协：2023 年新能源汽车销量 949. 5 万辆　同比增长 37. 9%》，2024 年 1 月 11 日，第一财经网（https：//baijiahao. baidu. com/s？id = 1787774459970002525&wfr = spider&for = pc）。

[20] 电车资源网（2024a）：《34560 辆！2023 年新能源重卡增 36%　12 月销 6278 辆　徐工/三一争冠　氢能爆增》，https：//www. evpartner. com/news/234/detail-70604. html，2024 – 01 – 11。

[21] 电车资源网（2024b）：《新能源物流车电池装车量 2023 年榜出炉：宁德夺冠　安驰暴增 74. 1%》，https：//www. evpartner. com/news/138/detail-70697. html，2024 – 01 – 19。

[22]《电商报》：《百度地图发布物流大模型 Beta 版》，2023 年 9 月 22 日，电商报网（https：//www. dsb. cn/228635. html）。

[23] 董童、李源：《国内、海外都收货　京东 11. 11 开门红第一单已送货上门》，2023 年 10 月 24 日，人民网（http：//finance. people. com. cn/n1/2023/1024/c1004 – 40102191. html）。

[24] 方伟彬：《"就地拼柜"助企"出海"》，2022 年 9 月 10 日，广东新闻网（https：//www. gd. chinanews. com. cn/2022/2022 – 09 – 10/423557. shtml）。

[25] 凤凰网：《深耕日化快消，进军散粉运输》，2023 年 10 月 16 日，凤凰网（https：//ishare. ifeng. com/c/s/v002Vidhbvlg – _Sk—GaeIMaJ8Z4GfE-mMhBLLvFD30mXusweQ__）。

[26]《福建日报》：《国内首条金砖城市跨境电商空运专线开通满一年》，2024 年 2 月 11 日，福建

省人民政府网（https：//www.fujian.gov.cn/xwdt/fjyw/202402/t20240211_6395711.htm）。

［27］付志刚：《物流园里的"老板梦"和"技术流"》，2024年5月13日，光明日报（https：//epaper.gmw.cn/gmrb/html/2024-05/13/nw.D110000gmrb_20240513_1-12.htm）。

［28］赣县区人民政府（2023）：《全国设计等级最高！宁波舟山港梅山港区二期工程全部完工》，http：//www.ganxian.gov.cn/gxqxxgk/c111309/202310/c97b7942e3a04636a473358bb049bea8.shtml，2023-10-19。

［29］耿协峰：《共建"一带一路"拓展全球治理新实践》，2023年10月23日，人民网（http：//opinion.people.com.cn/n1/2023/1023/c1003-40100883.html）。

［30］谷仓海外仓：《9小时急速收货！旺季海外仓迎来年度大考，包裹跑出「加速度」》，2023年11月23日，谷仓海外仓公司网站（https：//goodcang.com/news/details?newsId=838）。

［31］刘倩：《共建"一带一路"：推动经济增长与全球发展的重要力量》，2023年11月2日，光明网（https：//news.gmw.cn/2023-11/02/content_36936624.htm）。

［32］广西壮族自治区人民政府（2023）：《北部湾港首个30万吨级干散货自动化码头平台实现全线贯通》，http：//gzw.gxzf.gov.cn/xwzx/gzdt/t16822661.shtml，2023-07-19。

［33］广州空港经济区管理委员会（2023）：《广州空港经济区管理委员会关于印发广州市促进航空运输业高质量发展若干补充措施的通知》，http：//kgw.gz.gov.cn/xxgk/zdwj/content/post_9175001.html，2023-08-24。

［34］《贵州日报》：《越南贵州跨境物流通道实现双向"通车"》，2024年2月29日，贵州省政府官网（https：//www.guizhou.gov.cn/home/gzyw/202402/t20240229_83861560.html）。

［35］国际货币基金组织：《世界经济展望报告》（2020年10月、2021年10月、2022年10月、2023年10月、2024年4月），国际货币基金组织网站（https：//www.imf.org/en/publications/weo）。

［36］《国际商报》：《中国—东盟电子商务合作持续深化：把握数字时代，力促RCEP合作》，2023年9月18日，中国自由贸易区服务网（http：//fta.mofcom.gov.cn/article/fzdongtai/202309/54577_1.html）。

［37］国家发展和改革委员会、中国物流与采购联合会：《全国物流运行情况通报》（2011—2023）

［38］国家发展和改革委员会：《中欧班列发展报告2021》，2022年8月18日，国家发展和改革委网站（https：//www.ndrc.gov.cn/fzggw/jgsj/kfs/sjdt/202208/t20220818_1333112.html）。

［39］国家发展和改革委员会：《国家发展改革委发布2023年国家骨干冷链物流基地建设名单》，2023年6月12日，国家发展和改革委员会官网（https：//www.ndrc.gov.cn/fggz/202306/t20230612_1357490.html）。

［40］国家发展和改革委员会：《国家发展改革委发布2023年国家骨干冷链物流基地建设名单》，

2023 年 6 月 12 日，国家发展和改革委员会官网（https：//www.ndrc.gov.cn/fggz/202306/t20230612_1357490.html）。

［41］国家能源局（2024）：《国家能源局 2024 年一季度新闻发布会文字实录》，https：//www.nea.gov.cn/2024-01/25/c_1310762019.htm，2024-01-25。

［42］国家统计局：《国家统计局相关部门负责人解读 2023 年主要经济数据》，2024 年 1 月 18 日，中央人民政府网站（https：//www.gov.cn/lianbo/bumen/202401/content_6926737.htm）。

［43］国家统计局：《月度数据》，国家统计局网站（https：//data.stats.gov.cn/easyquery.htm?cn=A01）。

［44］国家统计局：《中国统计年鉴 2023》，中国统计出版社 2023 年版。

［45］国家统计局：《中华人民共和国 2023 年国民经济和社会发展统计公报》，2024 年 2 月 29 日，国家统计局网站（https：//www.stats.gov.cn/sj/zxfb/202402/t20240228_1947915.html）。

［46］国家信息中心：《盘点我国共享经济 2022 发展特点与趋势》，2023 年 5 月 11 日，国家信息中心官方网站（http：//www.sic.gov.cn/sic/82/568/0222/11273_pc.html）。

［47］国家邮政局：《国家邮政局办公室 工业和信息化部办公厅关于公布第一批快递业与制造业融合发展典型项目和试点先行区的通知》，2023 年 12 月 29 日，国家邮政局网站（https：//www.spb.gov.cn/gjyzj/c100009/c100010/202312/6e3ecddefd4343399d3193bca8421b27.shtml）。

［48］国家邮政局：《国家邮政局公布 2023 年邮政行业运行情况》，2024 年 1 月 22 日，国家邮政局网站（https：//www.spb.gov.cn/gjyzj/c100015/c100016/202401/59eeb6e8b0e7404f8127aa2c7aebded6.shtml）。

［49］国家邮政局：《国家邮政局公布邮政行业运行情况》（2011—2023），国家邮政局网站（https：//www.spb.gov.cn/gjyzj/c100276/common_list.shtml）。

［50］国家邮政局：《模式创新 示范引领 推动形成两业深度融合发展格局——快递业与制造业融合发展现场会侧记》，2023 年 12 月 27 日，国家邮政局网站（http：//yn.spb.gov.cn/gjyzj/c100196/202312/8dfd4052d8414cf5bac70042d82db8a1.shtml）。

［51］国务院国资委宣传局（2023）：《全球首艘 93000 立方米超大型液化气船命名交付》，http：//www.sasac.gov.cn/n2588025/n2588124/c27783409/content.html，2023-04-28。

［52］国务院新闻办：《国务院新闻办发布会介绍 2023 年工业和信息化发展情况》，2024 年 1 月 19 日，国务院新闻办网站（https：//www.gov.cn/zhengce/202401/content_6927371.htm）。

［53］国务院新闻办：《国务院新闻办发布会介绍 2023 年农业农村经济运行情况》，2024 年 1 月 23 日，中国政府网（https：//www.gov.cn/zhengce/202401/content_6927914.htm）。

［54］国务院新闻办公室：《国务院新闻办就 2023 年国民经济运行情况举行发布会》，2024 年 1 月

17日，中央人民政府网站（https：//www.gov.cn/lianbo/fabu/202401/content_6926619.htm）。

［55］国务院新闻办公室：《国务院新闻办就2023年全年进出口情况举行发布会》，2024年1月12日，国务院新闻办网（https：//www.gov.cn/lianbo/fabu/202401/content_6925700.htm）。

［56］海关总署：《2023年12月货运监管业务统计快报表》，2024年1月12日，海关总署网站（http：//www.customs.gov.cn/customs/302249/zfxxgk/2799825/302274/302275/5624380/index.html）。

［57］海关总署：《2023年12月全国进口重点商品量值表（美元）》，2024年1月12日，海关总署网站（http：//www.customs.gov.cn/customs/302249/zfxxgk/2799825/302274/302275/5624364/index.html）。

［58］海关总署：《2023年全年进出口情况新闻发布会》，2024年1月12日，海关总署网站（http：//www.customs.gov.cn/customs/xwfb34/302330/5625690/index.html）。

［59］海关总署：《上海空港口岸成为跨境电商 推动国货出海重要通道》，2024年1月23日，中华人民共和国海关总署网（http：//gdfs.customs.gov.cn/customs/xwfb34/mtjj35/5644334/index.html）。

［60］海康机器人：《一文读懂海康机器人3D视觉引导拆码垛系统》，2022年1月13日，物流技术与应用（https：//mp.weixin.qq.com/s?__biz=MjM5NDU4NzcwMw==&mid=2650502342&idx=3&sn=9f5582e1f8fc25c06efb1d5f5616f192&chksm=be8aa19e89fd2888975375f138c1c62cede2900ee459c904452b4aed975ea874cefd8e430be0&scene=27）。

［61］韩光胤：《天津港：无人集卡"智"解水平运输》，2023年2月9日，中国交通报（https：//www.zgjtb.com/2023-02/09/content_340192.html）。

［62］杭州市商务局：《跨境电商和海外仓，实力展现"外贸新质生产力"》，2024年4月28日，杭州市商务局网（http：//sww.hangzhou.gov.cn/art/2024/4/28/art_1229307777_58901676.html）。

［63］合肥市人民政府（2023）：《江淮运河主航道全线贯通》，https：//www.hefei.gov.cn/ssxw/ztzl/zt/srxxxcgcddesdjs/tshfxbh/109275785.html，2023-09-17。

［64］和讯网：《从自动化到智慧化、数智化 苏宁易购物流持续夯实供应链》，2022年9月26日，和讯网官方百度百家号（https：//baijiahao.baidu.com/s?id=1745020532875394478&wfr=spider&for=pc）。

［65］红星新闻：《世界500强与成都再度签约！合作建设全球跨境电商货物集散项目》，2024年4月10日，大陆桥物流联盟公共信息平台网站（http：//www.landbridge.com/kjds/2024-04-10/121790.html）。

［66］《湖北日报》：《融合五网数据 赋能三大群体 湖北供应链物流公共信息平台正式发布》，2023年9月1日，中共武汉市委网络安全和信息化委员会办公室（http：//www.whwx.gov.cn/xxh/xxhgzdt/202309/t20230906_2259057.shtml）。

［67］极智嘉，Interact Analysis：《仓储机器人的未来》，2022年6月22日，罗戈网（https：//www.logclub.com/front/lc_report/get_report_info/948）。

［68］贾浩楠：《全球首款"脱手脱眼"智能重卡来了!》，2024年1月11日，网易网（https：//www.163.com/dy/article/IO675TLL0511DSSR.html）。

［69］江苏省交通运输厅（2023）：《我省首个通航40万吨船舶的深水海港项目通过交工验收》，http：//jtyst.jiangsu.gov.cn/art/2023/10/17/art_41904_11042281.html，2023-10-17。

［70］交通运输部（2023）：《2022年交通运输行业发展统计公报》，https：//xxgk.mot.gov.cn/2020/jigou/zhghs/202306/t20230615_3847023.html，2023-06-16。

［71］交通运输部（2024）：《2023年交通运输行业发展统计公报》，https：//xxgk.mot.gov.cn/2020/jigou/zhghs/202406/t20240614_4142419.html，2024-06-18。

［72］交通运输部：《2023年交通运输行业发展统计公报》，2023年6月18日，交通运输部网站（https：//xxgk.mot.gov.cn/2020/jigou/zhghs/202406/t20240614_4142419.html）。

［73］交通运输部：《2023年网络货运行业运行基本情况发布》，2024年2月5日，交通运输部微信公众号（https：//mp.weixin.qq.com/s?__biz=MzI3MDQwMDQ5NQ==&mid=2247594896&idx=1&sn=288ea57be5f62cfbfbacacd72f391eaf&scene=0）。

［74］交通运输部：《第四批农村物流服务品牌典型经验》，2023年10月30日，交通运输部官网（https：//xxgk.mot.gov.cn/2020/jigou/ysfws/202310/P020231030554503926488.docx）。

［75］交通运输部：《第四批农村物流服务品牌典型经验》，2023年10月30日，交通运输部官网（https：//xxgk.mot.gov.cn/2020/jigou/ysfws/202310/P020231030554503926488.docx）。

［76］交通运输部：《交通运输行业发展统计公报》（2013—2023），交通运输部网站（https：//www.mot.gov.cn/fenxigongbao/hangyegongbao/）。

［77］金融界：《飞力达：拓展海外供应链业务并在越南运营近6万平米仓储面积》，2023年11月16日，搜狐网（https：//www.sohu.com/a/736736649_114984）。

［78］金融界：《千挂科技与福佑卡车达成战略合作，预计今年将提供百万公里级的干线智能货运服务》，2023年5月12日，金融界官方百度百家号（https：//baijiahao.baidu.com/s?id=1765658867070210690&wfr=spider&for=pc）。

［79］京报网：《极兔速递今日港交所上市，发行价每股12港元》，2023年10月27日，京报网（https：//news.bjd.com.cn/2023/10/27/10603388.shtml）。

［80］京东物流：《持续打造供应链出海服务样本，京东物流如何助力全球企业降本增效？》，2023年9月1日，京东物流官网（https：//www.jdl.com/news/3320/content01401）。

［81］京东物流：《京东物流超脑、京慧3.0亮相，给出物流大模型应用"京东物流答案"》，2023

年 7 月 13 日，京东物流官网（https：//www.jdl.com/news/3204/content01293？type＝0）。

[82] 京东物流：《推动采购大模型创新，京东企业业务助企业客户实现数智化转型升级》，2023 年 7 月 14 日，京东企业业务微信公众号（https：//mp.weixin.qq.com/s/T4H3varaVOLXv6tPNtAj8Q）。

[83]《经济参考报》：《跨境电商 尽享中欧班列红利》，2023 年 8 月 3 日，新华网（http：//www.xinhuanet.com/tech/20230803/d2acc0a4e7514c20a1a3516df617f211/c.html）。

[84]《经济日报》：《2023 年多地跨境电商出口创新高》，2024 年 1 月 29 日，中国政府网（https：//www.gov.cn/lianbo/difang/202401/content_6928830.htm）。

[85]《经济日报》：《对外贸易结构更优动力更足》，2024 年 1 月 21 日，中国政府网（https：//www.gov.cn/yaowen/liebiao/202401/content_6927300.htm）。

[86] 跨境电商物流百晓生：《十年专注成就加拿大头部跨境物流企业｜晓生专访：佳邮国际创始人傅剑》，2024 年 2 月 28 日，跨境电商物流百晓生账号（https：//mp.weixin.qq.com/s/cu3EQnbmMSeqOKo034yx0w）。

[87] 跨境焦点：《京东重押欧洲市场，斥资 5400 万欧元收购荷兰物流中心》，2023 年 12 月 7 日，电商报（https：//www.dsb.cn/234210.html）。

[88] 李丹：《长沙井贝跨境电商产业园提前 5 个月竣工》，2023 年 12 月 14 日，腾讯网（https：//new.qq.com/rain/a/20231214A03TBT00）。

[89] 李哈妮：《"就地拼柜" 助企 "出海"》，2023 年 9 月 20 日，中国邮政报（https：//www.chinapost.com.cn/xhtml1/report/23091/3050-1.htm）。

[90] 李明、单如辉、王晶瑜：《2023 年新疆霍尔果斯口岸开行中欧（中亚）班列 7762 列 再创历史新高》，2024 年 1 月 5 日，中国新闻网（https：//baijiahao.baidu.com/s？id＝1787245317551436575&wfr＝spider&for＝pc）。

[91] 李蓉茜、胡暄：《红海危机扰动全球贸易》，2024 年 3 月 23 日，财新网（https：//weekly.caixin.com/2024-03-23/102178523.html？p0#page2）。

[92] 李伟、吕磊、毛志鹏：《做好互联互通的桥梁和纽带——中国邮政服务共建 "一带一路" 高质量发展综述》，2023 年 10 月 18 日，中国邮政网（http：//www.chinapost.com.cn/html1/report/23101/808-1.htm）。

[93] 林坦：《2024 年物流业五大趋势展望》，2024 年 2 月 28 日，中国交通新闻网（https：//www.zgjtb.com/2024-02/28/content_402062.html）。

[94] 林振强：《京东的磁悬浮打包机、优衣库的工业机器人、亚马逊的打包机器人，自动化包装已去到多远？》，2020 年 7 月 3 日，物流技术与应用（https：//mp.weixin.qq.com/s/Kw-9QUySrGryO1yqfQudBQ）。

［95］刘琼:《深圳跨境电商稳居全国"第一方阵"》,《深圳商报》2024年1月13日第A01版。

［96］刘政:《如何与"一带一路"深度"绑定"各地这样做》,2023年10月12日,网易号官网(https://www.163.com/dy/article/IGS7KS100550HKM7.html)。

［97］罗戈网:《物流开出"双碳"加速度! 万科物流、嘉宏国际、壳牌、山东港口、羚牛氢能……》,2023年5月8日,罗戈网(https://www.logclub.com/articleInfo/NjIzMzQ)。

［98］罗戈研究:《2024中国供应链物流科技创新发展报告》,2024年1月,罗戈网(https://www.logclub.com/front/lc_report/get_report_info/4230)。

［99］罗清平、陈睿:《重庆市农产品产地仓储保鲜冷链设施高质量发展对策探讨》,《南方农业》2023年第17卷第15期。

［100］洛阳国家高新技术产业开发区综合协调部:《越南大米"世界冠军"在洛开启"中国之旅"》,2023年12月14日,洛阳国家高新技术产业开发区官方账号(http://www.lhdz.gov.cn/html/1/2/1001/1212/52425.html)。

［101］洛阳市人民政府:《助力"双循环" 洛阳综保区设立首个跨境电商海外仓》,2023年4月17日,河南省人民政府网(https://m.henan.gov.cn/2023/04-17/2726603.html)。

［102］吕娜:《阿克苏地区加快推进国家骨干冷链物流基地建设》,2023年5月24日,中国新闻网(https://www.xj.chinanews.com.cn/dizhou/2023-05-24/detail-ihcpswxf4318466.shtml)。

［103］每日经济新闻:《抢发全网首台冷链无人车 顺丰加速无人配送细分场景商业落地》,2023年6月20日,每日经济新闻官方百度百家号(https://baijiahao.baidu.com/s?id=1768503484191528548&wfr=spider&for=pc)。

［104］美团网:《外媒:中国公司率先证实城市无人机配送可行性》,2023年5月23日,美团官方网站(https://www.meituan.com/news/NN230525020007502)。

［105］南方Plus网(2023):《白云机场货站未来超百万平方米,加速实现"全球货 聚广州"》,https://static.nfapp.southcn.com/content/202312/07/c8379845.html,2023-12-07。

［106］《南方日报》:《深圳机场开通首条南美货运航线》,2023年4月4日,广东省人民政府网(https://www.gd.gov.cn/gdywdt/ydylygd/content/post_4148215.html)。

［107］南宁市商务局:《南宁市商务局关于市政协十二届三次会议第12.03.003号提案答复 南商务案复〔2023〕31号》,2023年8月30日,广西南宁市商务局网站(https://nnsw.nanning.gov.cn/jyta/t5680731.html)。

［108］内蒙古自治区交通运输厅:《回眸2023——公路建设篇》,2024年1月8日,内蒙古自治区交通运输厅门户网站(https://jtyst.nmg.gov.cn/jtzx/jtyw/202401/t20240108_2437893.html)。

［109］农业农村部:《全国农产品产地冷藏保鲜设施建设暨都市现代农业现场会在广东召开》,

2023年7月13日，农业农村部官网（http：//www.moa.gov.cn/gbzwfwqjd/xxdt/202307/t20230713_6432130.htm）。

[110] 澎湃新闻：《国家发展改革委 自然资源部联合发布第四批示范物流园区名单》，2023年7月21日，澎湃新闻官网（https：//www.thepaper.cn/newsDetail_forward_23936716）。

[111] 澎湃新闻：《央企"一带一路"十年投资超万亿美元》，2023年10月20日，澎湃新闻（https：//www.thepaper.cn/newsDetail_forward_25002004）。

[112] 澎湃新闻网（2023）：《聚焦智慧民航｜浦东机场智慧创新生态多维生长》，https：//www.thepaper.cn/newsDetail_forward_22420381，2023-03-23。

[113] 齐鲁：《青岛自贸片区：搭建数字仓库 破解大宗商品流通交易行业痛点》，2023年6月2日，齐鲁网（https：//news.iqilu.com/shandong/kejiaoshehui/20230602/5440996.shtml）。

[114] 秦安战略：《打通中俄合作关键物流通道——图们江三角洲东北亚跨境电商》，2023年2月25日，网易新闻网（https：//www.163.com/dy/article/HUDUQFCF05526B7P.html）。

[115] 求是网：《推进"硬联通"，央企疏通海陆天网大动脉》，2023年12月7日，求是网（http：//www.qstheory.cn/laigao/ycjx/2023-12/07/c_1130011747.htm）。

[116] 全国数字贸易博览会：《2023年杭州海外仓建设取得新突破》，2024年2月1日，全国数字贸易博览会网站（https：//www.gdte.org.cn/content/content_8683522.html）。

[117] 《人民日报》：《机场建设，促进地区互联互通》，2023年10月8日，中国一带一路网（https：//www.yidaiyilu.gov.cn/p/0R2H2KQ6.html）。

[118] 《人民日报》：《全国将新增10万个村级物流综合服务站》，2024年1月27日，人民网（http：//finance.people.com.cn/n1/2024/0127/c1004-40167570.html）。

[119] 《人民日报》：《西部陆海新通道铁海联运班列今年已发送货物突破11万标箱》，2024年2月23日，人民网（https：//baijiahao.baidu.com/s?id=1791648769922661866&wfr=spider&for=pc）。

[120] 《人民日报》（海外版）：《"一带一路"交通互联互通迈上新台阶》，2022年10月16日，中国政府网（https：//www.gov.cn/xinwen/2022-10/16/content_5718700.htm）。

[121] 《人民日报》（海外版）：《2023年全国粮食总产量13908.2亿斤，比上年增长1.3%——中国粮食生产再获丰收》，2023年12月12日，中国政府网（https：//www.gov.cn/yaowen/liebiao/202312/content_6919648.htm）。

[122] 人民网（2023a）：《烟台港30万吨级原油码头二期项目投产》，http：//paper.people.com.cn/zgnyb/html/2023-07/17/content_26007343.htm，2023-07-17。

[123] 人民网（2023b）：《西部陆海新通道骨干工程平陆运河建设迈入全线动工新阶段》，http：//gx.people.com.cn/n2/2023/0911/c179464-40566159.html，2023-09-11。

· 343 ·

［124］人民网（2023c）：《江苏连云港：纯电动拖轮"云港电拖二号"交付使用》，http：//pic.people.com.cn/n1/2023/1121/c1016-40122786.html，2023-11-21。

［125］人民网（2024a）：《2023年我国造船完工量同比增长11.8%》，http：//jx.people.com.cn/n2/2024/0117/c186330-40716271.html，2024-01-17。

［126］人民网（2024b）：《西部陆海新通道加快建设——跨越山海展新途》，http：//cq.people.com.cn/n2/2024/0326/c365425-40788642.html，2024-03-26。

［127］人民网：《中国是全球知识产权活动的重要贡献者》，2024年5月2日，人民网官方百度百家号（https：//baijiahao.baidu.com/s？id=1797890050851506767&wfr=spider&for=pc）。

［128］《人民政协报》：《农产品加工可为耕者谋利、为食者谋福》，2024年3月14日，人民政协报网（http：//dzb.rmzxb.com.cn/rmzxbPaper/pc/con/202403/14/content_58893.html）。

［129］沙利文研究：《2023年中国即时配送行业趋势白皮书》，2024年3月17日，沙利文研究网站（https：//www.frostchina.com/content/insight/detail？id=65f64369a2aa84f5d865a560）。

［130］厦门自贸片区管委会：《全国首创！厦门港跨境电商海运快捷通道正式启动》，2022年6月13日，福建省商务厅网站（https：//swt.fujian.gov.cn/xxgk/jgzn/jgcs/zmsyq/zmzhc_tpxw/202206/t20220613_5928610.htm）。

［131］山东高速集团（2023）：《山东高速集团首个近零碳服务区建成运营》，https：//www.sdhsg.com/news/newsDetail？id=8457&cid=1，2023-06-05。

［132］山东省国有资产监督管理委员会：《国内首个全国产全自主自动化码头投产运营》，2024年1月4日，国务院国有资产监督管理委员会网站（http：//www.sasac.gov.cn/n2588025/n2588129/c29727247/content.html）。

［133］山东省人民政府（2023）：《山东省人民政府关于印发2024年"促进经济巩固向好、加快绿色低碳高质量发展"政策清单（第一批）的通知》，http：//www.shandong.gov.cn/art/2023/12/29/art_267492_63018.html，2023-12-29。

［134］商务部：《"2023数商兴农庆丰收"活动正式启动》，2023年9月22日，商务部官网（http：//www.mofcom.gov.cn/article/bnjg/202309/20230903442592.shtml）。

［135］商务部：《对接高标准规则 推动高水平开放——"丝路电商"合作先行区建设开局良好》，2024年4月19日，上海市商务委员会网站（https：//sww.sh.gov.cn/swdt/20240422/d56b1d3dbee7470b80c68d5dbed3fdb5.html）。

［136］商务部电子商务和信息化司：《2023年中国网络零售市场发展报告》，2024年1月31日，全国电子商务公共服务网（https：//dzswgf.mofcom.gov.cn/news_attachments/0b705cad272d2f27479e27aaba27ebe816731b07.pdf）。

[137] 上海市商务委员会:《中国(上海)国际贸易"单一窗口"航空物流公共信息平台(一期)上线试运行!》,2023年12月18日,上海市人民政府网站(https://www.shanghai.gov.cn/nw31406/20231219/9acf43f095ca4f1d9266a9431dfc9cae.html)。

[138]《上海证券报》(2023):《圆通速递:公司目前自有机队数量为13架》,https://company.cnstock.com/company/scp_gsxw/202311/5154224.htm,2023-11-22。

[139] 深圳宝安网(2023):《助力低空经济"腾飞"! 丰翼无人机大湾区常态化运营日均突破6000单》,https://ibaoan.sznews.com/content/2023-12/13/content_30643773.htm,2023-12-13。

[140] 石晓晶:《跨境电商海外仓助力大理水果走出国门》,2023年12月26日,大理州人民政府门户网站(https://www.dali.gov.cn/dlrmzf/c101532/202312/a6bba4a6f7834f0f9e6dd27a28eb6a7c.shtml)。

[141]《世界金属导报》:《重磅发布! 2023年度钢铁工业智能制造十大要闻》,2024年1月30日,世界金属导报公众号(https://mp.weixin.qq.com/s?__biz=MzA5ODEzMjgwNA==&mid=2656772230&idx=1&sn=d4c4bc7f9eacad983f18b1b99ed5c998&chksm=8a9e684784b25ceb7b3937e1332a2ab2a265536919e7fa012687fac2f2af4aaa9d0cda0fb97882&scene=27)。

[142] 世界贸易组织:"Global Trade Outlook and Statistics",2023年4月10日,世界贸易组织网站(https://www.wto.org/english/res_e/booksp_e/trade_outlook24_e.pdf)。

[143] 数据观综合:《14款! 中国第四批大模型备案获批》,2024年2月1日,中国大数据产业观察(http://www.cbdio.com/BigData/2024-02/01/content_6176476.htm)。

[144] 顺丰航空(2023):《顺丰航空实现安全运行十四周年》,https://www.sf-airlines.com/sfa/zh/article_3709.html,2023-12-31。

[145] 顺丰航空:《顺丰航空实现安全运行十四周年》,2024年,顺丰航空官网(https://www.sf-airlines.com/sfa/zh/article_3709.html)。

[146] 顺丰速运:《高质量稳健增长 | 一图读懂顺丰2023年半年报》,2023年8月28日,顺丰速运网站(https://www.sf-express.com/chn/sc/news/245)。

[147] 宋美奕、陈雨雪:《"共赢+共建"西部陆海新通道开启新年新篇章》,2024年1月11日,中国日报网(https://cn.chinadaily.com.cn/a/202401/11/WS659faba3a310af3247ffba1b.html)。

[148] 搜狐网(2023a):《权威发布 | 打响"济港通"平台 助力济宁内河航运高质量发展》,https://www.sohu.com/a/695152484_121106991,2023-07-06。

[149] 搜狐网(2023b):《全球首艘! 这家中国船厂建造700TEU纯电动力集装箱船出坞》,https://www.sohu.com/a/706465369_155167,2023-07-26。

[150] 搜狐网(2023c):《24000TEU级超大型集装箱船"地中海·中国"号交付》,https://

www.sohu.com/a/727368239_531786，2023-10-11。

［151］搜狐网（2023d）：《山东港口日照港打造全国首个四座30万吨级原油码头单一港区》，http://news.sohu.com/a/730932477_100023701，2023-10-24。

［152］搜狐网（2024）：《重庆海关：2023年西部陆海新通道跨境铁海联运开行9580班列》，https://www.sohu.com/a/772762199_120952561，2024-04-18。

［153］搜狐网：《2023年南宁国际航空货运枢纽打造取得新成效》，2024年1月2日，搜狐网（https://www.sohu.com/a/748859338_531786）。

［154］搜狐网：《拜耳携手本土战略合作伙伴，共同筑梦"健康中国"》，2023年11月9日，搜狐网（https://www.sohu.com/a/735060416_121118853）。

［155］搜狐网：《收购中谷船务80%，这家专业物流公司打造自己的船队！》，2023年3月8日，搜狐网（https://www.sohu.com/a/651399507_175033）。

［156］泰嘉物流：《Tiktok卖家如何使用云仓代发特货产品？》，2024年4月11日，泰嘉物流公司网站（https://www.takesend.com/dongtai/16317.html）。

［157］探迹大数据研究院：《2023年跨境物流行业发展趋势报告》，2023年10月27日，探迹网（https://www.tungee.com/support/business-share/detail/653677e444249e0c3232cfde.html）。

［158］腾讯网：《泛远国际物流上市，阿里巴巴持股10.58%》，2023年12月25日，腾讯网（https://new.qq.com/rain/a/20231225A02ANZ00）。

［159］腾讯网：《韩雪峰：物流内卷持续加剧 2024路漫漫其修远矣》，2024年1月6日，腾讯网（https://new.qq.com/rain/a/20240106A06YQK00）。

［160］天津海关：《天津首票特殊监管区外"保税+直提"冻品顺利入库》，2023年6月21日，中华人民共和国天津海关官网（http://tianjin.customs.gov.cn/tianjin_customs/427885/427886/5105609/index.html）。

［161］推进"一带一路"建设工作领导小组办公室：《中国—非洲国家共建"一带一路"发展报告》，2023年12月，北京：中国计划出版社。

［162］外交部：《驰骋亚欧大陆的钢铁驼队——中欧班列》，2023年5月16日，中国外交部网站（https://www.fmprc.gov.cn/web/ziliao_674904/zt_674979/ywzt_675099/2023nzt/zgzyfh/bjzl/202305/t20230516_11078284.shtml）。

［163］晚点LatePost：《所有人都在学的山姆，没有秘密》，2023年9月4日，新浪财经网

［164］王艳群：《广西71个县市区农产品产地冷藏保鲜能力达220万吨》，2024年1月2日，广西新闻网（https://www.gxnews.com.cn/staticpages/20240102/newgx65935273-21396991.shtml）。

［165］网易订阅号（2024）：《中通/申通/顺丰等集体下单！自动驾驶重卡风口还远吗？》，https：//www. 163. com/dy/article/ITDVGUPL0527RT9S. html，2024 - 03 - 16。

[166] 网易新闻：《顺丰科技 AIGC 技术应用首次亮相数博会》，2023 年 9 月 18 日，网易网（https：//www. 163. com/news/article/IETP8Q5F00019UD6. html）。

[167] 微博（2024）：《2023 中国氢能产业发展年报》，https：//weibo. com/ttarticle/p/show? id = 2309404989054361141700，2024 - 01 - 11。

[168] 魏建国：《跨境电商为何成为今年外贸黑马?》，2023 年 4 月 6 日，搜狐网（https：//www. sohu. com/a/663583465_121346104）。

[169]《温州日报》：《国际快件海运新通道落地 乐清港搭上跨境电商》，2024 年 3 月 13 日，乐清市政府网（https：//www. yueqing. gov. cn/art/2024/3/13/art_1322069_59253572. html）。

[170] 武汉市交通运输局：《零排放零污染零噪声，全球蓄电量最大的纯电动船试航》，2023 年 11 月 3 日，武汉市交通运输局网站（https：//jtj. wuhan. gov. cn/jtzx/zwdt/202311/t20231103_2293651. shtml）。

[171]《物流时代周刊》：《福佑卡车与腾讯放大招！首个数字货运大模型真的来了》，2023 年 10 月 23 日，物流时代周刊微信公众号（https：//mp. weixin. qq. com/s/zNMnbmtZtP46Zrbn04XOeg）。

[172]《现代物流报》：《"一带一路"十周年》，2023 年 11 月 6 日，现代物流报网站（https：//baijiahao. baidu. com/s? id = 1781779235380503055&wfr = spider&for = pc）。

[173]《现代物流报》：《一带一路丨国际物流登陆作战，海外仓成为"关键一棋"》，2023 年 10 月 31 日，现代物流报网站（https：//www. 163. com/dy/article/IID6SFVM05507HPG. html）。

[174] 谢雷鸣：《中国贸易报：中国邮政：四大优势助力企业出海》，2021 年 2 月 4 日，中国邮政网（https：//www. chinapost. com. cn/xhtml1/report/2102/2021 - 1. htm）。

[175] 新华社：《跨越山河开新途——中欧班列一线漫行记》，2023 年 9 月 29 日，中国政府网（https：//www. gov. cn/yaowen/liebiao/202309/content_6907042. htm）。

[176] 新华社：《我国已与 29 个国家建立双边电子商务合作机制》，2023 年 9 月 7 日，中国政府网（https：//www. gov. cn/lianbo/bumen/202309/content_6902680. htm）。

[177] 新华网：《阿里 2023ESG 报告解析，菜鸟构建全链路绿色物流助力减碳》，2023 年 7 月 24 日，新华网（http：//www. xinhuanet. com/tech/20230724/be33c2012b1f441c96eefd0dde90d71b/c. html）。

[178] 新华网：《顺丰"首个在物流领域大规模应用的数字孪生实践"发布》，2023 年 9 月 25 日，新华网（http：//www. xinhuanet. com/auto/20230925/9806913e30ff4e12a246ccaa04b59cd7/c. html）。

[179] 新疆维吾尔自治区邮政管理局：《全国人大代表、新疆维吾尔自治区主席艾尔肯·吐尼亚孜：快递"双第一"见证新疆经济发展强劲脉动》，2024 年 3 月 7 日，新疆维吾尔自治区邮政管理局网站（http：//xj. spb. gov. cn/xjyzglj/c100057/c100060/202403/3422991af6d24accad817886aea9a4c2. sht-

ml）。

［180］新浪财经：《"澜湄快线"为什么"火出圈"？》，2023年10月11日，新浪网（https：//finance. sina. com. cn/jjxw/2023 - 10 - 11/doc - imzqszmm6070746. shtml）。

［181］新浪网：《嘉里物流向顺丰出售亚太及欧洲快递服务公司　作价2.5亿港元》，2023年7月25日，新浪网（https：//k. sina. com. cn/article_1644983660_620c756c02001h9r0. html）。

［182］《新新报》：《从天而降的外卖，无人机配送走到哪一步了?》，2023年11月23日，澎湃新闻网（https：//www. thepaper. cn/newsDetail_forward_25390962）

［183］兴证策略：《制造行业东盟建厂情况全梳理：机械、电子、新能源、化工和汽车出海"势头最盛"》，2024年2月17日，金融界网站（https：//stock. jrj. com. cn/2024/02/17090539530597. shtml）。

［184］烟台跨境电商综试区：《烟台机场航空物流赋能跨境电商蓬勃发展》，2023年8月23日，烟台跨境电商综试区网站（https：//ceca. yantai. gov. cn/art/2023/8/23/art_40466_2864494. html）。

［185］央广网（2023）：《2023年1—11月份中欧班列累计开行16145列　运量已超2022年总运量》，https：//travel. cnr. cn/dj/20231205/t20231205_526508512. shtml，2023 - 12 - 05。

［186］央广网：《交通运输部：第三季度全国网络货运企业上传运单量同比增长16.8%》，2023年11月10日，央广网官方百度百家号（https：//baijiahao. baidu. com/s? id = 1782189128157223632&wfr = spider&for = pc）。

［187］央视网：《中欧班列 + 航班航线　共建"一带一路"国家空中物流走廊正在形成》，2023年11月5日，环球网官网（https：//baijiahao. baidu. com/s? id = 1781692352555341209&wfr = spider&for = pc）。

［188］央视新闻客户端：《2023年我国冷链物流需求总量约3.5亿吨》，2024年1月27日，中国产业经济信息网（http：//www. cinic. org. cn/hy/wl/1514086. html）。

［189］杨斌：《中叉网：2023年中国叉车制造商排行榜》，2024年4月1日，中国叉车网（https：//www. chinaforklift. com/news/detail/202404/86400. html）。

［190］杨晶：《黑龙江：跨境电商已辐射104个国家和地区》，2023年12月21日，中国新闻网（https：//www. workercn. cn/c/2023 - 12 - 21/8086635. shtml）。

［191］杨伟国、吴清军、张建国：《中国灵活用工发展报告（2022）》，社会科学文献出版社，2022年版。

［192］杨亚楠：《海关总署：2023年我国跨境电商进出口2.38万亿元　增长15.6%》，2024年1月12日，光明网（https：//economy. gmw. cn/2024 - 01/12/content_37086028. htm）。

［193］杨云飞：《吞吐量突破10万吨，顺丰在鄂州花湖机场飞出新曲线》，2023年12月8日，腾

讯网（https：//new.qq.com/rain/a/20231208A0924500）。

［194］一财商学院：《仓储式会员店对比：中产乐园，还是年货圣地？》，2024年2月6日，36氪研究院网站（https：//www.36kr.com/p/2636682872474881）。

［195］移动机器人产业联盟：《中国AGV/AMR市场保有量超40万台》，2024年3月27日，电子工程专辑（https：//www.eet-china.com/mp/a301505.html）。

［196］亿欧全球：《盘点丨中国16家有竞争力的跨境物流服务公司》，2022年10月9日，亿欧网（https：//www.iyiou.com/analysis/202210091036512）。

［197］亿欧网：《顺丰科技AIGC技术应用首次亮相数博会》，2023年9月18日，亿欧网（https：//www.iyiou.com/news/202309191052341）。

［198］易观分析：《中国同城货运市场发展洞察2022》，2022年6月23日，商业新知（https：//www.shangyexinzhi.com/article/4958988.html）。

［199］张广凯：《国内快递业务量超1200亿件，无人车规模化落地迎来窗口期》，2023年12月15日，观察者网（https：//www.guancha.cn/qiche/2023_12_15_719111.shtml）。

［200］张静：《京东发布千亿级大模型"言犀"，原生数据集提供差异化模型能力》，2023年7月13日，澎湃新闻网（https：//www.thepaper.cn/newsDetail_forward_23838198）。

［201］张诗奇：《2023年中欧班列开行1.7万列 铁路保障国家重大战略成效显著》，2024年1月10日，光明网（https：//economy.gmw.cn/2024-01/10/content_37080416.htm）。

［202］长江航道局（2023）：《400亿条！长江航道大数据服务启新篇》，https：//www.cjhdj.com.cn/xwzx/hdxw/202304/t20230412_298231.shtml，2023-04-12。

［203］政协福州市委员会（2023）：《可门30万吨级泊位完成关键节点建设》，http：//zx.fuzhou.gov.cn/zz/csfz/tpxw/202311/t20231116_4718345.htm，2023-11-16。

［204］《中国城市报》（2024）：《"光伏+高速公路"推动绿色交通加速发展》，https：//www.zgcsb.com/news/shenDuBaoDao/2024-03/04/a_501198.html，2024-03-04。

［205］中国地理信息产业协会：《新品发布汇丨百度地图：物流大模型Beta版发布》，2023年9月27日，中国地理信息产业协会微信公众号（https：//mp.weixin.qq.com/s/JW_w2wquENwNefdooXlc9A）。

［206］中国发展网：《中国发展网：寻丝绸之路，遇最美邮路》，2023年12月27日，中国邮政网站（https：//www.chinapost.com.cn/html1/report/23122/1295-1.htm）。

［207］中国服务贸易指南网：《2023年网络货运行业运行基本情况发布》，2024年2月6日，中国服务贸易指南网（http：//tradeinservices.mofcom.gov.cn/article/news/gnxw/202402/161186.html）

［208］中国钢铁新闻网：《首钢：数智赋能再造发展新优势》，2024年2月5日，中国钢铁新闻网

（http：//www.csteelnews.com/qypd/qydt/202402/t20240205_84660.html）。

[209] 中国国家铁路集团有限公司（2024a）：《中国国家铁路集团有限公司工作会议在京召开》，http：//www.china-railway.com.cn/xwzx/ywsl/202401/t20240110_132592.html，2024-01-10。

[210] 中国国家铁路集团有限公司（2024b）：《聚焦中国国家铁路集团有限公司工作会议 2023年工作总结回顾》，http：//www.china-railway.com.cn/xwzx/zhxw/202401/t20240111_132635.html，2024-01-11。

[211] 中国国家铁路集团有限公司（2024c）：《铁龙奔腾惠民生 流动中国活力涌——铁路持续提升客货运输供给质量和保障能力综述》，http：//www.china-railway.com.cn/xwzx/ywsl/202401/t20240112_132649.html，2024-01-12。

[212] 中国国家铁路集团有限公司（2024d）：《新华每日电讯：勇当服务和支撑中国式现代化建设"火车头" 访国铁集团党组书记、董事长刘振芳代表》，http：//www.china-railway.com.cn/mtjj/xhs/xinhuanet/202403/t20240307_134642.html，2024-03-07。

[213] 中国国家铁路集团有限公司：《中国国家铁路集团有限公司2023年统计公报》，2024年3月1日，中国国家铁路集团有限公司网站（http：//www.china-railway.com.cn/xwzx/zhxw/202403/t20240+315_134819.html）。

[214] 中国海关：《2023年上半年中国跨境电商进出口情况》，2023年10月30日，海关总署网（http：//www.customs.gov.cn/customs/resource/cms/article/333551/5455758/20231030143421 77889.doc）。

[215] 中国经营网：《极兔速递11.83亿元收购丰网速运 快递行业或迈向"寡头"竞争格局》，2023年5月17日，中国经营网（http：//www.cb.com.cn/index/show/zj/cv/cv135211531263）。

[216] 中国快递协会：《新加坡媒体：中国地铁快递悄然崛起》，2024年1月5日，中国快递协会官网（http：//www.cea.org.cn/content/details_10_24726.html）。

[217] 中国民航网（2024）：《飞机"充电宝"到位 海航航空旗下长安航空新投用十辆储能式电源车减排降碳》，http：//www.caacnews.com.cn/1/6/202401/t20240112_1373911.html，2024-01-12。

[218] 中国民航网：《后疫情时代 聚焦民航复苏与发展》，2020年9月11日，中国民航网（http：//caacnews.com.cn/1/2/202009/t20200911_1310327.html）。

[219] 中国民用航空局（2024）：《2023年民航行业发展统计公报》，http：//www.caac.gov.cn/XXGK/XXGK/TJSJ/202405/t20240531_224333.html，2024-05-31。

[220] 中国民用航空局：《2023年全国民用运输机场生产统计公报》，2024年3月20日，中国民用航空局网站（http：//www.caac.gov.cn/XXGK/XXGK/TJSJ/202403/t20240320_223261.html）。

[221] 中国民用航空局：《全国民用运输机场生产统计公报》（2011—2023），中国民用航空局网站（http：//www.caac.gov.cn/XXGK/XXGK/TJSJ/index_1216.html）。

参考文献

[222] 中国南方航空（2023）：《南航物流新引进 1 架 B777 全货机　将投入广州—伦敦货运航线》，https：//www.csair.com/cn/about/news/news/2023/1h25db41igktp.shtml，2023－05－23。

[223] 中国青年网：《2023 年我国新能源汽车出口 120.3 万辆、同比增长 77.2%，均创历史新高》，2024 年 1 月 18 日，财经头条（https：//cj.sina.com.cn/articles/view/2748597475/a3d444e302001g1t3）。

[224]《中国石油报》：《"一带一路"助力中国—中亚能源合作提档升级》，2023 年 12 月 5 日，中国石油报网站（https：//baijiahao.baidu.com/s？id＝1784427554323508431&wfr＝spider&for＝pc）。

[225]《中国水运报》：《李小鹏部长在 2024 年全国交通运输工作会议上的讲话摘要版》，2023 年 12 月 23 日，中国水运网（http：//www.zgsyb.com/news.html？aid＝670662）。

[226] 中国外运：《中国外运股份有限公司 2023 年年度报告》，2024 年 3 月 22 日，中国外运公司网站（https：//www.sinotrans.com/module/download/down.jsp？i_ID＝36430&colID＝2362）。

[227] 中国物流信息中心：《物流恢复向好质效提升——2023 年物流运行情况分析》，2024 年 2 月 7 日，中国物流信息中心网站（http：//www.clic.org.cn/wltjwlyx/311083.jhtml）

[228] 中国物流与采购联合会：《2022 年货车司机从业状况调查报告》，2023 年 4 月 7 日，中国物流与采购联合会官方百度百家号（https：//baijiahao.baidu.com/s？id＝1762480092104701582&wfr＝spider&for＝pc）。

[229] 中国物流与采购联合会：《崔忠付出席 2023 第十七届冷链产业年会》，2023 年 12 月 16 日，中国物流与采购联合会网站（http：//llzwh.chinawuliu.com.cn/gzdt/202312/16/623041.shtml）。

[230] 中国物流与采购联合会：《物流恢复向好质效提升——2023 年物流运行情况分析》，2024 年 2 月 7 日，中国物流与采购联合会网站（http：//www.chinawuliu.com.cn/xsyj/202402/07/626457.shtml）。

[231] 中国物流与采购联合会酒类物流供应链分会：《官渡率先动起来！昆明智慧物流大数据平台在官渡正式上线》，2023 年 10 月 30 日，中国物流与采购联合会网站（http：//jlwlfh.chinawuliu.com.cn/gzdt/202310/30/619072.shtml）。

[232] 中国物流与采购杂志：《阿里：AI 重构物流行业——助力物流提质升级　为创新提速》，2023 年 7 月 24 日，中国快递协会（http：//www.cea.org.cn/content/details_24_24063.html）。

[233] 中国新闻网（2023）：《长江与京杭运河航道网电子航道图实现互联互通》，https：//www.chinanews.com.cn/gn/2023/04-26/9997664.shtml，2023－04－26。

[234] 中国新闻网：《大连机场口岸 2023 年出入境客流量达 65.8 万人次》，2024 年 1 月 1 日，中国新闻网（https：//www.chinanews.com.cn/sh/2024/01-01/10138908.shtml）。

[235] 中国新闻网：《河北构建智慧物流体系　推进京津冀物流数字化协同》，2020 年 6 月 22 日，

中国新闻网财经频道（https：//www.chinanews.com.cn/cj/2020/06-22/9219308.shtml）。

［236］中国新闻网：《湖南农产品首次经"跨境快速通关"出口》，2023年4月12日，中国新闻网（https：//www.chinanews.com.cn/dwq/2023/04-12/9988867.shtml）。

［237］中国新闻网：《中国已与100多个国家和地区建立航线联系　海运连接度全球领先》，2023年7月11日，中国新闻网（https：//baijiahao.baidu.com/s？id=1771119383716075624&wfr=spider&for=pc）。

［238］国家邮政局：《完善农村寄递物流体系　助力乡村振兴战略》，2024年1月31日，国家邮政局网站（https：//www.spb.gov.cn/gjyzj/c100196/202401/741ceac4e2c54de1a84511ffcd4b8203.shtml）。

［239］《中国邮政快递报》：《以路为媒　以车连线　湖北十堰建立高效物流体系为乡村振兴注入新动力》，2023年11月7日，国家邮政局官网（http：//gs.spb.gov.cn/gjyzj/c100196/202311/fcb54ed56fb2406a8429c81285e36b17.shtml）。

［240］中华人民共和国中央人民政府（2024a）：《国务院新闻办就2023年全年进出口情况举行发布会》，https：//www.gov.cn/zhengce/202401/content_6925703.htm，2024-01-12。

［241］中华人民共和国中央人民政府（2024b）：《西部陆海新通道加快建设——跨越山海展新途》，https：//www.gov.cn/yaowen/liebiao/202403/content_6941451.htm，2024-03-26。

［242］中华人民共和国中央人民政府：《稳步推进海外仓高质量发展的专项行动》，2021年7月12日，中国政府网（https：//www.gov.cn/xinwen/2021-07/12/content_5627471.htm）。

［243］中康监测：《2023年医药电商O2O达124亿，同比增长22%》，2024年3月1日，腾讯网（https：//new.qq.com/rain/a/20240301A05MZM00）。

［244］中商产业研究院：《2023年中国医药电商市场规模及市场结构预测分析》，2023年8月18日，百中商情报网（https：//baijiahao.baidu.com/s？id=1774518021736498403）。

［245］中泰信合：《2023全球及中国自主移动机器人（AMR）市场发展与应用趋势分析》，2023年8月9日，中泰信合官方百度百家号（https：//baijiahao.baidu.com/s？id=1773720807742854811&wfr=spider&for=pc）。

［246］中华人民共和国中央人民政府：《国务院新闻办就2023年国民经济运行情况举行发布会》，2024年1月17日，中央人民政府网（https：//www.gov.cn/zhengce/202401/content_6926623.htm）。

［247］重庆日报网（2024）：《西部陆海新通道辐射城市再增加10个　2023年重庆口岸物流领域"百尺竿头更进一步"》，https：//app.cqrb.cn/html/2024-02-07/1886289_pc.html，2024-02-07。

［248］重庆市人民政府：《上半年全县GDP增长达6.1%　居全市各区县第三名　秀山　加快打造西部陆海新通道东线物流枢纽》，2023年8月21日，重庆市人民政府官网（https：//www.cq.gov.

cn/ywdt/zwhd/qxdt/202308/t20230821_12256819. html）。

［249］重庆市人民政府口岸和物流办公室：《西部陆海新通道辐射城市再增加10个 2023年重庆口岸物流领域"百尺竿头更进一步"》，2024年2月7日，重庆市人民政府口岸和物流办公室官网（https：//zfkawlb. cq. gov. cn/ztzl/zllhxtd/202402/t20240218_12928400. html）。

［250］周红梅、杨煜航：《2023年西部陆海新通道班列开行突破9000列》，2023年12月13日，网易网（https：//www. 163. com/dy/article/ILQT3P270514R9NP. html）。

［251］准时达国际供应链：《准时达发布JusAI全新产品线 上线三款AI新产品》，2023年7月10日，电商报（https：//www. dsb. cn/news-flash/120273. html）。

［252］自由贸易试验区厦门片区管理委员会（2023）：《关于支持厦门市多式联运"一单制"业务发展的若干措施》，http：//ftz. xm. gov. cn/xxgk/zcjd/202312/t20231214_2803912. htm，2023 - 12 - 14。

附录 A 2023 年中国物流相关政策一览表

发布部门	文号	文件名称	相关内容	发布时间
中共中央、国务院	无	中共中央 国务院关于做好2023年全面推进乡村振兴重点工作的意见	《意见》提出，加快粮食烘干、农产品产地冷藏、冷链物流设施建设；完善农产品流通骨干网络，改造提升产地、集散地、销地批发市场，布局建设一批城郊大仓基地，支持建设产地冷链集配中心；加快完善县乡村电子商务和快递物流配送体系，建设县域集采集配中心，推动农村客货邮融合发展，大力发展共同配送、即时零售等新模式，推动冷链物流服务网络向乡村下沉	2023.02.13
中共中央、国务院	无	中共中央 国务院关于支持福建探索海峡两岸融合发展新路 建设两岸融合发展示范区的意见	《意见》提出，适度超前开展交通物流基础设施建设，加大资金等要素保障力度，推动闽台基础设施应通尽通，构建立体式综合性对台通道枢纽，畅通闽台与大陆其他地区连接通道；加强物流枢纽等重大物流基础设施布局建设，完善区域物流集散体系；进一步优化、加密福建沿海与台湾本岛及金门、马祖客货运航线；吸引台湾业者来闽从事电商、物流、餐饮等服务业	2023.09.12
国务院	国发〔2023〕9号	国务院印发关于在有条件的自由贸易试验区和自由贸易港试点对接国际高标准推进制度型开放若干措施的通知	《措施》要求，对暂时出境修理后复运进入试点地区的航空器、船舶及相关零部件免征关税；对自境外暂时准许进入试点地区进行修理的货物，复运出境的，免征关税，不复运出境转为内销的，照章征收关税等	2023.06.29

· 354 ·

附录 A　2023 年中国物流相关政策一览表

续表

发布部门	文号	文件名称	相关内容	发布时间
国务院	国函〔2023〕56 号	国务院关于做好自由贸易试验区第七批改革试点经验复制推广工作的通知	《通知》要求，在全国范围内复制推广一批改革事项，具体包括"出口货物检验检疫签证'云签发'"平台、"航空货运电子信息化""水路运输危险货物'谎报瞒报四步精查法'""国际航行船舶'模块化'检查机制"等	2023.07.10
国务院	国发〔2023〕15 号	国务院关于推进普惠金融高质量发展的实施意见	《意见》提出，在确保数据安全的前提下，鼓励金融机构探索与小微企业、核心企业、物流仓储等供应链各方规范开展信息协同，提高供应链金融服务普惠重点群体效率	2023.10.11
国务院	国发〔2023〕16 号	国务院关于推动内蒙古高质量发展奋力书写中国式现代化新篇章的意见	《意见》要求，推进绿色低碳循环发展，包括推广"零排放"型货车，在煤炭矿区、物流园区和钢铁、火电等领域培育一批清洁运输企业。促进服务业优质高效发展，包括支持内蒙古发展板块组经济，推进国家物流枢纽、国家骨干冷链物流基地建设，推动应用公路集装箱模块化运输。加强基础设施体系建设，包括研究强化呼南通道与（银）海通道之间的衔接，推动包头至鄂尔多斯至榆林铁路、临河至额济纳段扩能改造工程等项目建设，构建贯通内蒙古东中西部的铁路大通道。强化开放向东北地区以西部的铁路大通道。强化开放向东北地区以至欧洲的铁路大通道建设，包括加快建设满洲里口岸为节点，内连大连港、秦皇岛港和东北地区，外接蒙至欧洲中线铁路，内连天津港和京津冀，外接俄蒙至欧洲的向北开放支撑，以二连浩特口岸为节点，以中蒙线中线铁路为支撑，内连天津港和京津冀，外接蒙至欧洲的向北开放中通道，完善货物通关、物流贸易口岸服务能力、加工功能；提升满洲里、二连浩特中欧班列口岸生产加工功能；提升满洲里、二连浩特中欧班列口岸生产加工功能	2023.10.16

· 355 ·

续表

发布部门	文号	文件名称	相关内容	发布时间
			推进内蒙古开行中欧班列"答答"号提质，研究将发往蒙古国班列纳入图定线路；提升乌兰察布中欧班列集散能力；加快推进中蒙俄中线铁路升级改造可行性研究，协同推动乌兰察布至乌兰巴托至乌兰乌德跨境铁路通道升级改造；推进甘其毛都、策克口岸跨境铁路前期研究和建设工作；统筹推进"智慧口岸""数字国门"试点建设，提升口岸通关保障能力	
国务院	国函〔2023〕115号	国务院关于在上海市创建"丝路电商"合作先行区方案的批复	《方案》提出，在扩大电子商务领域开放方面，实施高标准贸易便利化措施，搭建基于交易、物流信息等的合规数据流通与伙伴国之间物流供应链体系建设，支持国内电子商务企业在伙伴国建设海外仓。在推进国际和区域交流合作方面，以长三角一体化和国际贸易"单一窗口"合作共建为契机，推动长三角地区跨境电商公共服务平台共建为物流跟踪、企业咨询等方面加强合作，为跨境电商企业提供更加高效和多元的通关、物流等服务	2023.10.23

· 356 ·

附录A 2023年中国物流相关政策一览表

续表

发布部门	文号	文件名称	相关内容	发布时间
国务院	国发〔2023〕17号	国务院关于印发《中国（新疆）自由贸易试验区总体方案》的通知	《方案》提出，在提升贸易便利化水平方面，加快中国（新疆）国际贸易"单一窗口"建设，丰富跨境电商、物流全程协同等地方特色应用，率先推进边境口岸衣副产品快速通关"绿色通道"全覆盖，探索实施重要矿产品"口岸+卸货地"联合监管模式，探索在满足监管条件的基础上，打造国际邮件、国际快件、跨境电商集约化监管模式；在培育外贸新业态新模式方面，提出推动建设边境仓、海外仓，鼓励优势企业在中亚国家建设海外仓，构建多仓联动跨境集装箱运营模式，集聚供应链管理、贸易中间商等功能性企业，探索开展离岸离岸贸易，培育具备全球资源配置功能的中转集拼和国际分拨业务，建立"一次检测、一次运输、一体化作业"监管模式；在建设联通欧亚的交通枢纽方面，提出构建现代综合交通枢纽体系，创新国际物流运输服务模式，推动内陆口岸经济创新发展	2023.10.31
国务院	国函〔2023〕130号	国务院关于《支持北京深化国家服务业扩大开放综合示范区建设工作方案》的批复	《方案》提出，支持拓展与欧美等地客货运航线；优化跨境贸易监管服务模式，包括对允许列入跨境电商零售进口商品清单的中国国际服务贸易交易会会进境展品（药品除外），在展览结束后进入海关特殊监管区域或保税物流中心（B型）的，符合条件的可按照跨境电商网购保税零售进口商品模式销售；推进北京双枢纽空港综合服务平台建设，推动与津冀数字口岸系统对接，实现跨境贸易全链条数据共享，深化京津冀数字口岸建设	2023.11.23

· 357 ·

续表

发布部门	文号	文件名称	相关内容	发布时间
国务院	国发〔2023〕23号	国务院关于印发《全面对接国际高标准经贸规则推进中国（上海）自由贸易试验区高水平制度型开放总体方案》的通知	《方案》提出，在通关便利化方面，优化国际中转集拼平台运作模式，吸引全球拼箱企业在洋山特殊综合保税区内设立拼箱中心，允许开展出口拼箱、国际中转拆拼箱等多业态同场作业，鼓励物流企业优化"最后一公里"配送解决方案，试点在洋山港建设自动化驾驶智能测试专用通道；试点在洋山特殊综合保税区开展区港一体化管理，允许在口岸区域开展物流利加工，取消高桥港区、浦东国际机场等上海其他口岸进出前提下，经外高桥港区、浦东国际机场等上海其他口岸进出洋山特殊综合保税区的货物，试点适用海关一线径予放行政策。在环境保护方面，允许临港新片区内企业以加工贸易或保税物流方式开展以船供为目的的高低硫燃料油混兑调和业务，符合条件的仓储设施可以同时具备保税油监管仓库和保税仓库功能	2023.12.07
国务院	国发〔2023〕24号	国务院关于印发《空气质量持续改善行动计划》的通知	《计划》将优化交通结构，大力发展绿色运输体系作为重点任务之一，要求持续优化调整货物运输结构，加快提升机动车清洁化水平，强化非道路移动源综合治理，全面保障成品油质量	2023.12.07
国务院办公厅	国办发〔2023〕1号	国务院办公厅关于深入推进跨部门综合监管的指导意见	《意见》提出，加强跨区域监管联动，加快推进道路运输安全等跨区域监管协作，切实加强大气污染、水污染、固体废物转移等跨区域联防联治	2023.02.17

· 358 ·

附录A 2023年中国物流相关政策一览表

续表

发布部门	文号	文件名称	相关内容	发布时间
国务院办公厅	国办发〔2023〕3号	国务院办公厅关于印发中医药振兴发展重大工程实施方案的通知	《方案》提出，鼓励有实力、信誉好的企业共建"一带一路"国家构建中医药跨国营销网络，建设中医药产品物流配送中心	2023.02.28
国务院办公厅	国办发〔2023〕10号	国务院办公厅关于推动外贸稳规模优结构的意见	《意见》要求提升贸易便利化水平，具体措施包括深入推进"单一窗口"建设，扩大"联动接卸"、"船边直提"等措施应用范围，提高货物流转效率；各地方做好供需对接和统筹调度，健全应急运力储备，完善应急预案，保障外贸货物高效畅通关运输；提升口岸通关效率，强化疏导分流，补齐通道短板，提升口岸过货能力	2023.04.25
国务院办公厅	国办发〔2023〕19号	国务院办公厅关于进一步构建高质量充电基础设施体系的指导意见	《意见》提出，拓展国家高速公路网充电基础设施覆盖广度，新建高速公路服务区同步建设充电基础设施，加快既有高速公路服务区充电基础设施改造，强化公路沿线充电基础服务；合理利用城市道路邻近空间，建设以快充为主、慢充为辅的公共充电基础设施；结合乡村级充电网络建设和输配电网发展，大力推动在交通枢纽场站、物流基地等区域布局建设充电基础设施；结合道路客运、物流专用车辆充电需求，加快在停车场等站建设专用充电站	2023.06.19

· 359 ·

续表

发布部门	文号	文件名称	相关内容	发布时间
国务院办公厅	国办函〔2023〕70号	国务院办公厅转发国家发展改革委关于恢复和扩大消费措施的通知	《措施》要求，在扩大服务消费方面，培育"种养殖基地+中央厨房+冷链物流+餐饮门店"模式。在促进农村消费方面，具体包括完善县乡村三级快递物流配送体系，提升电商、快递进农村综合水平，支持县乡村三级物流配送中心、乡镇物流站点建设改造，整合邮政、供销、快递、电商等资源，推行集约化配送，增加农村智能快件箱；建设村级寄递物流综合服务站，在有条件的乡村布设智能快件箱，鼓励农村客货邮代运邮件快件，逐步降低农村物流配送成本。在完善消费设施方面，要着力补齐农产品冷链物流设施短板，稳步推动产地冷链设施建设，朴齐农产品仓储保鲜冷链物流设施短板，推动城乡冷链网络双向融合	2023.07.31
国务院办公厅	国办函〔2023〕115号	国务院办公厅转发国家发展改革委、财政部《关于规范实施政府和社会资本合作新机制的指导意见》的通知	《意见》要求，合理把握重点领域，政府和社会资本合作应限定于有经营性收益的项目，主要包括公路、铁路、民航基础设施和交通枢纽等交通项目、物流枢纽、物流园区项目、城市更新、综合交通枢纽改造等盘活存量和改扩建有机结合的项目等	2023.11.08

· 360 ·

续表

发布部门	文号	文件名称	相关内容	发布时间
国务院办公厅	国办发〔2023〕42号	国务院办公厅印发《关于加快内外贸一体化发展的若干措施》的通知	《措施》要求，在优化内外贸一体化发展环境方面，提升物流便利性，具体措施包括加强与境外港口跨境运输合作，鼓励航运企业基于市场化原则拓展内外贸货物跨境运输业务范围；加快发展沿海和内河港口铁水联运，拓展主要港口国内国际航线集装箱同船运输；支持符合条件的企业开展内外贸集装箱外贸内支线进出口双向运作模式；加快建设跨境物流基础设施，支持在重点城市建设全球性和区域性国际邮政快速枢纽。在加大财政金融支持力度方面，落实有关财政支持政策，允许地方政府发行专项债券支持符合投向领域和项目目录条件的国家物流枢纽等物流基础设施建设，畅通内外贸商品集散运输	2023.12.11
国家发展改革委、市场监管总局	发改环资规〔2023〕269号	国家发展改革委 市场监管总局关于进一步加强节能标准更新升级和应用实施的通知	《通知》要求，在能源领域，加快煤炭清洁高效利用、新能源和可再生能源利用、石油天然气储运、管道运输、配电等关键设备相关节能技术标准研制；在交通运输领域，完善交通基础设施和运输装备节能降碳设计、建设、运营、监控、评价等标准，不断扩大节能标准覆盖范围、加快数据中心、通信基站等新型基础设施和冷链物流、新型家电等领域节能标准制定修订，补齐重点领域节能标准短板	2023.03.17

续表

发布部门	文号	文件名称	相关内容	发布时间
国家发展改革委、国家能源局	发改综合〔2023〕545号	国家发展改革委 国家能源局关于加快推进充电基础设施建设 更好支持新能源汽车下乡和乡村振兴的实施意见	《意见》提出，鼓励新能源汽车企业针对农村地区消费者特点，通过差异化策略优化配置，开发更多经济实用型的车型，特别是新能源载货微面、微卡、轻卡等产品；加快公共领域应用推广，鼓励有条件的地方加大对城市物流配送等领域新能源汽车应用支持力度	2023.05.17
国家发展改革委、工业和信息化部、财政部、中国人民银行	发改运行〔2023〕645号	国家发展改革委等部门关于做好2023年降成本重点工作的通知	《通知》提出三项推进物流提质增效降本措施，即完善现代物流体系，包括加强国家物流枢纽建设，提高现代物流规模化、网络化、组织化、集约化发展水平；调整优化运输结构，包括深入实施国家综合货运枢纽补链强链建设，推动跨运输方式一体化融合，深入实施多式联运"一单制"，提升铁水联运发展水平，加快研究推进公路通行费相关政策，包括深化高速公路差异化收费，严格落实鲜活农产品运输"绿色通道"政策	2023.06.13
国家发展改革委等10部门	发改环资〔2023〕1093号	国家发展改革委于印发《绿色低碳先进技术示范工程实施方案》的通知	《方案》明确了交通领域绿色低碳示范项目的重点方向，具体包括综合交通枢纽场站绿色化改造示范，现代公路养护工程绿色化超低碳机场、港口码头、港区建设示范，机场、物流园区集疏运绿色化改造，港口集疏运结构调整示范，智能交通系统建设，高性能电动载运装备应用推广示范，绿色智能船舶、新能源航空器示范应用，先进低碳液体燃料、生物液体燃料、可再生合成燃料以及可持续航空燃料、低碳船用燃料研发生产供应等	2023.08.22

附录A 2023年中国物流相关政策一览表

续表

发布部门	文号	文件名称	相关内容	发布时间
国家发展改革委等8部门	发改环资〔2023〕1595号	关于印发《深入推进快递包装绿色转型行动方案》的通知	《方案》提出开展七项主要行动，即快递包装减量化专项督导行动、电商平台企业引领行动、快递包装供应链绿色升级行动、可循环快递包装推广行动、快递包装回收利用和处置行动、快递包装监管执法行动和快递绿色转型主题宣传行动	2023.12.15
国家发展改革委、商务部	发改体改〔2023〕1730号	关于支持横琴粤澳深度合作区放宽市场准入特别措施的意见	《意见》提出，支持合作区全域规划建设海陆空全空间智能无人体系，以口岸、产业园区、城市道路、地下管廊、空中交通运输线路为依托，面向需求开放物流配送、交通运输、海上运输管控、边境跨境等场景，汇聚智能无人体系产业和创新资源；研究试点开放合作区与澳门及周边海岛等地无人机、无人船跨境跨域物流运输航线	2023.12.26
工业和信息化部等17部门	工信部联通装〔2022〕187号	工业和信息化部等十七部门关于印发"机器人+"应用行动实施方案的通知	《方案》将商贸物流列入"机器人+"重点应用领域，并提出多项重点任务，具体包括研制自动导引车、自主移动机器人、配送机器人、自动码垛机、智能分拣机、物流无人机等产品；支持传统物流设施智能化改造，提升仓储、装卸、搬运、分拣、包装、配送等环节的工作效率和管理水平，鼓励机器人企业开发末端配送整体解决方案，促进机器人配送、智能信包箱（智能快件箱）等多式联动的即时配送场景普及推广；打造以机器人为重点的智慧物流系统，提升商贸物流数字化水平	2023.01.19

· 363 ·

续表

发布部门	文号	文件名称	相关内容	发布时间
工业和信息化部等8部门	工信部联通装函[2023]23号	工业和信息化部等八部门关于组织开展公共领域车辆全面电动化先行区试点工作的通知	《通知》提出，在提升车辆电动化水平方面，城建物流、邮政快递等领域车辆全面电动化；加快老旧车辆报废更新为新能源汽车，鼓励在短途运输、城市物流等特定场景开展新能源重型货车推广应用。加快推进公共领域车辆电动化；在促进新技术创新应用方面，智能绿色物流体系建设，加大智能网联、车网融合等新技术应用，加快新能源汽车与能源、交通领域融合发展，在完善充换电基础设施方面，充分考虑公交、出租、物流、邮政快递等专用充电需求，加强停车场站等专用充换电站建设	2023.02.03
工业和信息化部等11部门	工信部联消费[2023]31号	工业和信息化部等十一部门关于培育传统优势食品产区和地方特色食品产业的指导意见	《意见》提出，强化产业链协同配套，瞄准产业上下游配套要求，择优引进农产品预处理、冷链物流、包装印刷、电子商务等企业，推动生产要素优化升级，形成若干有竞争力的先进制造业集群；加强预冷、贮藏、保鲜等农产品冷链物流设施建设，补齐食品原料"最先一公里""短板"；推进5G、工业互联网、大数据等现代信息技术与地方特色食品产业链深度融合，促进原料采收、生产加工、仓储物流等各环节数字化发展	2023.03.29

·364·

附录 A 2023 年中国物流相关政策一览表

续表

发布部门	文号	文件名称	相关内容	发布时间
工业和信息化部等 7 部门	工信部联通装〔2023〕144 号	工业和信息化部等七部门关于印发《机械行业稳增长工作方案（2023—2024 年）》的通知	《方案》要求，着力扩大有效投资，加快推动战略骨干通道、高速铁路、普速铁路、高速公路、航道设施、港口、机场、物流枢纽等现代物流交通体系建设；搭建高水平供需对接平台，鼓励互联网平台企业构建一批符合机械装备及零部件特点的专业化线上交易平台，形成线上展示、线下对接、商务谈判、物流运输、售后服务一站式供需对接机制，提高供需对接效率；广泛应用新材料、新技术和新工艺，打造具有国际竞争力的自主化、智能化和绿色物流装备产品	2023.09.01
工业和信息化部、财政部	工信部联电子〔2023〕132 号	关于印发电子信息制造业 2023—2024 年稳增长行动方案的通知	《方案》提出，会同有关部门和重点省市助力企业用足出口退税政策，提高进出境物流效率，推动物流要素高效整合	2023.09.05
工业和信息化部、公安部、住房和城乡建设部、交通运输部	工信部联通装〔2023〕217 号	工业和信息化部 公安部 住房和城乡建设部 交通运输部关于开展智能网联汽车准入和上路通行试点工作的通知	《通知》要求，交通运输部遴选具备量产条件的搭载自动驾驶功能的智能网联汽车产品，开展准入试点；对取得准入试点、车辆用于运输经营的，在限定区域内开展上路通行试点，需满足交通运输主管部门运营资质和运营管理要求	2023.11.17
工业和信息化部等 8 部门	工信部联规〔2023〕258 号	关于加快传统制造业转型升级的指导意见	《意见》提出，推动工业互联网标识解析体系和工业链"链网协同"发展，充分发挥工业互联网标识解析体系和工业链"链网协同"作用，支持构建数据驱动、精准匹配、可信交互的产业链协作模式，开展协同采购、协同制造、协同配送、产品溯源等应用，建设智慧产业链供应链；推动仓储物流服务数字化、智能化、精准化发展	2023.12.29

· 365 ·

续表

发布部门	文号	文件名称	相关内容	发布时间
民政部等11部门	民发〔2023〕58号	关于印发《积极发展老年助餐服务行动方案》的通知	《方案》提出，优化餐食配送服务，支持餐饮企业提供老年餐食配送服务；发挥互联网平台、物流企业等作用，充分利用现有物流网络为老年人送餐；支持具备条件的社区设置集中"配送点"，为送餐进小区和老年人就近取餐提供便利；商务部门要积极引导有条件的餐饮、商贸物流企业和互联网平台参与老年助餐服务	2023.10.20
财政部、税务总局	财政部 税务总局公告2023年第5号	关于继续实施物流企业大宗商品仓储设施用地城镇土地使用税优惠政策的公告	《公告》决定，自2023年1月1日起至2027年12月31日止，对物流企业自有或承租的大宗商品储设施用地，减按所属土地等级适用税额标准的50%计征城镇土地使用税	2023.03.28
财政部、海关总署、税务总局	财关税〔2023〕14号	关于调整海南自由贸易港交通工具及游艇"零关税"政策的通知	《通知》明确，对进口半挂车用的公路牵引车22项商品免征进口关税、进口环节增值税和消费税；半挂车用的公路牵引车、9座及以下混合动力小客车，可从事米内地的客货运输作业，始发地及目的地至少一端须在海南自由贸易港，在内地停留时间每年累计不超过120天，其中从海南自由贸易港到内地"点对点"、"即往即返"的客、货不受天数限制	2023.08.15
财政部、税务总局、工业和信息化部	财政部 税务总局 工业和信息化部公告2023年第47号	关于继续对挂车减征车辆购置税的公告	《公告》明确，为促进甩挂运输发展，提高物流效率和降低物流成本，继续对购置挂车减半征收车辆购置税	2023.09.27

续表

发布部门	文号	文件名称	相关内容	发布时间
交通运输部等5部门	交水发〔2023〕11号	交通运输部 自然资源部 海关总署 国家铁路局 中国国家铁路集团有限公司关于印发《推进铁水联运高质量发展行动方案（2023—2025年）》的通知	《方案》提出，强化一体衔接，提升设施联通水平，具体措施包括加强港口与铁路的规划和建设衔接，加强港口集疏运铁路设施建设，加强港口后方铁路通道与内陆港站能力建设；强化组织协同，提升联运畅通水平，包括优化联运组织方式，拓展联运辐射范围，充分挖掘联运通道运输潜力，推进"散改集"运输；强化创新发展，提升联运服务效能，包括培育铁水联运龙头企业，提高联运便利化水平，推动铁水联运"一单制"，营造良好发展环境，强化科技包括完善铁水联运标准规则，健全市场价格体系，强化科技创新驱动	2023.03.14
交通运输部等5部门	交水发〔2023〕18号	交通运输部 国家发展改革委 自然资源部 生态环境部 水利部关于加快沿海和内河港口码头改建扩建工作的通知	《通知》要求，准确把握码头改建扩建工作范围，合理优化码头改建扩建程序要求，积极强化码头改建扩建政策支持和要素保障，协同做好码头改建扩建组织实施	2023.03.29

· 367 ·

续表

发布部门	文号	文件名称	相关内容	发布时间
交通运输部等8部门	交运发〔2023〕116号	交通运输部 商务部 国家金融监督管理总局 海关总署 国家铁路局 中国民用航空局 国家邮政局 中国国家铁路集团有限公司关于加快推进多式联运"一单制""一箱制"发展的意见	《意见》提出六项主要任务，即推进国内多式联运信息互联共享，包括加快推进多式联运数据开放、支持多式联运信息集成服务发展，推广应用标准化多式联运电子运单；推进国际多式联运单应用创新，包括加快国际多式联运电子提单推广应用，推动国际多式联运提单证物权凭证应用功能，探索发展"一单制"服务功能，包括探索赋予多式联运"一单制"服务金融、保险功能，优化多式联运"一单制"通关监管；健全多式联运"一箱制"服务体系，包括完善"中途不换箱"合作机制，优化"全程不开箱"流程管理，提升"一箱到底"服务能力，大力培育多式联运经营人，包括鼓励骨干企业向多式联运经营人转型，引导培育多式联运相关企业加强协同协作；完善多式联运标准规则，推进多式联运服务规则衔接"一单制"标准，推进多式联运服务规则衔接	2023.08.24
交通运输部、国家邮政局	交规划函〔2023〕363号	交通运输部 国家邮政局关于开展交通强国邮政专项试点工作的通知	《通知》设定了服务、设施、技术、管理4个领域21个方面的试点任务。其中：服务领域包括高质高效服务水平、促进市场主体健康发展、完善现代邮政物流体系建设、构建多元组织化快递、规范企业运行机制、拓展服务范围、发展冷链快递、提升末端服务、邮政快递服务创新、资源共享、协同发展；设施领域包括公共服务枢纽建设、智能化寄递物流集聚区建设、城市寄递应急预警机制、农村寄递物流体系建设、邮政快递应急保障设施；技术领域包括智能技术应用、信息与隐私保护、绿色低碳发展、标准体系建设、管理领域包括数字政府建设、县域行业监管、市场监管、安全监管、权益保障	2023.09.01

附录 A　2023 年中国物流相关政策一览表

续表

发布部门	文号	文件名称	相关内容	发布时间
交通运输部等 5 部门	交水发〔2023〕173 号	交通运输部　中国人民银行　国家金融监督管理总局　中国证券监督管理委员会　国家外汇管理局关于加快推进现代航运服务业高质量发展的指导意见	《意见》部署了八项主要任务，具体包括提升航运交易及信息服务能力，增强航运金融服务效能，强化航运保险服务保障，提升海事法律服务能力，强化航运人才保障，提高航运技术服务能力，完善航运中心服务功能，提升航运基础服务能力	2023.12.13
农业农村部等 8 部门	农渔发〔2023〕14 号	农业农村部　国家发展改革委　工业和信息化部　科技部　自然资源部　生态环境部　交通运输部　中国海警局关于加快推进深远海养殖发展的意见	《意见》提出，积极发展水产品加工流通，加强产地仓储保鲜冷链物流设施建设，健全水产品质量责任体系，建立质量追溯机制；以仓储保鲜冷链等关键设施装备为重点，推动先进养殖技术和装备研发	2023.06.12
商务部等 17 部门	商资发〔2023〕18 号	商务部等 17 部门关于服务构建新发展格局　推动边（跨）境经济合作区高质量发展若干措施的通知	《措施》提出，支持有序建设保税监管场所，支持边（跨）境经济合作区加强与边境口岸、内陆主要交通枢纽和物流节点的系统对接，建设货物换装作业、报关、查验等综合配套服务中心等，物流配送中心等，设立边境地区产业链供应链相关企业跨国经营的服务保障能力；加快对边境（跨）境经济合作区的跨境铁路、高速和高等级公路规划建设，推动经济合作区毗邻地区的外方边境口岸基础设施、防疫能力及园区建设；支持具备区位优势的边（跨）境经济合作区发展临港经济、培育运输组织、仓储中转、加工配送等功能	2023.03.16

· 369 ·

续表

发布部门	文号	文件名称	相关内容	发布时间
商务部等13部门	商消费发〔2023〕146号	商务部等13部门关于促进家居消费若干措施的通知	《措施》提出，家居企业完善绿色供应链，加快数字化、智能化转型升级和线上线下融合发展，培育一批产业链供应链高效协同的家居行业领跑企业；健全县乡村三级物流配送体系，发展集约化配送	2023.07.18
商务部等12部门	商服贸发〔2023〕302号	商务部等12部门关于加快生活服务数字化赋能的指导意见	《意见》提出，要加强交通运输领域大数据应用，包括构建综合交通大数据中心体系，增强交通运行动态监测和突发事件应急指挥能力；推动交通基础设施数字化，智能化转型升级，加快建设智能铁路、智能公路、智慧港口、智慧民航，进一步提升基础设施安全保障能力和运行效率。加强生活服务数字化基础设施建设，包括围绕生产、采购、运输、仓储、批发、零售、配送各个环节优化生活服务数字化供应链体系，降低渠道成本。完善城乡一体化生活服务和物流、配送等基础设施规划与建设，加强生活服务和物流、仓储、支持立体库、分拣机器人、无人车、无人机、提货柜等智能物流设施铺设和布局。完善农村物流节点设施建设和街区，农村电商服务体系。打造数字生活圈服务功能，包括完善一刻钟便民生活圈服务功能，优化提升充电桩、物流车、来、送药等便民综合服务能力，加强智能充电桩、智能取餐柜、智能快件（信包）箱、自动生鲜售货终端等智能设备推广运用	2023.12.20

· 370 ·

续表

发布部门	文号	文件名称	相关内容	发布时间
商务部等10部门	商贸发〔2023〕308号	商务部等10部门关于提升加工贸易发展水平的意见	《意见》提出，支持边境省区推进智慧口岸建设，保障陆路口岸货运物流高效畅通，持续提升口岸过货能力，为加工贸易发展打造快速跨境物流通道；鼓励地方因地制宜强化跨境物流运输保障；对接共建"一带一路"倡议，结合地方发展需求和重点项目布局，优化中欧班列开行布局，提升开行效率；支持国际航空运输向中西部和东北地区重点城市增加货运航线和班次；进一步优化运输组织与线路布局，促进多式联运高质量发展；鼓励中西部和东北地区加大支持力度，降低加工贸易企业国际物流运输成本	2023.12.28
国家卫生健康委等5个部门	国卫医政发〔2023〕40号	关于印发节约药品资源遏制药品浪费实施方案的通知	《方案》要求，做好废弃药品适宜包装，鼓励开展药品配送服务，方便患者及时获得药品；做好废弃药品运输、交接工作，收集运输企业应当在规定的时间内及时收运废弃药品，运输过程中不得沿途丢弃、遗撒或买卖废弃药品，应当将废弃药品交由有资质的废弃药品处置企业进行处理，并做好交接登记	2023.12.29
中国人民银行、交通运输部、中国银行保险监督管理委员会	银发〔2023〕32号	中国人民银行 交通运输部 中国银行保险监督管理委员会关于进一步做好交通物流领域金融支持与服务的通知	《通知》要求，完善组织保障和内部激励，加大交通物流领域信贷支持力度；创新丰富符合交通物流行业需求特点的信贷产品；优化货车ETC信用卡发行服务，优化交通物流专项再贷款政策安排；运用好支农支小再贷款、再贴现发挥协同支持作用；加大配套融资等市场化资金支持力度，助力交通物流领域基础设施和重大项目建设；健全交通物流领域企业和重点人群"白名单"机制等	2023.02.16

· 371 ·

续表

发布部门	文号	文件名称	相关内容	发布时间
中国人民银行等5部门	银发〔2023〕97号	中国人民银行 国家金融监督管理总局 中国证监会 农业农村部 财政部 关于金融支持全面推进乡村振兴 加快建设农业强国的指导意见	《意见》提出，加大对农产品产地冷藏、冷链物流设施等领域金融支持力度，助力市场流通体系与产地冷链集配中心等建设金融支持力度；围绕制造加工、物流快递等农民工就业集中行业，稳岗纾困情况优化普惠金融服务点布局，扩大对纳入授信评价体系、企业社保缴费、职业技能培训、鼓励金融机构优化普惠金融服务半径，推动金融与快递物流、电商远农村、山区等金融服务平台等合作共建，形成资金流、物流、商流、信息流"四流合一"农村数字普惠金融服务体系	2023.06.16
中国人民银行等8部门	银发〔2023〕233号	中国人民银行 金融监管总局 中国证监会 国家外汇局 国家发展改革委 工业和信息化部 财政部 全国工商联关于强化金融支持举措 助力民营经济发展壮大的通知	《通知》要求，积极开展产业链供应链金融服务，银行业金融机构要积极探索供应链脱核模式，支持供应链上民营中小微企业开展订单贷款，仓单质押贷款等业务，促进供应链票据规范发展	2023.11.27
国家发展改革委	发改地区〔2023〕302号	国家发展改革委关于印发《横琴粤澳深度合作区鼓励类产业目录》的通知	《目录》明确，合作区鼓励类产业包括智慧港口关键系统开发，城际、市域（郊）铁路、高速铁路系统技术开发，数字铁路系统与智能运输技术开发，冷藏集装箱制冷机研发与制造；物流公共信息平台开发及建设，第三方物流及管理，快递业网点、门店等运营，航空运输登记，航空服务；汽车货运站建设，综合交通枢纽建设与改造等	2023.04.03

· 372 ·

附录 A 2023 年中国物流相关政策一览表

续表

发布部门	文号	文件名称	相关内容	发布时间
国家发展改革委	发改地区〔2023〕958号	关于印发《关于推动虹桥国际开放枢纽进一步提升能级的若干政策措施》的通知	《措施》提出，支持虹桥国际机场进一步加密城际空中快线；加强浦东虹桥机场与虹桥国际机场联动，更好满足虹桥国际开放枢纽对中远程国际航线的需求；加快嘉兴湖航空货运联络开放枢纽对中远程国际航线的需求；加快嘉兴湖航空货运联建设，提升航空货运保障能力；支持依托羌湖航空货运枢纽建设，打造服务长三角面向国际的航空服务业集聚区；推进大仓港区远洋集装箱中转通道建设，用好联动接卸业务模式，鼓励发展港区远洋集装箱中转通道建设，用好联动接卸业务模式，鼓励发展港长功能拓展区，江海联运和江海直达业务，打造虹桥综合交通枢纽功能拓展区；支持合肥高质量开行中欧班列，强化与沿海港口城市协同联动，发展海铁联运新通道；支持共建跨区域枢纽道交通网	2023.08.16
国家发展改革委	中华人民共和国国家发展和改革委员会第7号	中华人民共和国国家发展和改革委员会令第7号(《产业结构调整指导目录(2024年本)》)	《目录》的政策导向之一是构建优质高效的服务业新体系，其中要求加快发展现代物流等服务业，加快推进服务业数字化。其中，铁路、公路货业及道路运输、水运、航空运输、综合交通运输、现代物流业和邮政业被列入鼓励类目录	2023.12.29
工业和信息化部	工信部科〔2023〕193号	工业和信息化部关于印发《人形机器人创新发展指导意见》的通知	《意见》提出，推动人形机器人在农业、物流等重点行业应用落地，提升人机交互、灵巧抓取、分拣搬运、智能配送等作业能力	2023.11.02

· 373 ·

续表

发布部门	文号	文件名称	相关内容	发布时间
住房城乡建设部	建城〔2023〕74号	住房城乡建设部关于全面推进城市综合交通体系建设的指导意见	《意见》提出，科学编制城市综合交通体系规划；聚焦促进城市及周边同城快速路一体化、完善城市货运流通道网络等重点任务，有序推进城市快速干线交通系统建设；积极实施城市生活性集散交通系统、加强城市物流配送设施建设，调整完善线路网络，提高配送效率；加快补齐城市重点区域停车设施短板，合理规划卸货场地和临时停车泊位，满足城市配送车辆作业需求	2023.11.27
交通运输部	交运明电〔2023〕70号	交通运输部关于做好2023年端午节假期期间交通运输服务保障和安全生产工作的通知	《通知》要求，加强对重点板块、主要通道、重点区域保通保畅情况的动态跟踪，做好铁路、公路、水运、民航、邮政等交通行业运行监测，强化问题分析研判和应急指挥调度，确保交通运输骨干道路畅通、物流运输高效顺畅；要指导重点物流配送企业加强与生产制造、商贸流通等重点企业的供需对接，强化统筹调度，健全应急运力储备，切实保障迎峰度夏能源物资、农资农机等"三夏"农业生产资料，以及粮食、民生、外贸重点物资安全高效运输；及时做好重点物流通道的流畅对陆路口岸的运行监测和统筹调度，保障陆路口岸高效畅通运行	2023.06.19

· 374 ·

附录 A　2023 年中国物流相关政策一览表

续表

发布部门	文号	文件名称	相关内容	发布时间
交通运输部	交公路发〔2023〕132 号	交通运输部关于加快建立健全现代公路工程标准体系的意见	《意见》提出，要着力建立健全现代公路工程标准体系，包括建设高质量的公路通用标准，加强标准化基础设施质准建设统筹协调，推进工程标准化现代化，加大标准对重大战略的支撑和有效供给，推进工程管理标准化现代化，完善可持续公路养护标准，加强公路运营管理标准制定，严格规范路政管理标准；着力加强公路工程标准管理，包括加强标准的编制管理，加强标准的使用管理	2023.09.14
交通运输部	交公路发〔2023〕131 号	交通运输部关于推进公路数字化转型加快智慧公路建设发展的意见	《意见》要求，提升公路设计施工数字化水平，推动智慧建造；提升公路养护业务数字化水平，推动智慧养护；提升路网管理服务数字化水平，推动智慧出行；提升公路政务服务数字化水平，推动智慧治理；提升公路数字化基础支撑水平，筑牢数字底座	2023.09.20
交通运输部	交水发〔2023〕164 号	交通运输部关于加快智慧港口和智慧航道建设的意见	《意见》提出了发展目标，包括到 2027 年，全国港口和航道基础设施数字化、生产运营管理和对外服务智慧化水平全面提升，建成一批世界一流的智慧港口和智慧航道；国际枢纽海港 10 万吨级及以上集装箱、散货码头基本建成智能感知网等，西江航运干线等内河高等级航道基本建成智慧管理智慧化、数字化底座，推进生产运营管理智能化，推进对外服务智慧化，强化科技创新与国际交流合作四方面部署了 25 项任务	2023.12.04

· 375 ·

续表

发布部门	文号	文件名称	相关内容	发布时间
农业农村部	农发〔2023〕1号	农业农村部关于落实党中央国务院2023年全面推进乡村振兴重点工作部署的实施意见	《意见》要求，统筹推进农村道路等基础设施建设；深入实施农产品仓储保鲜冷链物流设施建设工程，支持家庭农场、农民合作社、农村集体经济组织等主体建设产地保鲜农级农产品产地市场建设，加强大型冷藏保鲜、仓储保供公益性基础设施建设，鼓励金融机构加大对乡村振兴贷款投放，重点用于农产品仓储保鲜冷链物流设施等农业农村基础设施建设	2023.02.21
商务部	商自贸函〔2023〕181号	商务部关于印发《自贸试验区重点工作清单（2023—2025年）》的通知	《清单》明确了我国20个自贸试验区2023—2025年期间的重点工作。其中：上海自贸试验区建设全球国际航运枢纽；广东自贸试验区构建服务粤港澳、辐射国内外的海陆空航运体化多式联运物流体系；天津自贸试验区打造我国北方保税燃料油供应成品油基地和国际航运核心区，推动数字货运产业模式、监管模式创新；福建自贸试验区优化对台合资航线，构建两岸货物贸易主通道，加快共建"一带一路"国家海外仓布局联动；浙江自贸试验区打造大宗商品储运贸易基地，增强宁波舟山港服务保障能力，加快打造中欧班列枢纽节点；河南自贸区打造服务"一带一路"的现代综合交通枢纽，推动空路网海"四条丝路"融合发展；重庆自贸试验区高质量推进西部陆海新通道建设，推动中欧班列（成渝）高质量发展，加快长江经济带物流枢纽建设；四川自贸试验区发展航空物	2023.06.25

续表

发布部门	文号	文件名称	相关内容	发布时间
			流，建设西向国际贸易大通道重要支点；陕西自贸试验区建设西安国际航空枢纽，高质量建设中欧班列西安集结中心；山东自贸试验区建设沿黄达海大通道。建设东北亚国际航运枢纽；江苏自贸试验区打造亚欧国际重要交通枢纽，高标准建设国际枢纽海港，推动铁路集装箱多式联运中心等建设；广西自贸试验区推动中国—东盟特色商品汇聚中心、海外仓、电商平台、快递物流枢纽等重点项目建设，联合共建西部陆海新通道；河北自贸试验区增强国际航空板块中转能力，加快建设保税物流中心、医药冷链仓库等功能，拓展面向东北亚的日韩国际集装箱航线等国际通道；云南自贸试验区打造南亚国际陆海新通道，推进中老铁路王家营跨境大宗货物集结中心建设；黑龙江自贸试验区打造跨境贸易商品集组织中心，推动中俄跨境综合物流枢纽等项目实施；湖南自贸试验区加快提升长沙黄花机场国际物流服务型物流枢纽和发展航运物流业，打造对接港澳的生产服务型物流枢纽和关键节点；安徽自贸试验区打造中东部地区多式联运关键枢纽	
国家铁路局、工业和信息化部、中国国家铁路集团有限公司	国铁运输监〔2023〕4号	关于支持新能源商品汽车铁路运输 服务新能源汽车产业发展的意见	《意见》提出四项支持举措，具体包括支持开展新能源商品汽车铁路运输、规范铁路运输条件、加强铁路运输管理、强化铁路运输安全监管	2023.01.30

· 377 ·

续表

发布部门	文号	文件名称	相关内容	发布时间
国家铁路局、工业和信息化部、中国国家铁路集团有限公司	国铁运输监〔2023〕26号	国家铁路局 工业和信息化部 中国国家铁路集团有限公司关于消费型锂电池货物铁路运输工作的指导意见	《意见》从明确消费型锂电池货物铁路运输规定、规范铁路运输条件、加强铁路运输安全管理、强化铁路运输服务保障、统筹推进政策落实等方面提出多项举措，以更好满足消费型锂电池货物铁路运输需求，保障铁路运输安全	2023.11.02
国家标准委等11部门	国标委联〔2023〕19号	关于印发《碳达峰碳中和标准体系建设指南》的通知	《指南》要求，对标国际先进水平，提升制冷及冷链物流设备、工业设备等重点产品和设备强制性能耗限额标准，加快制修订交通运输等重点行业强制性能效标准；交通运输绿色低碳领域重点制修订铁路、公路、水运、民航、邮政等领域基础设施和装备能效标准，以及物流绿色设备设施、高效运输组织、绿色出行、交通运输工具低碳多元化动力适用、绿色交通场站设施、交通能源融合、行业减污降碳等标准	2023.04.22
国家标准委等6部门	国标委联〔2023〕34号	关于印发《氢能产业标准体系建设指南（2023版）》的通知	《指南》系统构建了包括基础与安全、氢制备、氢储运、氢加注、氢能应用五个子体系的我国氢能产业标准体系框架；部署了氢气储运氢装备、液氢储运装备、输氢管道等重点任务，修订包括高压储运氢装备、液氢储运装备、输氢管道等在内的氢能国家标准，要求至2025年，制的氢能国家标准、行业关键技术标准30项以上	2023.08.08
国家能源局	无	国家能源局关于加快推进能源数字化智能化发展的若干意见	《意见》提出，推动煤矿主煤流运输系统实现智能化无人值守运行；辅助运输系统实现车辆的智能调度与综合管控；推动油气管网的信息化改造和数字化升级，推进智能管道、智能储气库建设，提升油气管网设施安全高效运行水平和储气调峰能力	2023.04.02

· 378 ·

续表

发布部门	文号	文件名称	相关内容	发布时间
国家能源局	国能发科技〔2023〕80号	国家能源局关于组织开展生物柴油推广应用试点示范的通知	《通知》提出，车用生物柴油在全省、行政区域或工业园区、物流园区、全县（区）等全市、保税区、矿区、自贸区以及高速公路沿线加油站为主体开展推广应用；邮政快递等行业，船用生物柴油在保税区、自贸区和河流湖泊航道推广应用	2023.11.22
中国民用航空局	民航发〔2023〕17号	中国民用航空局关于印发落实数字中国建设总体部署 加快推动智慧民航建设发展的指导意见	《意见》提出，建设航空物流等重点领域应用基础设施体系；推动航空物流作业全过程自动化、数字化管控；打造高效航空物流服务体系，推动航空物流与其他运输方式、海关标准对接，安检互认，加强货品、单证、载具、安检、结算等重点领域信息交互联通，打造一单到底的智慧物流联运服务体系，促进物流提质增效降本增效，构建全流程追踪服务，提高准时位置实时可查、状态全面感知提取时间精准可控、提升服务可靠性	2023.07.03
交通运输部办公厅、国家发展改革委办公厅、财政部办公厅、农业农村部办公厅	交办公路〔2022〕78号	交通运输部办公厅 国家发展改革委办公厅 财政部办公厅 农业农村部办公厅关于进一步提升鲜活农产品运输"绿色通道"政策服务水平的通知	《通知》要求严格执行鲜活农产品品种目录，统一规范"整车合法装载"标准、统一规范"深加工"判断标准、统一规范合理误差认定标准、加强查验方式探索优化、加强通行服务保障、加强配套政策落实	2023.01.19

· 379 ·

续表

发布部门	文号	文件名称	相关内容	发布时间
交通运输部办公厅、财政部办公厅	交办规划函〔2023〕363号	交通运输部办公厅 财政部办公厅关于做好2023年国家综合货运枢纽补链强链申报工作的通知	《通知》要求，推动国家综合货运枢纽补链强链城市扩面提质，与首批支持城市连线成网，分布更加平衡成链互相促进，聚焦国家综合立体交通网主骨架6条主轴和平衡海走廊、大陆桥走廊，沿边通道及其辐射范围，拓展枢纽辐射空间和跨区域交通资源配置能力，进一步增强南北互动、东西交融支持，促进区域协调发展，货运物流一体化运行需要明显，通道连接紧密的城市依托国家规划确定的城市群跨省联合申报，注重发挥城市各自比较优势，形成综合货运枢纽体系建设合力；注重推动中欧班列集结中心、国际航运中心、国际航空货运枢纽、国际邮政快递处理中心融合联动，有效衔接，完善多式联运功能，提升多式联运效率，发挥好示范引领作用	2023.03.20
交通运输部办公厅等11部门	交办运〔2023〕45号	交通运输部办公厅 教育部办公厅 自然资源部办公厅 商务部办公厅 文化和旅游部办公厅 国家卫生健康委全国总工会办公室 国家铁路局综合司 中国民用航空局综合司 中国邮政集团有限公司办公厅 国家铁路集团有限公司办公室 关于加快推进汽车客运站转型发展的通知	《通知》要求各地交通运输、商务、邮政部门要支持客运站任精准实施分区管理，保障安全有序运行的前提下，改造建设物流配送设施，拓展货物和邮件快件快件托运、仓储、分拣、配送等功能；要支持乡镇客运站拓展邮政快递、货运物流公路养护等功能，提供客运乘车、邮件快件寄递、"一站多能"的农村客货邮融合站点；各地交通运输、铁路、邮政、工会等部门要积极搭建平台，带助客运站富余务人员转岗至城市轨道交通、铁路、物流、邮政快递等岗位适任岗位就业	2023.08.02

附录A　2023年中国物流相关政策一览表

续表

发布部门	文号	文件名称	相关内容	发布时间
交通运输部办公厅、国家邮政局办公室	交办运函〔2023〕1519号	交通运输部办公厅 国家邮政局办公室 关于公布第四批农村物流服务品牌的通知	《通知》要求，为充分发挥服务品牌引领带动作用，以点带面推动提升农村物流综合服务能力，更好服务支撑乡村振兴战略实施，要进一步健全完善农村物流发展政策体系，加快推动新产业新业态融合发展，组织开展农村物流服务品牌动态监测，进一步加强农村物流服务品牌经验推广	2023.10.30
农业农村部办公厅、财政部办公厅	无	农业农村部办公厅 财政部办公厅关于做好2023年农业产业融合发展项目申报工作的通知	《通知》提出，2023年中央财政支持新创建50个国家现代农业产业园、40个优势特色产业集群、200个农业产业强镇。在优势特色产业集群方面，奖补资金主要用于支持规模生产基地标准化生产水平提升，农产品加工和物流设施设备建设等；在农业产业强镇方面，奖补资金主要支持主导产业关键领域、薄弱环节发展，提升种养基地、加工物流等设施装备水平等	2023.03.16
商务部等13部门办公厅（室）	商办流通函〔2023〕401号	商务部等13部门（室）关于印发《全面推进城市一刻钟便民生活圈建设三年行动计划（2023—2025）》的通知	《计划》提出，支持发展线上线下融合的即时零售模式（平台下单+就近门店实体门店、拓展服务半径、支持拓展"中央厨房+冷链+餐饮"模式，智能快件箱，智能结算、自助售卖等业态，快递综合服务场所等纳入公共服务基础设施，将智能快件箱、共享书店、智能结算、自助售卖等业态，快递综合服务场所等纳入公共服务基础设施，有条件的地方可对微利、公益性业态给予房租减免、资金补贴等支持	2023.07.12

· 381 ·

续表

发布部门	文号	文件名称	相关内容	发布时间
商务部等9部门办公厅（室）	无	商务部等9部门办公厅（室）关于印发《县域商业三年行动计划（2023—2025年）》的通知	《计划》提出，完善县域商业网络设施和业态，包括鼓励县城购物中心、大型商超向乡镇商业延伸服务，布局前置仓、物流仓储等设施；升级改造乡镇商贸中心、大中型超市、集贸市场等，完善冷藏、加工、配送等设施；加强邮政、供销、电商、快递、益农信息社等资源协作，推动村级站点设施共建、服务共享，丰富日用消费品、农资、邮政、快递等服务。发展农村物流共同配送，包括加强农村物流基础设施建设；加强农村物流资源整合；积极发展即时零售。推动县域商贸流通企业转型升级，包括推动数字应用从销售前端向采购、库存、配送等全过程延伸；充分发挥县域大型经销商、代理商渠道优势，支持进行市场化整合，为区域内商贸流通企业、商店、农民合作社等提供统一采购、统一仓储、统一配送服务。提升优质农产品供给水平，包括支持商贸、电商、农产品流通企业向生产环节延伸产业链，建设产地集配中心等流通基础设施；配备农产品分级、加工、仓储、包装、冷链等商品化处理设施设备，增强农产品错峰上市和商品化处理能力。加强农产品流通体系建设，包括完善全国农产品流通骨干网络，提高农产品冷链流通效率等	2023.08.14

· 382 ·

附录 A　2023 年中国物流相关政策一览表

续表

发布部门	文号	文件名称	相关内容	发布时间
工业和信息化部办公厅	工信厅通信函[2023] 280 号	工业和信息化部办公厅关于推进 5G 轻量化（RedCap）技术演进和应用创新发展的通知	《通知》要求，积极开展 5G RedCap 应用创新，打造更多面向工业、能源、物流、港口、车联网等领域的场景化解决方案，赋能行业数字化转型	2023.10.17
工业和信息化部办公厅	工信厅信管函[2023] 309 号	工业和信息化部办公厅关于印发《工业互联网与工程机械行业融合应用参考指南》的通知	《指南》提出了工业互联网与工程机械行业融合应用的 32 个需求场景，其中包括产供销协同、仓储物流管理、供应链金融、供应链管理、下料全流程管控等多个物流相关需求场景	2023.11.16
交通运输部办公厅	交办水函[2023] 1 号	交通运输部办公厅关于启用国内水路运输行政许可电子许可电子文书有关事宜的通知	《通知》要求，自 2023 年 1 月 9 日起，对办理的国内水路运输领域行政许可事项制发电子《交通行政许可决定书》、《不予交通行政许可决定书》及撤销行政许可告知书等行政许可文书，不再向行政相对人和地方水路运输管理部门制发、邮寄纸质行政许可文书	2023.01.05
交通运输部办公厅	交办水函[2022] 1786 号	交通运输部办公厅关于印发《港口承灾体自然灾害风险防控工作指南》的通知	《指南》要求，加强风险研判分级管控，包括建立健全数据常态化更新机制，组织开展风险评估，加强风险研判，开展风险分级管控；强化应急准备工作，包括预防、应用科技手段提升监测水平，采取针对性防灾减灾措施；加强应急处置，包括立即启动应急响应，妥善做好灾后恢复，详细开展灾情记录，认真总结工作经验	2023.01.13

· 383 ·

续表

发布部门	文号	文件名称	相关内容	发布时间
交通运输部办公厅	交运办函〔2023〕480号	交通运输部办公厅关于印发2023年持续推进出行适老化无障碍交通运输服务更贴近民生实事工作方案的通知	《通知》印发了5项工作方案,其中4项与物流相关,分别为2023年推动交通运输新业态平台企业降低过高抽成工作方案、2023年持续推进道路运输便民政务服务提质增效工作方案、2023年实现道路运输普通货运驾驶员从业资格证直接申领工作方案、2023年开展关心关爱货车司机专项行动方案	2023.04.17
交通运输部办公厅	交办法〔2023〕21号	交通运输部办公厅关于组织开展交通运输区域执法协作试点示范工作的通知	《通知》提出,在京津冀地区、长三角地区等6个区域组织开展交通运输区域执法协作试点示范,从推进工作机制、深化区域法规政策制度协同、建立区域执法协作信息共享、扎实推进区域执法联勤联动四个方面部署了13项试点示范工作任务	2023.04.24
交通运输部办公厅	交办运〔2023〕26号	交通运输部办公厅关于贯彻实施《道路运输车辆技术管理规定》的通知	《规定》要求,严格开展道路运输车辆技术审核;规范做好道路运输车辆使用技术管理,严格道路运输车辆退出管理;进一步提升道路运输车辆技术管理服务水平等	2023.05.18
交通运输部办公厅	交办运函〔2023〕1398号	交通运输部办公厅关于开展道路运输安全生产突出问题集中整治"百日行动"的通知	《通知》提出,集中排查整治老旧货车安全隐患,集中整治重载货车违法违规行为,集中整治危险货物道路运输安全隐患,集中整治长期不上线运营车辆等	2023.09.25

续表

发布部门	文号	文件名称	相关内容	发布时间
交通运输部办公厅	交办科技函[2023]1378号	交通运输部办公厅关于征集第二批智能交通先导应用试点项目（自动驾驶和智能建造方向）的通知	《通知》提出，聚焦自动驾驶和智能建造领域，通过真实应用促进技术提升，依托真实场景凝练解决方案，形成一批可复制、可推广的典型案例。自动驾驶方向，支持在首批试点基础上，进一步丰富试点场景，扩大试点规模，打造常态化运输服务和全流程自动化作业模式；智能建造方向，支持在道路、桥隧、港口、航道基础设施建设及部品部件建造等方面探索智能化技术应用方案，提升基础设施建管养运智能化水平	2023.09.25
交通运输部办公厅	交办水函[2023]1707号	交通运输部办公厅关于印发《港口服务指南》的通知	《指南》规定了适用范围、服务流程及服务要求。其中服务要求包括实行365天、24小时不间断作业和客户服务，及时发布业务利服务信息，公开并落实服务承诺和作业时限，便捷高效的"一站式"业务办理服务，便利的无纸化业务服务，安全高效的船舶靠离泊和货物作业服务，提升港内堆场物转运效率，推进运输组织优化和业务模式创新，优先保障重点物资运输，规范港口经营和收费行为，建立便捷有效的客户服务机制	2023.11.16
交通运输部办公厅	交办规划函[2023]1697号	交通运输部办公厅关于公布港口能优化提升交通强国专项试点项目（第一批）的通知	《通知》公布14个港口入选功能优化提升交通强国专项试点项目，要求聚焦落实国家战略、关键核心技术、资源集约利用、新业态新模式等关键事项，依托已建港口码头，坚持专业升级、集约增效、智慧赋能、绿色提质、港口智慧化改造和能力提升，在码头功能改造技术、新方法、新模式、新场景、绿色低碳改造等方面探索新典型成果，力争形成一批先进经验和典型成果	2023.11.17

续表

发布部门	文号	文件名称	相关内容	发布时间
交通运输部办公厅	交办运〔2023〕66号	交通运输部办公厅关于印发《自动驾驶汽车运输安全服务指南（试行）》的通知	《指南》包括适用范围、基本原则、应用场景、自动驾驶运输经营者、运输车辆、人员配备、安全保障和监督管理等八部分内容	2023.12.05
农业农村部办公厅	农办市〔2023〕6号	农业农村部办公厅关于继续做好农产品产地冷藏保鲜设施建设工作的通知	《通知》要求，按照"补短板、塑网络、强链条"工作思路，聚焦鲜活农产品主产区、特色农产品优势区，强化支持政策衔接，完善设施节点布局，推动冷链供应链韧性和稳定性。重点任务包括完善服务网络向乡村下沉，推动冷链物流服务网络向乡村下沉，推动冷藏保鲜设施建设，创新一批农产品冷链物流运地冷藏保鲜设施建设，创新一批农产品产地流通主体，培育一批农产品产地流通主体，培育一批农产品产地流通主体营模式	2023.07.11
农业农村部办公厅	农办计财〔2023〕18号	农业农村部办公厅关于做好现代设施农业建设项目谋划储备的通知	《通知》要求，建设以仓储保鲜和烘干为主的现代物流设施，支持建设提升产地加工仓储保鲜冷链物流设施，加快补齐产地预冷、清洗加工、分拣包装、仓储配送等设施，提升技术装备水平，畅通衔接转运通道，全面建成以产地冷链集配中心和产地仓储保鲜设施为支撑的冷链物流节点设施网络	2023.07.18
农业农村部办公厅	农办规〔2023〕22号	农业农村部办公厅关于开展第四批国家农业绿色发展先行区创建工作的通知	《通知》要求发展绿色农产品加工产业，加快农产品加工、冷链物流等设施低碳化改造，推广农产品绿色电商模式	2023.08.03

续表

发布部门	文号	文件名称	相关内容	发布时间
商务部办公厅	商办建函〔2023〕15号	商务部办公厅 市场监管总局办公厅关于印发国家级服务业标准化试点（商贸流通专项）第一批典型经验做法的通知	《通知》从标准化助力商贸流通企业创新发展、标准化推动流通行业协调发展、标准化引领流通行业绿色发展、标准化支撑商贸物流高效运行、标准化促进内外贸一体化发展五个方面，发布了共20个企业的典型经验做法	2023.01.30
中国银保监会办公厅	银保监办发〔2023〕35号	中国银保监会办公厅关于银行业保险业做好2023年全面推进乡村振兴重点工作的通知	《通知》要求，积极投入乡村产业振兴，重点支持地区主导产业、农产品精深加工、农村物流体系建设、农村电商等新产业新业态；稳步加大对乡村道路交通、物流通信、供水供电等公共服务领域的金融支持	2023.04.14

· 387 ·

附录 B 2023 年中国物流相关规划一览表

发布部门	文号	文件名称	相关内容	发布时间
中共中央、国务院	无	中共中央 国务院印发《质量强国建设纲要》	《纲要》提出，加强农产品食品冷链物流设施建设，完善信息化追溯体系，实现重点类别产品全过程可追溯；积极发展多式联运，智慧物流，供应链物流，提升冷链物流服务质量，优化国际物流通道，提高口岸通关便利化程度；加快发展海外仓等外贸新业态，提高现代物流、生产性服务、数据等服务能力，增强产业链集成优势；在物流、商务咨询、检验检测等生产性服务领域，开展质量标杆企业创建行动；在金融、商贸、物流等领域，推动标准化、专业化、品牌化发展，培育一批专业化程度高、覆盖面广、影响力大、放心安全的服务精品	2023.02.06
国务院	国函〔2023〕101号	国务院关于《山西省国土空间规划（2021—2035年）》的批复	《批复》要求山西省统筹传统和新型基础设施空间布局，优化空间结构，功能和发展模式，构建现代化基础设施网络，建立高效快捷现代物流体系	2023.09.26
国务院	国函〔2023〕137号	国务院关于《安徽省国土空间规划（2021—2035年）》的批复	《批复》要求安徽省统筹传统和新型基础设施空间布局，建立高效快捷现代物流体系，畅通与长三角中心城市连接的交通网络	2023.12.07

附录 B 2023 年中国物流相关规划一览表

续表

发布部门	文号	文件名称	相关内容	发布时间
国务院	国函〔2023〕150号	国务院关于《浙江省国土空间规划（2021—2035年）》的批复	《批复》要求浙江省布局战略性新兴产业、未来产业发展空间，抓住产业数字化、数字产业化赋予的机遇，构建现代化经济体系，将宁波舟山港努力打造为世界一流强港	2023.12.25
国务院	国函〔2023〕151号	国务院关于《贵州省国土空间规划（2021—2035年）》的批复	《批复》要求贵州省完善粤港澳—成渝主轴、沪昆走廊、西部陆海走廊等建设，建立高效快捷现代物流体系和交通运输体系，统筹传统和新型基础设施空间布局	2023.12.25
工业和信息化部、科学技术部、财政部、中国民用航空局	工信部联装重装〔2023〕181号	关于印发绿色航空制造业发展纲要（2023—2035年）的通知	《纲要》提出，开辟电动航空新领域，面向城市空运、应急救援、物流运输等应用场景，加快eVTOL（电动垂直起降航空器）、轻小型固定翼电动飞机、新能源无人机等创新产品应用，形成以典型场景为导向的电动航空器供给能力，运营支撑能力和产业化发展能力，打造新经济增长极；加快将eVTOL融入综合立体交通网络，建立统一的空智管理平台，打造低空智联网，初步形成安全、便捷、绿色、经济的城市空运体系；推动建设新型地面基础设施配套体系，根据各地既有的基础设施条件和经济承受能力，研究论证城市空运、物流配送等设施网络，推动纳入城市交通基础设施布局规划	2023.10.10

· 389 ·

续表

发布部门	文号	文件名称	相关内容	发布时间
工业和信息化部等5部门	工信部联装备[2023]254号	工业和信息化部 国家发展改革委 财政部 生态环境部 交通运输部 关于印发船舶制造业绿色发展行动纲要（2024—2030年）的通知	《纲要》强调，优化提升大型远洋船舶LNG动力船型、电池动力船型等具备条件的货船、工程船等LNG、电池动力船型研发和示范应用，加快液氢、液态二氧化碳等新型运输船舶研发	2023.12.28
农业农村部、国家发展改革委、财政部、自然资源部	农计财发[2023]6号	农业农村部 国家发展改革委 财政部 自然资源部关于印发《全国现代设施农业建设规划（2023—2030年）》的通知	《规划》在各重点任务中提出建设以仓储保鲜和烘干为主的现代物流设施，重点提升粮食产地烘干能力、完善产地仓储保鲜冷链物流设施，有效减少粮食和"菜篮子"产品的产后损失和流通环节浪费；在重大工程中设立了产地仓储保鲜冷链物流设施建设项目，提出建设6万个产地仓储保鲜设施、建设500个产地冷链集配中心	2023.06.15
应急管理部、国家发展改革委、财政部、国家粮食和物资储备局	无	应急管理部 国家发展改革委 财政部 国家粮食和物资储备局关于印发《"十四五"应急物资保障规划》的通知	《规划》提出完善应急物资保障体制机制建设，提升应急物资保障能力、提高应急物资产能保障能力、强化应急物资调配能力，加强应急物资保障信息化建设五大任务，以及应急物资生产能力提升工程、应急物资调配运送标准化工程、应急物资管理信息化建设工程六大重点建设工程项目	2023.02.02

· 390 ·

续表

发布部门	文号	文件名称	相关内容	发布时间
国家发展改革委	无	前海深港现代服务业合作区总体发展规划	《规划》在战略定位中，提出巩固提升现代金融、信息服务、贸易服务等优势领域。在战略目标中，提出到2025年培育形成金融、现代物流等一批千亿级产业集群，到2035年建成新型国际贸易中心、国际高端航运服务中心。在主要任务中，一是提出构建"一心一带双港五区"的空间结构，其中"双港"即提出深圳国际航空枢纽和国际航运枢纽港，要求统筹发挥深圳机场海空铁联运优势，构建面向亚太地区、连接欧美澳、有接共建"一带一路"国家的航线网络，建设临空经济区，打造高品质国际航空枢纽港；依托深圳港西部港区，联动香港提升航运高端资源配置功能，强化港城融合，共建辐射全球的国际航运枢纽港。二是提出提升现代物流业发展能级，即发挥香港航空和海运运优势，加快国内跨境快邮集散中心、国内航空中性航空货运站、国际物流功能区等建设，建立湾区机场多国集拼物流模式，打造空港多式联运物流枢纽；拓展多国集拼业务，开展全球揽货、中转分拨等一站式业务和全路径多式联运；大力发展国际一流航运物流企业，引进国际采购分销、金融结算等业务，引进国际接轨的供应链标准	2023.12.21

· 391 ·

附录 C 2018—2023 年中国物流相关统计数据

第一部分 中国大陆物流相关统计数据

一、国内生产总值

表 C-1 国内生产总值及三次产业增加值情况

年份	指标	国内生产总值	第一产业增加值	第二产业增加值	第三产业增加值
2018	增加值（亿元）	919281.1	64745.2	364835.2	489700.8
	占国内生产总值（%）	100	7.0	39.7	53.3
2019	增加值（亿元）	986515.2	70473.6	380670.6	535371.0
	占国内生产总值（%）	100	7.1	38.6	54.3
2020	增加值（亿元）	1015567.0	78030.9	383562.4	551973.7
	占国内生产总值（%）	100	7.7	37.8	54.5
2021	增加值（亿元）	1149237.0	83216.5	451544.1	614476.4
	占国内生产总值（%）	100	7.2	39.3	53.5
2022	增加值（亿元）	1210207.2	88345.1	483164.5	638697.6
	占国内生产总值（%）	100	7.3	39.9	52.8
2023	增加值（亿元）	1260582.0	89755.0	482589.0	688238.0
	占国内生产总值（%）	100	7.1	38.3	54.6

资料来源：2018—2022 年数据根据国家统计局《中国统计年鉴 2023》相关数据整理，2023 年数据根据国家统计局《中华人民共和国 2023 年国民经济和社会发展统计公报》相关数据整理。

二、农业

表 C-2 主要农、畜、水产品产量

单位：万吨

产品名称	2018 年	2019 年	2020 年	2021 年	2022 年	2023 年
粮食	65789.2	66384.3	66949.2	68284.7	68652.8	69541.0
棉花	610.3	588.9	591.0	573.1	598.0	562.0
油料	3433.4	3493.0	3586.4	3613.2	3654.2	3864.0
糖料	11937.4	12169.1	12014.0	11454.4	11236.5	11504.0
肉类	8624.6	7758.8	7748.4	8990.0	9328.4	9641.0
水产品	6457.7	6480.4	6549.0	6690.3	6865.9	7100.0

资料来源：2018—2022 年数据根据国家统计局《中国统计年鉴 2023》相关数据整理，2023 年数据根据国家统计局《中华人民共和国 2023 年国民经济和社会发展统计公报》相关数据整理。

三、工业

表 C-3 全国规模以上工业企业工业增加值增长速度

单位：%

指标	2018 年	2019 年	2020 年	2021 年	2022 年	2023 年
规模以上企业	6.2	5.7	2.8	9.6	3.6	4.6
其中：国有及国有控股企业	6.2	4.8	2.2	8.0	3.3	5.0
股份制企业	6.6	6.8	3.0	9.8	4.8	5.3

续表

指标	2018年	2019年	2020年	2021年	2022年	2023年
外商及中国港澳台投资企业	4.8	2.0	2.4	8.9	-1.0	1.4
私营企业	6.2	7.7	3.7	10.2	2.9	3.1
其中：农副食品加工业	5.9	1.9	-1.5	7.7	0.7	0.2
纺织业	1.0	1.3	0.7	1.4	-2.7	-0.6
化学原料和化学制品制造业	3.6	4.7	3.4	7.7	6.6	9.6
非金属矿物制品业	4.6	8.9	2.8	8.0	-1.5	-0.5
黑色金属冶炼和压延加工业	7.0	9.9	6.7	1.2	1.2	7.1
通用设备制造业	7.2	4.3	5.1	12.4	-1.2	2.0
专用设备制造业	10.9	6.9	6.3	12.6	3.6	3.6
汽车制造业	4.9	1.8	6.6	5.5	6.3	13.0
电气机械及器材制造业	7.3	10.7	8.9	16.8	11.9	12.9
计算机、通信和其他电子设备制造业	13.1	9.3	7.7	15.7	7.6	3.4
电力、热力生产和供应业	9.6	6.5	1.9	10.9	5.1	4.3

资料来源：根据国家统计局《中华人民共和国国民经济和社会发展统计公报》（2018—2023）相关数据整理。

四、固定资产投资

表 C-4 固定资产投资额

单位：亿元

指标	2018年	2019年	2020年	2021年	2022年	2023年	2023年同比增长（%）
全社会固定资产投资	456981	480393	493208	517133	542366	509708	2.8
固定资产投资（不含农户）	446942	470997	484845	508796	534948	503036	3.0
其中：第一产业	9689	9742	11641	12701	12726	10085	-0.1
第二产业	132245	136280	136535	152357	168171	162136	9.0
第三产业	305009	324976	336669	343739	354051	330815	0.4

资料来源：2018—2022年数据根据国家统计局《中国统计年鉴2023》相关数据整理；2023年数据根据国家统计局《中华人民共和国2023年国民经济和社会发展统计公报》相关数据整理。

表 C-5 交通固定资产投资新增主要生产与运营能力

指标	单位	2018年	2019年	2020年	2021年	2022年	2023年
新建铁路投产里程	千米	4683	8489	4933	4208	4100	3637
增、新建铁路复线投产里程	千米	4711	6448	3380	2769	2658	3351
电气化铁路投产里程	千米	6474	7919	5480	4189	3452	4463
新改建公路	千米	356045	327626	—	—	—	—
其中：高速公路	千米	6063	8313	12713	9028	8771	7498
港口万吨级及以上泊位新增通过能力	万吨/年	26428	12022	30562	25368	25561	32529
新增民用运输机场	个	6	3	3	7	6	5

资料来源：根据国家统计局《中华人民共和国国民经济和社会发展统计公报》（2018—2023）相关数据整理。

五、国内贸易

表 C-6 分地区社会消费品零售总额及增长速度

地区	2018年 社会消费品零售总额（亿元）	2018年 增长（%）	2019年 社会消费品零售总额（亿元）	2019年 增长（%）	2020年 社会消费品零售总额（亿元）	2020年 增长（%）	2021年 社会消费品零售总额（亿元）	2021年 增长（%）	2022年 社会消费品零售总额（亿元）	2022年 增长（%）	2023年 社会消费品零售总额（亿元）	2023年 增长（%）
全国	377783.1	8.8	408017.2	8.0	391980.6	-3.9	440823.2	12.5	439732.5	-0.2	471495.0	7.2
北京	14422.3	3.5	15063.7	4.4	13716.4	-8.9	14867.7	8.4	13794.2	-7.2	14462.7	4.8
天津	4231.2	0.5	4218.2	-0.3	3582.9	-15.1	3769.8	5.2	3572.0	-5.2	—	7.0
河北	11973.9	7.5	12985.5	8.4	12705.0	-2.2	13509.9	6.3	13720.1	1.6	15040.5	9.6
山西	6523.3	7.7	7030.5	7.8	6746.3	-4.0	7747.3	14.8	7562.7	-2.4	7981.8	5.5
内蒙古	4852.3	4.5	5051.1	4.1	4760.5	-5.8	5060.3	6.3	4971.4	-1.8	5374.3	8.1
辽宁	9112.8	4.8	9670.6	6.1	8960.9	-7.3	9783.9	9.2	9526.2	-2.6	10362.1	8.8
吉林	4073.8	2.0	4212.9	3.4	3824.0	-9.2	4216.6	10.3	3807.7	-9.7	4150.4	9.0
黑龙江	5275.0	3.9	5603.9	6.2	5092.3	-9.1	5542.9	8.8	5210.0	-6.0	5634.2	8.1
上海	14874.8	8.6	15847.6	6.5	15932.5	0.5	18079.3	13.5	16442.1	-9.1	18515.5	12.6
江苏	35472.6	8.1	37672.5	6.2	37086.1	-1.6	42702.6	15.1	42752.1	0.1	45547.5	6.5
浙江	25161.9	8.8	27343.8	8.7	26629.8	-2.6	29210.5	9.7	30467.2	4.3	32550.0	6.8
安徽	16156.2	12.8	17862.1	10.6	18334.0	2.6	21471.2	17.1	21518.4	0.2	23008.3	6.9
福建	17178.4	11.6	18896.8	10.0	18626.5	-1.4	20373.1	9.4	21050.1	3.3	22109.6	5.0
江西	9045.7	11.4	10068.1	11.3	10371.8	3.0	12206.7	17.7	12853.5	5.3	13659.8	6.3
山东	27480.3	7.6	29251.2	6.4	29248.0	0.0	33714.5	15.3	33236.2	-1.4	36141.8	8.7

附录 C 2018—2023 年中国物流相关统计数据

续表

地区	2018 年 社会消费品零售总额（亿元）	2018 年 增长（%）	2019 年 社会消费品零售总额（亿元）	2019 年 增长（%）	2020 年 社会消费品零售总额（亿元）	2020 年 增长（%）	2021 年 社会消费品零售总额（亿元）	2021 年 增长（%）	2022 年 社会消费品零售总额（亿元）	2022 年 增长（%）	2023 年 社会消费品零售总额（亿元）	2023 年 增长（%）
河南	21268.0	10.3	23476.1	10.4	22502.8	-4.1	24381.7	8.3	24407.4	0.1	26004.5	6.5
湖北	20598.2	11.2	22722.3	10.3	17984.9	-20.8	21561.4	19.9	22164.8	2.8	24041.9	8.5
湖南	15134.3	9.7	16683.9	10.2	16258.1	-2.6	18596.9	14.4	19050.7	2.4	20203.3	6.1
广东	39767.1	8.7	42951.8	8.0	40207.9	-6.4	44187.7	9.9	44882.9	1.6	47494.9	5.8
广西	7663.5	8.9	8200.9	7.0	7831.0	-4.5	8538.5	9.0	8539.1	0.0	8651.6	1.3
海南	1852.7	7.1	1951.1	5.3	1974.6	1.2	2497.6	26.5	2268.4	-9.2	2511.3	10.7
重庆	10705.2	9.6	11631.7	8.7	11787.2	1.3	13967.7	18.5	13926.1	-0.3	15130.3	8.6
四川	19340.7	11.1	21343.0	10.4	20824.9	-2.4	24133.2	15.9	24104.6	-0.1	26313.4	9.2
贵州	7105.0	10.2	7468.2	5.1	7833.4	4.9	8904.3	13.7	8507.1	-4.5	9011.2	5.9
云南	9197.3	12.2	10158.2	10.4	9792.9	-3.6	10731.8	9.6	10838.8	1.0	11560.7	6.7
西藏	711.8	15.0	773.4	8.7	745.8	-3.6	810.3	8.7	726.5	-10.3	879.8	21.1
陕西	9510.3	10.4	10213.0	7.4	9605.9	-5.9	10250.5	6.7	10401.6	1.5	10759.0	3.4
甘肃	3435.6	7.2	3700.3	7.7	3632.4	-1.8	4037.1	11.1	3922.2	-2.8	4329.7	10.4
青海	899.9	6.8	948.5	5.4	877.3	-7.5	947.8	8.0	842.1	-11.2	987.7	17.3
宁夏	1330.1	6.1	1399.4	5.2	1301.4	-7.0	1335.1	2.6	1338.4	0.2	1355.0	1.2
新疆	3429.1	5.5	3617.0	5.5	3062.5	-15.3	3584.6	17.0	3240.5	-9.6	3849.7	18.8

注：国家统计局根据第四次全国经济普查结果对 2018 年社会消费品零售总额进行了修订，2019 年进行了相应调整。

资料来源：2018—2022 年数据根据国家统计局《中华人民共和国 2023 年国民经济和社会发展统计公报》《中国统计年鉴》（2019—2023）相关数据整理；2023 年数据集中，全国社会消费品零售总额来自国家统计局《中华人民共和国 2023 年国民经济和社会发展统计公报》，贵州省数据来自多彩贵州网《同比增长 5.9%！2023 年贵州社会消费品零售总额突破 9011 亿元》，其他省、市、自治区数据来自各省、市、自治区 2023 年国民经济和社会发展统计公报。

表 C-7 限额以上单位商品零售额增长速度

单位：%

类别	2018年	2019年	2020年	2021年	2022年	2023年
汽车类	-2.4	-0.8	-1.8	7.6	0.7	5.9
石油及制品类	13.3	1.2	-14.5	21.2	9.7	6.6
通讯器材类	7.1	8.5	12.9	14.6	-3.4	7.0
家用电器和音像器材类	8.9	5.6	-3.8	10.0	-3.9	0.5
建筑及装潢材料类	8.1	2.8	-2.8	20.4	-6.2	-7.8
日用品类	13.7	13.9	7.5	14.4	-0.7	2.7
家具类	10.1	5.1	-7.0	14.5	-7.5	2.8
服装、鞋帽、针纺织品类	8.0	2.9	-6.6	12.7	-6.5	12.9

资料来源：根据国家统计局《中华人民共和国国民经济和社会发展统计公报》（2018—2023）相关数据整理。

表 C-8 企业电子商务销售额与采购额

单位：亿元

指标	2018年	2019年	2020年	2021年	2022年
企业电子商务销售额	152424.5	169325.9	189334.7	227611.3	302219.5
企业电子商务采购额	85597.8	101275.1	109133.4	125987.2	149228.3

资料来源：根据国家统计局《中国统计年鉴》（2019—2023）相关数据整理。

六、对外经济

表 C-9 货物进出口总额情况

单位：亿元

指标	2018年	2019年	2020年	2021年	2022年	2023年	2023年同比增长（%）
货物进出口总额	305050	315505	321557	391009	420678	417568	0.2
货物出口额	164177	172342	179326	217348	239654	237726	0.6
其中：一般贸易	92405	99546	106460	132445	152468	153530	2.5
加工贸易	52676	50729	48589	53378	53952	49062	-9.0
其中：机电产品	96457	100631	106608	128286	136973	139196	2.9
高新技术产品	49374	50427	53692	63266	63391	59279	-5.8
货物进口额	140874	143162	142231	173661	181024	179842	-0.3
其中：一般贸易	83947	86599	86048	108395	115624	117042	1.3
加工贸易	31097	28778	27853	31601	30574	27061	-11.3
其中：机电产品	63727	62596	65625	73657	69661	65363	-5.5
高新技术产品	44340	43978	47160	54088	50864	47916	-5.2
货物进出口顺差	23303	29180	37096	43687	58630	57883	3.5

资料来源：根据国家统计局《中华人民共和国国民经济和社会发展统计公报》（2018—2023）相关数据整理。

表 C-10 对主要国家和地区货物进出口额

单位：亿元

国家和地区	2018年 出口额	2018年 进口额	2019年 出口额	2019年 进口额	2020年 出口额	2020年 进口额	2021年 出口额	2021年 进口额	2022年 出口额	2022年 进口额	2023年 出口额	2023年 进口额	2023年同比增长（%）出口额	2023年同比增长（%）进口额
东盟	21066	17722	24797	19456	26550	20807	31255	25489	37907	27247	36817	27309	0.0	0.4
欧盟	26974	18067	29564	19063	27084	17874	33483	20028	37434	19034	35226	19833	-5.3	4.6
美国	31603	10195	28865	8454	31279	9319	37224	11603	38706	11834	35198	11528	-8.1	-1.8
日本	9709	11906	9875	11837	9883	12090	10722	13298	11537	12295	11076	11309	-3.5	-7.9
韩国	7174	13495	7648	11960	7787	11957	9617	13791	10843	13278	10467	11381	-2.2	-13.9
中国香港	19966	564	19243	626	18830	482	22641	627	19883	527	19333	958	-1.3	84.3
中国台湾	3212	11714	3799	11934	4163	13873	5063	16146	5423	15840	4819	14033	-11.1	-10.5
巴西	2214	5119	2453	5501	2417	5834	3464	7138	4128	7294	4159	8625	1.0	18.4
俄罗斯	3167	3909	3434	4208	3506	3960	4364	5122	5123	7638	7823	9093	53.9	18.6
印度	5054	1242	5156	1239	4613	1445	6302	1819	7896	1160	8279	1301	6.5	12.2

注：2020年起对欧盟的货物进出口金额不包括英国数据，增速按可比口径计算。

资料来源：根据国家统计局《中华人民共和国国民经济和社会发展统计公报》（2018—2023）相关数据整理。

附录 C　2018—2023 年中国物流相关统计数据

表 C-11　分行业外商直接投资情况

行业名称	2018 年 企业数（家）	2018 年 实际使用金额（亿美元）	2019 年 企业数（家）	2019 年 实际使用金额（亿美元）	2020 年 企业数（家）	2020 年 实际使用金额（亿美元）	2021 年 企业数（家）	2021 年 实际使用金额（亿美元）	2022 年 企业数（家）	2022 年 实际使用金额（亿美元）	2023 年 企业数（家）	2023 年 实际使用金额（亿元人民币）
全国总计	60533	1349.7	40888	1381.3	38570	1443.7	47643	1734.8	38497	1891.3	53766	11339
农、林、牧、渔业	741	8.0	495	5.6	493	5.8	491	8.3	420	12.4	418	51
制造业	6152	411.7	5396	353.7	3732	310.0	4455	337.3	3570	496.7	3624	3179
交通运输、仓储和邮政业	754	47.3	591	45.3	592	50.0	693	53.3	602	53.2	867	149
信息传输、计算机服务和软件业	7222	116.6	4295	146.8	3521	164.3	4053	201.0	3059	238.7	3764	1134
批发和零售业	22853	97.7	13837	90.5	10812	118.4	13379	167.2	10894	145.6	18010	690
房地产业	1053	224.7	1050	234.7	1190	203.3	1125	236.1	581	141.5	684	810

资料来源：2018—2022 年数据根据国家统计局《中国统计年鉴》（2019—2023）相关数据整理，2023 年数据根据国家统计局《中华人民共和国 2023 年国民经济和社会发展统计公报》相关数据整理。

· 401 ·

七、交通、邮政

表 C-12 交通邮政行业指标完成情况

指标	单位	2018年	2019年	2020年	2021年	2022年	2023年
交通运输、仓储和邮政业增加值	亿元	40337.2	42466.3	40582.9	48423.9	49674.0	57820.0
港口货物吞吐量	亿吨	133	140	145	155	157	170
其中：外贸货物吞吐量	亿吨	42	43	45	47	46	50
港口集装箱吞吐量	万标准箱	24955	26107	26430	28272	29587	31034
快递业务量	亿件	507.1	635.2	833.6	1083.0	1105.8	1320.7

注：国家统计局自2019年起将港口统计范围由规模以上港口调整为全国所有港口，故表中2018年港口相关数据统计口径为规模以上港口，2019—2023年数据统计口径为全国所有港口。

资料来源：港口相关数据和快递业务量根据国家统计局《中华人民共和国国民经济和社会发展统计公报》（2018—2023）相关数据整理，2018—2021年交通运输、仓储和邮政业增加值根据国家统计局《中国统计年鉴2023》相关数据整理，2022—2023年交通运输、仓储和邮政业增加值根据国家统计局《中华人民共和国国民经济和社会发展统计公报》（2022—2023）相关数据整理。

八、交通基础设施建设

表 C-13 公路交通固定资产投资完成情况

单位：万元

地区	2018 年	2019 年	2020 年	2021 年	2022 年	2023 年
合计	198673311	202421350	225690678	239256887	261684306	264870841
北京	2075186	1346530	1173963	1728139	1541098	1150157
天津	490834	745289	600269	391011	237098	221418
河北	6743411	6863832	8371337	6732594	6296703	7624256
山西	4615744	5254274	6091257	7110434	8016648	6879544
内蒙古	4670691	3863196	4025131	2894340	3546693	3575882
辽宁	1198965	717338	775484	914616	1716874	2252991
吉林	2561827	3047356	2057849	2472366	2472308	2280103
黑龙江	1689583	2121440	2988206	2831160	4108280	3964527
上海	1232554	1425502	1309092	1425244	1608259	1304259
江苏	6155799	7157166	8519044	9627418	10844008	15820394
浙江	13960610	14713943	15751628	16606000	19032426	20662109
安徽	7688559	6634810	6897732	7890268	11034287	13073732
福建	7166448	6212192	5908808	6043578	6114567	6047765
江西	5646845	5935149	7716461	6900442	7536648	7548447
山东	9982448	10901686	12914357	14060618	16242753	16754710
河南	4325349	5393900	6068921	9714651	14761311	14507772

· 403 ·

续表

公路建设

地区	2018 年	2019 年	2020 年	2021 年	2022 年	2023 年
湖北	9273170	9904778	9052633	10007232	11938040	16253926
湖南	5508920	4726096	6055845	8788293	11904050	8800117
广东	13106058	14936008	17405117	15827309	17136649	18325074
广西	7008208	8344569	11589744	17576785	20021812	15663119
海南	1640207	1390855	1437127	1446434	1577547	1289884
重庆	5075609	5457674	5941350	5968275	6314820	6413122
四川	14210199	14672003	17218386	20051866	22376321	24997976
贵州	15421362	10820440	10902571	8330394	10294674	10674406
云南	16983137	22406138	26330970	28527509	18487838	14538212
西藏	6133336	4321285	3811106	1775377	1275467	2301244
陕西	6593153	6210613	5837781	3601500	3967794	4269610
甘肃	6906593	7600287	9110505	8499332	9086932	5739617
青海	4032427	1756342	2238242	2286315	2407744	1618577
宁夏	1684474	1394522	1305582	1405654	1475652	1200901
新疆	4891606	6146139	6284182	7821738	8309006	9116991

注：各年数据均为 1—11 月数据。

资料来源：2018 年数据根据中华人民共和国中央人民政府网站《2018 年 11 月公路水路交通固定资产投资完成情况》相关数据整理；2019 年数据根据中华人民共和国交通运输部《2019 年 11 月公路水路交通固定资产投资完成情况》相关数据整理；2020—2023 年数据根据中华人民共和国交通运输部网站数据整理，具体参见 https://www.mot.gov.cn/tongjishuju/gudingzichantouziwcqk/。

附录 C　2018—2023 年中国物流相关统计数据

表 C-14　水路交通固定资产投资完成情况

单位：万元

地区	内河建设 2018年	2019年	2020年	2021年	2022年	2023年	沿海建设 2018年	2019年	2020年	2021年	2022年	2023年
总计	5628572	5475043	6140463	6597124	7519837	9461068	4980562	4826993	5643688	6722117	7148304	8352424
北京	—	—	—	—	—	—	—	—	—	—	—	—
天津	—	—	—	—	253	18498	189968	171124	296711	329414	162861	134403
河北	660	—	—	22717	—	—	311480	285534	314661	503067	560956	420874
山西	—	573	—	—	—	713	—	—	—	—	—	—
内蒙古	585	—	5800	2771	2900	535	—	—	—	—	—	—
辽宁	6200	—	—	—	268	1862	202491	65379	355688	275157	61375	195940
吉林	—	—	—	—	1230	3550	—	—	—	—	—	—
黑龙江	209973	264425	315260	181145	128299	118513	188118	—	—	—	—	—
上海	752180	799511	917283	955475	1028570	1678441	572499	529800	545221	767474	861659	141737
江苏	859215	696235	741442	741517	773848	761352	1021154	1100834	1143884	1124801	1404651	853000
浙江	863837	956704	908901	875621	845261	741821	944961	761036	698445	617044	605494	2483937
安徽	29521	62609	45974	37034	39390	17743	—	—	—	—	—	683095
福建	272939	392783	505039	741283	763055	523134	717522	831395	633984	850667	1067671	1268392
江西	192238	203869	623121	536186	725941	208111	—	—	—	—	—	—
山东	165210	146777	148760	157637	201291	262444	—	—	—	—	—	—
河南	680537	713759	712492	648179	722441	788726	—	—	—	—	—	—
湖北	173284	139567	162012	338052	492964	654075	—	—	—	—	—	—

· 405 ·

续表

地区	内河建设							沿海建设					
	2018年	2019年	2020年	2021年	2022年	2023年	2018年	2019年	2020年	2021年	2022年	2023年
广东	268608	152326	65659	106135	206966	377055	680957	832194	1075744	1191066	1474307	1424127
广西	181642	166289	202051	367031	579553	2209959	90689	217559	481498	918267	816363	621890
海南	—	—	—	—	—	—	60724	32139	97851	145161	132967	125028
重庆	316593	232590	279148	337027	344251	397066	—	—	—	—	—	—
四川	449471	383181	334808	382083	558677	501358	—	—	—	—	—	—
贵州	103767	76115	86607	67167	38074	15507	—	—	—	—	—	—
云南	92726	87270	82492	88957	64701	178099	—	—	—	—	—	—
西藏	—	—	—	—	—	—	—	—	—	—	—	—
陕西	4271	69	765	206	216	2072	—	—	—	—	—	—
甘肃	—	392	—	—	889	435	—	—	—	—	—	—
青海	4800	—	2850	5400	800	—	—	—	—	—	—	—
宁夏	315	—	—	5500	—	—	—	—	—	—	—	—
新疆	—	—	—	—	—	—	—	—	—	—	—	—

注：各年数据均为1—11月数据，"—"表示数据为零。

资料来源：2018年数据根据中华人民共和国中央人民政府网站《2018年11月公路水路交通固定资产投资完成情况》相关数据整理；2019年数据根据中华航运网《2019年11月公路水路交通固定资产投资完成情况》相关数据整理；2020—2023年数据根据中华人民共和国交通运输部网站数据整理，具体参见 https://www.mot.gov.cn/tongjishuju/gudingzichantouziwcqk/。

九、货物运输量和货物周转量

表 C-15　各种运输方式完成货物运输量及货物周转量

指标	单位	2018年	2019年	2020年	2021年	2022年	2023年
货物运输量总计	亿吨	515.3	471.4	472.6	529.8	515.3	556.8
其中：铁路	亿吨	40.3	43.9	45.5	47.7	49.8	50.1
公路	亿吨	395.7	343.5	342.6	391.4	371.2	403.4
水路	亿吨	70.3	74.7	76.2	82.4	85.5	93.7
民航	万吨	738.5	753.1	676.6	731.8	607.6	735.4
管道	亿吨	9.0	9.1	8.2	8.3	8.6	9.5
货物周转量总计	亿吨公里	204686	199394	201946	223600	231783	247712.7
其中：铁路	亿吨公里	28821.0	30182.0	30514.5	33238.0	35945.7	36437.6
公路	亿吨公里	71249.2	59636.4	60171.8	69087.7	68958.0	73950.2
水运	亿吨公里	99052.8	103963.0	105834.4	115577.5	121003.1	129951.5
民航	亿吨公里	262.5	263.2	240.2	278.2	254.1	283.6
管道	亿吨公里	5301	5350	5185	5419	5622	7089.8

资料来源：2018年数据根据国家统计局《中国统计年鉴2022》相关数据整理，2019—2022年数据根据国家统计局《中国统计年鉴2023》相关数据整理，2023年数据根据国家统计局《中华人民共和国2023年国民经济和社会发展统计公报》相关数据整理。

（一）铁路运输

表 C-16 全国铁路货物运输量情况

指标		单位	2018 年	2019 年	2020 年	2021 年	2022 年	2023 年
货运总发送量		万吨	402631	438904	455236	477372	498424	503535
其中：国家铁路		万吨	319060	344010	358102	372563	390265	391109
货运总周转量		亿吨公里	28820.99	30181.95	30514.46	33238.00	35945.69	36460.39
其中：国家铁路		亿吨公里	25800.96	27009.55	27397.83	29950.01	32668.36	32638.50

注：统计范围不含香港、澳门特别行政区和台湾省。

资料来源：2018—2022 年数据根据国家铁路局《铁道统计公报》（2018—2022）相关数据整理，2023 年全国数据来源于中华人民共和国交通运输部网站《2023 年 12 月份全国铁路主要指标完成情况》，2023 年国家铁路数据根据《中国国家铁路集团有限公司 2023 年统计公报》相关数据整理。

（二）公路运输

表 C-17 分地区公路货物运输量和货物周转量

地区	货物运输量（万吨）						货物周转量（亿吨公里）					
	2018 年	2019 年	2020 年	2021 年	2022 年	2023 年	2018 年	2019 年	2020 年	2021 年	2022 年	2023 年 1—11 月
全国总计	3956871	3435480	3426413	3913889	3711928	4033681	71249.21	59636.39	60171.85	69087.65	68958.04	67756.15
北京	20278	22325	21789	23075	18549	19399	167.41	275.68	265.68	274.41	225.43	236.16
天津	34711	31250	32261	34527	30382	33742	404.10	599.36	640.12	672.71	604.87	633.12

· 408 ·

附录 C 2018—2023 年中国物流相关统计数据

续表

地区	货物运输量（万吨）						货物周转量（亿吨公里）				
	2018年	2019年	2020年	2021年	2022年	2023年	2018年	2019年	2020年	2021年	2022年	2023年 1—11月
河北	226334	211461	211942	227203	196727	217492	8550.15	8027.16	8103.25	8650.10	7890.34	7839.94
山西	126214	100847	98206	114698	107024	121751	1907.75	2691.60	2784.96	3225.71	3164.25	3172.59
内蒙古	160018	110874	109002	132847	126709	146372	2985.63	1954.51	1888.79	2218.50	2140.96	2181.99
辽宁	189737	144556	138569	152596	139403	153305	3152.29	2662.54	2548.32	2719.50	2777.53	2636.38
吉林	46520	37217	38274	47675	40813	49034	1189.23	1262.77	1294.81	1523.81	1276.68	1328.29
黑龙江	42943	37623	35521	42086	38616	41619	810.66	795.15	694.04	815.81	846.09	814.22
上海	39595	50656	46051	52899	44846	50436	299.29	839.18	684.60	1037.32	844.42	814.76
江苏	139251	164578	174624	186708	159936	183485	2544.35	3234.82	3524.51	3687.79	3207.63	3127.50
浙江	166533	177683	189582	213653	205935	222803	1964.10	2082.11	2209.95	2636.97	2650.38	2854.85
安徽	283817	235269	243529	259044	245982	260939	5451.62	3267.59	3412.24	3727.88	3695.98	3466.00
福建	96576	87317	91137	110777	106939	110497	1289.52	962.48	1021.69	1233.16	1260.62	1198.21
江西	157646	135554	141899	181024	178366	188006	3759.94	3040.32	3247.08	3960.11	4086.42	3872.73
山东	312807	266124	267230	291196	276906	285567	6859.68	6746.20	6784.40	7517.61	7912.63	7350.54
河南	235183	190883	193632	226447	230055	251333	5893.92	5299.76	5572.59	7026.33	7716.19	7477.30
湖北	163145	143549	114346	161310	144979	173045	2955.53	2268.11	1639.91	2196.18	2058.76	2194.39
湖南	204389	165096	176442	198423	186123	200674	3114.85	1316.65	1350.55	1461.16	1465.02	1427.84
广东	304743	239744	231170	267489	242474	252809	3890.32	2563.96	2524.20	2980.46	2710.33	2580.24

· 409 ·

续表

地区	货物运输量（万吨）						货物周转量（亿吨公里）					
	2018年	2019年	2020年	2021年	2022年	2023年	2018年	2019年	2020年	2021年	2022年	2023年1—11月
广西	153389	142751	145323	169019	163219	172005	2683.05	1470.88	1486.86	1873.39	1885.63	1812.98
海南	12052	6770	6853	7608	6844	7774	84.55	40.80	41.34	44.72	39.52	41.47
重庆	107064	89965	99679	121185	111915	117584	1152.75	952.59	1055.45	1155.84	1063.30	1022.28
四川	173324	162668	157598	171377	172329	185814	1814.95	1527.55	1617.73	1789.79	1857.99	1795.23
贵州	95354	76205	79412	89154	87870	95909	1146.51	548.48	609.80	726.31	722.91	722.69
云南	135321	117145	115620	129090	139217	137540	1489.23	1015.20	1101.54	1377.57	1463.38	1426.23
西藏	2363	3969	4039	4502	3934	4954	116.84	114.47	116.73	118.91	102.80	115.65
陕西	130823	109801	116057	122716	121188	134102	2301.37	1731.42	1831.11	1818.67	1871.02	1782.03
甘肃	64271	58228	61272	69665	64084	69902	1118.97	979.56	1020.27	1197.41	1690.33	1928.64
青海	15685	11722	10835	14083	14874	17983	275.74	126.33	124.62	160.47	175.26	193.63
宁夏	31757	34360	34216	37506	38463	45061	398.19	437.39	483.67	577.70	597.79	618.06
新疆	85029	69290	40305	54309	67225	82742	1476.70	801.76	491.05	681.33	953.59	1090.18

资料来源：2018—2022 年数据根据国家统计局《中国统计年鉴》（2019—2023）相关数据整理；2023 年数据来源于中华人民共和国交通运输部网站《2023 年公路水路运输量》《2023 年 11 月公路货物运输量》，具体参见 https：//xxgk.mot.gov.cn/2020/jigou/zhghs/202404/t20240416_4128382.html 和 https：//xxgk.mot.gov.cn/2020/jigou/zhghs/202401/t20240102_3979931.html。

(三) 水路运输

表 C-18 沿海主要规模以上港口货物吞吐量

单位:万吨

港口	2018年	2019年	2020年	2021年	2022年	2023年1—11月
沿海总计	922392	918774	948002	997259	1013102	993064
大连	46784	36641	33401	31553	30613	28708
营口	37001	23818	23821	22997	21118	20437
秦皇岛	23119	21880	20061	20053	19269	17385
天津	50774	49220	50290	52954	54902	51797
烟台	44308	38632	39935	42337	46257	45229
威海	5570	3730	3863	4273	4520	4706
青岛	54250	57736	60459	63029	65754	63426
日照	43763	46377	49615	54117	57057	54824
上海	68392	66351	65105	69827	66832	68463
连云港	21443	23456	24182	26918	30111	29133
宁波—舟山	108439	112009	117240	122405	126134	122778
台州	7167	4901	5091	5938	6241	6782
温州	8239	7541	7401	7976	8479	8049
福州	17876	21255	24897	27352	30164	30218
厦门	21720	21344	20750	22756	21940	20243
汕头	3963	3155	3351	4138	4019	3542
深圳	25127	25785	26506	27838	27243	26043
广州	59396	60616	61239	62367	62906	58828
湛江	30185	21570	23391	25555	25376	25904

资料来源:2018—2022年数据根据国家统计局《中国统计年鉴》(2019—2023)相关数据整理;2023年数据来源于中华人民共和国交通运输部网站《2023年11月全国港口货物、集装箱吞吐量》,具体参见 https://xxgk.mot.gov.cn/2020/jigou/zhghs/202401/t20240102_3979930.html。

表 C-19 全国前十大集装箱港口及其吞吐量情况

单位：万 TEU

排名	2018 年 港口	2018 年 吞吐量	2019 年 港口	2019 年 吞吐量	2020 年 港口	2020 年 吞吐量	2021 年 港口	2021 年 吞吐量	2022 年 港口	2022 年 吞吐量	2023 年 1—11 月 港口	2023 年 1—11 月 吞吐量
1	上海	4201	上海	4330	上海	4350	上海	4703	上海	4730	上海	4440
2	宁波—舟山	2635	宁波—舟山	2753	宁波—舟山	2872	宁波—舟山	3108	宁波—舟山	3335	宁波—舟山	3280
3	深圳	2574	深圳	2577	深圳	2655	深圳	2877	深圳	3004	深圳	2689
4	广州	2162	广州	2283	广州	2317	广州	2418	青岛	2567	青岛	2639
5	青岛	1932	青岛	2101	青岛	2201	青岛	2371	广州	2460	广州	2295
6	天津	1601	天津	1730	天津	1835	天津	2027	天津	2102	天津	2108
7	厦门	1070	厦门	1112	厦门	1141	厦门	1205	厦门	1243	厦门	1145
8	大连	977	大连	876	苏州	629	苏州	811	苏州	908	苏州	859
9	营口	649	营口	627	营口	565	广西北部湾港	601	广西北部湾港	702	广西北部湾港	722
10	苏州	636	苏州	548	大连	511	营口	521	日照	580	日照	566

资料来源：2018 年数据根据《中国港口年鉴 2019》相关数据整理；2019 年数据来源于中港网《2019 年中国港口吞吐量排行榜出炉》，具体参见 https://www.chinaports.com/portlspnews/3497；2020—2023 年数据来源于中华人民共和国交通运输部网站，具体参见以下链接：

https://xxgk.mot.gov.cn/2020/jigou/zhghs/202101/t20210121_3517383.html
https://xxgk.mot.gov.cn/2020/jigou/zhghs/202201/t20220119_3637308.html
https://xxgk.mot.gov.cn/2020/jigou/zhghs/202301/t20230130_3747863.html
https://xxgk.mot.gov.cn/2020/jigou/zhghs/202401/t20240102_3979930.html

附录 C 2018—2023 年中国物流相关统计数据

表 C-20 全球前十大集装箱港口及其吞吐量情况

单位：万 TEU

排名	2019 年 港口	2019 年 吞吐量	2020 年 港口	2020 年 吞吐量	2021 年 港口	2021 年 吞吐量	2022 年 港口	2022 年 吞吐量	2023 年 港口	2023 年 吞吐量
1	上海	4330	上海	4350	上海	4703	上海	4728	上海	4916
2	新加坡	3720	新加坡	3687	新加坡	3747	新加坡	3729	新加坡	3901
3	宁波—舟山	2754	宁波—舟山	2873	宁波—舟山	3108	宁波—舟山	3336	宁波—舟山	3530
4	深圳	2577	深圳	2655	深圳	2876	深圳	3004	青岛	3000
5	广州	2324	广州	2319	广州	2418	青岛	2566	深圳	2990
6	釜山	2199	青岛	2200	青岛	2370	广州	2460	广州	2504
7	青岛	2101	釜山	2181	釜山	2269	釜山	2207	釜山	2315
8	中国香港	1830	天津	1836	天津	2026	天津	2103	天津	2216
9	天津	1730	中国香港	1797	洛杉矶	2006	洛杉矶	1904	洛杉矶	1666
10	洛杉矶	1697	洛杉矶	1733	中国香港	1779	中国香港	1664	迪拜	1447

资料来源：根据 Alphaliner 发布的 2019—2023 年度全球集装箱港口吞吐量排名数据整理。

· 413 ·

(四) 航空运输

表C-21 民航货邮运输量和货邮周转量

指标	单位	2018年	2019年	2020年	2021年	2022年	2023年	2023年同比增长（%）
货邮运输量	万吨	738.5	753.2	676.6	731.8	607.6	735.4	21.0
其中：国内航线	万吨	495.8	511.2	453.5	465.1	343.8	456.4	32.8
国际航线	万吨	242.7	242.0	223.1	266.7	263.8	279.0	5.8
货邮周转量	亿吨公里	262.4	263.2	240.2	278.2	254.1	283.6	11.6
其中：国内航线	亿吨公里	75.5	78.6	67.9	70.6	52.3	70.5	34.7
国际航线	亿吨公里	187.0	184.6	172.3	207.7	201.8	213.2	5.6

资料来源：根据中国民用航空局《中国民航主要生产指标统计》(2018—2023) 相关数据整理。

表C-22 民航运输机场货邮吞吐量及起降架次

指标	单位	2018年	2019年	2020年	2021年	2022年	2023年	2023年同比增长（%）
货邮吞吐量	万吨	1674.2	1709.6	1607.9	1782.5	1452.7	1680.5	15.7
其中：东部地区	万吨	1246.3	1245.4	1169.0	1298.8	1069.8	1205.2	12.7
中部地区	万吨	113.4	124.7	137.2	159.0	126.0	151.5	20.3
西部地区	万吨	259.5	279.2	251.8	272.4	214.7	265.8	23.6

续表

指标	单位	2018年	2019年	2020年	2021年	2022年	2023年	2023年同比增长（%）
东北地区	万吨	55.0	60.3	49.9	52.3	42.2	57.8	36.9
起降架次	万架次	1108.9	1165.4	904.8	977.7	714.8	1171.5	63.8
其中：东部地区	万架次	509.5	528.3	400.6	417.3	290.3	514.2	77.1
中部地区	万架次	161.3	173.8	132.9	152.9	116.8	166.0	42.2
西部地区	万架次	366.8	388.8	316.6	345.0	255.8	410.7	60.2
东北地区	万架次	71.2	74.6	54.7	62.5	51.9	80.6	55.2

资料来源：根据中国民用航空局《中国民航主要生产指标统计》(2018—2023) 相关数据整理。

表C-23 民航运输机场货邮吞吐量前40名排序

单位：吨

排名	2018年		2019年		2020年		2021年		2022年		2023年	
	全国合计	16740229.1	全国合计	17100142.0	全国合计	16074918.9	全国合计	17827978.1	全国合计	14530525.4	全国合计	16833091.7
1	上海浦东	3768572.6	上海浦东	3634230.4	上海浦东	3686627.1	上海浦东	3982616.4	上海浦东	3117215.6	上海浦东	3440084.3
2	北京首都	2074005.4	北京首都	1955286.0	广州白云	1759281.2	广州白云	2044908.7	广州	1884082.0	广州	2030522.7
3	广州	1890560.0	广州	1919926.9	深圳	1398782.5	深圳	1568274.5	深圳	1506955.0	深圳	1600347.7
4	深圳	1218502.2	深圳	1283385.6	北京首都	1210441.2	北京首都	1401312.7	北京首都	988674.6	北京首都	1115907.9
5	成都	665128.4	杭州	690275.9	杭州	802049.1	杭州	914063.0	杭州	829831.4	杭州	809668.4
6	杭州	640896.0	成都	671903.9	郑州	639413.4	郑州	704748.9	郑州	624654.1	郑州	607806.0

续表

排名	2018年		2019年		2020年		2021年		2022年		2023年	
	全国合计	16740229.1	全国合计	17100142.0	全国合计	16074918.9	全国合计	17827978.1	全国合计	14530525.4	全国合计	16833091.7
7	郑州	514922.4	郑州	522021.0	成都	618527.7	成都	629422.2	成都双流	529873.1	成都双流	526548.9
8	昆明	428292.1	上海虹桥	423614.7	重庆	411239.6	重庆	476723.1	重庆	414775.4	重庆	387892.9
9	上海虹桥	407154.6	昆明	415776.3	南京	389362.4	西安	395604.5	南京	377920.8	南京	383521.1
10	重庆	382160.8	重庆	410928.6	西安	376310.9	上海虹桥	383405.5	昆明	310122.2	上海虹桥	363218.7
11	南京	365054.4	西安	381869.6	上海虹桥	338557.1	昆明	377225.4	武汉	298655.2	昆明	350469.0
12	厦门	345529.1	南京	374633.5	昆明	324989.8	南京	359138.5	厦门	262105.2	厦门	314405.1
13	西安	312637.1	厦门	330511.6	厦门	278336.4	武汉	315998.2	青岛	220036.1	西安	265793.0
14	天津	258734.8	青岛	256298.8	青岛	206785.9	厦门	297836.5	西安	206288.5	青岛	260814.7
15	青岛	224533.8	武汉	243193.4	长沙	192018.0	青岛	237603.0	上海虹桥	184538.1	成都天府	245896.7
16	武汉	221576.3	天津	226162.7	武汉	189361.1	长沙	209074.5	长沙	155768.0	鄂州	245281.9
17	海口	168622.2	沈阳	192477.6	天津	184980.4	天津	194886.6	南宁	151858.1	北京大兴	244080.5
18	沈阳	168558.0	长沙	175724.5	南昌	182174.8	北京大兴	185942.7	济南	137735.6	武汉	206446.0
19	大连	161887.3	海口	175566.5	沈阳	171985.9	沈阳	173871.3	沈阳	132549.1	沈阳	198461.9
20	乌鲁木齐	157725.8	大连	173533.8	无锡	157198.0	南昌	173394.4	天津	131516.9	南宁	189432.4
21	长沙	155513.1	乌鲁木齐	172800.5	济南	146571.3	济南	168135.2	北京大兴	127497.2	长沙	176818.1
22	福州	133189.4	无锡	145128.2	海口	134717.9	无锡	163395.2	大连	126524.3	海口	174904.8
23	哈尔滨	125042.0	哈尔滨	135923.2	大连	122951.8	福州	152742.7	海口	124372.9	乌鲁木齐	155133.0
24	无锡	123818.9	济南	135263.0	乌鲁木齐	122005.4	海口	148378.6	无锡	97992.7	大连	150113.0
25	南宁	118035.6	福州	131071.5	福州	119970.1	大连	137671.0	哈尔滨	96764.5	济南	144013.6

附录 C 2018—2023 年中国物流相关统计数据

续表

排名	2018 年		2019 年		2020 年		2021 年		2022 年		2023 年	
	全国合计	16740229.1	全国合计	17100142.0	全国合计	16074918.9	全国合计	17827978.1	全国合计	14530525.4	全国合计	16833091.7
26	济南	113627.9	南昌	122517.3	宁波	119155.9	乌鲁木齐	137444.8	乌鲁木齐	93683.1	宁波	142757.9
27	贵阳	112396.2	南宁	122248.9	贵阳	113452.0	南宁	124128.3	福州	91837.4	哈尔滨	131222.2
28	宁波	105673.2	贵阳	120110.2	哈尔滨	112052.4	贵阳	115242.6	宁波	85255.9	天津	126775.2
29	三亚	95132.9	宁波	106120.2	南宁	107085.1	宁波	112685.6	成都天府	81664.9	无锡	125555.7
30	长春	83093.0	三亚	99821.0	合肥	87505.6	哈尔滨	106886.4	贵阳	81105.7	合肥	114604.8
31	南昌	82604.4	长春	88901.6	石家庄	86390.4	三亚	103892.2	合肥	76578.6	温州	106058.4
32	温州	80189.5	合肥	87101.6	长春	83671.9	长春	94465.3	三亚	63292.6	三亚	94725.8
33	合肥	69787.3	温州	81106.6	三亚	79933.6	合肥	93721.0	烟台	62179.1	福州	92593.5
34	泉州	63845.4	泉州	75294.6	泉州	77506.0	烟台	74589.3	温州	61914.1	长春	92333.4
35	兰州	61450.4	兰州	72001.6	北京大兴	77252.9	温州	73241.4	长春	60497.9	贵阳	91355.8
36	太原	53402.1	银川	61245.8	温州	73571.6	泉州	73185.7	泉州	56422.6	兰州	75240.2
37	烟台	51465.0	太原	57626.0	兰州	69990.0	兰州	73108.3	兰州	55504.1	烟台	75234.1
38	银川	50733.5	烟台	57060.9	烟台	67371.3	太原	55646.9	南通	54252.0	泉州	64251.5
39	珠海	46393.0	石家庄	53229.7	南通	54016.3	南通	53021.7	石家庄	43444.6	石家庄	61077.4
40	石家庄	46145.9	珠海	50989.4	银川	51824.4	呼和浩特	45291.3	南昌	40159.2	南通	60228.1

资料来源：2018—2020 年数据来自中国民用航空局《民航机场生产统计公报》（2018—2020）；2021—2023 年数据来自中国民用航空局《全国民用运输机场生产统计公报》（2021—2023）。

中国现代物流发展报告 2024

表 C-24 民航运输机场飞机起降架次前 40 名排序

单位：架次

排名	2018年		2019年		2020年		2021年		2022年		2023年	
	全国合计	11088251	全国合计	11660475	全国合计	9049212	全国合计	9777362	全国合计	7151916	全国合计	11708219
1	北京首都	614022	北京首都	594329	广州	373421	广州	362470	广州	266627	广州	456104
2	上海浦东	504794	上海浦东	511846	上海浦东	325678	上海浦东	349524	深圳	235693	上海浦东	433867
3	广州	477364	广州	491249	深圳	320348	深圳	317855	洛阳	210396	深圳	393073
4	昆明	360785	深圳	370180	成都	311797	成都	300862	上海浦东	204378	北京首都	379710
5	深圳	355907	成都	366887	北京首都	291498	北京首都	298176	昆明	193788	成都天府	329559
6	成都	352124	昆明	357080	重庆	274659	重庆	280577	杭州	190400	昆明	318586
7	西安	330477	西安	345748	昆明	274433	昆明	279471	绵阳	188712	重庆	314697
8	重庆	300745	重庆	318398	西安	255652	西安	256965	重庆	188586	西安	310547
9	杭州	284893	杭州	290919	杭州	237362	杭州	238269	成都双流	159812	杭州	300361
10	上海虹桥	266790	上海虹桥	272928	上海虹桥	219404	上海虹桥	231261	北京首都	157630	北京大兴	293143
11	南京	220849	南京	234869	南京	181725	北京大兴	226214	南京	125896	上海虹桥	266813
12	郑州	209646	郑州	216399	洛阳	180286	洛阳	211238	西安	125857	南京	222487
13	厦门	193385	武汉	203131	绵阳	179878	绵阳	188894	日照	124039	成都双流	208710
14	武汉	187699	洛阳	196542	郑州	178682	武汉	174565	成都天府	122668	武汉	206440
15	长沙	186772	长沙	196213	长沙	156321	长沙	162977	广元	121508	洛阳	205980
16	青岛	182642	厦门	192929	厦门	139827	南京	161896	成都天府	120270	长沙	201880
17	洛阳	180226	绵阳	189897	贵阳	134606	郑州	161162	武汉	115062	郑州	200933
18	天津	179414	青岛	186500	北京大兴	133114	青岛	139677	长沙	114123	绵阳	193536
19	绵阳	176550	乌鲁木齐	178234	海口	129726	海口	138930	梧州	112940	厦门	179518
20	乌鲁木齐	176346	天津	167869	青岛	127058	乌鲁木齐	138724	北京大兴	105922	乌鲁木齐	176801
21	海口	165186	贵阳	167063	日照	117391	贵阳	134639	海口	105675	海口	172454

附录 C 2018—2023 年中国物流相关统计数据

续表

排名	2018 年		2019 年		2020 年		2021 年		2022 年		2023 年	
	全国合计	11088251	全国合计	11660475	全国合计	9049212	全国合计	9777362	全国合计	7151916	全国合计	11708219
22	贵阳	158567	海口	164786	天津	115770	厦门	128057	朝阳	101433	青岛	170815
23	大连	146652	大连	154976	武汉	115197	天津	125328	厦门	99838	沈阳	152522
24	哈尔滨	146416	哈尔滨	147795	哈尔滨	108444	三亚	116066	青岛	95922	哈尔滨	147907
25	沈阳	137661	沈阳	145350	三亚	108157	沈阳	113051	郑州	94427	贵阳	144024
26	济南	126828	济南	129994	沈阳	107268	济南	112746	乌鲁木齐	89661	天津	143851
27	三亚	123507	日照	126020	济南	102375	哈尔滨	108770	宜昌	88256	济南	136731
28	南宁	113474	三亚	124813	乌鲁木齐	100096	梧州	108008	贵阳	84451	三亚	136351
29	福州	110243	兰州	119183	兰州	94892	广元	104091	松原	84196	大连	130692
30	兰州	109902	南宁	114658	南宁	88200	兰州	102688	沈阳	83252	兰州	120711
31	南昌	108614	福州	112746	南昌	87146	日照	100106	哈尔滨	82210	梧州	116431
32	太原	107930	呼和浩特	112159	梧州	87017	南宁	92723	济南	78775	长春	114212
33	梧州	107361	安康	109351	大连	83275	大连	92479	三亚	76503	南宁	110168
34	呼和浩特	105328	太原	108275	福州	82768	南昌	90904	襄阳	67749	朝阳	109819
35	朝阳	98393	南昌	108036	太原	79299	长春	89323	南宁	66560	日照	109661
36	常德	97832	朝阳	104750	呼和浩特	79195	太原	88951	大连	66461	呼和浩特	105280
37	长春	92807	长春	98816	长春	75510	呼和浩特	84325	长春	61951	太原	102372
38	石家庄	89717	合肥	95135	宁波	75373	宜昌	83810	南阳	60246	广元	101262
39	合肥	89005	常德	92522	合肥	74838	朝阳	81597	天津	60173	福州	100102
40	温州	86362	温州	92296	襄阳	73847	福州	81523	巴中	59805	宁波	99330

资料来源：2018—2020 年数据来自中国民用航空局《民航机场生产统计公报》（2018—2020）；2021—2023 年数据来自中国民用航空局《全国民用运输机场生产统计公报》（2021—2023）。

十、物流业

表 C-25 社会物流主要指标统计

指标	单位	2018年	2019年	2020年	2021年	2022年	2023年	2023年同比增长（%）
社会物流总额	万亿元	283.1	298.0	300.1	335.2	347.6	352.4	5.2
其中：工业品物流总额	万亿元	256.8	269.6	269.9	299.6	309.2	312.6	4.6
进口货物物流总额	万亿元	14.1	14.3	14.2	17.4	18.1	18.0	13.0
农产品物流总额	万亿元	3.9	4.2	4.6	5.0	5.3	5.3	4.1
再生资源物流总额	万亿元	1.3	1.4	1.6	2.5	3.1	3.5	17.4
单位与居民物品物流总额	万亿元	7.0	8.4	9.8	10.8	12.0	13.0	8.2
社会物流总费用	万亿元	13.3	14.6	14.9	16.7	17.8	18.2	2.3
其中：运输费用	万亿元	6.9	7.7	7.8	9.0	9.55	9.8	2.8
保管费用	万亿元	4.6	5.0	5.1	5.6	5.95	6.1	1.7
管理费用	万亿元	1.8	1.9	1.9	2.2	2.26	2.3	2.0
社会物流总费用与GDP的比率	%	14.8	14.7	14.7	14.6	14.7	14.4	—
物流业总收入	万亿元	10.1	10.3	10.5	11.9	12.7	13.2	3.9

注：社会物流总额及分项的增速按可比价格计算。

资料来源：根据国家发展改革委、中国物流与采购联合会发布的《全国物流运行情况通报》（2018—2023）整理。

第二部分 中国港澳台物流相关统计数据

一、香港特别行政区

表 C-26 按主要货物装卸地点划分的集装箱吞吐量

单位：万标准集装箱单位

指标	2017 年	2018 年	2019 年	2020 年	2021 年	2022 年
集装箱吞吐量	2077.0	1959.6	1830.3	1796.9	1779.8	1668.5
葵青货柜码头						
抵港						
载货集装箱	740.6	680.0	639.3	653.7	639.8	566.6
空集装箱	104.9	120.2	108.0	115.9	125.6	119.8
离港						
载货集装箱	701.3	668.8	604.5	576.8	595.3	485.4
空集装箱	76.7	78.3	70.2	99.2	97.2	115.1
葵青货柜码头以外						
抵港						
载货集装箱	180.1	182.8	176.6	143.6	136.4	158.0
空集装箱	51.1	31.3	28.9	25.9	23.6	26.0
离港						
载货集装箱	153.2	138.3	145.1	130.8	116.9	121.9
空集装箱	69.1	59.9	57.8	51.1	45.0	75.6

资料来源：根据国家统计局《中国统计年鉴》（2022—2023）相关数据整理。

表 C-27 商品进出口贸易总额

单位：亿港元

贸易种类	2017 年	2018 年	2019 年	2020 年	2021 年	2022 年
进口	43570	47214	44154	42698	53078	49275
整体出口	38759	41581	39887	39275	49607	45316
贸易总额	82329	88795	84041	81973	102684	94591
商品贸易差额	-4811	-5633	-4268	-3422	-3471	-3958

资料来源：根据国家统计局《中国统计年鉴》（2022—2023）相关数据整理。

表 C-28 商品进口及整体出口的主要供应地和目的地

单位：亿港元

贸易种类/主要国家/地区	2017 年	2018 年	2019 年	2020 年	2021 年	2022 年
进口（供应地）	43570	47214	44154	42698	53078	49275
其中：中国大陆	20301	21863	20581	19235	24335	20777
中国台湾	3297	3384	3305	4057	5475	5874
新加坡	2881	3141	2907	3141	4138	3985
韩国	2521	2783	2201	2472	3246	2898
日本	2534	2600	2526	2400	2708	2428
整体出口（目的地）	38759	41581	39887	39275	49607	45316
其中：中国大陆	21058	22873	22109	23245	29520	25708
美国	3302	3568	3040	2588	3096	2927
印度	1586	1343	1182	974	1331	1717
日本	1285	1293	1210	1093	1188	—
中国台湾	894	862	883	985	1438	1542
越南	—	832	802	845	1033	1124

资料来源：根据国家统计局《中国统计年鉴》（2022—2023）相关数据整理。

附录 C　2018—2023 年中国物流相关统计数据

表 C-29　涉及外发加工贸易的估计货值及估计比重

项目	2017 年 估计货值（亿港元）	2017 年 估计比重（%）	2018 年 估计货值（亿港元）	2018 年 估计比重（%）	2019 年 估计货值（亿港元）	2019 年 估计比重（%）	2020 年 估计货值（亿港元）	2020 年 估计比重（%）	2021 年 估计货值（亿港元）	2021 年 估计比重（%）	2022 年 估计货值（亿港元）	2022 年 估计比重（%）
输往中国内地的整体出口货物	5794	28	6098	27	5594	25	5027	22	5628	19	4623	18
从中国内地进口的货物	8103	40	8490	39	7934	39	6688	35	8039	33	6356	31
原产地为中国内地经中国香港输往其他地方的转口货物	9205	70	9723	69	8841	69	7372	63	8823	61	7597	60

资料来源：根据国家统计局《中国统计年鉴》（2022—2023）相关数据整理。

二、澳门特别行政区

表 C-30　按出入境方式统计的对外商品贸易

单位：万吨

项目	2017 年 入境	2017 年 出境	2018 年 入境	2018 年 出境	2019 年 入境	2019 年 出境	2020 年 入境	2020 年 出境	2021 年 入境	2021 年 出境	2022 年 入境	2022 年 出境
海路	348.6	46.1	353.1	32.9	526.9	16.0	693.8	16.6	618.4	19.5	360.1	16.2
空路	0.6	1.5	0.7	2.0	0.8	2.3	0.4	2.7	0.5	4.4	0.5	4.6

· 423 ·

续表

表 C-31 集装箱流量

项目	2017年 入境	2017年 出境	2018年 入境	2018年 出境	2019年 入境	2019年 出境	2020年 入境	2020年 出境	2021年 入境	2021年 出境	2022年 入境	2022年 出境
陆路	148.4	4.7	136.2	4.6	130.6	3.0	109.3	2.8	140.5	3.1	157.8	4.6
其他	9780.7	19.7	10126.3	22.1	10183.0	25.3	9631.8	5.9	9501.5	7.2	9246.0	5.2
总数	10278.4	72.0	10616.4	61.6	10841.3	46.6	10435.3	28.0	10260.9	34.2	9764.4	30.7

注：入境、出境均包括转运货物，其他中包括邮递及以管道运输方式进出澳门的货物。

资料来源：根据国家统计局《中国统计年鉴》（2022—2023）相关数据整理。

表 C-32 港口集装箱总吞吐量

单位：标准集装箱

项目	2017年	2018年	2019年	2020年	2021年	2022年
入境	57781	59529	59175	57975	56930	50490
出境	34585	36469	34845	30361	35789	42016
转口	681	757	939	1092	1881	1302

资料来源：根据国家统计局《中国统计年鉴》（2022—2023）相关数据整理。

表 C-32 港口集装箱总吞吐量

单位：标准集装箱

项目	2017年	2018年	2019年	2020年	2021年	2022年
入境	81958	86943	84618	83365	82695	73954
出境	47631	51119	47699	37883	40840	53514
转口	209	577	722	155	540	318

资料来源：根据国家统计局《中国统计年鉴》（2022—2023）相关数据整理。

三、台湾省

表 C-33 铁路和公路货运量及货物周转量

年份	铁路		公路	
	货运量（亿吨）	货物周转量（亿吨公里）	货运量（亿吨）	货物周转量（亿吨公里）
2017	0.08	5.12	5.37	403.51
2018	0.08	5.42	5.61	441.69
2019	0.07	5.17	5.60	443.70
2020	0.07	4.95	5.02	331.99
2021	0.07	4.45	5.17	340.94
2022	0.07	4.73	5.14	339.63

资料来源：根据国家统计局《中国统计年鉴2023》相关数据整理。

表 C-34 货物出口去向和进口来源

单位：亿美元

国家和地区	2017年		2018年		2019年		2020年		2021年		2022年	
	出口去向	进口来源	出口去向	进口来源	出口去向	进口来源	出口去向	进口来源	出口去向	进口来源	出口去向	进口来源
中国大陆	887.5	500.4	965.0	537.9	917.9	573.9	1024.5	635.9	1259.0	824.8	1211.1	839.9
中国香港	411.7	15.1	414.0	14.1	403.3	10.6	489.4	12.2	629.7	17.1	647.8	15.0
日本	205.7	419.4	228.0	441.5	232.8	440.5	234.0	459.0	292.1	561.2	336.1	546.3
韩国	144.2	168.9	157.4	195.2	169.2	177.4	151.4	206.1	201.4	306.4	221.8	342.7

· 425 ·

续表

国家和地区	2017年 出口去向	2017年 进口来源	2018年 出口去向	2018年 进口来源	2019年 出口去向	2019年 进口来源	2020年 出口去向	2020年 进口来源	2021年 出口去向	2021年 进口来源	2022年 出口去向	2022年 进口来源
美国	367.7	284.0	394.9	331.0	462.5	348.5	505.5	325.1	656.9	392.6	750.5	454.2
泰国	63.8	43.6	61.7	45.8	55.2	42.5	52.9	45.4	70.2	59.6	75.5	62.9
马来西亚	103.7	71.8	106.0	93.0	94.0	103.7	94.6	98.9	133.3	118.0	170.2	135.4
印度尼西亚	31.9	48.8	33.3	54.9	29.2	46.8	22.8	45.1	30.7	79.1	32.1	112.3
新加坡	176.2	87.1	173.2	84.2	181.8	79.2	190.8	89.9	257.2	120.7	295.2	125.3
越南	104.6	31.2	107.7	37.0	107.7	52.8	105.2	55.0	139.7	61.5	145.7	69.7
德国	64.3	92.0	70.6	99.7	65.2	94.0	60.4	101.8	81.7	125.1	88.1	142.3
法国	17.1	39.0	16.7	37.1	15.2	32.1	12.8	29.9	15.8	35.2	19.3	39.3
意大利	20.3	25.2	23.3	26.9	19.8	26.1	16.1	26.6	25.7	30.1	29.0	33.5
英国	37.6	19.4	38.6	20.8	35.8	20.2	33.4	19.0	41.5	23.7	40.5	25.9
巴西	12.7	26.0	13.4	16.4	11.8	20.5	10.8	20.2	16.3	26.1	14.0	24.3
澳大利亚	29.3	82.4	34.0	95.5	32.4	100.2	32.3	80.6	48.1	149.4	75.4	246.8
沙特阿拉伯	10.7	68.6	7.8	86.1	9.1	77.3	8.7	48.5	9.2	79.0	10.5	115.2
科威特	1.4	35.7	1.5	51.2	1.6	43.1	1.2	25.3	1.3	45.5	1.5	70.0

资料来源：根据国家统计局《中国统计年鉴2023》相关数据整理。

表 C-35 分货物进出口额

单位：亿美元

指标		2017年	2018年	2019年	2020年	2021年	2022年
出口额		3154.9	3340.1	3291.9	3451.3	4463.7	4794.4
其中：	资本品	378.7	404.6	441.2	461.2	561.1	623.0
	中间产品	2481.1	2632.5	2537.2	2660.9	3507.5	3815.6
	消费品	276.6	284.6	294.4	308.8	372.3	336.5
进口额		2572.0	2847.9	2856.5	2861.5	3819.6	4280.1
其中：	资本设备	405.6	418.7	507.6	526.4	689.1	752.5
	原材料	1789.5	2032.9	1939.6	1911.6	2650.6	3001.4
	消费品	339.9	361.1	371.7	385.4	436.6	480.3

资料来源：根据国家统计局《中国统计年鉴2023》相关数据整理。